AF556275

शोभा डे

1948 में महाराष्ट्र में जन्मीं शोभा डे की शिक्षा दिल्ली और मुम्बई में हुई। मुम्बई के सेंट ज़ेवियर कॉलेज से उन्होंने मनोविज्ञान में स्नातक की डिग्री हासिल की और 1970 में पत्रकारिता जगत में कदम रखा।

उन्होंने तीन चर्चित पत्रिकाओं–*स्टारडस्ट, सोसायटी* और *सेलिब्रिटी*—की नींव रखी और उनका सम्पादन किया। *सन्डे* और *मेगा सिटी* पत्रिकाओं की वे सलाहकार सम्पादक रहीं। आजकल स्वतंत्र लेखन में रत हैं। कई अखबारों और पत्रिकाओं के लिए कॉलम लिखती हैं जिनमें प्रमुख हैं : द *टाइम्स ऑफ इंडिया,* द *स्टेट्समैन, इंडियन एक्सप्रेस* और द *वीक*। 1988 में उन्होंने अपना पहला बहुचर्चित उपन्यास *सोशलाइट इवनिंग्स* लिखा था।

शोभा डे

सोचा न था

अनुवादक

मोज़ेज़ माइकेल

राजकमल पेपरबैक्स

अंग्रेजी में यह पुस्तक 'द सेकेंड थॉट' शीर्षक से
पेंग्विन बुक्स इंडिया (प्रा.) लि. से प्रकाशित है।

पहला पुस्तकालय संस्करण
राजकमल प्रकाशन प्राइवेट लिमिटेड द्वारा
2000 में प्रकाशित

राजकमल पेपरबैक्स में
पहला संस्करण : 2013
तीसरा संस्करण : 2025

© शोभा डे
© हिन्दी अनुवाद : राजकमल प्रकाशन प्रा. लि.

राजकमल पेपरबैक्स : उत्कृष्ट साहित्य के जनसुलभ संस्करण

राजकमल प्रकाशन प्रा.लि.
1-बी, नेताजी सुभाष मार्ग, दरियागंज
नई दिल्ली-110 002
द्वारा प्रकाशित

शाखाएँ : अशोक राजपथ, साइंस कॉलेज के सामने, पटना-800 006
पहली मंजिल, दरबारी बिल्डिंग, महात्मा गांधी मार्ग, प्रयागराज-211 001
1, अनमोल सोराबजी सन्तुक लेन, धोबी तलाव, मरीन लाइंस, मुम्बई-400 002

वेबसाइट : www.rajkamalprakashan.com
ई-मेल : info@rajkamalprakashan.com

बी.के. ऑफसेट
नवीन शाहदरा, दिल्ली-110 002
द्वारा मुद्रित

मूल्य : ₹ 399

SOCHA NA THA
Novel by Shobha De

ISBN : 978-81-267-2513-7

सोचा न था

प्राक्कथन

वह मुम्बई की एक उमस-भरी शाम थी, जब माया अपने होनेवाले पति से मिली।

अपने ससुरालियों से मिलने वह उसी दिन कलकत्ता से यहाँ पहुँची थी। उसने इस शहर के बारे में बहुत कुछ सुन रखा था, लेकिन आज पहली बार यहाँ आई थी। और बदकिस्मती से, इस शहर की जो पहली छाप उसके मन पर पड़ी, वह अच्छी तो बिल्कुल नहीं थी। रेलगाड़ी के ठंडे, एयरकंडीशंड डब्बे से मशहूर विक्टोरिया टर्मिनल के एक विस्तृत, गीले प्लेटफॉर्म पर उतरते ही उसे इस महानगर की कुछ खास बातें देखने-समझने को मिलीं। यह वही महानगर था जिसका जादू पूरे हिन्दुस्तान के लोगों के सिर चढ़कर बोलता है।

मुम्बई गन्धा रहा था। वैसे, गन्धाता तो कलकत्ता भी है, लेकिन वह एक अलग किस्म की लगभग दुर्गन्ध होती थी; और फिर वह उसकी आदी भी हो चुकी थी। लेकिन मुम्बई शहर से तो हताशा और छल-कपट की दुर्गन्ध उठ रही थी, या हो सकता है यह सड़ी मछलियों का कमाल हो, जिनकी दुर्गन्ध इस शहर से हमेशा चिपटे रहनेवाले धुएँ में जा मिली हो। माया ने अपनी नाक दबाते हुए गहरी साँस ली। वह निश्चित करना चाहती थी। सम्भव है इस दुर्गन्ध को लेकर उससे ही कोई गलती हुई है। क्या पता यह दुर्गन्ध मुम्बई की न होकर केवल इस गन्दे लोगों से ठसाठस भरे प्लेटफॉर्म की हो।

माया ने जाँच के तौर पर कुछ कदम आगे बढ़ाए और चौंककर पीछे हट गई। वह प्लेटफॉर्म पर मुँह के बल औंधी पड़ी एक आकृति से टकराते-टकराते बची। उसने नीचे नजर डाली। आकृति एक आदमी की थी, और वह मर चुका था। वहाँ से आते-जाते हजारों लोगों में से एक ने भी रुककर उस लाश पर नजर डालने की कोशिश नहीं की थी। माया को अपनी आँखों पर विश्वास ही नहीं हुआ कि फटी-पुरानी लाल कमीजें पहने कुली बड़ी होशियारी से उस मुर्दा आदमी को फाँदते चले जा रहे थे। बुरी तरह भरे कई-कई सूटकेसों को अपने सिरों पर लादे उन कुलियों की आँखें मारे बोझ के निकली पड़ रही थीं। माया ने अपनी माँ का ध्यान उस आदमी की तरफ खींचना चाहा, लेकिन चित्रा अपना सामान गिनने में इतनी मशगूल थी कि उसके पास उस चीकट प्लेटफॉर्म पर पड़ी लाश को देखने का समय ही नहीं था।

माया उस मुर्दा आदमी के थोड़ा और पास गई। देखा तो उसका मुँह खुला हुआ था और उसके एक किनारे पर उलटी की लकीर-सी खिंची हुई थी। उसकी आँखें भी

बन्द नहीं थीं। ऐसा लग रहा था मानो वह उनसे शहतीरों पर नाचते कबूतरों को एकटक ताक रहा हो। माया ने हिसाब लगाया, जवान-सा दिखनेवाला वह आदमी तीस से ऊपर नहीं रहा होगा। ढीला-ढाला पाजामा और जगह-जगह दाग लगा कुर्ता। देखने में वह जमीन से जुड़ा और राजनीतिक कार्यकर्ता मालूम होता था। टेलीविजन पर दिखाई जानेवाली रैलियों में इस तरह के लोगों को माया ने अक्सर देखा था। उसके बाल लम्बे, उलझे और अनसँवरे थे। जूते फटे हुए और गन्दे। उसका एक हाथ उसके सीने पर रखा था, तो दूसरा पसरा हुआ था और उसमें एक अखबार दबा था। वह सफाचट दाढ़ी-मूँछोंवाला, आम शक्ल-सूरत का आदमी था। माया उस पर से अपनी नजरें हटा ही नहीं पा रही थी। इससे पहले उसने किसी मृत व्यक्ति को कभी नहीं देखा था; और उसकी घूरती आँखों को देखकर तो यही लगता था, जैसे वह जिन्दा हो।

लेकिन सबसे ज्यादा हैरानी तो माया को यह हो रही थी कि घुटन और फिसलन-भरे उस प्लेटफॉर्म पर उस मुर्दे की मौजूदगी से किसी भी और व्यक्ति को परेशानी क्यों नहीं हो रही। अगर यह कलकत्ता का कोई प्लेटफॉर्म होता, तो रेलगाड़ी के डब्बे से निकलना भी मुश्किल हो गया होता। लाश के आसपास भारी भीड़ जमा हो गई होती और लोग मदद करने के लिए बढ़-चढ़कर आगे आते। हर कोई एक साथ उत्तेजित होकर बात कर रहा होता और इस सवाल का तुरन्त जवाब माँग रहा होता कि यह सब क्यों और कैसे हुआ। रेलवे पुलिस के दो-एक आदमी भीड़ को हटाने की नाकाम कोशिश कर रहे होते। इसके अलावा एक-दो डॉक्टर भी आ गए होते और यह बताने को बेताब होते कि मौत का कारण क्या हो सकता है। 'हत्या' की बात जरूर उठती और उसके साथ ही लोग इस आदमी की पहचान और हत्यारे के मकसद के बारे में कयास लगाने लग जाते।

इसी तरह की स्थितियों को 'जघन्य' अपराध बताना अखबारों को अच्छा लगता है। लेकिन यहाँ मुम्बई में, लोगों की दिनचर्या पर इसका कोई असर नहीं था, और वे अपनी आँखों में परेशानी और अपरिचय के भाव लिये भागे चले जा रहे थे। वे एक-दूसरे पर या अपने बीच पड़े उस मुर्दे पर कोई गौर ही नहीं कर रहे थे।

आखिर माया ने उस लाश से अपनी नजरें हटाईं और आसपास के माहौल को देखा, तो काँप गई। पर तभी चित्रा ने उसके चमकीले जामुनी रंग के दुपट्टे को खींचते हुए बाहर निकलने वाले मार्ग की ओर इशारा किया।

"देखो, दिखाई दिए तुम्हें ? यह प्रदीपदा हैं...वहाँ...नीले चारखाने की कमीज पहने। मोटे हो गए हैं।"

माया मुसकरा दी और फिर उसने अपनी माँ की गलती को सुधारा, "तुम्हारा मतलब है—और मोटे हो गए हैं।"

उसने जोशीले अन्दाज में हाथ हिलाया। उसे अपनी माँ के कद्दू-जैसे यह भाई अच्छे लगते थे। उन्हीं के इसरार करने पर उसने और माँ ने मुम्बई आने और यहाँ रंजन मलिक और उसकी माँ से मिलने का फैसला किया था।

''अरेंज्ड मैरिज ? मेरे लिए ? मजाक मत करो। और फिर, अभी तो मेरा कॉलेज का एक और साल बाकी है।'' माया ने अभी दो महीने पहले ही तो विरोध जताते हुए माँ से कहा था। उसे याद आया।

''तो ? कौन कहता है कि तुम शादी से पहले अपनी पढ़ाई पूरी नहीं कर सकतीं ?'' उसकी माँ ने तर्क दिया था।

''तो फिर हमें अभी मुम्बई जाने की क्या जरूरत है ?'' माया ने रूठते हुए कहा था।

''क्योंकि मेरे-तुम्हारे आँख झपकने से पहले ही रंजन जैसे लड़कों को लोग हड़प लेते हैं—इसीलिए। और फिर, वह बस दो हफ्ते के लिए यहाँ है। उसे कोई बड़ा एसाइनमेंट करना है। उसके घरवाले उससे पहले ही सारी बातें तय कर देना चाहते हैं। प्रदीपदा की बहुत इच्छा है कि हम मलिक परिवार से मिलें। रंजन अच्छा लड़का है। क्या पता, जब तक हम मुम्बई पहुँचें कोई और खुशकिस्मत लड़की रंजन को ले उड़े। यह मत सोचो कि उस शहर में खूबसूरत बंगाली लड़कियाँ नहीं हैं। मुम्बई में ऐसी लड़कियों की कमी नहीं है, मुझे तो लोगों ने यही बताया है कि वहाँ हजारों की तादाद में अच्छी बंगाली लड़कियाँ हैं।'' चित्रा ने अपने खास उत्तेजना-भरे अन्दाज में कहा था।

''शान्त रहो, माँ। ऐसा नहीं है कि दुनिया में बस यही योग्य लड़का शादी लायक बचा हो। और न ही मैं कोई सौ साल की अनब्याही बुढ़िया हूँ। सही बात तो यह है कि मुम्बई जाने के लिए मैं भी मरी जा रही हूँ...चाहे हम रंजन मलिक से मिलें या न मिलें।'' यह बात माया ने अपने उसी पुराने अन्दाज में बिना सोचे-समझे कह डाली थी, जिससे उसकी माँ को बहुत चिढ़ थी।

''तुम्हारे पिता कोई लखपति तो हैं नहीं जो केवल सैर-सपाटे के लिए हमें मुम्बई भेज देंगे। मुझे उनसे विनती करके रेलगाड़ी का किराया और दो अच्छी साड़ियों के लिए फालतू पैसा माँगना पड़ा था—एक साड़ी तुम्हारे लिए और एक मेरे लिए। तुम पीले कपड़ों में खूबसूरत लगती हो। ज्यादा गोरी लगती हो। मैंने 'आँचल' में एक प्यारी-सी पीली तंगैल देख रखी है,'' चित्रा ने पक्का इरादा करते हुए ऐलान किया था, ''और मुझे तो वैसे भी एक नई साड़ी चाहिए। मैंने तुम्हारे पिता से कह दिया है कि पूजा तक दूसरी साड़ी के लिए उन्हें तंग नहीं करूँगी मैं।''

''मुझे पीले रंग से चिढ़ होती है, माँ,'' माया ने ठुनकते हुए कहा था, ''तुम्हें तो मालूम है, इसमें मैं ज्यादा गोरी दिखती हूँ, तो भी क्या ? वैसे तुम्हारा 'ज्यादा गोरी' से मतलब क्या है ? मैं गोरी तो हूँ ही नहीं।''

''हाँ, तुम गोरी हो,'' चित्रा ने फौरन टोका था, ''ऐसा कहना भी मत। अगर तुम अपने आप को काली समझोगी तो तुम सच में काली ही दिखने लगोगी। मैं हजार बार तुमसे यह बात कह चुकी हूँ। अपने आपको गोरी समझो तो तुम गोरी ही दिखोगी। रंजन से मिलने जाओ तो पीली साड़ी ही पहनना। प्रदीपदा ने मुझे बताया है कि मलिक

परिवार में सभी लोग बहुत गोरे हैं। वे निश्चित तौर पर किसी काली लड़की को अपनी बहू नहीं बनाना चाहेंगे।''

उस बातचीत को याद कर माया ने मुँह बनाया। उसने प्लेटफॉर्म पर लगी वजन तौलने की मशीन के चटके शीशे में अपना अक्स देखा। गोरी ! माँ यह किस बारे में बात कर रही थी ? वह बिल्कुल भी गोरी नहीं है।

लेकिन माया को अपनी चमड़ी की रंगत अच्छी लगती थी—गुनगुनी, चटक-सुनहरी भूरी, जैसे हुगली नदी पर धूप थिरक रही हो। उसकी चमड़ी की इस रंगत के कारण उसके चमकदार स्याह काले बालों और बड़ी-बड़ी कजरारी आँखों की शोभा कुछ और बढ़ जाती थी। माया ने अपने शरीर को सीधा करते हुए अपने सिर को पीछे की तरफ एक झटका दिया और यह निष्कर्ष निकाला कि किसी भी हिसाब से वह एक आकर्षक युवती है—और रंगत की कौन परवाह करता है। थोड़ी-सी कम-ज्यादा काली या गोरी होने से क्या फर्क पड़ता है, कम-से-कम उसे तो कोई फर्क नहीं पड़ता।

लेकिन, उसकी माँ को...वह अलग बात थी। चित्रा ने इस मामले में एक कड़ा पैमाना बनाया हुआ था। उसके हिसाब से औरतें केवल 'गोरी' या 'काली' नहीं होतीं। इन दो रंगतों के बीच कुछ और भी किस्में हैं। उसकी नजर में औरतों का रंग गुलाबी-गोरा, पीला-गोरा, दूधिया-गोरा, भूरा-गोरा, दूध और आटे-सा गोरा, बेहतरीन चमड़ीवाला गोरा से लेकर सादा पीला तक हो सकता था। चित्रा की नजर में इनके अलावा और कोई भी रंग नहीं चढ़ता था। मसलन, उसकी अपनी बेटी का रंग उसके लिए अत्यधिक चिन्ता का विषय था।

वह जब-तब इस बात की सफाई भी देती रहती थी। कहती थी, ''इसका मतलब यह नहीं है कि मैं रंग पर इतना ध्यान देती हूँ। लेकिन यह सच है कि गोरी चमड़ी से खुशहाली का पता चलता है। व्यक्ति के दर्जे, उसकी पढ़ाई-लिखाई, घर-बार, और रुतबे का पता चलता है। काला आदमी शायद ही कभी पैसेवाला दिखता होगा। खाता-पीता और सुखी दिखता होगा। काला रंग लेकर पैदा होने का मतलब है, जिन्दगी-भर अभिशाप ढोना !''

माँ की इस बात पर माया खीज जाती और तुनककर कहती, ''ठीक है, तब तो मैं जिन्दगी-भर के लिए अभिशप्त ही हूँ। और यह मेरा कसूर नहीं है।''

चित्रा और भी निराश हो जाती और बड़बड़ाने लगती, ''यह बहुत बुरा हुआ कि तुम अपने ददिहालवालों पर गईं। मेरे मायकेवालों को देखो—कोई भी काला नहीं मिलेगा तुम्हें। मुझे किसी पश्चिमी बंगाली से शादी करनी चाहिए थी—हमारे ही लोगों में। लेकिन तुम्हारे बाबा के घरवाले मुझ पर ही लट्टू थे। स्वाभाविक भी है, उन्हें पता था कि बाबा के लिए गोरी दुल्हन ढूँढ़ना कितना मुश्किल होगा। तुम्हें तो पता है, पूरब के बंगाली ज्यादा काले होते हैं। उनकी बोली भी हमसे अलग होती है।''

माया की माँ ने पता नहीं कौन-कौन-सी मानसिक ग्रन्थियाँ पाल रखी थीं, जिन्हें माया कभी नहीं समझ पाई थी। और वह यह भी नहीं समझ पाई थी कि उसे कैसा बंगाली बनना है—पूरबी या पश्चिमी। अपने रंग को देखकर तो वह यही अन्दाजा लगाती थी कि वह इन दोनों में से किसी भी तरफ की नहीं है। और यह उसके लिए अच्छा भी था। उसे अपने पिता की ओर से लम्बी, लचीली काया, लम्बी-पतली उँगलियाँ और भरा-भरा मुँह मिला था। माँ की ओर से उसे घने, चमकदार बाल और चमकीली काली आँखें मिली थीं। ऊपरवाले ने उसके माता-पिता की शारीरिक खूबियों को जिस तरह समान रूप से उसे दिया था, उससे वह बहुत खुश थी। ठीक है, उसकी नाक कुछ कम चपटी हो सकती थी और उसके गालों की हड्डियाँ कुछ और उभरी हो सकती थीं, लेकिन उसकी जो मुकम्मिल तस्वीर बनती थी, वह एक उत्साही, चुस्त और चौकस जवान लड़की की थी जो जिन्दगी की अनेक चुनौतियों से सीधे टक्कर ले सकती थी। रंजन तो उनमें से बस एक था।

माया ने अपनी माँ को इतना घबराया हुआ कभी नहीं देखा था। वे मलिक लोगों के घर जाने के लिए तय समय से पूरा एक घंटा पहले निकल ली थीं। प्रदीपदा ने इस शाम के बारे में हँसी-मजाक करके अपनी बहन को शान्त करने की काफी कोशिश की थी।

"मेरे पड़ोसियों ने मुझे बताया है कि मलिक परिवार के लोग अब तक निन्यानबे लड़कियों से बात करके उन सभी को नापसन्द कर चुके हैं। लगता है कि लड़का लड़कियाँ देखने का रिकॉर्ड बनाना चाहता है, और सचिन तेन्दुलकर की तरह सेन्चुरी मारना चाहता है।"

माया की माँ ने अपने भाई की कलाई पर चपत मारते हुए उसे चुप रहने को कहा था, "तुम्हारे पास सही पता तो है न ? तुमने दोबारा पता कर लिया था ?" उसने माया की तरफ तेज, चिन्तित निगाह डालते हुए कहा था, "हे भगवान, तुम्हारा काजल ! लाओ, जल्दी करो, एक रूमाल दो मुझे। कितना खराब लग रहा है। इतना काला और मोटा। जैसे तुम दस साल से चैन की नींद नहीं सोईं। कैसे काले-काले घेरे हैं। क्या सोचेंगे वे लोग ?" और वह माया के नए कोरे रूमाल के एक कोने को अपने थूक से गीला करके काजल के एक छोटे-से धब्बे को पोंछने लगी थी। माया को झुरझुरी आ गई थी। वह बोली थी, "माँ...जरा ध्यान से, चुभती है। और, उफ ! अपना थूक मत लगाओ न ! मुझे अपना थूक लगाने दो।"

वे मलिक परिवार के घर के पास पन्द्रह मिनट पहले ही पहुँच गए थे। प्रदीप दा ने स्टेनलेस स्टील की अपनी पुरानी भरोसेमन्द फावर ल्यूबा घड़ी देखते हुए कहा था, "हम टैक्सीवाले से कहेंगे कि वह कॉलोनी का चक्कर काट डाले। हम उनके घर अभी नहीं जा सकते।"

चित्रा ने चौंकते हुए टैक्सी के मीटर को देखा था। "तुम इसी बार अपनी सारी तनख्वाह खत्म कर देना चाहते हो क्या ? तुम्हें खयाल भी है कि कितना पैसा लग जाएगा ?" उसने कहा था।

प्रदीप दा ने धीमे-से हँसते हुए कहा था, "अपनी बुलबुल के लिए मुझे एक महीने तक ताजा झींगा न मिलने का भी कोई गम नहीं होगा। हाँ, बस मेरी बीवी को इस बात का पता नहीं चलना चाहिए।"

बड़े-से मैदान के एक धीमे चक्कर से ही फालतू समय का उनका मसला हल हो गया था। माया, उसकी माँ और मामू ने जब मलिक लोगों के घर की घंटी बजाई तो अन्दर घड़ी के घंटे ने ठीक पाँच बजने की इत्तिला दी। चित्रा ने अपनी बेटी का हाथ पकड़ते हुए फुसफुसाकर कहा, "हे भगवान ! तुम बीमार हो क्या ? तुम्हारा हाथ इतना गरम क्यों है ? मेरी किस्मत ही खराब है कि जब मेरी बेटी को सबसे अच्छी हालत में होना चाहिए, उसी दिन उसे तेज बुखार हो गया है।"

माया ने मुस्कुराते हुए अपनी माँ के सूखी हड्डी जैसे गाल पर चिकोटी काटकर कहा था, "माँ—तुम्हें पता है मेरे हाथ तो हमेशा ही गरम रहते हैं। मुझे बुखार नहीं है। चिन्ता मत करो। मैं ठीक हूँ। और अब, माँ, मेहरबानी से थोड़ा मुस्कुराओ, तनाव को हटाओ। सबकुछ ठीक ही होगा।"

चित्रा केवल माया की खातिर धीरे-से मुस्कुरा दी थी और कदमों की आहट सुनकर तन गई थी। उसने तुरन्त फुसफुसाते हुए माया से तनकर खड़े होने को कहा था। "झुककर मत खड़ी होओ।" ये उसकी माँ की सलाह के आखिरी शब्द थे, और उसके बाद ही माया की आँखें दो बहुत काली, बहुत रुचिशील आँखों से जा टकराई थीं—ये रंजन की आँखें थीं।

माया ने मलिक परिवार की साफ-सुथरी बैठक का जल्दी-जल्दी जायजा ले डाला, और उसे यह देखकर राहत मिली कि उनका घर-बार माया के कलकत्तावाले अपने घर से कोई ज्यादा अलग नहीं था। उसे वहाँ एयरकंडीशनर दिखाई नहीं दिया। फर्नीचर भी भारी और पुराने जमाने का था। परदे साफ थे, लेकिन महँगेवाले नहीं थे। वहाँ ढेरों पुरानी किताबें रखी थीं, जिन पर होशियारी से भूरे कागज की जिल्द चढ़ाई गई थी। उस दिन का अखबार गोल सेन्टर टेबल पर रखा था। बंगाली साहित्यिक पत्रिकाएँ अखरोट की लकड़ी की नक्काशीदार बुक-रैक में लगी थीं। एक बड़ा-सा दीवान था जिस पर कढ़ाई किए हुए कुशन बिछे थे। एक कोने में बहुत पुरानी, चीनी के बर्तन रखनेवाली अलमारी थी। एक शोकेस था, जिसमें पोर्सिलीन की छोटी-छोटी मूर्तियाँ और रँगे हुए जापानी पंखे थे। मँझोले आकार का एक टी.वी. सेट था, जो कम-से-कम दस साल पुराना था। एक दीवार पर जैमिनी रॉय के तीन फ्रेम किए चित्र टँगे थे, और चारों तरफ उड़ीसा के जड़ाऊ काम किए मसनद रखे थे।

इस पूरे कमरे में बस एक ही कोना सबसे अलग दिख रहा था। इस कोने में एक अच्छे किस्म का म्यूजिक सिस्टम रखा था। टेप के डेक और बोस ब्रांड स्पीकरों के पास ही धातु से बना काले रंग का पेड़नुमा एक स्टैंड था, जिसमें सीडी सजे हुएं थे। माया एक गद्देदार सोफे पर अभी बैठी ही थी कि मिसेज मलिक ने उस कोने की ओर इशारा करते हुए कहा, "यह मेरे रंजन का सिस्टम है। वह इसे अमरीका से साथ लेता आया था। उसे संगीत बहुत पसन्द है। हम सभी संगीत के शौकीन हैं। संगीत तो...तो..." वह सही शब्द की तलाश में अटकते हुए फिर इतराकर बोली, "प्रेरणादायक होता है। हाँ, बहुत प्रेरणादायक होता है। आपको ऐसा नहीं लगता क्या ?"

चित्रा ने बहुत उत्साह से सिर हिलाकर अपनी सहमति जताई, जबकि माया और प्रदीपदा ने मुस्कुराकर अपनी पूर्ण सहमति का संकेत दिया।

माया ने तिरछी नजर से अपने सामनेवाली धूसर दीवार पर टँगी मिस्टर मलिक की माला-पड़ी तस्वीर को देखा। प्रदीपदा तो चित्रा को मिस्टर मलिक की दो साल पहले हुई मौत की खबर दे ही चुके थे। उन्होंने यह भी बताया था कि उनकी मौत भी एक खास सबब है कि रंजन को हिन्दुस्तान लौटकर अपनी माँ के साथ रहने का फैसला करना पड़ा।

"कितना कर्त्तव्यपरायण बेटा है !" चित्रा ने अपने भाई की चिट्ठी के इस महत्त्वपूर्ण हिस्से को जोर से पढ़ते हुए कहा था।

मिस्टर मलिक तो बहुत कुछ उसके अपने पिता की तरह दिखते थे। माया इस अहसास पर चौंक गई। ऐसी बात नहीं थी कि उनकी शक्ल-सूरत मिलती हो या कोई और ऐसी ही विशेषता हो। बल्कि यह तो उनकी शख्सियत की बात थी। वह भी उसके अपने पिता की तरह ही उदासीन और अलग-थलग दिखते थे। एक ऐसे मर्द की तरह, जो अनदेखा किए जाने का आदी था और इस स्थिति को पसन्द भी करता था।

रंजन की आँखें भी अपने पिता की आँखों की तरह थोड़ी बोझिल थीं, लेकिन दोनों की आँखों के भाव अलग थे। रंजन कमरे में इधर-उधर निगाह डालता जा रहा था, जबकि मिसेज मलिक अपनी ठनाकेदार, कड़क और रोबदार आवाज में लगातार बोले जा रही थीं। बीच-बीच में वे कभी साँस लेने के लिए ही रुकती थीं। माया ने देखा कि उसकी होनेवाली सास उसे ऊपर से नीचे तक देख रही है। लेकिन उसे मिसेज मलिक के भावों से ऐसा कुछ भी पता नहीं लग पाया कि वह इस इम्तिहान में पास हुई है या नहीं। उसे तो बस इतना पता है कि उसे उस समय अपना दिल डूबता-सा लगा था, जब उसने चाय वगैरह देने में मिसेज मलिक का हाथ बँटाने की पेशकश की थी और उन्होंने कुछ असभ्य तरीके से कह दिया था, "नहीं, शुक्रिया ! हमारे पास नौकर हैं इस काम के लिए।"

इस बीच माया ने गौर किया कि इस छोटे-से शिष्टाचार के दौरान रंजन रूखेपन से अपनी जगह पर ही बैठा रहा था, उसने अपनी माँ को पहले से तैयार चाय का प्याला पकड़ाने के लिए अपनी जगह से उठने की भी जहमत नहीं उठाई थी। यह पत्तीवाली

चाय शानदार लेकिन जगह-जगह से टूटी अंग्रेजी क्रॉकरी में दी गई। उसके साथ स्टेनलेस स्टील की ट्रे में करीने से सजे घर के बने गरमागरम समोसे भी थे। अनिवार्य 'मिष्टी' भी पूरे ताम-झाम के साथ पेश की गई, और उसके साथ ही मिसेज मलिक की अभिमानी टिप्पणी भी आई, "देखिए, मुम्बई में रहते हुए हमें समझौता तो करना ही पड़ता है, आप तो जानते हैं। यहाँ गंगूराम का कालाजाम मिलना तो मुमकिन है नहीं। इसी से काम चलाना पड़ता है..." और उन्होंने रसगुल्लों की तरफ इशारा करते हुए आगे कहा था, "बेशक, हैं तो कलकत्ता के ही। लेकिन डब्बाबन्द हैं।"

माया को इस बात पर आश्चर्य हुआ था कि रंजन में आम शिष्टाचार भी नहीं है। घर लौटते समय इस बारे में उसने माँ को टोका भी था। इस पर चित्रा ने जल्दी से सफाई दी थी, "उसे गलत मत समझो। इस तरह के माहौल में पले लड़के इस तरह के मामले में हिस्सा नहीं लेते। अगर रंजन नौकरों की मदद करता तो उसे मेहरा समझा जाता। आदमी लोग घर का काम-काज नहीं करते—खासकर विदेश से लौटे आदमी। इससे तो उसके घरवालों को ही शर्मिंदगी होती। नौकरों से पेश आने का एक खास तरीका होता है—उनके साथ कोई अन्तरंगता नहीं दिखाई जाती। जब मिसेज मलिक ने चाय के लिए कहा तो तुमने उनके चेहरे के भाव और लहजे पर गौर किया था ?"

माया ने सिर हिलाते हुए कहा, "बड़ा डरावना था। किसी को इतनी बदतमीजी से बोलने की भी क्या जरूरत है ?"

चित्रा ने मुस्कुराते हुए जवाब दिया, "वह बदतमीजी से नहीं बोल रही थीं। वह तो घर की मालकिन की हैसियत से अपना रुतबा झाड़ रही थीं। नौकर लोग बड़े अजीब होते हैं। उनसे अच्छी तरह से पेश आओ—इन्सानों की तरह से—तो वे तुम्हारे सिर पर चढ़ने लगते हैं। नाजायज फायदा उठाने लगते हैं। अगर यह रिश्ता पक्का हो गया तो तुम्हारी सास तुम्हें जल्दी ही सिखा देगी कि नौकरों से कैसे पेश आया जाता है। और फिर, मुम्बई के नौकर कलकत्ता के नौकरों से अलग होते हैं। वहाँ तो हम उन्हें बहुत थोड़ा-सा पैसा देते हैं, उनके आगे बासी-तिबासी खाना डाल देते हैं, उन्हें फटे-पुराने कपड़े पहनने को देते हैं, और फिर भी वे खुश रहते हैं। कोई शिकायत नहीं करता। लेकिन मलिक लोगों के घर में काम करनेवाले नमूनों को देखो—देखो तो जरा। उन्होंने तो हमसे भी अच्छे कपड़े पहन रखे थे !"

माया ने तरस खाते हुए अपनी माँ को देखा कि कैसे वह चमत्कृत होकर यही कहे जा रही थी कि मलिक परिवार में सबकुछ कितना शानदार था। क्या चित्रा सचमुच इतनी आसानी से प्रभावित हो जानेवाली है ? या वह इस बात की कुछ ज्यादा ही कोशिश कर रही थी कि मलिक परिवार को माया की नजरों में चढ़ा दिया जाए ? माया अपनी माँ से कहना चाहती थी कि अगर यही बात है तो उसे इतनी कोशिश करने की जरूरत नहीं है। रंजन जब विदेश में एक छात्र और वहाँ कैरियर के लिए भागमभाग वाली जिन्दगी की तुलना करते हुए सहजता से बोल रहा था तो माया को वह बड़ा प्रभावशाली लगा था।

"जब आप पैसा कमाने के फेर में पड़ जाते हैं तो पूरी तस्वीर ही बदल जाती है।" उसने एक हाथ लहराते हुए कहा था।

रंजन की माँ ने गर्व के साथ अपने बेटे को देखते हुए जबरदस्ती हल्के-से हँसकर कहा था, "हो सकता है। लेकिन तुम ईमानदारी से यह क्यों नहीं कह देते कि तुम्हें काम से घर लौटकर खाना पकाना अच्छा नहीं लगता था ?"

फिर माया की ओर मुड़ते हुए उन्होंने अर्थपूर्ण ढंग से कहा था, "हमारे हिन्दुस्तानी लड़के इतने बिगड़े हुए होते हैं, पता है ? वे हमेशा यही उम्मीद लगाए रहते हैं कि उनकी माँएँ...और बाद में, उनकी बीवियाँ उनके लिए पिसेंगी।"

माया ने रंजन पर इस बात के प्रभाव को देखने के लिए नजर चुराकर उसे देखा था। वह पीछे को झुका हुआ था, उसके दोनों हाथ गद्देदार सोफे की पीठ पर फैले हुए थे, और उसके चेहरे पर एक घुन्नी मुस्कान थी। मिसेज मलिक की इस बात ने चित्रा को फौरन चालू कर दिया था, "मुझे जैसे पता नहीं ! हमारे घर का भी यही हाल है। माया के पिताजी भी घर पर बिल्कुल नवाब बनकर रहते हैं। वैसे ही उनके भाई हैं—और यह तो देखिए, वह उनसे भी छोटे हैं। आप चिन्ता मत कीजिए, माया को घर का कामकाज करने की आदत है—हफ्ते के आखिरी दिनों में वह मुझे रसोई में घुसने भी नहीं देती। 'माँ, तुम आराम करो,' वह कहती है, 'मैं सब कर लूँगी।'

माया इस ज्यादती पर चिहुँक गई थी। रंजन की आँखें उसी पर टिकी थीं। वह उसे ध्यान से देख रहा था। वह अपनी साड़ी से खेलती हुई उसकी कमीज के बारे में सोच रही थी। बेशक, अमरीकी ही है।

जब वे लोग मलिक लोगों के घर से चले तो चित्रा ने अपने इन मेजबानों के बारे में लगातार बोलना चालू कर दिया था। बोली, "तुमने रंजन की घड़ी देखी ? जरूर इम्पोर्टिड होगी। उसकी माँ की घड़ी भी तो इम्पोर्टिड थी। हो सकता है वही अमरीका से अपनी माँ के लिए लाया हो। मैंने सुना है, वह बहुत प्यार करनेवाला इन्सान है।"

माया ने गौर किया था कि रंजन का अपनी माँ के साथ जो रवैया था, उसमें उसकी इजाजत चाहने का आभास था। जब उसकी माँ उन्हें विदा कहने के लिए उठी तो कैसे वह उछलकर खड़ा हो गया था और माँ की कोहनी पकड़ ली थी, या जब चित्रा ने यह इशारा किया था कि माया 'बाद में' अपना कैरियर बनाने में बहुत दिलचस्पी रखती है, तो कैसे दोनों माँ-बेटे झट से एक-दूसरे की आँखों में आँखें डालकर देखने लगे थे। उस पल माया शर्मसार हो गई थी और मनुहार-भरी नजरों से प्रदीप मामा को देखने लगी थी।

"कैरियर ?" मिसेज मलिक ने एक भौंह चढ़ाते हुए कहा था, "कैसा कैरियर ?"

चित्रा ने अटकते हुए कहा था, "अरे, कुछ खास नहीं। मेरा मतलब था, उसने टेक्सटाइल डिजायनर की ट्रेनिंग की हुई है। अच्छा हाथ है उसका। शायद वह मुम्बई में किसी बड़ी कपड़ा मिल में काम करना चाहे। हमने सुना है यहाँ अच्छे मौके हैं। अच्छी तनख्वाह है। आजकल तो ढंग से रहने के लिए दोनों लोगों को काम करना पड़ता

है—ऐसा ही है न ?''

रंजन ने अपनी माँ की जगह लेते हुए ऐलान किया था, ''सही कहा आपने, आजकल यही चलन है। लेकिन जहाँ तक मेरी बात है, तो मैं इतना कमा रहा हूँ कि उसमें एक बीवी और परिवार का गुजारा हो सकता है। मेरा तो मानना है कि औरत का फर्ज यह है कि वह घर को अच्छी तरह से चलाए।'' और फिर, माया से मुखातिब होते हुए उसने चुनौती-भरे स्वर में पूछा था, ''क्या तुम इससे सहमत हो ?''

माया तो इस सवाल के लिए तैयार थी नहीं, सो उसने बिना कुछ कहे सिर हिला दिया था, जबकि सभी लोग उसके नपे-तुले विचार सुनने के इन्तजार में थे। अन्त में, उसके मामा ने ही हस्तक्षेप करते हुए हँसकर कहा था, ''हमारी माया बहुत गुणवती है। स्कूल और कॉलेज में हमेशा अच्छे नम्बरों से पास हुई है। अपनी ट्रेनिंग का वह कभी भी फायदा उठा सकती है और घर से ही कोई काम शुरू कर सकती है। मसलन, साड़ियों का डिजायन कर उन्हें बेच सकती है। आखिर, आज की लड़कियाँ भी अपने आपको जताना चाहती हैं। बेशक, छोटे पैमाने पर ही। ऐसा कुछ नहीं जिससे उनके घर के काम-काज में कोई रुकावट पैदा हो। किसी भी हिन्दुस्तानी परिवार में, पति का आराम सबसे पहले देखा जाता है, और सब चीजें उसके बाद आती हैं। लेकिन जवान लड़कियों के लिए अच्छा रहता है कि उनका कोई-न-कोई शौक हो। इससे वे व्यस्त भी रहती हैं।''

रंजन ने प्रदीप मामा की बात से सहमति-असहमति न जताते हुए चुप्पी साधे रखी थी, जबकि उसकी माँ कामचोर नौकरों को धुआँधार हिदायतें देने में मशगूल हो गई थी।

जब उन्हें टैक्सी दिखाई दे गई, और वे उसकी ओर बढ़े, तो चित्रा फिर से नौकरों के विषय पर लौट आई। बोली, ''मिसेज मलिक का रवैया पक्का मुम्बईवाला है। माया...मैं सोचती हूँ तुम भी उन्हें गौर से देख रही थीं। नौकरों से किस तरह पेश आया जाए, यह भी एक कला ही है, और इन मुम्बईवालों ने इसमें महारत हासिल की हुई है। ये लोग नौकरों की कैसी भी गुस्ताखी बर्दाश्त नहीं करते। तुमने देखा जब वह चाय की ट्रे ढंग से नहीं पकड़ने के लिए उन्हें डाँट रही थीं तो उनके चेहरे पर कैसा भाव था ? बिल्कुल महारानी लग रही थीं।''

माया को अपनी माँ के लिए थोड़ा अफसोस हुआ। वह इतना कमतर क्यों समझ रही थी अपने आपको ? उस घमंडी औरत ने माँ के आत्मविश्वास को इतना गिरा कैसे दिया ? माँ के मन में कमतरी के इस अहसास का कारण मिसेज मलिक थी या मुम्बई ? या दोनों ही ?

इसमें कोई शक नहीं कि मुम्बई यहाँ आनेवालों को ऐसी दिखाई देती है। लेकिन यह बात तो थी नहीं कि उसकी माँ इससे पहले कभी कलकत्ता से बाहर ही नहीं गई हो। वह तो दो बार मुम्बई भी हो आई थी, अपने भाई और उसके घरवालों से मिलने। लेकिन वे लोग मुम्बई के कस्बाई इलाके में रहते थे—और माया ने जो कुछ देखा-समझा

था, उसके हिसाब से वह एक अलग ही दुनिया थी। कस्बाई जिन्दगी तो फिर कस्बाई ही होती है, वह चाहे कहीं की भी हो। लेकिन दक्षिणी मुम्बई भिन्न थी—यह चमचमाती हुई, और खतरनाक ढंग से धौंस जमानेवाली थी। सौभाग्य से, माया पर इसका बिल्कुल ही अलग असर पड़ा। उन्होंने जो टैक्सी की, उसमें एक कार स्टीरियो लगा था। उस समय स्टीरियो में एक नई हिन्दी फिल्म का हिट गीत 'भोली भाली लड़की' चल रहा था। जब वे तीनों उस टैक्सी में बैठे तो माया को लगा कि उसे इस मुम्बई से अटूट प्यार हो चला है। अगर रंजन से उसकी शादी हो गई तो वह फौरन ही इसका हिस्सा बन जाएगी। माया को पता था कि अगर किस्मत से वह दूसरी मिसेज मलिक बन गई तो हमेशा के लिए मुम्बई से बँध जाएगी।

उनकी टैक्सी हथठेलों, बसों, पैदल राहगीरों और गायों को पीछे छोड़ती हुई बढ़ी जा रही थी। प्रदीपदा अपने स्वभाव के विपरीत चुप थे।

प्रदीपदा ने इक्जॉस्ट के धुएँ से बचने की नाकाम कोशिश में एक रूमाल अपनी नाक पर रख लिया था और बड़बड़ाते जा रहे थे—"हर साल भीड़भाड़ बढ़ जाती है, कारें बढ़ जाती हैं।"

चित्रा ने माया से सवाल करने से पहले अपने भाई की ओर मुड़कर कहा, "तो तुम्हारा क्या सोचना है ? सबकुछ कैसा रहा ? क्या उन लोगों ने हमें पसन्द किया होगा ?"

प्रदीपदा ने मुँह पर कामचलाऊ मास्क लगा रखा था, इसलिए उन्होंने घुटी आवाज में जवाब दिया, "यह तो मुझे पता नहीं कि उन्होंने हमें पसन्द किया या नहीं," वह बोले, "लेकिन हाँ, लगता है रंजन ने जरूर माया को पसन्द कर लिया है।"

"सच ? तुम्हें कैसे पता ? मुझे तो कुछ पता ही नहीं चला।" चित्रा ने चकित होते हुए कहा। "क्या तुम्हें ऐसा लगा ?" उसने अपनी बेटी से पूछा। उसके माथे पर चिन्ता की लकीरें थीं।

माया ने सिर हिला दिया। उसके होंठों पर हल्की मुस्कान तैर रही थी। चित्रा को तसल्ली नहीं हुई, "बताओ न, प्लीज ! तुम्हें कैसे पता चला ? उसने तो कुछ कहा भी नहीं। मेरा मतलब है उसने सीधे तुमसे तो कोई बात की नहीं थी, माया।"

प्रदीपदा ने चहकते हुए कहा, "मैं एक मर्द हूँ—मुझसे पूछो। उसने आँखों की जबान से काम लिया, जो कहीं ज्यादा रोमांटिक होती है। तुमने गौर नहीं किया ?"

उनकी टैक्सी गलियों में उमड़ती भीड़ के बीच से होती हुई आगे बढ़ी जा रही थी, और माया मुम्बई की पीछे छूटती छवियों को घूरने में व्यस्त थी। "ये लोग कहाँ जा रहे हैं ?" उसने अपने मामा से पूछा।

प्रदीपदा ने इस सवाल पर थोड़ा हैरान होते हुए नजरें उठाकर देखा। "कौन ? कहाँ ? क्या ? मुझे नहीं मालूम। हो सकता है काम पर जा रहे हों। मुम्बई में लोग हर

समय कहीं न कहीं जाते ही रहते हैं। यह शहर कभी शान्त नहीं बैठता,'' प्रदीपदा ने कहा।

माया कार की खिड़की से बाहर ताकती रही। ''यह सारी भागमभाग देखकर आपका सिर नहीं चकराता ?'' उसने पूछा।

प्रदीपदा ने जवाब दिया, ''बिल्कुल नहीं। मुझे तो इसकी आदत हो गई है। तुम यहाँ रहना शुरू कर दोगी न, तो तुम्हें भी इसकी आदत हो जाएगी। तुम भी इसका एक हिस्सा बन जाओगी। सड़क पार करते उस आदमी को देख रही हो जिसके हाथ में ब्रीफकेस है ? उसके कम-से-कम चौदह घंटे घर से बाहर लगातार चलते हुए ही बीतते होंगे। यही बात तो मुम्बई को दिलचस्प बनाती है।''

चित्रा ने खीझते हुए पूछा, ''क्या ? चलते हुए ? क्या बेहूदगी है ! तुम लोग बकवास करके अपना समय बरबाद कर रहे हो। मैं तो इतने तनाव में हूँ। तुम्हारे खयाल से वे अपना फैसला हमें कब बताएँगे !''

माया ने मुड़कर अपनी माँ को देखा। ''फैसला ?'' वह बोली, ''माँ, आप यह शब्द कैसे इस्तेमाल कर सकती हैं ? मुझ पर मुकदमा नहीं चल रहा है, पता है !''

चित्रा को पता नहीं था कि उस पर इस तरह हमला होगा। वह घबरा गई और अटकते हुए बोली, ''ठीक है, ठीक है। मैंने अगर गलत शब्द का इस्तेमाल कर भी दिया तो क्या हो गया ? बड़ा जुर्म हो गया क्या ? तुम्हें यह नहीं भूलना चाहिए कि मैं लॉरीटो हाउस की भाषा की प्रोफेसर नहीं हूँ।''

प्रदीपदा ने अपनी बहन का हाथ थपथपाते हुए कहा, ''अब शान्त भी हो जाओ। मैं तुम्हें बता रहा हूँ कि सबकुछ ठीक-ठाक हो गया है। माया बेहद प्यारी लग रही थी। रंजन तो उसे घूरे ही जा रहा था।''

माया बीच में बोल पड़ी, ''उन्होंने मुझसे यह कैसे कह दिया कि मैं शादी के बाद काम नहीं कर सकती ? आजकल कोई पढ़ी-लिखी, ट्रेंड लड़की घर में बैठती है क्या ? मुझे उनकी वह बात पसन्द नहीं आई।''

चित्रा ने दखल देते हुए तीखी आवाज में कहा, ''ये सारी बातें तो बाद में भी सुलटाई जा सकती हैं। पहले उन्हें 'हाँ' तो कहने दो। फिर हम इस बारे में भी बात कर सकते हैं। और अब बेकार की बकवास बन्द करो। मैं काली माँ से प्रार्थना कर रही हूँ। अगर उन्होंने मेरी प्रार्थना सुन ली, तो कल शाम तक हमें जवाब मिल जाएगा। आखिर, हम मुम्बई में ही तो पड़े नहीं रह सकते।''

माया का ध्यान लड़कियों के एक झुंड पर चला गया। वे लड़कियाँ एक बस-स्टॉप पर खड़ी बड़े जोश में बातें कर रही थीं। ''देखो, प्रदीप मामा—उन लड़कियों को देखो। उनकी स्कर्टें कुछ ज्यादा ही ऊँची और तंग नहीं हैं क्या ? कलकत्ता में कोई लड़की इस तरह के कपड़े पहनने की हिम्मत नहीं कर सकती। इन लोगों को डर नहीं लगता ?''

प्रदीपदा मुस्कुरा दिए। बोले, ''ये लड़कियाँ ? और डर ? मेरी बच्ची, तुम उन्हें नहीं जानतीं। ये पक्की मुम्बईवाली हैं। इनके साथ कोई ऐसी-वैसी हिमाकत नहीं कर

सकता—कोई भी नहीं। वे किसी भी मर्द जैसी मजबूत हैं। सच तो यह है कि लड़के ही इनसे डरते हैं—ऐसी धुनाई करती हैं कि बस !''

चित्रा अपनी साड़ी से छेड़छाड़ कर रही थी। ''मुझे कुछ और पहनकर आना चाहिए था। कुछ और फैशनेबल चीज—क्या सोचते हो ? मैंने सोचा था कि हम सब बंगाली हैं, इसलिए सिल्क की उम्दा तंगैल ठीक रहेगी, लेकिन मिसेज मलिक तो मुम्बईछाप साड़ी पहने थीं—शिफॉन ही रही होगी, क्यों ?'' वह बोली।

माया ने प्यार से अपनी माँ के गले में एक बाँह डालते हुए कहा, ''छोड़ो भी माँ, इससे क्या फर्क पड़ता है ? और फिर, तुम तो रंजन की माँ से कहीं ज्यादा अच्छी लगती हो। मैं दावे से कह सकती हूँ कि उन्हें तुमसे जलन हो रही थी।''

चित्रा ने जोर से अपना सिर हिलाते हुए कहा, ''हमारी उम्र की औरतें एक-दूसरे की साड़ियाँ और जेवर देखती हैं, शक्ल-सूरत नहीं। मैंने देखा था, वह कैसे मुझे ऊपर से नीचे तक घूर रही थी—मैं उसे जरूर गन्दी लग रही हूँगी। लेकिन कम-से-कम तुम तो अच्छी दिख रही थीं।''

माया हँस दी। ''मैं बहुत अच्छी दिख रही थी,'' वह बोली, ''और जानती हो क्यों ? क्योंकि मुझे मुम्बई में आकर बहुत अच्छा लग रहा था।''

उसके मामा ने उसे छेड़ते हुए कहा, ''रंजन से मिलकर नहीं ?''

''वह भी। मुझे उसकी आँखें अच्छी लगीं, और उसका कद भी। कुल मिलाकर खराब नहीं है। शायद वह क्रिकेट भी खेलता है या बैडमिंटन। उसकी कलाइयाँ मजबूत दिखती हैं। उसका सीना चौड़ा है। और दाँत काफी सफेद हैं। हाँ, उसके बाल कटिंग माँगते हैं, और उसके जूते, थोड़ी पॉलिश। उसके बाएँ कान के नीचे जो तिल है, वह प्यारा लगता है। उसकी लम्बी-लम्बी पलकें भी। और मुझे उसकी आवाज भी सचमुच अच्छी लगी—भले ही उसकी बातें पसन्द न आई हों।''

चित्रा ने इतराते हुए प्रदीपदा को देखा। वह टैक्सी की अगली सीट पर बैठे हुए थे। ''सुना तुमने ?'' वह बोली, ''हमारी माया तो उस लड़के की दीवानी हो गई है।''

माया शरमाकर रह गई। वह कुछ नहीं बोली। वह सड़क-किनारे बनी दुकानों के नियॉन लाइट से रोशन शोरूम्स को देखने में ही इतनी मगन थी, और यह सोचकर हैरान हो रही थी कि वह कब इस शहर का हिस्सा बनेगी जो उस पर इतनी तेजी से—बहुत ही तेजी से—जादू कर गया है, जबकि उसके मन पर इस शहर की पहली छाप बिल्कुल ही अलग थी। तब उसके मन में इस शहर के लिए वैरभाव था। जब उनकी टैक्सी एक बहुत बड़े फुटबॉल मैदान का चक्कर काटती हुई उसके मामा के घर के आगे रुकी तो माया हल्के पाँवों और उससे भी हल्के मन से वहाँ उतरी। उसका मन कह रहा था कि मलिक परिवार का जवाब—'हाँ' ही होगा, और मुम्बई निश्चित तौर पर आखिर में उसका घर बन जाएगा। माया यहाँ से वापस जाने के लिए नहीं आई थी।

1

"तुम कभी घर से बाहर नहीं निकलतीं क्या ?" निखिल ने चलते-चलते मुझसे पूछ लिया। उस समय वह एक स्पोर्ट्स-बैग और टेनिस का रैकिट लिये जल्दी में कहीं जा रहा था। निखिल वर्मा चौथी मंजिल पर रहनेवाला मेरा पड़ोसी था।

मैं उस समय अपने फ्लैट के दरवाजे पर खड़ी फर्श पर पोंछा लगानेवाली बुहारी का मोल-तोल कर रही थी। बुहारी बेचनेवाला अपना माल बेचने पर अड़ा था और मुझे मनाने की कोशिश भी कर रहा था। "सबसे बढ़िया क्वालिटी है," उसने एक झटके से एक बुहारी खोलते हुए मुझे विश्वास दिलाया।

मैं निखिल को देख रही थी। सीढ़ियों के बीच के पायदान पर बनी खिड़कियों से मैं उसे जाता हुआ देखती रही। हमारी बिल्डिंग के बगल की छोटी-सी गली से फुर्ती से दौड़ता हुआ वह एक गढ़्ढे के ऊपर से कूदकर अपनी मोटरसाइकिल पर सवार हो गया। मैं सोचने लगी कि पता नहीं किस कॉलेज में पढ़ रहा होगा वह, कैसा होगा उसका कॉलेज, रोज सुबह उसे कितनी दूर जाना पड़ता होगा, और क्या उसके कॉलेज में लड़कियाँ भी पढ़ती हैं ! मैंने कल्पना करने की कोशिश की कि वह अपनी क्लास में कुछ मिनट देर से पहुँच रहा है, उसके प्रोफेसर उसे डाँट रहे हैं, और दूसरे विद्यार्थी इस लड़के का स्वागत कर रहे हैं जो शायद उनकी क्लास का हीरो है। मैंने यह निष्कर्ष निकाला कि अगर वह मेरे समय में विद्यार्थी होता तो जरूर हीरो होता। यह सब सोचते हुए मैं 'मुम्बई की सबसे बढ़िया बुहारी' की खुरदरी सतह पर उँगलियाँ फिरा रही थी, पर मेरा ध्यान कहीं और था।

निखिल अपने घरवालों से बिल्कुल भिन्न था। अपनी घमंडी माँ पुष्पा जैसा तो सचमुच ही नहीं था वह। यह सोचकर मेरे होंठों पर एक व्यंग्य-भरी मुस्कान आ गई। मैंने अपने मन में उसे 'पगली पुष्पा' का खिताब दे रखा था। मुम्बई में वह मेरी सबसे पहली 'औपचारिक' दोस्त बनी थी। दोस्त भी और पड़ोसन भी। मेरे पति रंजन और निखिल के पिता दीपांकर एक ही बैंक में काम करते थे और पुष्पा ने मुझे अपने संरक्षण में लेने का फैसला कर लिया था। एक तरह से गोद ले लिया था मुझे।

"तुम मुम्बई के लिए नई हो। मेरी सारी जिन्दगी यहीं बीती है। मैं यहीं पैदा हुई, यहीं पढ़ी-लिखी, और यहीं मेरी शादी हुई।" उसने मुझे बताया था। यह मेरे इस बिल्डिंग में आने के अगले दिन की बात है। पुष्पा ने मुझे कॉफी पीने के लिए बुलाया था, "मैं तुम्हें सबकुछ दिखा दूँगी। मुम्बई और कलकत्ता में फर्क है। तुम देखोगी कि यहाँ के लोग बिल्कुल अलग हैं। यह तो अच्छी बात है कि बैंक ने रंजन को बगल का फ्लैट दे दिया है। भगवान का लाख-लाख शुक्र है कि मिस्टर और मिसेज ददलानी को यह फ्लैट एलॉट नहीं किया गया। बड़े भयंकर लोग हैं। खासकर कमली। बेशक, उससे भी तुम्हारी मुलाकात होगी। बैंक की नौकरी का तो तुम्हें पता ही है—बस पार्टियाँ ही पार्टियाँ होती रहती हैं। चिन्ता मत करो, तुम्हें आदत पड़ जाएगी।"

ठीक उसी पल निखिल ने छोटे-मोटे सामानों से अँटी बैठक में आकर बीस रुपए की माँग की थी।

"बेटा, आओ हमारी नई पड़ोसन मिसेज मलिक से मिलो। मिसेज रंजन मलिक हैं यह। पापा और मिस्टर मलिक बैंक में साथ-साथ काम करते हैं। मिसेज मलिक... माया मलिक कलकत्ता की हैं। इन्हें मुम्बई की कोई जानकारी नहीं है, बेचारी ! मैंने इनसे कह दिया है कि चिन्ता करने की कोई जरूरत नहीं है। आखिर मैं तो हूँ ही यहाँ। अगर पड़ोसी ही एक-दूसरे के काम नहीं आएँगे तो पड़ोसी किस बात के, क्यों ?"

मैंने उत्सुकतावश निखिल को देखा था। पहली नजर में मुझे वह थोड़ा-सा विनम्र 'उमदा' लगा। क्या उम्र रही होगी उसकी ? अठारह या उन्नीस से ऊपर तो नहीं होगी। मैंने कुछ मजे में उस पल को याद किया। 'उमदा'...कितनी कमजोर ध्वनि है इस शब्द की। आप किसी निरापद जलरंग को तो 'उमदा' बता सकते हैं या चीनी मिट्टी के किसी सस्ते, खूबसूरत बर्तन को भी, लेकिन एक जवान मर्द को ?

शायद मेरा मतलब यह था कि निखिल अपनी माँ से मेल नहीं खाता था और न ही उस पर अपनी माँ की छाप थी (उसके पिता से अभी तक मैं मिली नहीं थी)। पुष्पा तो गोल-मटोल थी, जबकि निखिल छरहरा था। निखिल की घनी पलकोंवाली छोटी-छोटी भूरी आँखें पुष्पा की गोल-गोल लोभी आँखों से बिल्कुल मेल नहीं खाती थीं। निखिल के हाव-भाव भी अलग थे—वह तेज चाल से चलता था, जैसे कोई जानवर हड़बड़ी में हो। वह आम चलन से कुछ बड़े बाल रखता था और उसके कपड़े बेढंगे, लेकिन साफ होते थे। बहुत साफ। साफ जूते, साफ मोजे, सफाई से कटे नाखूनों वाले साफ हाथ। कुल मिलाकर निखिल सबको खुश रखनेवाला ऐसा व्यक्ति लगता था—जो

अपने आपको और अपनी शक्ल-सूरत-पहनावे को काफी अहमियत देता था। उसमें कोई दिखावा नहीं था। कोई बड़बोलापन नहीं था। उसमें कुछ भी असाधारण नहीं था, सिवाय उसके मुँह और मुस्कुराहट के। जब वह मुस्कुराता था तो उसकी मुस्कान इतनी अप्रत्याशित और वशीभूत करने वाली होती थी कि इससे उसका चेहरा चमत्कारिक ढंग से बदल जाता था और वह एक ऐसा योद्धा लगने लगता था जो किसी विजय-जुलूस की अगुआई कर रहा हो।

उसके सपाट सीने पर मैंने सोने की एक जंजीर भी चमकती देखी थी। उसमें एक छोटा-सा लॉकेट लटक रहा था। शायद कोई तावीज वगैरह रहा होगा। पुष्पा ने मुझे इस लॉकेट को घूरते हुए देख लिया था। वह बोली थी, ‘‘ओह...तुम भाग्यशाली लॉकेट को देख रही हो ! तुम्हें बताऊँ, दीपांकर और मुझको बेटे की इतनी जरूरत थी कि हम इसके लिए रात-दिन प्रार्थना कर रहे थे। बोलो, कौन औरत बेटा नहीं चाहती ? वह भी दो बेटियों के बाद ! यह बात नहीं कि मैं अपनी बेटियों से प्यार नहीं करती। अरे ! मैं तो उन पर जान छिड़कती हूँ। लेकिन लोग चाहे जो भी कहें, लड़का तो लड़का ही होता है। कितनी पूजा-वूजा करवाई, तब जाकर हमें हमारा निखिल मिला। यह चेन इसके गले में मैंने इसके नामकरण पर डाली थी। जानती हो, तब से इसने इसे उतारा नहीं है। मेरा निखिल है ही ऐसा। इतना भावुक है कि तुम विश्वास ही नहीं करोगी। जन्मदिन हो, शादी वगैरह की वर्षगाँठ हो, और सब भूल सकते हैं—लेकिन निखिल नहीं।’’

‘‘बीस रुपए।’’ निखिल ने फिर कहा।

उसकी आवाज सुनकर तो मैं चौंक गई थी। बहुत भारी आवाज थी। बहुत वयस्क। बहुत दृढ़। उसकी आवाज में अनुरोध कम, आदेश का भाव ज्यादा था। पुष्पा स्टील की एक अलमारी की तरफ बढ़ी थी और उसने अपनी कमर में खुँसे चाभियों के एक भारी-से गुच्छे से सही चाभी निकाली थी।

‘‘पैसा, पैसा, पैसा,’’ वह बड़बड़ाई थी, ‘‘आजकल बच्चों को बस पैसा चाहिए—पैसा, और पैसा।’’

निखिल ने अपने जूतों से फर्श पर थाप दी थी। वह अधीर दिख रहा था।

‘‘यह लो,’’ पुष्पा ने उसे पचास का एक नोट पकड़ाते हुए कहा था, ‘‘पचास ले लो, बेटा !’’

‘‘बीस,’’ निखिल ने दोबारा कहा था, ‘‘मुझे बीस रुपए चाहिए...टैक्सी के लिए।’’

पुष्पा ने झूठमूठ का गुस्सा दिखाते हुए सिर हिलाया था, ‘‘टैक्सी ! तुम्हारी उम्र में हम बस से आया-जाया करते थे, या ट्रेन से। पैदल चलने से भी हमें कोई गुरेज नहीं था। यह सब टैक्सी-वैक्सी क्या है ?’’

निखिल ने तुनककर कहा था, ‘‘जल्दी करो...मीटर चल रहा है, और ड्राइवर के पास खुले पैसे नहीं होंगे। बीस रुपए।’’

मैंने जल्दी से अपना पर्स खोलकर पैसे निकाले थे और निखिल के हाथ में पकड़ा

दिए थे, ''यह लो...बीस रुपए। ले लो।''

उस पल पहली बार निखिल ने सीधे मेरी तरफ, मेरी आँखों में देखा था, और मुस्कुरा दिया था। उसकी उँगलियाँ मेरी हथेली से थोड़ी देर के लिए छू गई थीं और जरूरत से एक-दो सेकेंड ज्यादा देर तक वहीं ठहरी रही थीं।

''शुक्रिया,'' उसने बड़े प्यार से कहा था और हिचकिचाया था, ''क्या मैं 'शुक्रिया, आंटी' कहूँ ?''

मैंने शरमाकर अपना सिर हिला दिया था। पुष्पा ही जल्दी से बीच में बोल पड़ी थी, ''बेशक तुम्हें मिसेज मलिक को 'आंटी' ही कहना चाहिए। यह छोटी हैं तो क्या ? यह एक शादीशुदा औरत हैं, और तुम्हारे पिताजी के साथ काम करनेवाले की बीवी हैं। यह तुम्हारी उम्र की तो हैं नहीं कि तुम उनके साथ बेतकल्लुफ होगे। सही इज्जत देना सीखो, बेटा ! यह हिन्दुस्तान है, अमरीका नहीं, याद रखना। मैं हमेशा तुमसे यही कहती हूँ।''

परेशान होकर मैं खड़ी हो गई थी। मैंने कहा था, ''ठीक है। सच में, बिल्कुल ठीक है। अगर वह मेरा नाम लेकर भी बुलाएगा तो मुझे बिल्कुल बुरा नहीं लगेगा। या वह मुझे मिसेज मलिक भी कह सकता है। लेकिन, मेहरबानी करके यह आंटी वाला चक्कर रहने दीजिए। मुझे बड़ी शर्म आती है।''

निखिल फुर्ती से दौड़ता हुआ टैक्सीवाले को पैसे देने के लिए चला गया और पुष्पा मुझसे मुखातिब हो गई थी। उसने कहा था, ''हमें छोटों को अपनी परम्परा को तोड़ने की इजाजत नहीं देनी चाहिए। देखो तो इस कॉम्पलेक्स के कुछ और बच्चे किस तरह से बरताव करते हैं। उनकी कोई मान्यताएँ ही नहीं हैं। कोई तमीज नहीं है। कोई तहजीब नहीं है। मैं कहती हूँ, यह बड़ी शरम की बात है। हमारे यहाँ तो दोनों ही इन बातों पर बहुत ध्यान देते हैं। बड़ों को सही इज्जत मिलनी चाहिए, तुम्हारा क्या खयाल है ? नहीं तो ये बच्चे हमारे सिर पर चढ़ने लगते हैं।''

मैं मुस्कुरा दी थी। मैंने कहा था, ''आप जो कह रही हैं, वह बिल्कुल सही है। लेकिन, बुनियादी बात तो यह है कि मैं अपनी गिनती 'बड़ों' में नहीं करती। निखिल मुझसे पाँच या छः साल ही तो छोटा होगा।''

पुष्पा इस बात पर सोच में पड़ गई थी, और फिर कुछ मिनट बाद ही उसका चेहरा खिल उठा था। वह बोली थी, ''ठीक है, ठीक है। मैंने एक हल ढूँढ़ निकाला है। तब तो निखिल तुम्हें 'दीदी' कह सकता है। यह ठीक रहेगा, मैं सोचती हूँ। तुम उसकी बड़ी बहन जैसी ही तो हो। मेरी बेटी तुम्हारी उम्र की है। मैं निखिल से कह दूँगी...चिन्ता मत करो। इससे बात बन जाएगी।''

बुहारी बेचनेवाले का धीरज टूट रहा था। मेरी निगाहों का पीछा करते हुए उसने भी निखिल को मोटरसाइकिल पर सवार होकर वहाँ से जाते देखा। वह अपने पीछे धुआँ

छोड़ता निकल गया था।

"चौथी मंजिल पर रहनेवाला लड़का है...मिसेज वर्मा का बेटा। थोड़ा गरम मिजाज का है...लेकिन जब माँ ही ऐसी है तो उसे कौन दोष दे सकता है ?"

"तुम्हें कैसे पता ?" मैंने कहा। मैंने अपनी आवाज को इतना तीखा नहीं रखना चाहा था, जितनी हो गई थी।

सेल्समैन ने मेरे दरवाजे पर फैली बुहारियों को समेटते हुए कहा था, "अरे बाबा, मुझे इस बिल्डिंग में आते दस साल से भी ज्यादा हो गए हैं। सब मुझे जानते हैं और मैं सबको जानता हूँ। यह लड़का मेरे सामने बड़ा हुआ है। लड़कपन में तो वह निरा शैतान था। पन्द्रह-सोलह का था तो उसके पिता क्या पिटाई करते थे उसकी !"

मैं रुकते-रुकते भी पूछ बैठी, "क्यों ? क्या करता था वह ?"

सेल्समैन ने असहमति में अपना सिर हिलाते हुए कहा, "उसकी उम्र के लड़के और क्या करते हैं ? लड़कियों से मेल-जोल ही तो करते हैं। वह नलिनी मेहता...ग्राउंड फ्लोरवाली...क्या तमाशा था वह, बस पूछो मत। सारी बस्ती इस बारे में बात करती रहती थी। अब, कितनी बुहारी दूँ आपको ? छः ले लीजिए। आपके लिए खास डिस्काउंट है। मेरा विश्वास कीजिए, मुम्बई में इससे सस्ती बुहारी आपको कहीं नहीं मिलेगी। यह मेरा चैलेंज है।"

मैं पैसे लाने बेडरूम में चली गई और सही रकम के लिए धीरे-धीरे पैसे गिन ही रही थी कि मैंने देखा, मेरी उँगलियाँ काँप रही हैं। नलिनी मेहता...कौन-सी लड़की थी वह ? लम्बे लहराते बालों और गुस्ताख हल्की आँखोंवाली वह लड़की ? या वह मोटी, नाटी और उछलती चाल और बालोंवाली लड़की ? निखिल की पसन्द में उनमें से कौन सही बैठती थी ?

मैंने नजरें उठाईं और कपड़ों की अलमारी में लगे शीशे में अपना चेहरा देखा। मेरे माथे पर चिन्ता की लकीरें उभर आई थीं और आँखें बदहवास और विचलित हो रही थीं। 'यह तो हास्यास्पद है,' मैंने चौबीस रुपए गिनते हुए अपने मन में कहा। मुझे इससे क्या फर्क पड़ना था कि निखिल क्या करता है, उसकी दिलचस्पी किसमें है और दोनों लड़कियों में से कौन उसकी पसन्द में ज्यादा सही बैठती है ?

फिर भी एक मूर्खतापूर्ण ईर्ष्या ने कुछ देर के लिए मुझे जड़ कर दिया। गरम-गरम आँसू मेरे गालों पर लुढ़कने लगे और मेरी साँस उखड़ गई। मैंने नोटों को अपने ब्लाउज में खोंसा और अपना मुँह धोने बाथरूम की तरफ भागी। मैं नहीं चाहती थी कि बुहारी बेचनेवाला मुझे इस हालत में देखे। इस खयाल से भी मैं उलझन में पड़ गई। यह सेल्समैन अपने आपको समझता क्या है...कितनी गुस्ताखी है उसकी हरकतों में, पहले तो मेरे घर में चला आया और फिर पड़ोसियों के बारे में गैर-जिम्मेदाराना ढंग से बातें करता है। मैं उसे बताऊँगी कि मैं क्या सोचती हूँ।

जब मैं दरवाजे पर आई तो वह पड़ोस के नौकर से बड़े जोश में बातें कर रहा था। मुझे देखते ही वे एकदम चुप हो गए।

"यह लो।" मैंने पैसे पकड़ाते हुए कहा।

सेल्समैन ने अपना गला साफ किया। "बुरा मत मानिएगा, मेमसाब," उसने धीरे-धीरे कहा, "लेकिन आपको थोड़ा बाहर भी निकलना चाहिए। इस शहर में देखने को बहुत कुछ है, बहुत कुछ। यह अपने आप में पूरी दुनिया है। फिर भी आप सारा समय घर में ही बन्द रहती हैं। क्या आपको कलकत्ता की याद सता रही है ?"

इसकी हिम्मत कैसे हुई ! इस निरे अजनबी, घर-घर जाकर सामान बेचनेवाले आदमी की यह हिम्मत कैसे हुई कि मेरी जिन्दगी के बारे में मुझसे बात करे, मुझे सलाह दे–गुस्ताखी तो देखो !! मैं अपनी आवाज ऊँची करके उसकी बदतमीजी पर अपनी चिढ़ को जताना ही चाहती थी कि फिर मैंने अपना विचार बदल दिया।

"ये लो अपने पैसे," मैंने रुखाई से कहा। मेरी आवाज में तीखापन था। उसने इसे सरसरी तौर पर ही लिया और इन्तजार करने लगा कि शायद मैं कुछ कहूँगी। जब मैं कुछ नहीं बोली तो वह बुहारी का बंडल बाँधने में समय लगाने लगा। मैं अपना दरवाजा भी बन्द नहीं कर सकती थी, क्योंकि उसका पैर मेरी दहलीज के अन्दर अड़ा हुआ था। जब उसने वहाँ से जाने में और भी ज्यादा समय लगाया तो मैं समझ गई कि वह बातचीत करने के मूड में है।

"पानी," उसने अपने मोटे-से अँगूठे से अपने खुले मुँह की तरफ इशारा करते हुए कहा। मैंने असहमति के अन्दाज में जीभ से आवाज निकाली और स्टेनलेस स्टील के उस गिलास को ढूँढ़ने अन्दर चली गई जो मैं नौकरों और ऐसे ही लोगों के लिए अलग रखती थी। फ्रिज खोलकर उसके लिए ठंडा पानी लेने के बजाय मैंने जान-बूझकर नल का गुनगुना पानी गिलास में भर लिया। वह इससे ज्यादा का हकदार नहीं था।

जब मैं वापस दरवाजे पर आई तो वह दीवार से टिककर खड़ा था, जिससे दीवार पर उसके पसीने के धब्बे बन रहे थे। मैंने अधीर होकर अपनी कलाई घुमाते हुए उसे सीधा खड़ा होने का इशारा किया। थोड़ा चकित होते हुए वह वहाँ से हट गया और गिलास से हबड़-हबड़ पानी पीने लगा, मानो किसी गाँव में, पीतल के लोटे से पानी पी रहा हो।

मुझे थोड़ी देर पहले की अपनी अभद्रता पर कुछ खेद हुआ। मैंने उदासीन रहते हुए पूछ लिया, "कहाँ के रहनेवाले हो ?"

उसने किसी अनजान-सी जगह का नाम बताया।

"यह कहाँ है ?" मैंने यूँ ही पूछ लिया, जबकि यह जानने का मेरा कोई इरादा नहीं था।

उसने अपनी भौंहें सिकोड़ते हुए कहा, "बिहार, मेमसाब, बिहार। पता है आपको कहाँ है ?"

यह मेरी कल्पना थी या सचमुच वह ताना मार रहा था ? मैंने रुखाई से उसे देखा और सिर हिला दिया। उसने फिर भी जाने का नाम नहीं लिया। "साब के पुराने कपड़े होंगे ?" उसने अपनी गन्दी पगड़ी के छोर से अपने मुँह का पसीना पोंछते हुए कहा।

"देख लूँगी," मैंने खीझते हुए कहा, और यह भी जोड़ दिया, "अगली बार।"

वह सीढ़ियों के ऊपरवाली, साँचों में ढली छत को ताकने लगा, "अगली बार ! कौन कह सकता है अगली बार के बारे में ? कोई कल नहीं होता, मेमसाब ! बस आज, बस अभी।"

मैं ठठाकर हँस पड़ी। "ये तमाम अक्ल की बातें कहाँ से सीखीं तुमने ?" मैंने पूछा।

उसने आसमान की तरफ इशारा करते हुए कहा, "अक्ल तो भगवान देता है... केवल भगवान। किताबें तो आपको आँकड़े देती हैं, वे आपको और कुछ नहीं सिखातीं।"

मैंने उसकी तार-तार हो रही धोती और गन्दी कमीज को गौर से देखा। "तुम मुम्बई क्यों चले आए ?" मैंने उससे पूछा।

"कोई मुम्बई क्यों आता है ? रहने के लिए। जिन्दा रहने के लिए। अपना पेट भरने के लिए।" फिर उसने थोड़ा रुककर दिल्लगी में कहा, "...और जिन्दगी के मजे लूटने के लिए। हिन्दुस्तान में रहने लायक जगह अकेली मुम्बई ही है, मेमसाब ! यह बात तो आप भी मानेंगी, मैं जानता हूँ।"

मैं मुस्कुरा दी। "तुम कैसे कह सकते हो ?" मैंने कहा, "यहाँ तो इतनी ज्यादा भीड़भाड़ है, गन्दगी है, सख्ती है।"

उसने बीड़ी जला ली। "जी, लेकिन यहाँ इन्सानियत और दया भी है। आप यहाँ फुटपाथ पर सोते हों तो कोई आपको लात नहीं मारनेवाला। मेरे जैसा कोई आदमी अगर यहाँ मेहनत से कोई भी काम करने को तैयार है तो उसे यहाँ भूखा नहीं मरना पड़ता। यह सही है कि यहाँ कोई किसी की परवाह नहीं करता, लेकिन यहाँ कोई आपको नुकसान भी तो नहीं पहुँचाता। मैं जैसे चाहता हूँ, अपनी जिन्दगी बसर करता हूँ...जैसे मुझे पसन्द है, वैसे जीता हूँ। इस बारे में कोई सवाल नहीं करता। लेकिन मेरे गाँव में ? कोई आदमी अगर खेतों में निपटने भी जाता है तो पूरी बस्ती को पता चल जाता है—यह फर्क है।"

उसने स्टेनलेस स्टील का गिलास लौटाते हुए हाथ जोड़ दिए। अचानक मुझे लगने लगा कि मैं अधम, क्षुद्र, नीच और तुच्छ हूँ।

"रुको," मैंने कहा, "शायद तुम्हारे लिए कोई पुरानी कमीज निकल आए।"

वह खामोश रहा। उसके चेहरे पर गम्भीरता का भाव था। मैं रंजन की कोई पुरानी कमीज ढूँढ़ने फ्लैट के अन्दर गई तो पीछे से उसकी आवाज आई, "वह लड़का निखिल...उसकी लाइन खराब है।"

मैं उसकी यह बात सुनकर रुकी और पीछे घूम गई। "उसकी लाइन खराब है—से तुम्हारा क्या मतलब है ?" मैंने पूछा, और फिर मुझे महसूस हुआ कि मैं भी क्या मूर्खता कर रही हूँ।

लेकिन तब तक बहुत देर हो चुकी थी। बुहारी बेचनेवाले ने इधर-उधर देखा, मानो

यह तय कर रहा हो कि कहीं कोई चोरी-छिपे उसकी बात तो नहीं सुन रहा, और फिर फुसफुसाकर बोला, "उसकी दो गन्दी आदतें हैं...शराब...और..." फिर वह इस तरह खामोश हो गया जैसे आगे की बात कहने में उसे शर्म आ रही हो। उसने पीछे की ओर नजर मारते हुए अपना बंडल उठा लिया, और 'राम-राम मेमसाब,' कहता हुआ मुड़कर चल दिया।

"पुराने कपड़े नहीं चाहिए ?" मैंने उससे पूछा। मेरी आवाज में हताशा और तीखापन था। मुझे यह जानकारी चाहिए थी। मुझे यह जानना ही था। निखिल की दूसरी गन्दी आदत क्या है ? यह आदमी अधूरी बात छोड़कर इस तरह से कैसे जा सकता है ? क्या पता मैं फिर कभी इससे मिल ही न पाऊँ...तब तो मुझे यह कभी पता ही नहीं चल पाएगा।

वह लिफ्ट की बजाय सीढ़ियों से नीचे उतरने लगा तो मैं उसके पीछे भागी। मैं इतने जुनून में थी कि मैं उसके कन्धे पकड़कर उसे वापस अपने घर में खींचने को भी तैयार थी ताकि वह अपनी बात पूरी करे।

और मैं ऐसा कर भी बैठती, लेकिन वह तो निखिल की माँ मेरे रास्ते में आ गई। बदहवासी में मैं उनसे कह बैठी, "आप यहाँ क्या कर रही हैं ?"

उन्होंने मुझे बड़ी अजीब नजरों से देखा, "क्यों ? क्या अब इस बिल्डिंग में कोई नया कानून लागू हो गया है कि अलग-अलग लोग अलग-अलग समय पर यहाँ दिखाई देंगे ? तुम्हारा मतलब क्या है मुझसे इस तरह पूछने का ? यह आम रास्ता है, तुम्हारे बाप की जागीर नहीं। सच, मुझे तो तुम्हारे व्यवहार पर आश्चर्य हो रहा है, मिसेज मलिक ! मुझे नहीं मालूम कि कलकत्ता में पड़ोसी एक-दूसरे के साथ किस तरह का बरताव करते हैं, लेकिन यहाँ मुम्बई में तो हम तमीज से पेश आते हैं।"

आफत तो मैंने खुद मोल ली थी। मैं इस बात को जानती भी थी। मेरी तो जैसे जान ही निकल गई। मैं बोली, "देखिए, मिसेज वर्मा...मेरा यह मतलब नहीं था। मुझे अफसोस है। मैं थोड़ी उलझी हुई थी, आप जानती हैं...मैं किसी काम में उलझी हुई थी...और फिर, गरमी भी इतनी है न, मैं ठीक से सोच भी नहीं पा रही।"

वह मुझे अजीब तरह से घूरती रहीं। फिर तमककर बोलीं, "बकवास ! एकदम बकवास ! गरमी ! कलकत्ता तो जैसे आइसलैंड है। मैं बताऊँ...पता नहीं इन कस्बाई औरतों को मुम्बई में आकर क्या हो जाता है। इनका तो एकदम दिमाग ही घूम जाता है।"

बेशक, अनजाने ही उसने सही रग पर हाथ रख दिया था। मेरा दिमाग ही घूम गया था, और थोड़ा-थोड़ा दिल भी।

2

उस शाम रंजन जल्दी घर आ गया था। उसे 'साइनस हैडेक' था। हमारी शादी के इन कुछ महीनों में मैं उसके जब-तब होनेवाले 'डिप्रेसन' की आदी हो चुकी थी। वह इस डिप्रेसन को अलग-अलग नाम देता था–कभी 'गैस' या 'जोड़ों का दर्द' या फिर 'मांसपेशियों की ऐंठन' या 'नजर का धुँधलापन'। मुझे आमतौर पर इनकी शुरुआत होने से पहले ही पता चल जाता था, क्योंकि इनके छोटे-छोटे लक्षण पहले ही नजर आने लगते थे।

ऐसी हालत में रंजन हमेशा के मुकाबले जल्दी उठ जाता था, कभी-कभी तो सुबह 4.30 पर ही, और कमरे की एक-एक बत्ती जलाकर दवाइयों का डिब्बा टटोलने लगता था। बस यह मेरे लिए हरकत में आ जाने का इशारा होता था और मैं बिस्तर से उछलकर चेहरे पर चिन्ता के भाव लाते हुए उससे पूछने लगती थी, ''तबीयत ठीक नहीं है क्या ?''

इस पर वह अपनी आँखें सिकोड़ लेता, सिर झटकता और कराहने लगता। ऐसे में वह अपने शरीर के उस हिस्से को पकड़ता जहाँ उसे परेशानी महसूस होती। तब मैं रसोई में जाकर एक गिलास सादा पानी ले आती और रंजन के सही दवा ढूँढ़ लेने तक उसे लेकर खड़ी रहती।

उसके बाद दोबारा सोने का सवाल ही नहीं उठता था। रंजन बेचैन होकर कमरे में चहलकदमी करने लगता, उसके चेहरे पर पीड़ा के भाव होते, और वह परदों को इस तरह हटाता रहता, मानो ऐसा करने से सूरज क्षितिज पर जल्दी निकल आएगा।

मैं उससे लेट जाने की मिन्नत करती, लेकिन वह जिद में मेरी बात को मानने से इन्कार कर देता और कहता, ''प्लीज...अगर मैं लेट गया तो दर्द और बढ़ जाएगा। मुझे

डॉक्टर की जरूरत है।"

जब सूरज की पहली खुशनुमा किरणें हमारे बेडरूम की खिड़की पर पड़तीं तो रंजन टेलीफोन की ओर इशारा करते हुए कहता, "डॉक्टर को फोन करो...उन्हें बताओ कि इस बार बहुत तेज दर्द है...बहुत तेज।"

उसका हुक्म मानते हुए मैं डॉक्टर गोयल को फोन करती और उन्हें रंजन की हालत बताती। फिर माउथपीस पर हाथ रखकर मैं रंजन से पूछती, "वह पूछ रहे हैं कि घर आना जरूरी है क्या ?"

रंजन इस तरह कराहता, जैसे मृत्यु-शैय्या पर पड़ा कोई व्यक्ति कराहता है, और धीरे-से सिर हिला देता। मानो धीरे-से सिर हिलाने में भी उसे भारी दर्द हो रहा हो। एक घंटे बाद डॉ. गोयल आते और हाथ धोने के लिए सीधे बाथरूम में घुस जाते। रंजन उस समय तकियों के सहारे लेटा होता, उसकी आँखें बन्द होतीं, मुँह खुला होता और साँस खतरनाक ढंग से धीमी होती।

डॉ. गोयल बड़ी होशियारी से उसकी जाँच करते और उसे तसल्ली देने को कुछ-कुछ कहते जाते। "आराम से रहो," वह रंजन के पेट को थपथपाते हुए कहते। उनके धीरे से छूने पर भी रंजन जोर से चीख पड़ता और छटपटाने लगता।

डॉ. गोयल मुझसे अनाड़ी नर्स की तरह पेश आते और 'तौलिया', 'बर्फ', 'थर्मामीटर', 'रुई' जैसी चीजें मँगाने के लिए यही शाब्दिक आदेश देते। मैं हैरान-परेशान इधर से उधर दौड़ लगाती और 'मरीज' तक पहुँचते-पहुँचते कोई-न-कोई चीज हमेशा गिरा देती। रंजन मेरी तरफ बहुत देर तक परेशान नजरों से देखता और 'अनाड़ी, बेजान उँगलियों वाली' जैसा कुछ बड़बड़ाता।

अजीब बात तो यह थी कि इस चिड़चिड़ी हालत में वह मुझे प्यारा लगता था। डॉ. गोयल के जाने के बाद मेरा मूड बहुत अच्छा हो जाता और मैं रंजन से हमदर्दी जताते हुए तकियों को धुनती और रंजन के लिए चैनल बदलती, क्योंकि उसे तो बिना हिले-डुले पड़े रहना ही अच्छा लगता था। वह इतना थका होता कि उसे रिमोट-कन्ट्रोल पर उँगलियाँ चलाना भी भारी लगता था।

रंजन अपने तरीके से प्यार भी जताना जानता था और मन को मोह भी सकता था। लेकिन जल्दी ही यह बात मुझे पता चल गई कि खुलकर प्यार जताने से उसे परेशानी हो जाती है। मसलन, उसे मालूम था कि मुझे बालों में फूल लगाना अच्छा लगता है और यह मेरा नया-नया शौक है। बंगाल में औरतें अपने जूड़ों या चोटियों में फूल नहीं सजातीं...कम-से-कम इज्जतदार औरतें तो ऐसा नहीं ही करतीं। वहाँ तो यह सोचा जाता है कि केवल 'बाई जी' टाइप की औरतें यानी वेश्याएँ ही अपने बालों में फूल लगाती हैं। ऐसी औरतें जो दूसरों के मर्दों को खुशबू और इत्र और फूल और काजल लगाकर रिझाती हैं।

मुम्बई में गजरा और वेणी लगाना आम बात थी। यहाँ बालों में फूल लगाना स्वाभाविक था, उसमें कोई बनावटीपन नहीं झलकता था, और फूल लगाकर औरतें और भी मोहक हो जाती थीं, और उनका नारी-सौन्दर्य और भी निखर जाता था। यहाँ तो छोटी-छोटी लड़कियों और दुल्हनों से लेकर वे बुढ़ियाएँ तक अपने बालों को गरमी में खिलनेवाले फूलों से सजाती थीं, जिनका सुहाग अभी बरकरार था। उत्तरी भारत में जहाँ गजरे हमेशा ऊबड़-खाबड़ झाड़ियों में देर रात को खिलनेवाले सफेद, तारों जैसे सफेद फूलों से सफाई से गूँथे जाते थे, वहीं मुम्बई की वेणियाँ अलग-अलग तरह की और रंग-बिरंगी होती थीं। यहाँ औरत के बालों में गुँथे फूलों को देखकर आसानी से पता लगाया जा सकता था कि वह किस समुदाय की है। मसलन, कोलिनें ढेर सारे फूल लगाना पसन्द करती थीं, जिनमें पत्तियाँ और छोटी-मोटी सिंगार की चीजें भी शामिल होती थीं। ऊँची जाति की ब्राह्मण औरतें एक ही धागे में पिरोए उसी मौसम के फूल लगाती थीं। नीची जाति की औरतें तड़क-भड़कवाली वेणियाँ सजाती थीं, जो गजरों से ज्यादा सख्त होती थीं और वे रंग-बिरंगे फूलों को ज्यामितीय आकृतियों में सजाती थीं। यह सब मैंने तब देखा था जब एकाध बार मैं सब्जी मंडी गई थी। वहाँ एक कतार में बने बहुत पुराने मन्दिरों के बाहर ही फूल बेचनेवाले बैठे रहते थे।

जब मैं पहली बार अपने बालों में मोगरे का गजरा सजाकर घर आई थी तो रंजन ने शक करते हुए हवा को सूँघा था। "यह महक काहे की है ? कोई नया इत्र है क्या ?" उसने त्यौरियाँ चढ़ाते हुए पूछा था। मैंने घूमकर उसे अपने बालों में लगे फूल दिखाए थे।

"ओह," उसने कहा, "मुझे पता नहीं था कि तुम्हें ये फूल अच्छे लगते हैं।"

मैं मुस्कुरा दी थी और चहकते हुए कमरे में चहलकदमी करने लगी थी। "अभी तक तो मुझे खुद भी पता नहीं था।" मैंने कहा।

रंजन कुछ दुविधा में दिखाई देने लगा था, मानो मन-ही-मन तर्क कर रहा हो कि अपनी 'रजामंदी' जाहिर करे या नहीं। आखिर, उसने यही फैसला किया कि इस बात को गोल कर जाए, और फिर उसने शाम के अखबारों को फिर से पढ़ना शुरू कर दिया था।

उस रात मेरे चाय पकड़ाते ही उसने एक बार फिर अखबार में अपनी नजरें गड़ा दी थीं। "तुम्हें पता है, मुम्बई में अपराध 3.5 फीसदी बढ़ गए हैं ?" उसने मुझसे पूछा, "यह तो बहुत भयंकर स्थिति है। पता है, पहले यह कितना सुरक्षित शहर हुआ करता था। मेरी माँ अकेली ही आती-जाती थी और उसे कभी डर नहीं लगता था। लेकिन आजकल मैं उसे अकेले **कहीं नहीं** जाने देता।"

फिर मुझसे मुखातिब होते हुए उसने कुछ तीखी आवाज में कहा, "तुम...तुम तो दिन में कहीं मटरगश्ती नहीं करतीं न ! तुम्हें तो सड़कों वगैरह का भी पता नहीं है। यह कलकत्ता नहीं है। मैं तो यही सलाह दूँगा कि तुम घर पर ही रहा करो। अगर तुम्हें

कहीं जाना हो तो माँ को लेकर जाया करो।''

मैं रसोई में व्यस्त हो गई और मैंने इस बारे में हाँ या न कुछ भी नहीं कहा। जो भी हो, मुझे अपनी सास की आँखों से मुम्बई देखने की बात बिल्कुल पसन्द नहीं आई।

मैंने सहमते हुए पूछा, ''हम दोनों क्यों न चला करें ? हफ्ते के आम दिनों में नहीं, मुझे पता है तुम कितने थके होते हो। लेकिन, कम-से-कम हफ्ते के आखिरी दिनों में, शनिवार-इतवार को तो हम जा ही सकते हैं। नहीं तो मैं मुम्बई को कैसे देख पाऊँगी ?''

रंजन ने अखबार से नजर उठाकर देखा, ''कभी-कभी, तुम भी कैसी बच्चों जैसी बातें करती हो। जिन्दगी कोई पिकनिक तो है नहीं, और तुम मुम्बई में छुट्टियाँ मनाने नहीं आई हो। तुम शादीशुदा औरत हो, और तुम्हें अपनी जिम्मेदारियों को निभाना सीखना है।''

मुझे निराश देखकर वह थोड़ा नरम होते हुए बोला, ''लेकिन, उदास मत हो...अगले हफ्ते सिन्हा परिवार के यहाँ डिनर पर तो जाना है। वे लोग दूर जुहू में रहते हैं। तब तुम्हें शहर को थोड़ा-बहुत देखने का मौका मिलेगा, क्योंकि वहाँ का रास्ता काफी लम्बा है।''

मैं रंजन से कहना चाहती थी कि शहर को देखने से मेरा यह मतलब नहीं है। मैं मुम्बई को इस तरह नहीं लेना चाहती थी। मैं यहाँ के नजारे नहीं देखना चाहती थी। मुझे राजाबाई टॉवर्स में 'ध्वनि और प्रकाश' कार्यक्रम नहीं देखना था, और न ही समुद्र में नाव की सैर करनी थी। न तो मैं किसी फिल्म स्टूडियो में जाने को उतावली थी और न ही किसी फाइव स्टार होटल की बार में पीने-पिलाने की शौकीन थी। मैं तो शहर को धीरे-धीरे आत्मसात करना चाहती थी। मैं इसे अपने में समोना चाहती थी, अपने में धारण करना चाहती थी, इसे अपने वजूद का हिस्सा बनाना चाहती थी। मैं पक्की मुम्बईवाली बनने को उतावली थी। मैं यहीं की हो जाना चाहती थी। लेकिन मैंने कुछ नहीं कहा।

कुछ कहने के बजाय मैंने चावल को तेज आँच पर जरूरत से ज्यादा देर तक चढ़ा रहने दिया था। रंजन ने फौरन ही मेरी नादानी पकड़ ली थी। मैंने रसोई में उसके आने की आहट सुन ली थी; वह जोर-जोर से सूँघता हुआ कह रहा था, ''चावल जल गया ! जले चावल से बुरा और कुछ नहीं होता। तुम्हें सारा चावल फेंकना होगा। मुझे ऊपर-ऊपर से चावल देने की कोशिश मत करना, क्योंकि इससे बात नहीं बनती। अगर नीचे के चावल जल गए तो समझो सब बेकार हो गया। मेरी माँ ऐसे चावलों को तो नौकरों के लिए भी नहीं रखती—वह इन्हें हमेशा फेंक देती है।''

रंजन ने यह जादुई शब्द बोल दिया था—'नौकर'। लेकिन हमेशा की तरह मैंने अपनी बात गलत समय पर ही रखी। मैंने रंजन की ओर चलकर देखा और कहा, ''मुझे कोई अच्छी खाना बनानेवाली रख लेनी चाहिए—पार्ट-टाइम ही सही।''

रंजन और भी नाराज हो गया, ''खाना बनानेवाली ? हम दो लोगों के लिए ? और मैं तो लंच के लिए भी घर नहीं आता। यह तो कोई अक्ल की बात नहीं हुई। हमें खाना बनानेवाली की जरूरत नहीं है। अगर हम किसी को रख भी लेते हैं तो फिर तुम्हारे

लिए क्या काम रह जाएगा ?''

मैंने दूसरे चावल धोते और पसाते हुए पूछा, ''क्या मुझे काम करना होगा ? मेरा मतलब है, क्या मुझे घर का काम करना होगा ? मैं नौकरी भी कर सकती हूँ। आखिर मेरे पास टेक्सटाइल डिजायनिंग की डिग्री है।''

रंजन ने फनफनाते हुए इस विचार को खारिज कर दिया। बोला, ''नौकरी ? मुम्बई में ? माया, तुम्हें शायद पता नहीं कि तुम क्या कह रही हो। यह मुम्बई है, कलकत्ता नहीं, जहाँ कोई भी किसी भी दफ्तर में जाकर नौकरी पा सकता है। मुम्बई तो न्यूयॉर्क की तरह है, या फिर लन्दन की तरह। मुश्किलों और प्रतिस्पर्धा से भरा। यहाँ नौकरी पाने के लिए तुम्हें अच्छा...काबिल...होशियार होना पड़ेगा। यहाँ लोग ऐरे-गैरे पर अपना वक्त बरबाद नहीं करते।''

मेरा सिर झुकता जा रहा था। ''हो सकता है मैं काबिल या होशियार नहीं हूँ,'' मैंने दीनता से कहा, ''लेकिन मैं अपना काम बहुत अच्छी तरह से करती हूँ। कम-से-कम कलकत्ता में तो लोग यही कहते थे। और कुछ नहीं तो मैं ऐसा कोई काम ढूँढ़ने की कोशिश तो कर ही सकती हूँ जिससे कि मैं व्यस्त रह सकूँ।''

रंजन ने मसालों के डिब्बे खोलते-बन्द करते हुए एकदम कह दिया, ''लेकिन मम्मी इसे पसन्द नहीं करेंगी।''

मैं गैस रेंज की तरफ पीठ करके खड़ी हो गई और हैरान होकर उसे देखने लगी। मैंने कहा, ''क्यों नहीं ? मम्मी मेरे कहीं काम करने को क्यों पसन्द नहीं करेंगी ? मैं यह अच्छी तरह से देख लूँगी कि जगह अच्छी ही हो। मैं मूर्ख नहीं हूँ।''

रंजन भुनी मूँगफलियों को एक-एक कर अपने मुँह में डालने लगा। उसके चेहरे पर अनिश्चितता का भाव बना ही हुआ था। बोला, ''हमारे परिवार में औरतें अगर कोई काम करती हैं तो वह समाज सेवा का काम ही होता है। अगर अचानक तुमने कोई नौकरी कर ली तो हमारे रिश्तेदार हमारी बुराई कर सकते हैं। वे लोग सोचेंगे कि शायद मैं ज्यादा नहीं कमा पाता हूँ। या शायद मैं घर का खर्च निकालने के लिए तुमसे जबरदस्ती काम करवा रहा हूँ।''

और तभी अचानक रंजन तन गया और डकारता हुआ बोला, ''चावल, चावल देखो। फिर जल रहे हैं।''

मैं यह स्वीकार करती हूँ कि वह बहुत कामयाब डिनर नहीं था। मेरा मूड खराब हो रहा था और आँखों में आँसू थे, जबकि रंजन चावल खाने से बचने की पूरी कोशिश कर रहा था, जिन्हें ऐन मौके पर जलने से बचा लिया गया था। इसके बदले वह लापरवाही से डबलरोटी के टुकड़े तोड़ रहा था, जिससे यह पता चलता था कि खाने में उसकी कोई दिलचस्पी नहीं है और उसे खाना अच्छा नहीं लग रहा।

मुझे खामोश रहना चाहिए था, लेकिन मैंने ऐसा किया नहीं। थोड़ी बातचीत करने

का फैसला करके मूर्खता की। मैं बुहारी बेचनेवाले के साथ अपनी बातचीत के बारे में बताने लगी। रंजन ने डबलरोटी का आधा खाया स्लाइस प्लेट में फेंक दिया, और बोला, "तो अब तुमने नाकारा आवाराओं से भी बातचीत करना शुरू कर दी।"

मेरे दिमाग में बैठे एक नन्हे मूर्ख ने मेरे नए परिचित का जोरदार बचाव करना शुरू कर दिया। "वह आवारा नहीं है," मैंने पलटकर कहा, "और फिर, वह कई बरसों से इस बिल्डिंग में आ रहा है। हर कोई उसे जानता है।"

रंजन यह सुनकर दहाड़ने लगा। उसकी आँखों में जीत की चमक थी। वह बोला, "यही तो मैं कहना चाहता हूँ। हर कोई उसे जानता है। बस इसीलिए तो वह दोगुना खतरनाक है। तुम्हारे जैसी औरतें, बाहर से आनेवाली बुद्धू औरतें, आसानी से उसके झाँसे में आ जाती हैं। आज वह बातचीत कर रहा है, कल वह लूटमार और बलात्कार करेगा। फिर तुम रोती हुई कहाँ जाओगी ? मैं तुमसे लगातार कहता आ रहा हूँ—सयानी हो जाओ। याद रखो, यह मुम्बई है। मु-म्-ब-ई। यहाँ तुम किसी पर भरोसा नहीं कर सकतीं। किसी पर भी नहीं। समझीं ?"

मैं सिसकने लगी। मैंने कहा, "लेकिन...लेकिन, मेरे पास सारे दिन बात करने को कोई भी तो नहीं होता। मैं इतना अकेला महसूस करती हूँ।"

रंजन ने गुस्से में अपनी प्लेट को सरका दिया। वह बोला, "बहुत हो गया, माया ! अब और बकवास नहीं। मुझे यकीन ही नहीं होता कि मैं एक पढ़ी-लिखी औरत की बात सुन रहा हूँ। अकेला ? कोई बुद्धिमान व्यक्ति अकेलापन कैसे महसूस कर सकता है ? वह भी मुम्बई जैसे शहर में ? यहाँ म्यूजिक सिस्टम है, टी.वी. है। तुम पढ़ सकती हो, घर की सफाई कर सकती हो, अपने मम्मी-डैडी को चिट्ठी लिख सकती हो। कुछ रचनात्मक काम कर सकती हो। हर समय शिकायत करने में क्या तुक है ?"

मैंने दाल-चावल का एक और कौर खाने की कोशिश की, लेकिन वह मेरे गले में अटक गया और मेरा दम घुटने लगा। मेरे गले में कौर अटका जानकर रंजन ने मुँह बनाया और खाने की मेज से उठ गया।

"आदमी सारा दिन पिसने के बाद आराम करने के लिए घर लौटता है। वह यह उम्मीद लेकर आता है कि गरमागरम पानी से नहाएगा, गरमागरम खाना खाएगा, अच्छी-अच्छी बातें कहे-सुनेगा। यह बकवास सुनने के लिए घर नहीं आता वह।"

मैं मेज पर से झूठे बर्तन उठाने लगी। मैंने टी.वी. चलाने की आवाज सुनी। बीबीसी वर्ल्ड रिपोर्ट चल रही थी। निकी मार्क्स दुनिया-भर में जगह-जगह होनेवाली हत्याओं के बारे में स्पष्ट आवाज में बता रहा था। मुझे पड़ोस के दूसरे फ्लैटों से और चैनलों पर आनेवाले समाचार बुलेटिनों की भी आवाजें सुनाई दे रही थीं। जल्दी ही सभी लोग—मानो किसी के आदेश पर—दूसरा प्रोग्राम लगा देंगे। फिल्मी संगीत के काउंटडाउन प्रोग्राम। और रंजन उनकी कानफोड़ आवाज की शिकायत करेगा और हैरान होकर कहेगा कि भला ये सभ्य लोग किस तरह ईश्वर के दिए कीमती वक्त को ऐसी 'बकवास' देखने में बरबाद कर देते हैं।

रंजन जब भी यह शब्द—'बकवास'—बोलता, तो मुझे बड़ा मजा आता था। मुम्बई में बकवास, बस बकवास होती थी। लेकिन कलकत्ता में ऐसा नहीं था। वहाँ 'बकवास' एक गम्भीर गाली होती थी, बहुत बड़ी बेइज्जती; वहाँ 'बकवास' का मतलब 'हरामी', 'पिल्ला' या 'सुअर' जैसा कुछ होता था। इसका इस्तेमाल वहाँ हर तरह के निन्दासूचक शब्दों का जवाब देने के लिए होता था, और केवल तभी जब दूसरा पक्ष बेहद उकसाता था और यह संज्ञा के रूप में प्रयोग किया जाता था। मसलन, अगर कोई औरत सबके सामने किसी मर्द को जबान से मारना चाहे तो उसे बस मर्द को घूरकर थूकते हुए यह कहना होता था—'तुम तो निरे बकवास हो।' इससे भी अगर वह आदमी बेइज्जत महसूस नहीं करता था तो वह मर्द नहीं होता था। सिर्फ कोई कठोर, पक्का बेशर्म आदमी ही 'बकवास' शब्द की वहशत को झेलकर जिन्दा रह सकता था। मैं भी उसी श्रेणी में आती होऊँगी।

उस रात मैं बिल्कुल चुपचाप बिस्तर में घुस गई थी। रंजन उस समय शायद गहरी नींद में था। मेरी इतनी हिम्मत नहीं हुई कि मैं पलंग के पास लगे लैम्प को जला लूँ और उन पत्रिकाओं के पन्ने पलटूँ जो रंजन अपने ऑफिस से लेकर आया था। मैं आँख खोले पड़ी रही और यही सोचती रही कि नींद कैसे आए। मेरी कोई कसरत तो हो नहीं पाती थी और दिमाग भी मेरा सुस्त रहता था—इन दोनों स्थितियों ने मिलकर मेरी इन्द्रियों को इस कदर सुन्न कर दिया था कि मैं जागी हुई हालत में भी ऊँघा हुआ महसूस करती थी। मैं मानती हूँ कि इस हालत को असाध्य बोरियत का ही नाम दिया जाता है। फिर भी, नींद, अच्छी नींद, मुझसे दूर ही रहती थी।

उस रात भी मैं अँधेरे में लेटी धुँधली छत को ताकती रही। बिल्डिंग से सटी सड़क के खम्भे पर लगी हैलोजेन की चमकदार बत्ती से आती रोशनी ने हमारे कमरे को एक अजीब आभा से भर दिया था। मुझे लग रहा था कि अभी खिड़की से होकर ई.टी. हमारे कमरे में आ जाएगा। या 'स्टार ट्रेक' के सारे के सारे किरदार अन्दर आ जाएँगे। मैंने मन-ही-मन पुराने फिल्मी गीत गुनगुनाने की कोशिश की, या फिर दिन-भर की मामूली बातों को याद करने की कोशिश की। मैंने अपने कॉलेज के दिनों की यादों को खुशनुमा ढंग से बिगाड़कर उनमें ऊल-जलूल बातों और नादानी-भरी कल्पनाओं को मिलाया और उनका सहारा लेने की भी कोशिश की।

लेकिन कोई भी तरकीब काम नहीं आई, और फिर मेरी चेतना में निखिल ने प्रवेश किया।

जिस दिन मैंने पुष्पा के साथ कॉफी पी थी, उसके दूसरे दिन दोपहर में निखिल ने मेरे घर की घंटी बजाई थी। मैं रंजन के दफ्तर से किसी के आने का इन्तजार कर रही

थी। दरअसल मुझे अपने फ्लैट की फिटिंग्स ठीक करानी थीं। रंजन के दफ्तर से कोई आदमी इसी काम के लिए आनेवाला था। मैं मैक्सी जितनी लम्बी स्कर्ट और रंजन की एक टी-शर्ट पहने थी। यह वही स्कर्ट थी जो पब्लिसिटी के लिए मुफ्त मिला करती हैं। निखिल भी जीन्स और ऐसी ही मुफ्त बँटनेवाली एक टी-शर्ट पहने हुए था। हमने एक-दूसरे को देखा था और हमारी हँसी छूट गई थी।

''हाय,'' निखिल ने कहा था, ''मैं तुम्हारे बीस रुपए लौटाने आया हूँ।''

मैंने उसके साथ से सफाई से मुड़े हुए नोट ले लिये थे और कहा था, ''ऐसी कोई जल्दी तो नहीं थी। ऐसा तो था नहीं कि मैं तुमसे फिर कभी मिलती ही नहीं। अब तो हम पड़ोसी हैं।''

निखिल ने मेरी बात को अनसुना कर दिया और घर के अन्दर आ गया। मेरी ओर पीठ करते हुए उसने कहा था, ''मेरी माँ चाहती हैं कि मैं तुम्हें 'दीदी' कहूँ, लेकिन मुझे यह पागलपन लगता है। तुम्हें नहीं लगता क्या ?''

मैं एक पल खामोश रहकर बोली थी, ''इसमें पागलपन जैसी क्या बात है ? मैं तुम्हारी बहन की उम्र की हूँ...और फिर, अगर तुम्हारी माँ को यही पसन्द है...''

निखिल घूम गया था। उसने कहा था, ''लेकिन तुम्हें क्या पसन्द होगा ? क्या तुम सचमुच मुझसे 'दीदी' कहलवाना चाहती हो ?''

मैं अपनी जगह से हटकर टेलीफोन के पास चली गई थी। ''प्लीज—मुझे बढ़ई के बारे में अपने पति से बात करनी है।'' मैंने एकदम से कहा था।

निखिल मुझे नम्बर डायल करते देखता रहा, और फिर उसने अपना वही सवाल दोहराया, ''क्या मैं तुम्हें 'दीदी' कहूँ ? मैं तुम्हारे जवाब का इन्तजार कर रहा हूँ।''

मैंने फोन रखकर धीरे-से कहा था, ''मुझे मेरा नाम लेकर बुलाओ...बहुत छोटा नाम है। तुम्हें जिसमें आसानी हो, वही कहकर बुलाओ मुझे।''

''शुक्रिया ! मुझे उम्मीद थी तुम यही कहोगी...माया ?'' निखिल ने जवाब दिया था और तेज चाल से बाहर निकल गया था।

उसके बाद मैं दोबारा नम्बर डायल किए बगैर फोन के पास बैठी रही थी। बढ़ई से तो अगले दिन भी निपटा जा सकता था।

इस लड़के...इस आदमी...की लापरवाही ने मुझमें चिड़चिड़ाहट भर दी थी। उसका व्यवहार ठीक-ठीक बदतमीजी-भरा तो नहीं कहा जा सकता था, फिर भी मुझे यह बेइज्जती-भरा लगता था। शिष्टाचार के विपरीत भी। लेकिन इसका मुझ पर जो असर पड़ता था, उससे मुझे सबसे ज्यादा नाराजगी थी। मुझे इसमें अपने लिए वाहवाही का भाव दिखता था, और इसी बात से मुझे खुद से नफरत भी होती थी। कॉलेज जानेवाले एक गुस्ताख लड़के की लापरवाह तवज्जो में मुझे अपने लिए वाहवाही दिखती है ? यह सच था। निखिल मेरी तरफ ध्यान देता है, यही काफी था। उसकी आँखों में मेरे लिए

दिलचस्पी झलकती है—इसमें कोई सन्देह नहीं था। उस समय मैंने रुककर अपने आपसे यह नहीं पूछा कि क्या मेरी आँखों में भी उसके लिए दिलचस्पी झलकती है। लेकिन निखिल निश्चित रूप से मेरी जिन्दगी को प्रभावित कर रहा था और मेरा एक हिस्सा इस बात को पसन्द नहीं करता था। यह बड़ी हास्योस्पद बात थी कि नई-नवेली एक दुल्हन पड़ोस के एक जवान बेटे के सपने देख रही थी। यह घिनौनी बात थी, और शर्मनाक भी।

मैंने यह (असहज) तर्क किया कि निखिल में मेरी उत्सुकता इसलिए है, क्योंकि अपने कॉलेज के दिनों में मेरी उसके जैसे लड़कों से कभी जान-पहचान नहीं हुई थी। मुम्बई के जवान मर्दों के बारे में मैंने तो यही कल्पना की थी कि वे निखिल की तरह ही होते होंगे—देखने में अच्छे, आत्मविश्वास से भरे, चंचल, अभिमानी, चुलबुले, सुस्त, बिगड़े हुए और बहुत-बहुत मनमोहक। बकवास ! वैसे भी मेरे पास क़ोई पक्का पैमाना कहाँ था ! इस शहर में उसके अलावा और जिन भी मर्दों से मेरा अब तक पाला पड़ा था, वे घर-घर जाकर सामान बेचनेवाले सेल्समैन, झाड़ू लगानेवाले, ड्राइवर, चौकीदार, घरेलू नौकर और धोबी ही तो थे। निखिल का कोई तगड़ा प्रतिद्वन्द्वी नहीं था। दूसरी ओर, अगर मेरा पड़ोसी कोई विद्यार्थी ही होना था, तो फिर निखिल जैसा आकर्षक लड़का ही क्यों नहीं ?

निखिल की तस्वीर जब मेरे मन में बनी तो मुझे लगा जैसे मेरा सारा तनाव जाता रहा है। (वैसे इसे बनने में कुछ वक्त तो लगा ही था, मैं इसे नहीं बनने देने की कोशिश में जो थी।) मैंने उस पिघलती पीड़ा को रोकने की कोशिश छोड़ दी जो मेरे तनावग्रस्त शरीर में होकर बह रही थी। धीरे-धीरे मेरे हाथ-पाँव खुल गए और मेरी पलकों का फड़कना बन्द हो गया। मुझे अपने कन्धों का खुलना और घुटनों का सीधा होना साफ महसूस हुआ। पहले तो निखिल की आकृति अस्पष्ट और धुँधली रही। केवल उसकी रूपरेखा ही स्पष्ट और निश्चित दिखाई दे रही थी। फिर धीरे-धीरे मुझे उसकी आँखें, मुँह, उसके बाएँ कन्धे का अजीब कोण, जिस अन्दाज में वह होता था, और उसके सीने के वे एक-दो बाल दिखाई देने लगे। शुरू में उसकी तस्वीर किसी पोलरॉयड प्रिंट की तरह स्थिर और अचल रही। मुझे कुछ समय लग गया, तब जाकर उसकी पलकें झपकीं...होंठों पर मुसकान आई...तनाव ढीला हुआ, और उसने मुझसे हँसी-ठिठोली की। हमारी 'बातचीत' सचमुच नादानी-भरी थी, क्योंकि उसमें हँसी-मजाक और बचकाना व्यंग्य के अलावा और कुछ भी नहीं था। लेकिन अहम बात यह थी कि इससे मुझे हँसी आ रही थी। दरअसल, मैं इतनी ज्यादा हँसी कि मेरा जिस्म बेलगाम, अप्रत्याशित और अनजान उल्लास में काँपने लगा। मुझे इस बात का भी थोड़ा डर था कि मेरे इस गुप्त और खामोश लुत्फ से रंजन की नींद ख़राब हो जाएगी। लेकिन ऐसा नहीं हुआ। कभी नहीं हुआ।

3

मेरी माँ ने लम्बी, उबाऊ चिट्ठियाँ लिखना शुरू कर दी थीं। इन चिट्ठियों में बेटी के लिए माँ की सलाहें भरी होती थीं। वह महिलाओं की लोकप्रिय बंगाली पत्रिका 'सुनन्दा' से नई-नई व्यंजन-विधियाँ काटकर मुझे भेजती, और शनिवार-इतवार को अखबारों के साथ आनेवाले परिशिष्टों में छपे 'घरेलू नुस्खे' भी लिखती। कभी-कभार वह मुझसे पूछ लेती कि मैं कैसी हूँ, मुझे अपना नया माहौल पसन्द आ रहा है या नहीं और मेरा वजन कम हुआ कि नहीं। मुझे उनके इस आखिरी सवाल का मतलब समझ में नहीं आता था। क्या मेरी माँ यह सोचती थी कि मैं मोटी हूँ ? या वह घुमा-फिराकर यह पता करना चाहती थी कि मैं गर्भवती हुई या नहीं ?

मुझे लगा कि जरूर यही बात रही होगी। इसलिए उसके खयाल के उलट, उसे अटकलें लगाने देने के लिए मैं बड़ी रहस्य-भरी चिट्ठियाँ उसे लिख भेजती थी, जिनमें मैं अलग-अलग लक्षणों का बखान कर देती थी। इनमें से कुछ लक्षणों के बारे में तो मैंने एक पुरानी 'रीडर्स डाइजेस्ट' में पढ़ा था, जो मुझे रंजन की किताबों में मिल गई थी। जैसे-जैसे मैं इन लक्षणों का बखान करती थी, तो अपनी सेहत के बारे में चकरा देने वाली बातें लिख डालती थी।

मेरी माँ कोई मूर्ख औरत नहीं थी। उसने मेरी चालाकी पकड़ ली और तुरन्त बड़े दुखी मन से लिखा कि उसे इस तरह का मजाक बिल्कुल पसन्द नहीं, और नई ब्याहता बेटी होने के नाते मुझे उसे बहकाने की कोई जरूरत नहीं है। यह अजीब बात थी कि मैं और मेरी माँ एक ही बात पर बहुत कम हँसते थे। ऐसी बात नहीं थी कि मुझे अपने गर्भवती न होने में खास मजा आता था (सच तो यह था कि मैं इस बात को लेकर चिन्तित ही थी)।

हाँ, मैं अपनी माँ को 'मुद्दे' के बारे में कोंचने से स्वयं को नहीं रोक पाती थी। उसके लिए हर बात एक 'मुद्दा' होती थी। वह अक्सर अपनी बातचीत 'मुद्दा यह है...' से शुरू करती थी और रोजमर्रा की आम बातचीत में भी जो ऊँची कर्कश आवाज का इस्तेमाल करती थी, उसका सम्बन्ध शायद इस बात से था कि वह कभी कॉलेज में लेक्चरर हुआ करती थी। मेरे पिता तो हमेशा थोड़ा कटु होते हुए उनके 'जूनियर लेक्चरर' होने के सच पर जोर देते थे।

मुझे अपनी माँ पर तरस ही आता था, जिसे मेरे अलावा हर कोई 'चित्रा' कहकर बुलाता था। अगर बड़ी होने पर मैंने भी उसे इसी नाम से बुलाना शुरू कर दिया होता तो मन-ही-मन उसे यह बात अच्छी ही लगती। बस मेरी हिम्मत ही नहीं हुई। ऐसी बात नहीं कि चित्रा धौंस जमानेवाली या भयंकर स्त्री थी, लेकिन उसके व्यवहार, खासकर उसकी आवाज से यही छाप पड़ती थी। माँ की आवाज 45 आर.पी.एम. के अटकते रिकॉर्ड की तरह थी। लोगों पर इसका वैसा ही असर होता था, जैसे ब्लैकबोर्ड पर नाखून खुरचने का होता है।

यह सही था कि चित्रा को लेक्चरर देना अच्छा लगता था, लेकिन यह भी सही था कि बाहर से कड़ी इस औरत के अन्दर हमेशा एक घबराई और अत्यधिक चिन्तित रहनेवाली माँ भी थी, जो हमेशा एक हल्की उत्तेजना की स्थिति में रहती थी। उसके हाव-भाव झटका देने वाले और कठोर थे। वह अपने हाथों को लगातार खोलती-बन्द करती रहती थी और उसकी आँखें मुश्किल से ही किसी एक जगह ठहरती थीं। उसका छरहरा शरीर, छूने पर भी तनावग्रस्त और सख्त होता था।

जब मैं छोटी थी, खासकर जब मुझमें यौवन के लक्षण उभरना शुरू नहीं हुए थे, तब मुझे कभी-कभार ही उसके कमरे में जाने की इजाजत मिलती थी। उस समय वह जल्दी-ज़ल्दी और बहुत अच्छी तरह से स्नान करने के बाद कपड़े पहन रही होती थी। तब वह मुझे उत्सुकता से घूरते देख मेरी तरफ तेजी से निगाह डालती और कहती थी, "मुद्दा है पानी बचाना। तुम्हें यह याद रखना चाहिए कि पानी दुनिया की सबसे कीमती चीज है। पानी के बिना खुशहाली सम्भव नहीं। जब तुम स्नान करो तो बस उतना ही पानी इस्तेमाल करो जितना तुम्हारे जिस्म से साबुन धो देने के लिए काफी हो। जब तुम अपने दाँत माँज रही हो, तब भी यही बात लागू होती है—तब तुम्हें कुल्ला करते समय ही नल चलाना चाहिए, लेकिन याद रखो, पानी को बहने नहीं देना चाहिए। इससे कितनी बरबादी होती है, यह हम हिन्दुस्तानी कभी नहीं सीखेंगे। ये मामूली, व्यावहारिक आदतें हैं। अगर बचपन में ही तुमने ये आदतें डाल लीं तो जिन्दगी-भर तुम उन्हें नहीं छोड़ोगी।"

मुझे यह भाषण अच्छी तरह से याद था। वैसे भी मेरा ध्यान हमेशा कहीं और होता था। मैं तो लापरवाही के उस एक पल का इन्तजार करती थी जब उसकी सूती साड़ी की चुन्नटें उसकी उँगलियों के बीच से फिसल जाती थीं। पता नहीं क्यों, मेरी माँ अन्दर बहुत ही कम पहनती थी (सिवाय माहवारी के दिनों के, जब वह मोटी, सफेद सूती पैंटी

और अपनी छोटी-छोटी तनी हुई छातियों को सहारा देने के लिए सफेद ब्रॉ पहनती थी)।

इस तरह अगर साड़ी बाँधने में वह लापरवाही बरतती थी तो मुझे उसकी जाँघों के बीच उन बालों की झलक मिल जाती थी और मैं, पता नहीं क्यों, डर जाती थी। सालों तक तो मुझे यही समझ में नहीं आया कि उसकी जाँघों के बीच यह काली चीज है क्या ! एक-दो बार तो मैंने लकड़ी के स्टूल पर चढ़कर बाथरूम की खिड़की की दरारों में से झाँककर देखने की कोशिश भी की, लेकिन वह कोण ही गलत होता था और मेरी मेहनत बेकार चली जाती थी। मुझे बस उसके लटकते हुए छोटे-छोटे पतले नितम्ब, उसकी लम्बी पीठ, रीढ़ की उभरी हुई हड्डियाँ और उसकी गरदन का पिछला हिस्सा दिखाई देता था, जिस पर उसके गीले बाल चिपके होते थे।

गर्मियों के दिनों की लम्बी दुपहरियाँ मेरी माँ एक चार पाएवाले ऊँचे पलंग पर लेटकर बंगाली उपन्यास पढ़ते हुए काटा करती थी। कभी-कभी वह मुझे बुलाकर अपने पास लिटा लेती थी। मुझे उन पलों की नजदीकी में मजा आता था और मैं सोचती हूँ, उसे भी यह अच्छा लगता था। हालाँकि हम दोनों ही एक-दूसरे को छूने में अटपटा महसूस करती थीं। जब उसे लगता था कि मैं सो गई हूँ तो वह अनजाने में ही अपने घुटनों को मोड़कर उठा लेती और उसी तरह पढ़ने में मगन रहती। तभी मैं चुपचाप नीचे सरक आती थी और उसकी टाँगों के बीच उस कालेपन को देखने की कोशिश करती थी। लेकिन मुझे कभी कामयाबी नहीं मिली। शायद मेरे हिलने-डुलने से वह चौकन्नी हो जाती थी, या सम्भव है उसे मेरी उत्सुकता के बारे में पूरी जानकारी हो, क्योंकि फौरन ही एक गीला, सख्त हाथ नीचे आता था और मुझे खींचकर तकिए पर पहुँचा देता था।

मेरी माँ और पिता हमेशा अलग-अलग कमरों में सोया करते थे। मुझे इसमें कुछ भी अजीब नहीं लगता था। पिता का कमरा घर के सबसे आखिरी छोर पर था। हमारा घर वास्तव में एक जर्जर कोठी थी, जिसे तुरन्त मरम्मत की जरूरत थी। यह छोटा-सा बँगला हमारे दादा का हुआ करता था, जो बयालीस की उम्र में मर गए थे। वह अपने पीछे एक बेटा और एक बेटी छोड़ गए थे। मेरे पिता को विरासत में इस कोठी के साथ-साथ एक झगड़ालू किराएदार भी मिला था। वह किराएदार दरअसल पिता जी का एक दूर के रिश्ते का भाई था, जो अपने परिवार के साथ निचली मंजिल पर रहता था।

अपने घर जाने के लिए हमें इस किराएदार की रसोई से होते हुए लकड़ी की एक सीढ़ी पर चढ़कर जाना होता था। जब मैं बच्ची थी तो इस किराएदार का घर और परिवार मुझे अपनी ओर खींचता था। इसकी खास वजह यह थी कि मुझे उनके साथ किसी भी तरह का सम्बन्ध रखने की सख्त मनाही थी, हालाँकि उनके भी छोटे-छोटे बच्चे थे।

"मुद्दा यह है," मेरी माँ कहा करती, "ये लोग अच्छे नहीं हैं। उन्होंने हमारी जगह

पर कब्जा कर रखा है। यह इनकी जगह नहीं है। यह हमारी है, सारी की सारी हमारी है। ये लोग उजड्ड और बदतमीज हैं। इनमें कोई सलीका ही नहीं है। मैं नहीं चाहती कि तुम उनके बेहूदा बच्चों से मिलो-जुलो, वरना तुम भी उन्हीं की तरह हो जाओगी—गँवार और घिनौनी।''

लेकिन मुझे तो पार्थो और उसकी बहन बबली बिल्कुल भी घिनौने दिखाई नहीं देते थे। मैं उन्हें झाड़ियों और बेकार की घास-फूसवाली जमीन के उस छोटे-से हिस्से पर खेलते देखती, जिन्हें माँ 'हमारा बगीचा' कहती थी, और मेरा मन होता था कि मैं भी उनके संग खेलूँ। उन्होंने चंपक के एक पुराने पेड़ पर रस्सी की सीढ़ी-सी बनाकर डाल रखी थी और जब मैं उन्हें इस सीढ़ी पर लटककर झूलते देखती थी तो मुझे लगता था कि वे कितना मजा ले रहे हैं और मुझे यह सोचकर हैरानी होती थी कि उनके माता-पिता क्यों इतने बड़े-से डबल बेड पर साथ-साथ सोते हैं, और क्यों उनके बच्चे अक्सर उनके ही साथ या फिर फर्श पर बिछी दरियों पर सोया करते हैं।

एक बार मैंने अपनी माँ से यह पूछ लिया था तो उन्होंने मुझे एक तरह से विचलित नजरों से घूरकर देखा था। ''मुद्दा यह है...'' माँ ने अस्पष्ट तरीके से कहना शुरू किया था और फिर बात को अधर में ही छोड़ दिया था।

मैंने गुस्ताख होकर उसे छेड़ा था, ''क्या मुद्दा है, माँ ? बताओ न। तुम और बाबा एक ही पलंग पर क्यों नहीं सोते ? और मैं तुम दोनों के बीच में क्यों नहीं सो सकती ?''

माँ ने मेरे सिर को इस तरह थपथपाया था जैसे मैं कोई दुलारा पिल्ला हूँ। ''मुझे सोचने के लिए समय चाहिए होता है...अकेले।'' आखिर में उसने अनमने ढंग से कहा था।

मुझे उस समय चुप लगा जानी चाहिए थी, लेकिन नहीं, मैंने बोल ही दिया, ''अगर बाबा उसी पलंग पर चुपचाप सोए रहते हैं तो इससे आपको क्या खलल होगा ? मैं भी बिल्कुल चुप सोई रहूँगी।''

चित्रा ने वहाँ से हटते हुए फुसफुसाकर कहा था, ''मुझे सोचने के लिए अकेलापन चाहिए होता है। आसपास लोग हों तो मैं सोच नहीं पाती।''

मैंने अपना होंठ काटा था (यह आदत मुझमें अब भी है) और झल्लाकर कहा था, ''हम 'लोग' नहीं हैं। और फिर, तुम्हें हर समय किस बारे में सोचने की जरूरत होती है ?''

माँ घबराहट में अपने हाथ मरोड़ने लगी थी, मैंने उम्मीद तो यही की थी कि वह अपने 'मुद्दा यह है' वाले जुमले का दूसरा दौर शुरू करेगी, लेकिन इसके बजाय मुझे उसकी आँखों में आँसू भरते से दिखाई दिए। मुझे बड़ा अजीब-सा लगा, जैसे मैं कोई उत्पाती घुसपैठिया हूँ।

मैं जल्दी से माँ के कमरे से निकल गई और जाकर बैठक की बड़ी-सी खुली खिड़की के पास मँडराती रही। मुझे नीचे पार्थो और बबली के शोर मचाने की आवाज सुनाई दी। उनके घर से उठती रसोई की महक मेरे नथुनों तक आ रही थी। यह हमारी रसोई से उठनेवाली महक से बिल्कुल अलग थी। मुझे इसकी वजह समझ में नहीं आई। वे

भी तो हमारी तरह बंगाली ही हैं। फिर उनकी रसोई से अलग किस्म की खुशबू क्यों आती है ?

माँ से ये बातें पूछने का यह सही समय नहीं था, इसलिए मैंने माँ के बजाय पिताजी से पूछने का फैसला किया। उन्होंने अपनी वर्ग-पहेली से नजर उठाकर देखा (उन्हें हर तरह की पहेलियों की लत थी) और संक्षेप में कहा, "उनका खाना हमारे खाने जैसा नहीं होता। अब तो समझ में आ गया ?"

बेशक, मेरी समझ में अभी भी कुछ नहीं आया था, लेकिन मैं कुछ कहती तो मूर्ख ही समझी जाती न ! इसलिए मैं घूमती-फिरती वापस उस बड़ी-सी खिड़की पर आ गई और कान लगाकर उनकी सुखद बातचीत के एक-दो जुमले पकड़ने की कोशिश करने लगी।

4

हमारी शादी को करीब एक साल होने को आया था कि एक दिन मैंने रंजन से कहा, "चलो बात करते हैं।"

वह इस प्रस्ताव पर हैरान रह गया। "बात ?" उसने शंकालु होते हुए कहा, "किस विषय में ?"

मैंने खुशी-खुशी कहा, "ओह...किसी भी विषय में...किसी-न-किसी विषय में।"

उसकी आँखों में बचाव का भाव आ गया और मैंने उसके कन्धों को सिकुड़ते देखा। उसकी आवाज भी बदलकर मोटी और धीमी हो गई। मैं अपने पंजों के बल कमरे में चहलकदमी करने लगी, मानो कोई रक्कासा नाचने का रियाज कर रही हो।

"ऐसे घूमना बन्द करो," रंजन ने तीखी आवाज में कहा, "तुम बेहद अटपटी दिख रही हो। तुम चुप क्यों नहीं बैठ सकतीं ? समझीं ? खामोश ? तुम हमेशा इतनी बेचैन रहती हो कि तुम्हें देखकर ऊब होती है।"

मैं शैतानी में पीछे घूमकर चहकते हुए बोली, "अरे ! तुम बोल रहे हो ! यह तो बड़ी मजेदार बात है ! देखो, हम सचमुच बात कर रहे हैं !"

रंजन खड़ा होकर मुझे घूरने लगा, बोला, "यह कोई हँसी की बात थी क्या ? अगर ऐसा है तो मुझे इसमें कोई मजा नहीं आया। बीवियों को यह समझना चाहिए कि जब मर्द थका-हारा घर लौटता है तो उसे घर में थोड़ी शान्ति चाहिए, ये घटिया चुटकुले नहीं।"

लेकिन उसके रवैये, और उससे भी ज्यादा उसके लहजे ने मुझे पस्त नहीं किया। आमतौर पर मैं तुरन्त चुप्पी साध लेती थी और उठकर रसोई में चली जाती थी। जैसे-तैसे रसोई मेरी शरण-स्थली बन गई थी। बेडरूम में तो मैं खुद को अनचाहा और

अपमानित महसूस करती थी। वह तो रंजन का ही कमरा बना रहा, उसी की जागीर बनी रही, जबकि रसोई एक ऐसी जगह थी जो सिर्फ मेरी थी।

हाँ..तकरीबन ज्यादातर बंगाली मर्दों की तरह रंजन भी अच्छा खाना बना लेता था। मुझसे भी अच्छा। इससे कुछ अलग परेशानियाँ खड़ी हो गई थीं। मैं तो ऐसा कभी कर नहीं सकी कि कोई घटिया चीज पकाऊँ और उसे कोई विलायती नाम देकर पेश कर दूँ। रंजन फौरन उसमें फर्क देख लेता था। ऐसे मौकों पर, वह उस खराब व्यंजन को उठाता और हँसी उड़ाने वाले अन्दाज में उसे सूँघने लगता था। वह उसकी सूरत और महक से ही बता देता था कि मैं उसमें क्या चीज डालना भूल गई हूँ। मैं साँस रोककर उसके फैसले का इन्तजार करने लगती थी, और वह तुरन्त सामने आ जाता था। ''जीरा बिल्कुल नहीं है। हल्दी बहुत ज्यादा है।'' रंजन उस व्यंजन को हाथ-भर की दूरी पर झुलाते हुए कहता। मैं अपनी मेहनत को दुखी होकर देखती और सहमते हुए उसकी तरफ एक और घटिया व्यंजन सरका देती। अक्सर रंजन इस व्यंजन की तरफ देखता भी नहीं था और फिर उस्तादों की तरह रसोई में घुसकर मेरी कीमती जगह हथिया लेता था।

एक दिन देर शाम को जब मैं रसोई में इसलिए जूझ रही थी कि गरम तेल में पड़ी सरसों छिटककर मेरी परेशान-हाल आँखों में न चली जाए, तभी मुझे दरवाजे की घंटी सुनाई दी। लानत-मलामत करती मैं यह देखने भागी कि कौन है। मैंने बस एक बढ़ा हुआ हाथ देखा, जिस पर चारखाने की कमीज की आस्तीन मोड़कर ऊपर की हुई थी। ऐसा करने से एक चौड़ी, मजबूत कलाई पर बँधी प्लास्टिक की सस्ती-सी घड़ी दिखाई दे रही थी। बेशक, मैं एकदम पहचान गई कि यह कलाई किसकी है।

''मुबारक हो, मेमसाब,'' निखिल ने लय में कहा, ''बन्दा तुम्हारे लिए एक बेशकीमती तोहफा लेकर आया है...अपनी बेशकीमती माँ की तरफ से।''

''मेरा खाना जल रहा है।'' मैंने चिल्लाकर कहा। तभी रसोई से मुझे कुछ तड़कने की आवाज सुनाई दी और मैं समझ गई कि तेल उफन गया है और मेरा 'बघार' बरबाद हो चुका है।

''परेशानी की कोई बात नहीं है मैम...घर के मालिक को उसके बजाय ये खास, निराले, बेहतरीन, जायकेदार दही-वड़े देना।'' निखिल ने गुनगुनाते हुए कहा।

फिर अपनी पीठ के पीछे से उसने शीशे का ढका हुआ एक कटोरा आगे कर दिया। ''दुनिया का सबसे बेहतरीन दही-वड़ा बनानेवाली—मिसेज वर्मा—की शुभकामनाओं के साथ।'' उसने हँसते हुए कहा।

मैंने बड़े आभार सहित उसके हाथ से दही-वड़े का कटोरा ले लिया—रंजन को दही-वड़े बहुत पसन्द थे, और पिछली बार जब मैंने दही-वड़े बनाने की कोशिश की थी तो मैं बुरी तरह नाकाम रही थी उस इम्तिहान में।

"पैकिट के हैं ?" रंजन ने शंका के साथ पूछा था, "इंस्टैंट ? झूठ मत बोलना।"

मैंने इस बात से जोरदार ढंग से इन्कार किया था कि मैंने किसी भी 'इंस्टैंट' चीज का इस्तेमाल किया है, और फिर मैंने शुरू से आखिर तक एक-एक बात का खुलासा किया था कि मैंने किस तरह से दही-वड़े तैयार किए हैं। मैं अपने पति पर यह साबित करना चाहती थी कि मैंने उसका मनपसन्द व्यंजन बनाने के लिए कितनी मशक्कत की है।

"ज्यादा ठस हो गया है," उसने तमककर कहा था और उसे परे हटा दिया था।

"शुक्रिया...मेरा मतलब है, अपनी माँ को 'शुक्रिया' कहना।" अब मैंने अटकते हुए निखिल को कहा।

"तोहफा लानेवाले छोकरे को टिप नहीं दोगी ?" निखिल ने मुझे छेड़ा।

"क्या दूँ तुम्हें...रुको...शायद फ्रिज में चॉकलेट रखी हैं।" मैंने बदहवासी में कहना जारी रखा।

"फिर कभी," निखिल ने खींसें निपोरते हुए कहा, "और याद रहे—चॉकलेट से काम नहीं चलेगा।"

यह कहकर वह चला गया था और मैं मूर्ख की तरह देखती रह गई थी। मेरी समझ में ही नहीं आता था कि मैं इस लड़के से क्या बातचीत करूँ। वह मेरे हिसाब से बहुत ज्यादा होशियार था, और गजब का आत्मविश्वास भी था उसमें। फिर एक बात यह भी थी कि मेरी अपनी उम्र के मर्दों से अगर कभी कोई बात हुई भी थी तो बस पढ़ाई, क्लास, लिखने से रह गए नोट्स, इम्तिहान में आ सकनेवाले सवालों या पूजा की छुट्टियों के कार्यक्रम के बारे में ही हुई थी। मैं इस तरह की बेहद सतही बातचीत की आदी नहीं थी। क्या मुझे निखिल के मजाकों पर हँसना चाहिए था ? क्या इससे उसे और आगे बढ़ावा मिलेगा ? क्या उसे अनदेखा कर देना ज्यादा ठीक था ? या फिर मैं उसे साफ-साफ कह दूँ कि मेरे पति को उसका यह व्यवहार पसन्द या बरदाश्त नहीं होगा ? मैं हैरान और क्षुब्ध थी। शायद मुम्बई के लड़के अपने माँ-बाप के दोस्तों से इसी तरह बात करते हों। कलकत्ता में इस तौर-तरीके को कभी माफी नहीं मिलती। बच्चों को—यहाँ तक कि बालिग बच्चों को भी—समाज में रिश्तों की सीढ़ी पर अपनी जगह मालूम थी, और आमतौर पर वे इस पर जमे भी रहते थे। मैंने पक्का इरादा कर लिया कि अगली बार जब निखिल से मुलाकात होगी तो उसे छोटा-सा भाषण पिलाऊँगी। मुझे उम्मीद थी कि उससे मेरी मुलाकात जल्दी ही होगी—और इस उम्मीद ने ही मुझे कमतरी के अहसास से भर दिया।

रंजन के बरताव से मुझे हैरानी होती थी। वह एक ऐसा व्यक्ति था जो अपने आप में इतना खोया रहता था कि अक्सर मैं यही सोचकर हैरान होती थी कि उसने मुझे सचमुच कभी देखा भी है या नहीं—जिसे वास्तव में देखना कहते हैं। यह सही है कि

ऑफिस की किसी पार्टी में मुझे ले जाने से पहले वह मुझे बहुत गौर से और नुक्ता-चीनी वाली नजर से देखता था, लेकिन यह किसी कार की जाँच करने जैसा ही होता था। आप तो जानते ही हैं, मर्द अपनी गाड़ियों के साथ किस तरह पेश आते हैं—सामनेवाले शीशे के वाइपर काम कर रहे हैं या नहीं, टायर धुले और चमक तो रहे हैं, कहीं कोई निशान या खरोंच तो नहीं है ! ऐसा ही कुछ।

रंजन की पैनी निगाहों से कुछ भी नहीं छूटता था। साड़ी के साथ मेल न खानेवाला ब्लाउज, थोड़ी-सी भी टेढ़ी बिन्दी, ब्रॉ का झाँकता हुआ स्ट्रैप, जूतियों की घिसी हुई एड़ियाँ, फैली हुई लिपस्टिक, बिखरे बाल—एक ही नजर में वह यह सब देख लेता था। लेकिन यह देखना भी देखना कहाँ होता था।

मैं अपने बारे में ईमानदारी से यह कह सकती हूँ कि मैं रंजन को देखती थी। मैं उसकी उन बातों को भी अच्छी तरह से जानती थी, जिनके बारे में खुद उसने भी कभी नहीं सोचा होगा। मसलन, वह अपने नाक के बालों को लेकर परेशान रहता था और चोरी-छिपे उन्हें हफ्ते में एक बार जरूर काटता था। या जब वह किसी काम में ध्यान लगाना चाहता था तो अपनी गरदन के मस्से को नोचता रहता था। या अपने सुघड़ पाँवों को लेकर उसका वह घमंड ('एक भी ठेक नहीं मिलेगी,' अपने पैर के अँगूठे को घमंड से देखता हुआ वह कहता था)।

मुझे उसमें होड़ की प्रवृत्ति भी दिखाई देती थी जिसके चलते वह ऑफिस में अपने आपको आगे रखने के लिए जोरदार मशक्कत करता था। अक्सर वह हताशा में बड़बड़ाता भी था, "यह बड़े अफसोस की बात है कि हम बंगालियों में मारक प्रवृत्ति नहीं होती। जरा कल्पना करो, अगर मुझमें यह प्रवृत्ति होती तो मैं अब तक अपनी कम्पनी का वाइस-प्रेसीडेंट बन गया होता, न कि वह धाकड़ पंजाबी—तुली। मैं तुमसे कहता हूँ, इन लोगों ने तो बॉस के तलुए चाटने में महारत हासिल कर रखी है। जब भी उसे देखता हूँ, किसी-न-किसी को मसका ही लगाता रहता है। और जब बाहर से कोई बॉस आ गया—तब तो हे भगवान ! उसे देखकर ही जी खराब हो जाता है। अपनी कोई इज्जत ही नहीं होती इनकी।"

उसकी इस तरह की बातों को सुनकर मुझे बंगालियों के अभिमान के बारे में कोई हल्की और हिमायत वाली बात कहनी होती। मैं कहती, "दुनिया के तुलियों को आगे जाने दो। कम-से-कम हमारे पास नैतिकता की रीढ़ तो है। किसी के पाँवों पर गिरकर गिड़गिड़ाने से तो अच्छा है कि हम समझौता न करें। लेकिन चिन्ता मत करो—आखिर में प्रतिभा और मेहनत का फल जरूर मिलता है। बस वक्त की बात है।"

रंजन पूरी तरह से मेरी बात नहीं सुनता था। उसका ध्यान तो आगे आनेवाली नैतिक लड़ाई में लगा होता था। फिर वह खेद के साथ सिर हिलाता हुआ कहता था, "यह अच्छा हुआ कि मैं अमरीका हो आया। अगर उन अमरीकियों को कुछ आता है, तो वह है जुझारूपन। वे किसी बात की परवाह नहीं करते। बिल्कुल करते ही नहीं। बेरहम हरामी। हरेक बस अपने लिए सोचता है। अगर मैं उन लोगों के बीच नहीं रहा

होता तो यहाँ तक भी नहीं पहुँच पाता।''

मैं रंजन की कुंठाओं को समझती थी। मैंने तुली को काम करते हुए देखा था और मैं जानती थी कि रंजन बढ़ा-चढ़ाकर नहीं बोल रहा है। तुली की भौंडी चापलूसी घिनौनी थी, उसे देखकर शर्म भी आती थी। इसकी शुरुआत उसकी बनावटी मुस्कान और बेहद दोस्ताना अभिवादन से होती थी। उसके पास हरेक के लिए कोई-न-कोई प्रशंसा-भरा सम्बोधन होता था और बॉस लोगों और उनकी बीवियों के लिए तो उसके पास भारी खुराक तैयार रहती थी। ऐसा कोई जन्मदिन या शादी वगैरह की वर्षगाँठ नहीं होती थी जो तुली को याद न रहे—उसे तो बच्चों तक के जन्मदिन याद थे। केक, पेस्ट्री, खिलौने, फूल, इत्र, इनकी तो वह लाइन ही लगा देता था।

उसके साथ काम करनेवाले जो लोग उससे चिढ़ते थे, उन्हें उसके चिकने-चुपड़े व्यक्तित्व से भी नफरत थी। लेकिन उससे भी ज्यादा वे यह देखकर नाराज थे कि तुली की इस चमचागीरी का माकूल असर भी होता था। जैसे कि रंजन ही भड़क कर कहता था, ''उन्हें इस कमबख्त की चालबाजी दिखाई नहीं देती क्या ? उन्हें क्या यह पता नहीं कि वह सिर्फ उनकी चापलूसी कर रहा है ?''

ऐसे मौकों पर मैं रंजन के हाथ पर अपना हाथ रखकर उसे रोकती और उसे शान्त करने के लिए फौरन खेल चैनल लगा देती थी। रंजन एक तेज खिलाड़ी था (या यों कहिए कि रहा था)। वह बैठक में क्रिकेट के स्ट्रोक्स पर खूब मेहनत से रियाज करता था, भले ही उसने यह खेल दस साल से भी ज्यादा समय से नहीं खेला हो। हमारी बैठक के शोकेस का एक खाना रंजन की क्रिकेट की ट्रॉफियों के लिए नियत था। उसने यह हिदायत दे रखी थी कि पखवाड़े में एक बार इन्हें चमकाकर एक खास तरतीब से फिर सजा दिया जाए। उसे खेल के मैदान में कॉलेज के दिनों की अपनी कामयाबी पर घमंड था और वह अभी भी 'वापसी' के सपने देखता था (हालाँकि वह यह नहीं बताता था कि किस खास खेल में या कैसे वापसी करेगा)।

मुझे रंजन की ट्रॉफियों को चमकाने में मजा आता था (अगर मुझे इस काम में एक दिन की भी देर हो जाती थी तो वह इसे देख लेता था), क्योंकि इस तरह मेरे लिए करने को कुछ तो होता था। मुझे इस अबौद्धिक, मशीनी काम में अधिकाधिक मजा आने लगा था। ऐसे ही, कपड़ों पर इस्त्री करती रहती और घर में इस्त्री लायक एक-एक कपड़े पर इस्त्री कर देती—तौलिए, चादरें, मेजपोश, और किताबों के कवर भी। एक बार तो मैंने घर के सारे पर्दे उतारकर उन पर भी बड़े प्यार से इस्त्री कर दी थी।

मुझे यह ज्ञान हुआ था कि इस काम में अपना पूरा ध्यान लगाने से न केवल मेरा इस बारे में सोचना बन्द हो जाता था कि मैं अपने हाथों और अंगों से क्या करूँ, बल्कि इससे मेरा दिमाग भी पूरी तरह ठप हो जाता था। मैं रेडियो (टी.वी. नहीं) चला लेती, इस्त्री की मेज पर पड़े किसी भी कपड़े पर थोड़ा कलफ छिड़कती और लग जाती आराम से इस्त्री करने। मैं एक-एक कॉलर, कफ और जो भी थोड़ी-बहुत शिकनें होतीं, उन पर देर-देर तक इस्त्री रगड़ती रहती। अजीब बात थी कि मुझे इस सब में बड़ा

सन्तोष मिलता था और मेरे फुरसत के घंटे भी कट जाते थे।

बेशक, मैं कहीं घूमने भी जा सकती थी। रंजन ने मुझे कहीं जाने से बिल्कुल मना तो नहीं किया था, लेकिन मैं जानती थी कि मेरे थोड़ा-सा भी कहीं आने-जाने से वह परेशान हो जाता है। एक बार जब मैं बस से जुहू पहुँचने के बाद देर से वापस आई थी तो मुझे वह फ्लैट के दरवाजे पर ही तना हुआ मिला था। मैं तो यह भी उम्मीद कर रही थी कि उसके घुटनों पर छड़ी रखी होगी। मैंने शर्मिंदगी जताते हुए जल्दी से उससे माफी माँगी और कहा कि मेरा समय वैसे भी बहुत बुरा बीता।

लेकिन मेरी आँखों की चमक और गालों की लाली ने मेरी पोल खोल दी होगी, क्योंकि रंजन ने हवा के थपेड़े खाई मेरी शक्ल-सूरत को गौर से देखते हुए व्यंग्य से कहा था, "समुद्री हवा से लगता है तुम्हें बहुत फायदा हुआ है। लेकिन मुम्बई के बीच बिल्कुल भी सुरक्षित नहीं हैं। औरतों की तो बात ही भूल जाओ—वह भी इस शहर में अजनबी औरतों के लिए। वहाँ आदमियों तक पर दिन-दहाड़े हमले हो चुके हैं। तुम अखबार नहीं पढ़तीं ? अकेले जुहू में एक दिन में दो बलात्कार हो जाते हैं; और एक दर्जन डकैतियाँ।"

मैंने चहकते हुए कहा, "सच ? लेकिन मुझे तो कुछ दिखाई नहीं दिया। दरअसल, वहाँ कोई था भी नहीं।"

रंजन मेरे पीछे-पीछे बेडरूम में आ गया और बोला, "तुम्हारा क्या मतलब है ? तो क्या बीच पर कोई भी नहीं था। तब तो वहाँ दो गुना खतरा था। कोई भी तुम्हारा गला काट देता और कोई तुम्हारी आवाज भी नहीं सुन पाता। सच ! मुझे तुम्हारी गैर-जिम्मेदारी पर ताज्जुब हो रहा है। कभी-कभी तो तुम नादान बच्चों जैसी हरकतें करती हो। अगर मेरी माँ को पता चल गया..."

उसने अपनी धमकी को अधूरा ही छोड़ दिया, ताकि मैं उसका जो भी चाहूँ, अर्थ निकाल लूँ। अपराध-बोध से भरी जब मैं वाश-बेसिन में मुँह धोने लगी तो उसके ऊपर लगे आईने में मैंने अपना अक्स देखा। मेरे बाल बुरी तरह से उलझे हुए थे। मैंने अपनी जीभ निकालकर अपने होंठों के किनारों को चाटा। उन पर अभी भी नमक लगा हुआ था। नमक मेरे बालों और हाथों की चमड़ी पर भी जम गया था। मेरे नाखूनों में भी नमक भर गया था, और मेरे कपड़ों पर भी चिपट गया था।

अचानक लगा, जैसे निखिल मुझे चाट रहा है और एक हल्की-सी रहस्यमयी मुस्कान मेरे चेहरे पर तैर गई।

मैं एक साफ साड़ी निकालने के लिए अपनी अलमारी की तरफ गई। यह लकड़ी की वही भारी अलमारी थी जो कलकत्ता से दूसरे फर्नीचर के साथ ट्रक में लदकर मेरे पति के घर आई थी। चित्रा ने यह तय पाया था कि मुम्बई में अच्छी बनावट का फर्नीचर नहीं मिलता। वहाँ के फर्नीचर की लकड़ी घटिया क्वालिटी की होती है, काम भी घटिया

होता है और डिजायन नए रईसों की पसन्द के। कलकत्ता में अब भी पार्क स्ट्रीट में उम्दा पुराने फर्नीचर के कुछ शोरूम हैं, जहाँ बर्मा की सागौन लकड़ी और पाटलकाठ (रोजवुड) के अलावा गौर से देखने पर महोगनी भी मिल जाती थी। यहाँ मकान बदलनेवाले या कलकत्ता छोड़कर जानेवाले लोग बहुत ही सस्ते दामों में अंग्रेजों के समय का नायाब फर्नीचर बेच जाते थे। चित्रा को यह लगता था कि उसे कम दाम में अच्छा सामान खरीदने की तमीज है। तभी तो मेरे बेडरूम में बेढंगा, लेकिन मेल खानेवाला पुराना फर्नीचर है और सागौन की यह खूबसूरत अलमारी मेरे पीछे-पीछे मुम्बई में मेरे नए घर में भी पहुँच गई थी।

अपनी साड़ियों के भंडार पर उँगलियाँ फिराते-फिराते मैं एक तोतिया रंग की साड़ी पर आकर रुक गई, जिसकी सँकरी किनारी बुनी हुई और काले रंग की थी। मेरी ये तमाम साड़ियाँ कलकत्ता की ही थीं, जो मुम्बई आनेवालीं मेरी उपकारी सहेलियों और रिश्तेदारों या फिर अपने सालाना फेरे पर प्रदीपदा ने दी थीं, क्योंकि मैंने अनजान 'मुम्बइया' साड़ियों की अभी आदत नहीं डाली थी। साड़ी पर बने डिजायन की फूलदार बेलों पर हाथ फेरते समय मुझे निखिल की वह बात याद आई, जो उसने कुछ ही हफ्ते पहले मुझे इस साड़ी में देखकर कही थी।

"आज तो तुम खूबसूरत बगीची-सी लग रही हो।" उसने साड़ी को पसन्द करते हुए कहा था। उस समय मैं रोज की तरह पास के मछली बाजार जा रही थी। निखिल ने मुझे लॉबी में देखा था।

मैं चलते-चलते रुक गई थी और उसकी तरफ प्यार से मुस्कुराने लगी थी। निखिल अपनी फटफटिया को किक मारकर स्टार्ट करने लगा था, और तभी उसकी माँ की कर्कश आवाज ने उस पल की खूबसूरती को भंग कर दिया था।

"नि-खि-ल...वक्त बरबाद मत करो। जल्दी करो, नहीं तो कॉलेज के लिए देर हो जाएगी।" उसकी माँ ने कहा था।

निखिल ने फुसफुसाते हुए कहा था, "उसकी तरफ ध्यान मत दो। वह हमेशा ऐसे ही टोका-टाकी करती रहती है।"

लेकिन मैं जल्दी से बाजार निकल गई थी। मैं शर्म से लाल हो रही थी और मेरी कुछ समझ में नहीं आ रहा था। उस सुबह मछली खरीदते समय मेरा दिमाग उसमें बिल्कुल भी नहीं था, और रंजन ने इस फर्क को ताड़ लिया था। उसने मछली के पिलपिले मांस में अपनी ठूँठ जैसी उँगली गड़ाते हुए अपनी नापसन्दगी जताई थी।

"देखो..." उसने दिखाते हुए कहा था, "यह बासी है। ताजा मछली छूने से ठोस लगती है और उसका रंग भी खुशनुमा होता है। मैंने तुमसे कई बार कहा है कि मछली खरीदना मुझ पर छोड़ दो।"

मुझे ग्लानि हुई थी और मैंने पछताते हुए कहा था, "लेकिन...लेकिन तुम्हारे पास मछली खरीदने के लिए वक्त ही कहाँ है। तुम तो हमेशा इतने व्यस्त रहते हो।"

रंजन ने तुनककर कहा था, "हो सकता है, लेकिन अपनी मेहनत की कमाई सड़ी

मछली पर बरबाद करने से तो यही अच्छा है।''

मैंने सहमते हुए उस खराब मछली को खाने की मेज से हटा दिया था। ईश्वर मुझे निखिल की बेपरवाह प्रशंसा पर मुस्कुराने और उस पर खुश होने की सजा दे रहा था। जब मैं कुरकुरा पापड़ लेकर लौटी, रंजन तब भी उस पिलपिली मछली को लेकर मुँह सड़ा रहा था। जब तक वह खाने की मेज पर रहा, उसकी चिड़चिड़ाहट नहीं गई।

जब मैंने खुद खाना शुरू किया, तब तक तली हुई मछली पत्थर की तरह ठंडी तथा और भी पिलपिली हो चुकी थी। मैंने जान-बूझकर वह मछली खाई थी। मैंने अपने पति के सामने भी यह साबित करने के लिए चारों टुकड़े खा लिये थे कि मैं किफायतशार गृहिणी हूँ और भोजन की बरबादी नहीं करती। मैंने अपने खाने को जैसे-तैसे गले से उतारने की कोशिश की और हर कौर के साथ मेरे गले की मांसपेशियाँ सख्त होती गईं।

रंजन बेहद परेशान और नाराज होकर इन्तजार कर रहा था कि कब मैं अपना खाना खत्म करूँ, लेकिन मैंने नजर उठाकर इशारे से उससे कह दिया कि वह मेरा खाना खत्म होने तक इन्तजार न करे, जाकर हाथ धो ले।

''कोई बात नहीं। तुम आराम से खाओ,'' उसने जवाब दिया था, और फिर कहा था, ''मुझे बस यह समझ में नहीं आ रहा कि तुम इस सड़ी मछली को कैसे खाए जा रही हो। मुझे तो डर है कहीं तुम्हारा पेट ही खराब न हो जाए। इस मौसम में तो और भी होशियार रहने की जरूरत है। मुम्बई के आसपास का पानी तो बहुत ही ज्यादा गन्दा है। उसमें अगर खराब मौसम भी मिल जाए तो बाजार में बीमारी फैलानेवाली मछलियाँ ही पहुँचती हैं। यह खतरनाक है। बहुत ही खतरनाक। जबरदस्ती और मछली मत खाओ। कल इसे नौकरानी को दे देना।''

''और अगर वह बीमार पड़ गई तो ? घर की सफाई कौन करेगा, कपड़े कौन धोएगा, और बर्तन कौन माँजेगा ?''

रंजन अपनी कुर्सी में टिककर बैठ गया था, और अपनी ठोड़ी आगे करते हुए बोला था, ''क्या तुम अपनी माँ के यहाँ घर का काम नहीं करतीं ? अब यह मत कहना कि तुम यह सब भूल चुकी हो।''

हताशा में मैं अपनी जीभ काट बैठी थी। कहना तो चाहती थी कि मैंने कलकत्ता में काम जरूर किया है, चूल्हा-चौका भी किया है, लेकिन वहाँ मुझे यह अहसास कभी नहीं कराया गया कि मैं कोई नौकरानी हूँ। निचले दर्जे की कोई काम करनेवाली। मुझे अपने ही घर पर चूल्हा-चौका करने में कोई परेशानी नहीं थी। परेशानी तो मुझे रंजन के रवैए से थी। बैंक से उसे अच्छा-खासा भत्ता मिलता था और हम बड़े आराम से पूरे वक्त के लिए कोई नौकरानी रख सकते थे, लेकिन रंजन अपनी पर ही अड़ा रहता था।

''तुम कामकाजी औरत नहीं हो, तो फिर ऐसी कोई वजह नहीं है कि तुम घर के काम-काज में अपने आपको व्यस्त न रखो। ऐसा तो है नहीं कि तुम्हें कहीं जाना पड़ता हो। तुम्हें हमारी पड़ोसन, वर्मा की औरत, की तरह कहीं वक्त से आना-जाना तो होता

नहीं है। वह तो कामकाजी औरत है, ब्यूटीशियन है। कोई ताज्जुब नहीं कि वह अपने आदमी से ज्यादा ही कमाती हो। हमें चौबीस घंटे घरेलू नौकर रखने की क्या जरूरत है। पार्टटाइम नौकर से काम चलाओ।"

और वह अक्सर मुझे बताता, "जब मैं अमरीका में रह रहा था तो अपना सारा काम खुद किया करता था। हाँ, जरा सोचो, मैं, वह आदमी जिसे अपना गिलास उठाकर वापस रसोई में नहीं रखना पड़ता था, मैं अपने कपड़े धोता था, अपना कमरा ठीक करता था, यहाँ तक कि खाना भी बनाता था।"

मैं इस तरह मुस्कुराती, मानो उसे यह जताना चाहती होऊँ कि मैं चमत्कृत हो गई हूँ। रंजन और घर का काम ! चमत्कार !

जब मैं साफ कपड़े लेकर दोबारा बाथरूम में गई तो मुझे आईने में रंजन का चेहरा दिखाई दिया। वह चुपचाप पीछे आकर खड़ा हो गया था और सोच में डूबा मुझे देख रहा था। उसकी आँखों में कभी-कभार ही आनेवाला 'सेक्स' का भाव था—इसमें शक की कोई गुंजाइश नहीं थी। मेरा शरीर तन गया और मैं जल्दी से वाश-बेसिन के पास से हट गई। मैंने साड़ी बाँधने के लिए उसके पास से निकलकर जाना चाहा, लेकिन उसने मेरा रास्ता रोक लिया और मेरी तरफ हाथ बढ़ाया।

अगर मैं यह कहूँ कि प्यार करने की उसकी इस तरह की उचंग से मेरा मन प्रफुल्लित नहीं होता था, तो यह झूठ होगा। जी हाँ, मुझे बहुत अच्छी लगती थी उसकी यह उचंग, लेकिन उसके बाद जो सेक्स की असली क्रिया होती थी, उससे मुझे हमेशा ही निराशा होती थी। शुरू में तो मैं इसके लिए खुद को ही दोषी ठहराती रहती थी कि शायद मैं ही खुली नहीं हूँ, अनाड़ी हूँ, तनावग्रस्त रहती हूँ। पर फिर मुझे एक ऐसी बात का पता चला कि मैं चकित रह गई। ये सारी कमियाँ मुझमें नहीं, रंजन में थीं।

जब मुझे इस हकीकत का पता चला तो मेरे दिल में रंजन के लिए प्यार उमड़ आया। तेईस साल की थी मैं और मुझे केवल एक 'चूमनेवाले बॉयफ्रेंड' का अनुभव था, और इधर अट्ठाईस साल का विदेश में शिक्षित, आधुनिक, आत्मविश्वास से भरा मुम्बइया लड़का रंजन, जिसने कभी किसी दूसरी औरत को नहीं जाना था। मेरी शादी एक ब्रह्मचारी से हुई थी।

रंजन ने अपना यह राज मुझे हनीमून के दो हफ्ते बाद बताया था। हमने अपना हनीमून चार दिन तक मुम्बई के नजदीक एक पहाड़ी सैरगाह महाबलेश्वर के एक बदनुमा होटल में अनाड़ीपन से मनाया था। मुझे माहवारी होनेवाली थी और समझ में नहीं आ रहा था कि यह बात अपने नए-नवेले पति को किस तरह बताऊँ। मेरी छातियाँ भारी हो गई थीं और उनमें दर्द हो रहा था। मेरी त्वचा फट गई थी और मेरा नीचेवाला हिस्सा अजीब ढंग से सिकुड़ा हुआ और सूखा महसूस हो रहा था। मैं उससे क्या कहती ? या क्या करती ? शरमाकर और घुमा-फिराकर ऐसा कुछ कहती कि 'यह महीने का वही

समय है...तुम समझ गए न ?' या उसे ही पता चलने के लिए छोड़ देती और तब शायद वह डर या घिन से उछलकर पीछे हट जाता !

लेकिन रंजन ने मेरा काम आसान कर दिया। उसने अपना प्लानर निकाला जिसमें साफ लिखाई में विवरण भरे हुए थे। उसने इसे सावधानी से पढ़ते हुए ऐलान किया, "हूँ, मेरी गिनती के हिसाब से तुम्हें अब किसी भी दिन माहवारी हो जानी चाहिए। तुम्हारे लिए कुछ लाना है कैमिस्ट से ?"

मेरी समझ में नहीं आया कि क्या कहूँ। शर्म और उलझन में डूबी मैं अटकती हुई बोली, "नहीं...नहीं, ठीक है। मेरा मतलब है, मैं कर लूँगी।"

बाद में उस रात मैंने शरमाते हुए रंजन से पूछा कि उसे मेरी माहवारी के बारे में कैसे पता चला ? रंजन ने बताया कि उसकी माँ ने ही उससे कहा था कि वह आगे हवाले के लिए मासिक गाइड तैयार करके रखे। और जब मैंने यह पूछा कि माँ को मेरी माहवारी की तारीख का कैसे पता चला, तो रंजन ने चकित होते हुए मेरी तरफ देखा था।

"अरे, साफ-सी बात है, शादी की तारीख तय करने से पहले ये सारी बातें कर ली गई थीं। तुम्हारी माँ ने मेरी माँ को बता दिया और हमने तय कर लिया कि हम तुम्हारी माहवारी के चौथे दिन के ठीक पाँच दिन बाद शादी की रस्म रखेंगे। ऐसे ही तो किया जाता है। तुम्हें पता तो होगा ही कि हिन्दू औरतें अपनी माहवारी के दिनों में किसी भी धार्मिक रस्म में हिस्सा नहीं लेतीं। ये सारी बातें परिवार के पंडित से बहुत पहले कर ली जाती हैं।"

परिवार के पंडित से ? हे भगवान ! मैंने अपना मुँह अपनी साड़ी के पल्लू में छिपा लिया और रो पड़ी, "इस तरह की निजी बातें किसी निपट अजनबी से कैसे की जा सकती हैं ? ऐसे किसी व्यक्ति से जिसे समारोह में आने और कुछ रटे-रटाए मन्त्र बोलने के लिए पैसा दिया जाता है ? मुझे तो इतनी शरम आ रही है, मैं कहीं मर न जाऊँ।"

रंजन ने अटपटाकर एक हाथ मेरी कमर में डाल दिया था, जैसे कोई भाई किसी बहन के साथ करता होगा। उसने हमदर्दी जताते हुए बड़ी मुलायमियत के साथ मुझसे कहा, "कोई बात नहीं है। मेहरबानी करके रोना-धोना बन्द करो। सबके साथ यही होता है। यही रीति है। पंडित यही बातें दिन में पाँच बार सुनता है। उसे इससे कोई मतलब नहीं होता।"

मैं फट पड़ी, "लेकिन मुझे तो इससे मतलब है—तुम समझते नहीं क्या ? मैंने इसके बारे में कभी किसी से बात नहीं की, अपनी माँ से भी नहीं। मेरा मतलब है, मैंने सीधे-सीधे इस तरह की कोई बात उससे कभी नहीं की। यह सही है कि उसे इस बारे में जानकारी थी—लेकिन इस बारे में हमने हकीकत में कोई बात-वात नहीं की।"

रंजन की हालत देखने लायक थी। "देखो," वह बोला, "जब तक उन चार दिनों की जानकारी न हो, माहवारी लायक किसी भी औरत को लेकर कोई भी शुभ कार्य तय नहीं किया जा सकता। यह नियम तो हमारे शास्त्रों में लिखा है। मैं इसे कैसे बदल

सकता हूँ, और तुम्हें भी इस बारे में बहस नहीं करनी चाहिए। और फिर, यह बात अब पीछे छूट चुकी है, इसलिए...जाओ, जाकर अपना मुँह धोओ। हम बीबीसी पर 'वर्ल्ड रिपोर्ट' देखेंगे। शायद वे विनी मंडेला को दिखाएँ, या लेसन, या ओ.जे. सिम्पसन को।''

और उसी समय मैंने इस मामले को उठाया था। मैंने पलंग पर से हाथ बढ़ाकर अपने पति का हाथ पकड़ा था (मेरा अपना हाथ काँप रहा था)।

''बताओ,'' मैंने मुलायमियत के साथ अपनी बात शुरू की थी, ''मुझसे पहले क्या तुम्हारे सम्बन्ध ढेरों लड़कियों से रहे हैं ?''

रंजन तन गया। उसकी उँगलियाँ मेरी उँगलियों के नीचे थीं और मैं साफ महसूस कर रही थी कि वह चादर को समेटे हुए है। ''हाँ,'' वह बोला, ''कुछेक से।''

''उनके साथ तुम्हारे सम्बन्ध कितने घनिष्ठ थे ? थोड़े... या बहुत ज्यादा ?'' मैंने उसे टटोला।

रंजन ने हिचकिचाते हुए जवाब दिया, ''देखो...मैं उनमें से कुछ को दूसरी लड़कियों के मुकाबले थोड़ी अच्छी तरह से जानता था...बस।''

मैं चुप हो गई। उसने अपना हाथ हटा लिया और रिमोट कंट्रोल उठा लिया। हमारा 'चैनल की सवारी' का आधा घंटा शुरू होनेवाला था। मैं कूदकर पलंग से उतरी और दौड़कर टी.वी. के आगे खड़ी हो गई। रंजन को कुछ दिखाई नहीं दिया, तो वह नाराज हो गया।

''ऐ...मुझे कुछ नहीं दिख रहा,'' वह बोला, ''क्या कर रही हो तुम टी.वी. के सामने खड़ी होकर ?''

मैंने अपने कन्धे उचकाते हुए अपनी गुम आवाज को लौटाने की बेतहाशा कोशिश की, और जब मैं इसमें कामयाब हो गई तो मैंने कहा, ''रंजन...प्लीज...मेरे लिए इस बातचीत को पूरा करना बहुत मायने रखता है। मैं जानना चाहती हूँ कि मुझसे मिलने से पहले तुम्हारी जिन्दगी क्या थी। थोड़ा-सा। मुझे इस बारे में कुछ भी तो नहीं मालूम। और फिर, मैं चाहूँगी कि तुम मेरी जिन्दगी के बारे में पूछो—यह बात नहीं है कि मेरे पास तुम्हें बताने के लिए बहुत कुछ है। क्या तुम्हें नहीं लगता कि हमें ऐसी चीजों के बारे में बातचीत करनी चाहिए ?''

रंजन को देखने से लगा, वह गुस्से में है। ''औरतें हमेशा एक नादानी-भरी कवायद के लिए क्यों जिद करती हैं ?'' उसने शिकायत-भरे लहजे में कहा, ''यह तमाम नादानी-भरे, बेमतलब के सवाल पूछने में क्या तुक है ? इससे क्या जरा-सा भी फर्क पड़ता है ? तुम्हें मेरी बीती जिन्दगी के बारे में जानकर क्या मिलेगा, या मुझे ही तुम्हारे अतीत की खोजबीन करके क्या हासिल होगा ? इसे भूल जाओ, माया ! क्यों न हम नए सिरे से शुरू करें।''

मैं उसके पास गई और उसके कन्धे पकड़कर गिड़गिड़ाती हुई-सी बोली, ''प्लीज...बस इस बार। मैं कसम खाती हूँ, दोबारा तुमसे कभी नहीं पूछूँगी। मैं जानना

चाहती हूँ।''

रंजन पीछे हट गया। वह मुझसे, मेरी नजदीकी से परेशान लग रहा था। उसने छत की ओर ताकते हुए सोच में डूबकर इस तरह से दरवाजे की तरफ देखा मानो तुरन्त वहाँ से भागने का रास्ता खोज रहा हो। फिर वह चहलकदमी करने लगा। उसकी भौंहों के बीच पड़ी भयंकर शिकन बता रही थी कि वह ध्यान में बेहद मगन है। अचानक वह इतना उत्तेजित दिखाई देने लगा कि मुझे उसके लिए, और साथ ही इस बात के लिए भी अफसोस होने लगा कि आखिर मैं उसे यह किस परेशानी में डाल रही थी।

मेरे कन्धे गिर गए और मैं बेडरूम के कोने में रखी एक गद्दीदार कुरसी में भद से बैठ गई। टी.वी. पर उछल-कूद मचानेवाले एक नए जमाने के वीजे की आवाज आ रही थी जो जोर-शोर से बोल-बोलकर कोई 'काउंटडाउन' प्रोग्राम पेश कर रहा था। और यह विडम्बना ही थी कि उस समय मेरा भी काउंटडाउन (उलटी गिनती) चल रहा था। मन-ही-मन मैंने भी रंजन को यह तय करने के लिए दो सेकेंड और दिए थे कि वह अपने पाप कुबूल करता है या नहीं।

उधर नई फिल्मों के ऊटपटाँग गाने तैरते हुए खिड़की से अन्दर आ रहे थे। उनके बोलों से कोई मतलब निकालना मुश्किल था—'रुक-रुक, टुक-टुक। ओह नो, ओह नो, लव हो गया !' मैं रंजन का पीछा छोड़ने को तैयार हो ही गई थी कि तभी उसने एकदम से घूमते हुए एक अजीब, ऊँची आवाज में कहा, ''ऐसी बात नहीं है कि मुझे औरतें अच्छी नहीं लगतीं...मुझे गलत मत समझो। बात बस यह है कि मुझे उनकी संगत में हमेशा अटपटा लगता है। वे...वे अलग किस्म की होती हैं। मैं कभी नहीं समझ पाता कि उनके दिमाग में क्या चल रहा है। मैंने उनके साथ दोस्ती करने की कोशिश की है...लेकिन मुझे कभी कामयाबी नहीं मिली।''

मैं रंजन की बात पूरी हमदर्दी के साथ सुनती रही। मेरा दिमाग पड़ोसियों के टी.वी. पर चल रहे बकवास लेकिन मनभावन गानों में भटक रहा था। यह मेरे लिए नई बात थी। कलकत्ता में तो मैंने शायद ही कभी कोई हिन्दी प्रोग्राम देखा होगा, मनोरंजन चैनल पर भी नहीं। मैं खुद भी कभी हिन्दी नहीं बोलती थी, सिवाय उस चलताऊ बोली के जिसका इस्तेमाल मैं खासतौर पर बिहारी नौकरों को हिदायतें देने के लिए करती थी।

मुम्बइया हिन्दी बिल्कुल अलग किस्म की और ऐसी थी कि जबान पर चढ़ जाए तो छोड़े न छूटे—बिल्कुल मुम्बई शहर की तरह। मैंने गाने के बोल पकड़ने के लिए अपने कानों पर जोर दिया और बोलचाल के शब्दों के जादू पर चकित रह गई। ये शब्द कितने मजेदार, ऊलजलूल और बेहूदगी-भरे थे। मुझे रंजन की ओर ध्यान न देने पर बुरा तो लगा, लेकिन उस पल मैं बेसिर-पैर के उन गानों की लहर में मदहोश थी। मैं अपने मन में एक खयाल को आने से नहीं रोक सकी कि मैं इतने साल तक इन सारी चीजों का मजा नहीं ले पाई।

मैंने रंजन को टूटे स्वर में कहते सुना, ''मेरे लिए किसी भी औरत से सम्बन्ध बनाना मुश्किल रहा है। बहुत मुश्किल। लेकिन मैंने कोशिश तो की है।''

अनायास मैंने पूछ लिया, "जब तुम अमरीका में थे तब यह आसान नहीं था क्या ? मेरा मतलब है, वहाँ की लड़कियाँ इतनी आजाद होती हैं, सभी लोग कहते हैं।"

रंजन ने असहमति में सिर हिलाते हुए कहा, "यह सही नहीं है। बकवास है। वहाँ की लड़कियाँ भी और कहीं की लड़कियों की तरह होती हैं। मेरी कुछ लड़कियों से जान-पहचान तो हुई थी, लेकिन ज्यादा दिनों तक वे मेरी दोस्त नहीं रहीं।"

मैं नहीं समझ पाई कि ऐसा क्यों हुआ। रंजन देखने-भालने में कोई बुरा नहीं था, बल्कि सच तो यह था कि उसकी मुस्कुराहट में (प्यारे-प्यारे, सफेद, सुघड़ दाँत), उसके घने काले बालों में, और दुनिया को गम्भीरता से देखनेवाली उसकी बड़ी-बड़ी आँखों में एक निश्चित आकर्षण था। यह तो कहा जा सकता है कि उसका शरीर पूरी तरह से सुडौल नहीं था (उसकी टाँगें छोटी थीं) लेकिन उसका सीना और कन्धे मजबूत और चौड़े थे। और फिर वह तोंदल नहीं था और न ही उसके कूल्हों में लछक थी। वह अपनी मोटी कमर को लेकर जरूर शर्मसार था, लेकिन मुझे वह इतनी बुरी नहीं लगती थी। उसके आचरण में भी सरलता थी (यानी जब वह दफ्तर की किसी समस्या में उलझा नहीं होता था) और मैं समझती हूँ कि दूसरी औरतों को वह जरूर आकर्षक लगता होगा।

शायद इसका कारण यह रहा हो कि औरतों के सामने वह चुप रहता था। वह अन्य मर्दों की तरह नहीं था जो औरतों के सामने और भी जोरदार ढंग से पेश आते हैं या जो अपने आप को आकर्षक दिखाने के लिए किसी भी हद को पार कर जाते हैं। रंजन तो आदमियों के बीच रहना ज्यादा पसन्द करता था, और परिचय के समय बस अभिवादन तक ही सीमित रहता था। रंजन अपने ढंग से हँसी-मजाक भी कर लेता था, लेकिन उसके भारी बंगाली लहजे और अमरीकीपन के कारण मुम्बई के लोग उसके बोले हरेक शब्द को समझ नहीं पाते थे। ऐसा खासकर इसलिए होता था, क्योंकि उसकी आवाज कुदरती तौर पर धीमी और मुलायम थी।

मेरा सोचना यह था कि उस जैसा कोई आदमी किसी पश्चिमी देश में बहुत ज्यादा कामयाब होता। यह सही है कि वह 'पूरबी' दिखाई देता था, उसकी आँखें (कुछ-कुछ चीनियों की तरह) बोझिल और किनारे पर झुकी हुई थीं, और अजनबियों के साथ उसका बर्ताव हमेशा ही विनम्र होता था।

रंजन कॉलेज में साथ पढ़नेवाली लड़कियों के साथ अपने अनुभवों (या कहें कि अनुभवों के न होने) के बारे में तो बातें करता रहा, लेकिन मैंने गौर किया कि वह उस एक महत्त्वपूर्ण सवाल का जवाब देने से कतराता रहा, जिसके बारे में मुझे जानकारी चाहिए थी—क्या मुझसे शादी करने से पहले वह किसी औरत के साथ सोया है ?

रंजन फँसा हुआ नजर आ रहा था। फिर उसने बात को टालते हुए कहा, "इससे क्या फर्क पड़ता है ?"

"मैं जानना चाहती हूँ," मैंने जिद पकड़ते हुए कहा, "क्या पत्नी का यह अधिकार नहीं बनता कि वह यह सवाल पूछे ?"

रंजन खिड़की के पास जाकर खड़ा हो गया। उसके कन्धे झुके हुए थे, और फिर वह ऐसी आवाज में बोला कि अपनी निपट बेहूदगी से माहौल को घोंटते कानफोड़ फिल्मी गीतों के शोर में वह मुश्किल से ही सुनाई दी, ''पता नहीं क्यों, कुछ भी नहीं हुआ। मैंने कुछ गलत कर या बोल दिया होगा क्योंकि...क्योंकि...'' और वह अपनी बात पूरी नहीं कर सका।

मैं इन्तजार करती रही कि मेरा पति अपने आपको सँभाल ले। वह रो रहा था, उसकी पीठ मेरी तरफ थी। कुछ देर बाद मैंने प्यार से कहा, ''क्या पता उन्हीं में कोई गड़बड़ रही हो। शायद वे तुम्हारे लायक नहीं थीं। शायद तुम उन्हें प्यार नहीं करते थे।''

रंजन घूमकर खड़ा हो गया। उसके चेहरे पर आभार साफ झलक रहा था। ''यह सही है,'' उसने सफाई देते हुए कहा, ''तुमने बिल्कुल ठीक कहा। मैं उन्हें प्यार नहीं करता था, और वे भी मुझे प्यार नहीं करती थीं। मुझे परवाह ही नहीं करनी चाहिए थी।''

आजमाइश के तौर पर, मैं उसकी चौड़ी पीठ को सहलाने लगी। इसमें सेक्स का भाव बिल्कुल नहीं था। ऐसे किसी पल में यह ठीक भी नहीं रहता, लेकिन रंजन ने इसे गलत समझ लिया। वह उत्सुकता से मेरी ओर घूमा और बोला, ''माया, मुझे साफ-साफ बताना...क्या तुम्हें मुझमें कोई खराबी दिखाई दी ? मेरा मतलब है, मैं ठीक-ठाक तो हूँ न ? तुम खुश तो हो न उस...उस...बात से ?''

उसने मुझे अपनी बाँहों में समेटा हुआ था। उसके गालों का गीलापन मेरे सिर को गीला कर रहा था, और मुझे इसका साफ पता चल रहा था। मैं उसके नजदीक सिमट आई और अपना चेहरा उसके सीने पर टिका दिया। मैं तमाम मिली-जुली खुश्बुओं को पहचान रही थी—मैसूर चन्दन का साबुन (रंजन का मनपसन्द), पौंड्स ड्रीम फ्लावर पाउडर (उसकी माँ की पसन्द) और यार्डली का इंगलिश ब्लेजर ऑफ्टर शेव (मेरा मनपसन्द)। वह सोच में डूबा मेरे बालों को, मेरी नंगी पीठ को सहला रहा था, और उसका एक पैर लापरवाही से मेरी गोद में झूल रहा था।

उस हालत में मुझे अड़चन हो रही थी, इसलिए मैंने उसी हिसाब से करवट बदल ली। ऐसा करते समय मेरी छातियों का दबाव उसके शरीर पर पड़ा। रंजन ने मुझे प्यार से बिस्तर पर लिटा दिया और मेरे कपड़े उतारने लगा। ऐसा उसने पहले कभी नहीं किया था। वह तो बस बिस्तर पर लेटकर अपने सामने एकटक घूरता रहता था, जबकि मैं अनाड़ीपन से अपने साड़ी-ब्लाउज और पेटीकोट को सँभालती रहती थी।

उसकी इस हरकत से मुझे भी जोश आ गया और मैं हाथ बढ़ाकर उसकी कमीज के बटन खोलने लगी। रंजन ने मेरे दोनों हाथ अपने हाथों में ले लिये और मुझे ऐसा करने से रोक दिया।

''रुक जाओ।'' उसने एकदम कहा।

उसके इस आदेश की हड़बड़ी से मैं भौंचक रह गई, और उठकर बैठने की कोशिश करने लगी।

“क्यों ?” मैंने पूछा।

रंजन लुढ़ककर एक ओर हो गया और अपनी कुहनियों पर टिक गया। “मैं अभी तैयार नहीं हूँ,” उसने धीरे से कहा, “माया...तुम्हें सब्र करना होगा। इसमें समय लगेगा। मुझसे नहीं हो पाएगा। बिल्कुल नहीं।”

रंजन की इस बात पर मैं आहत कम और चकित ज्यादा हुई। रंजन को समय चाहिए था। समय तो मुझे भी चाहिए था। मुझे भी।

5

हमारी शादी को एक साल पूरा होते-न होते मेरी जिन्दगी एक किस्म के ढर्रे में बँध चुकी थी। मैंने रेडियो एफ.एम. पा लिया था, और टेलीविजन भी। जब मैं राजेश को अनुश्का के लिए फरमाइश भेजते या किसी उन्मत्त डीजे को अमरीकी लहजे में बोलने की जी-तोड़ कोशिश करते नहीं सुन रही होती थी, तो अपने बेडरूम में रखे रंगीन टी.वी. पर डोनाह्यू और विनफ्रे के चटपटे जवाबों का आनन्द उठा रही होती थी।

कभी-कभार किसी 'ऑफिस वाइफ' का फोन आ जाता (बैंक में काम करनेवाले मर्दों की बीवियों को यही कहते हैं)। वह अपनी मीठी आवाज में मेरा हालचाल पूछती या शहर में लगी साड़ी-सेल्स में आने का न्यौता देती। मैंने तो सोचा था कि हमपेशा लोगों के बीच से बढ़े दोस्ती के हाथों से रंजन को खुशी होगी या कम-से-कम वह इसमें स्वयं को प्रशंसित महसूस करेगा, लेकिन यह देखकर मुझे ताज्जुब हुआ कि ऐसा नहीं था। जब मैंने एक बार उसे विमला रंगानी के फोन के बारे में बताया तो वह एकदम शक्की हो उठा।

"उस औरत से दूर ही रहना।" उसने तीखी आवाज में कहा।

"क्यों ? क्या वह अच्छी औरत नहीं है ?" मैंने उसके अंडरवियर को तह करते हुए मासूमियत से पूछा (उसके अंडरवियर हमेशा सफेद और लम्बे होते थे)।

"ये मुम्बइया औरतें अलग किस्म की होती हैं। तुम क्या सोचती हो, मेरी माँ ने मेरे लिए कलकत्ता की लड़की यों ही चुनी ?" उसने ऐसे कहा मानो वह किसी और लड़की के बारे में कह रहा हो।

मैं उसके मोजों को अलग-अलग करने लगी (इस्पाती भूरे, गहरे नीले, काले, बिना डिजायन वाले)। "मुम्बइया औरतें अलग किस्म की कैसे होती हैं ?" मैंने पूछा।

रंजन ड्रेसिंग टेबल पर गया और अपनी हथेली में तेल लेकर अपने घने बालों में लगा लिया। ''इनका कोई चरित्र ही नहीं होता।'' उसने सपाट लहजे में कहा।

''क्या विमला का चरित्र खराब है ?'' मैंने फिर पूछा।

रंजन अपने सिर की मालिश रोककर मुझे घूरने लगा, ''तुम बहस क्यों करती रहती हो ? मैं जो कह रहा हूँ बस उसी को मानो। आखिर मैं यहाँ रहता हूँ। मुझे पता है ये औरतें कैसी हैं। ये तुम्हें भी बिगाड़ देंगी। इन सबसे तुम्हें दूर ही रहना है, ठीक है ?''

मैं झुँझलाकर बड़बड़ाने लगी, ''जैसे मैं कोई बच्ची हूँ जिसे इतनी आसानी से बिगाड़ लेंगी वे। जैसे मेरा अपना तो कोई दिमाग ही नहीं है। जैसे मैं तो अच्छे-बुरे का फैसला कर ही नहीं सकती।''

रंजन तमककर पलंग पर बैठ गया। ''जैसे, जैसे जैसे,'' वह बोला, ''तुम्हें पता है, बहस करने की तुम्हारी आदत बहुत बुरी है। मैं तुम्हारा पति हूँ। जो भी कहता हूँ तुम्हारे भले के लिए कहता हूँ। इस तरह की बातों का तुम्हें क्या अनुभव है ? कई मामलों में तुम अब भी बच्ची हो। मुम्बई कोई कलकत्ता नहीं है। मैं नहीं चाहता कि तुम गलत बातों पर ध्यान दो, नहीं तो भटक जाओगी।''

मैंने इस्त्रीवाले बोर्ड को खींचकर निकाला। उस पर एक बड़ा-सा छेद हो रहा था, जिसमें से उसमें भरा हुआ मसाला गिर रहा था। यह देखकर रंजन वहाँ आ गया और उसने उस फटी हुई जगह में उँगली डाल दी।

''यह क्या है ?'' उसने किसी कठोर स्कूल-मास्टर की तरह पूछा।

''यह शुरू से ही ऐसा था।'' मैंने बिगड़कर कहा।

रंजन ने अपनी उँगली से उसमें और भी बड़ा छेद कर दिया। बोला, ''तो तुम यह कहना चाह रही हो कि मेरी माँ ने दुकान से फटा बोर्ड खरीदा था ?''

मैं रुआँसी हो गई। ''मैंने यह नहीं कहा,'' मैंने गरम होते हुए जवाब दिया, ''मैं तो बस यह कह रही हूँ कि जब तुम्हारी माँ ने हमें यह बोर्ड दिया था, यह तभी से इस हालत में है। मैंने इसे नहीं फाड़ा—यह पहले से फटा हुआ था।''

रंजन ने कपड़ों की अलमारी में अपना अक्स देखा। ''मैं सिर्फ यही कहना चाहता हूँ,'' वह बोला, ''तुम इन काहिल, बिगड़ैल मुम्बइया औरतों की तरह हो रही हो जो अपना सारा वक्त खरीदारी या खाने-पीने में बरबाद करती हैं—घर-गृहस्थी की इन्हें कोई चिन्ता ही नहीं होती।''

मैंने एक तकिया-गिलाफ उठाकर उसे फटी हुई जगह पर रख दिया। ''लो...अब तो ठीक हो गया।'' मैंने गुस्ताखी से कहा।

रंजन की आवाज धीमी और दर्द-भरी हो गई, ''यह ठीक नहीं है। प्लीज ! अगर तुम्हें कोई बात समझने में दिक्कत होती है तो मुझसे पूछो। मैं अपनी माँ से पूछूँगा, क्योंकि तुम्हें तो शायद फोन उठाकर मेरी माँ से कुछ पूछने से भी एलर्जी है। तुम्हारी ओर से मैं पता कर लूँगा कि हम इस बोर्ड को कहाँ और कैसे ठीक करवा सकते हैं। इन बेकार की औरतों के साथ मटरगश्ती करने के बजाय अपने घर को साफ-सुथरा

रखने में ध्यान लगाओ।''

मैं चुप हो गई और उसकी दफ्तर में पहननेवाली कमीजें इस्त्री करने लगी (उसकी कमीजें उसके मोजों से मेल खाती नीली, सफेद और भूरी थीं)। उसने बीबीसी का न्यूज बुलेटिन सुन लिया तो मैं विमला और दूसरी 'ऑफिस वाइव्ज़' की बात फिर से छेड़ बैठी।

''मुझे मुम्बई में कुछ सहेलियाँ तो बनानी ही होंगी,'' मैंने उलाहना देते हुए कहा, ''नहीं तो अपना खाली समय कैसे बिताऊँगी ? हफ्ते-भर तो तुम इतने ज्यादा व्यस्त रहते हो, और फिर उसके खत्म होते-होते बेहद थक जाते हो। मैं भी तो बाहर निकलना, घूमना चाहती हूँ। क्या यह ठीक नहीं है ?''

रंजन इस तरह रुक गया, मानो मेरे अनुरोध पर वांछित गम्भीरता से विचार कर रहा हो, ''अगर तुम्हें साथ चाहिए तो माँ को बुला लिया करो। वह तो मुम्बई का चप्पा-चप्पा जानती है। वह पच्चीस साल से भी ज्यादा अरसे से यहाँ हैं। उन्हें जब भी समय मिलेगा, वह तुम्हें अपने साथ बाजार ले जाएँगी—तुम्हारे लिए मुम्बई की आदी होने का इससे अच्छा और कोई तरीका नहीं हो सकता। इन जगहों पर अकेले जाने की कभी कोशिश मत करना, ये लोग तुम्हें उठा लेंगे। यहाँ तो मोल-भाव भी अलग ढंग से किया जाता है, और फिर तुम्हारी तो हिन्दी भी इतनी अच्छी नहीं है।''

मैं अपने आपको रोकते-रोकते तुनक पड़ी, ''मेरी हिन्दी तुम्हारी माँ या तुम्हारी हिन्दी से तो अच्छी ही है।''

रंजन खड़ा हो गया और अपने दोनों हाथ ऊपर उठा दिए। एक गहरी साँस ली और गिनती करने का नाटक करने लगा। फिर बोला, ''देखो, माया...आज ऑफिस में मैं वैसे ही बहुत परेशान रहा हूँ। मैं तुम्हारे साथ बकवास करने के मूड में नहीं हूँ। मुझे कुछ कागजात पढ़ने हैं। तुम्हें यही सलाह दूँगा कि तुम इस बातचीत पर गौर से सोचो। मुझे यकीन है कि जब तुम इस बारे में सोचोगी तो तुम्हें इसमें समझदारी नजर आएगी। तुम्हें अपने आप समझ में आ जाएगा कि गृहिणी का यही फर्ज होता है कि वह घर पर रहे और देखे कि सबकुछ टिप-टॉप है। इसी में उसकी असली खुशी होती है। तुमने मेरी माँ का घर तो देखा ही है—उसी से सीखो।''

मैं पूछना तो चाहती थी लेकिन पूछा नहीं—'तुम्हारी माँ अगर इतनी ही खुश है तो फिर इतना सड़ा-सा मुँह क्यों बनाए रहती है ?'

रंजन का अपनी माँ के साथ जिस तरह का सम्बन्ध था, वह बिल्कुल साफ था—वह अपनी माँ को पूजता था और उसकी माँ उसे पूजती थी। लेकिन उसके पिता की क्या स्थिति थी ? मैं अपने दिवंगत ससुर अमर्त्य मलिक के बारे में उत्सुक रहती थी। वह प्रेत ही बने रहे। इनकी जिन्दगियों में मेरे ससुर का कोई वजूद ही नहीं था।

रंजन अपने पिता के बारे में बोलने से क्यों कतराता है ? क्या वह दानव थे ?

एक-दो बार मैंने उससे कुछ पूछने की कोशिश की तो उसने यह कहकर मुझे चुप कर दिया, "मुझे सचमुच कुछ याद नहीं है।" मैंने गौर किया कि यह कहते हुए उसका भाव भी बदल गया था।

मैंने प्रदीप मामा से भी मिस्टर मलिक के बारे में पूछने की कोशिश की थी, लेकिन उन्होंने भी कोई साफ जवाब नहीं दिया था। बस इतना कहा था, "वह अच्छे आदमी थे—इज्जतदार थे। शरीफ थे। बहुत सभ्य थे।"

कुछ समय पहले मुझे रंजन के साथ उनका एक फोटो मिल गया था और मैंने रंजन से यों ही उन दोनों के रिश्तों के बारे में पूछ लिया था। रंजन के चेहरे पर वही चिड़चिड़ाहट वाला भाव आ गया था (उसका माथा सिकुड़ गया था, नाक फड़कने लगी थी, होंठ उसके दाँतों पर पीछे तक खिंच गए थे)। "तुम क्या जानना चाहती हो ? जानने लायक कोई बात ही नहीं है। वह ठीक-ठाक थे। शान्त स्वभाव के थे। मेहनती थे। बस।" रंजन ने कहा था।

उसके बाद वह जल्दी-जल्दी किसी कम्पनी की सालाना रिपोर्ट के पन्ने पलटने लगा था। मैंने जिद पकड़ते हुए उससे फिर पूछा था, "वह गुजरे कब...तुम्हें उस समय कैसा महसूस हुआ था ? माँ को कैसा महसूस हुआ था ? क्या उनकी मौत अचानक हुई थी ?"

लेकिन उसने ऐसे जताया जैसे उसने सुना ही न हो और मुझसे अपने लिए एक गिलास पानी लाने के लिए कहा ('बर्फ मत डालना, प्लीज !' यह उसने इस तरह कहा था मानो किसी होटल की वेट्रेस को हिदायत दे रहा हो)। मैं तेजी से रसोई में गई थी और एक प्लेट पर बड़ी नजाकत से 'उसका' गिलास रखकर ले आई थी। अपनी शादी के तुरन्त बाद मैंने उसे एक मामूली गिलास (जैसाकि मैं खुद इस्तेमाल करती थी) पकड़ा दिया था और नीचे तश्तरी भी नहीं लगाई थी। इस बात पर रंजन ने बेसब्री से अपना माथा ठोंक लिया था और मुझे डाँटते हुए कहा था, "हे भगवान ! माया—क्या पानी देने का यही तरीका है ? शुक्र करो कि मेरी माँ यहाँ नहीं है। इस तरह तो हम नौकरों और झाड़ू लगानेवालों को चाय का गिलास पकड़ाते हैं। समझने की कोशिश करो, प्लीज...मैं तुम्हें टोक नहीं रहा, लेकिन कुछ तो सलीका होना चाहिए।"

और, मैं समझ गई थी। लेकिन अब मैं कुछ और समझना चाहती थी, किसी और को समझना चाहती थी—एक ऐसे आदमी को, जो अब इस दुनिया में नहीं था। शायद उस आदमी के बारे में थोड़ा-बहुत जानने से मुझे वह कुंजी मिल जाए, जिससे मैं रंजन के दिलो-दिमाग में दफ्न रहस्यों को खोल सकूँ।

इसलिए मैंने एक बार और कोशिश की थी। प्यार से पूछा, "क्या तुम्हारे बाबा कुछ-कुछ मेरे बाबा की तरह थे ?"

रंजन ने एक कैलकुलेटर निकाल लिया था और गुस्से में उसके बटनों को दबाने लगा था। मेरी समझ में ही नहीं आया था कि वह आखिर जोड़ क्या रहा है। "देखो माया, मैं तुम्हारे पिताजी को तो जानता नहीं हूँ, इसलिए मैं इस तुलना पर कोई टिप्पणी

नहीं कर सकता। वैसे भी, पिता तो बस पिता ही होते हैं।" वह बुदबुदाया था।

मैंने मुस्कुराते हुए शरमाकर पूछ लिया था, "और माँएँ ?"

इस पर रंजन ने कैलकुलेटर को पलंग पर फेंक दिया था। वह बोला, "देखो, मैं तुम्हें बिल्कुल नहीं समझ पाया। कभी-कभी तो तुम सचमुच बहुत बेवकूफी-भरे सवाल पूछती हो। मेरे पिता किसी भी पिता की तरह ही थे। वैसे मैं उनके साथ ज्यादा समय तक नहीं रहा। वह अपना काम करते थे और मैं अपना। कोई और सवाल ?"

मुझे बेचारे मि. अमर्त्य मलिक के लिए अफसोस ही हुआ था। उनका बेटा उनकी जिन्दगी के बारे में केवल कुछ रूखे जुमलों के अलावा और कुछ नहीं कह पाया था। कितने दुख की बात है। मैं उनके ब्लैक एंड व्हाइट फोटो को बहुत गौर से देखती रही थी। "यह फोटो कहाँ खींचा गया था ?" मैंने रंजन से पूछा था।

उसने गुस्से में नजर उठाकर देखा था और वह फोटो मेरे हाथ से छीन लिया था। "मुझे दो यह फोटो," उसने कहा था, "तुम्हें यह कहाँ से मिला ? सच में, माया, तुम कब सीखोगी कि चीजों को छूना नहीं चाहिए ? बताओ, क्या इससे तुम्हारा सचमुच कोई सरोकार है कि यह फोटो कहाँ खींचा गया था ? अगर मैं कहूँ 'टोक्यो में' या 'टिम्बकटू में' तो क्या इससे कोई फर्क पड़ेगा ?"

मैंने सिर हिला दिया था। रंजन ने गर्व से कहा था, "फिर पूछना क्या ?"

मुझे उस समय चुप रह जाना चाहिए था, लेकिन मैं अपने आपको नरमी से यह कहने से नहीं रोक सकी, "मैं तो बस यह कहना चाह रही थी..."

रंजन ने अपना हाथ उठाकर मुझे रोक दिया था। बोला था, "बस करो। मेरे पिता के बारे में जानने लायक कोई बात नहीं है। और तुम्हें भी उन मामलों में टाँग अड़ाने की कोई जरूरत नहीं, जिनसे तुम्हारा कोई लेना-देना नहीं है। वे अब जिन्दा नहीं हैं। उन्हें दिल का दौरा पड़ा था। तुम्हें उनसे नहीं निपटना है। तुम तो माँ को समझने में ध्यान लगाओ—तुम्हारा यही काम होना चाहिए।"

काम ? तो यह काम है ? अब, इस बात को और आगे बढ़ाने में कोई तुक नहीं थी। जो कुछ रंजन छिपाना चाह रहा था, वह उसी के (और उसकी माँ के) साथ रहना था। मैं तो मि. मलिक के पक्ष में यही उम्मीद कर रही थी कि यह कोई ऐसा अपमानजनक रहस्य न हो, जिससे उनकी शान को बट्टा लगता हो। मैंने दीवार पर टँगी उनकी तस्वीर की जो एक झलक देखी थी, वह मुझे अच्छी लगी थी और अब यह फोटो देख रही थी। शायद मेरे एक फैसले के पीछे कोई तर्क नहीं था कि मि. मलिक ही वह पक्ष हैं, जिन पर अत्याचार हुआ था, हालाँकि किसी ने उन पर कोई आरोप नहीं लगाया था।

उनके बारे में मेरी सास ने नाप-तौलकर अस्पष्ट रवैया अपनाया हुआ था। वह कभी-कभार सरसरी तौर पर एकाध ऐसी टिप्पणी जरूर कर देती थी, जिससे यह पता चले कि हाँ, रंजन की जिन्दगी में कोई पिता भी था। एक ऐसा पिता जो 'महत्त्वपूर्ण' था। बस इसी की तो अहमियत थी। उसका पद, उसकी नौकरी, उसकी आमदनी, और

उसके रुतबे की बदौलत उनकी सामाजिक हैसियत—यह चाहे जो कुछ रही हो। क्या वह मेरे अपने पिता की तरह कमजोर थे ? क्या रंजन कभी उनका करीबी रहा ? इस मामले को उठाने पर पाबन्दी क्यों थी ? ये कुछ ऐसे सवाल थे, जिनके जवाब मुझे कभी नहीं मिल पाए।

जब मैंने रंजन के माता-पिता के साथ उसके रिश्तों के बारे में सोचा तो मैं रंजन की माँ की तुलना अपनी माँ से करने लगी।

मेरा अपना घर इतना बिखरा हुआ नहीं था। मेरी माँ एक किफायतशार गृहिणी थी और उसे अपने आप पर इसलिए गर्व था कि वह 'काम चलाना' जानती थी। मैं अक्सर उन्हें बखुशी और खुल्लम-खुल्ला यह कहते सुन लेती थी, "चाहे जो भी हो, मैं काम चला लेती हूँ।"

मुझे यह तो याद नहीं आया कि हमारे इस्त्री के बोर्ड में छेद थे या नहीं, लेकिन मुझे अपने घर की और बातें तो याद थीं ही। मसलन, माँ की डायरी जिसे वह बड़ी बारीकी से लिखती थी। जब भी नया साल शुरू होता तो मेरे पिता प्लास्टिक के कवरवाली कम-से-कम चार या पाँच बड़ी-बड़ी डायरियाँ लेकर आते थे।

फिर मेरे माता-पिता दोनों ही अपने-अपने हिसाब से उन डायरियों की खूबियों के बारे में घंटे से भी ज्यादा देर तक बातचीत करते रहते थे। क्या उन पर छपी तारीखें बड़ी-बड़ी हैं ? क्या इतवार और शनिवार लाल स्याही से दिए हुए हैं ? और पेज—एक पेज एक दिन के लिए है या दो दिन के लिए ? वे लाइनदार हैं या बिना लाइन के ? लाइनें खड़ी हैं या पड़ी ? बैंक की छुट्टियोंवाला एक अलग खंड डायरी में होना बहुत महत्त्वपूर्ण होता था। इसके अलावा दो पेज ऐसे भी होने चाहिए, जिन पर पिछले और आनेवाले साल का कैलेंडर दिया हुआ हो। उसके पन्नों पर 'आज का विचार' सोने में सुहागा माना जाता था, लेकिन उसका होना अनिवार्य नहीं होता था। अहम बात यह होती थी कि डायरी का कवर मजबूत हो और उसमें आखिर में कुछ खाली पन्ने भी होने चाहिए।

"मुद्दा यह है कि जगह कितनी भी हो, आपके लिए वह कम पड़ ही जाती है। एक दिन में इतना कुछ घट जाता है—अहम बातों को लिखने के लिए—कि आपको कुछ ज्यादा पन्ने चाहिए ही चाहिए।" माँ कहती थी।

और ये अहम बातें होती थीं, बीमा पॉलिसी के नम्बर, गैस रजिस्ट्रेशन सर्टिफिकेट, राशनकार्ड का विवरण, बिजली मीटर के कोड, बैंक लॉकरों के नम्बर, बैंक खातों के नम्बर और तमाम रिश्तेदारों और जरूरी सेवाओं के टेलीफोन नम्बर। नए सालवाली डायरी आने पर पुरानी को फेंक देने का तो सवाल ही नहीं था। मेरी माँ ने एक खास शेल्फ बना रखी थी, जहाँ वह पुराने साल की अपनी सारी डायरियाँ रखती थीं। इन डायरियों को हर दूसरे इतवार को उतारकर साफ किया जाता था। एक बार मैंने उससे

पूछ लिया था कि जब डायरियों में हर दिन के हिसाब-किताब के अलावा और कुछ भी नहीं लिखा होता तो फिर वह इन्हें सँभालकर क्यों रखे हुए है।

इस पर माँ को चोट पहुँची थी और धक्का भी लगा था। उसने बड़ी गहराई से सोचकर मेरे सवाल का जवाब दिया था, "देखो माया, ये डायरियाँ महत्त्वपूर्ण रिकार्ड हैं। अगर मुझे यह पता करना हो कि आज से पाँच साल पहले दो लिटर खाने का तेल कितने का आता था तो मुझे अन्दाजा नहीं लगाना पड़ेगा—मैं एक मिनट में इसका जवाब ढूँढ़ सकती हूँ।"

मैं उसके इस जवाब से सन्तुष्ट नहीं हुई थी। "तुझे पाँच साल पहले के खाने के तेल का दाम जानने की जरूरत क्यों पड़ेगी माँ ?" मैंने पूछा था।

इससे मेरी माँ को और भी ज्यादा धक्का लगा था, "फिर और किस तरह तुम्हारे पिता और मैं दामों में बढ़ोत्तरी पर नजर रख सकते हैं ? मुद्दा यह है—अगर आज तेल की कीमत पाँच गुनी है, तो क्या हम उसी अनुपात में कमा भी रहे हैं ? और अगर ऐसा नहीं है तो फिर हम अपने हिसाब-किताब को सन्तुलित कैसे रखेंगे ? क्या हमें मछली और लूची जैसी तली हुई चीजों में कटौती करनी होगी ? या फिर किसी और चीज को हमें छोड़ना होगा ? गृहिणियाँ घरेलू खर्चे इसी तरह चलाती हैं।"

मेरी माँ जब मेरे साथ मुम्बई आनेवाले मेरे सामान को बाँध रही थी तो उसने बहुत उम्मीद और सोच-विचार के साथ मेरे ट्रंक में एक चमकदार हरी डायरी भी रख दी थी। अपनी नई साड़ियों के छोटे-से ढेर के ऊपर रखी इस डायरी को देखकर मैं मुस्कुरा दी थी। मैं कभी डायरी लिखने वाली नहीं थी। कम-से-कम उसमें हिसाब-किताब तो बिल्कुल नहीं लिखनेवाली थी।

लेकिन उस डायरी को मैंने फेंका नहीं था। बस इसे एक बिल्कुल अलग काम में ले लिया था। मैंने इसमें मुम्बई के बारे में अपने विचार लिखने शुरू कर दिए थे, और मैंने देखा कि इसमें ज्यादातर बातें निखिल के सम्बन्ध में लिखी हुई थीं। क्या मैं सचमुच इतनी ही बोर हो चुकी थी ? इतनी कुंठित हो चुकी थी ?

नहीं, नहीं, नहीं। मैं निखिल के साथ गलत कर रही थी। निखिल में निश्चित तौर पर एक आकर्षण था, जिससे इन्कार नहीं किया जा सकता था। शायद यह उसका असीम उत्साह था, और उसकी आँखों में दिलचस्पी का वह असली भाव था जो किसी से भी बात करते समय झलकता था। वह देखने-भालने में भी अच्छा था, लेकिन इतना ज्यादा भी नहीं। औसत कद के निखिल की कद-काठी किसी एथलीट जैसी थी, उसकी चमड़ी धूप में तपी हुई थी, हाथ उम्दा थे, आँखें उम्दा थीं, और मुस्कुराहट भी उम्दा थी। इन सब खूबियों के साथ वह किसी भी कॉलेज गर्ल के सपनों का राजकुमार लग सकता था, और शायद था भी यही। और शायद मैं प्यार की मारी किसी किशोरी की स्थिति में पहुँचकर उसी में जिए जा रही थी।

वैसे, जब वह पहली-पहली बार गुपचुप मेरी डायरी में आ गया था तो मैंने उसके लिए अपनी भावनाओं का इजहार नहीं किया था। वैसे ये भावनाएँ थीं क्या ? एक चंचल नौजवान पड़ोसी के बारे में लापरवाही-भरी उत्सुकता ही तो थी, बस। कम-से-कम खुद से तो मैं यही कहती थी।

यह एक हकीकत थी कि उसकी मौजूदगी से मेरी नीरस जिन्दगी में थोड़ा फर्क आ गया था, और इसी हकीकत की वजह से मैंने अपने आपको इस हालत में आने दिया था। मेरा पूरा वजूद अब बन्द दरवाजे के बाहर की सीढ़ियों पर उसके कदमों की आहट के प्रति संवेदनशील हो गया था। मुझे यह कैसे पता चल जाता था कि यह उसी के कदमों की आहट है, और किसी के नहीं ? बस, मुझे पता चल जाता था। निखिल के जाने का कोई निश्चित समय तय नहीं था, फिर भी जब मैं रोज दोपहर को आराम करने के लिए लेटती थी तो मेरे दरवाजे के पास से गुजरते उसके भारी जूतों की ठक-ठक से कुछ समय के लिए मेरा उनींदापन गायब हो जाता था। मैं उठकर खिड़की की तरफ दौड़ पड़ती थी ताकि उसे एक झलक देख लूँ। वह उस नीची दीवार से कूदकर जल्दी से अपनी मोटरसाइकिल को स्टार्ट करता था और फिर पूरी तरह नजरों से ओझल हो जाता था।

उसकी वह जरा-सी झलक भी मेरी नीरस दिनचर्या में एक पागलपन जैसी अहमियत रखने लगी थी। मैं अपने आप से पूछती थी कि निखिल में ऐसा क्या है कि मैं उसकी दीवानी हो रही हूँ ? और अगर मेरी बेचैन नजरों के सामने पसरे उन लम्बे, उबाऊ घंटों के दौरान मेरे पास करने के लिए थोड़ा और काम हो तो क्या फिर भी मेरे मन में यही भाव आएँगे ? कभी-कभी जब मुझे आईने में अपना अक्स दिखाई दे जाता था तो मैं अपनी आँखों में हमेशा के लिए जगह बना चुकी उस चमक को देखकर दंग रह जाती थी।

एक बार जब मैं अपनी अलमारी की चीजों को उलट-पुलट रही थी तो मुझे छोटे-छोटे सफेद मोरों के डिजायनवाली एक नीली साड़ी दिखाई दे गई थी। निखिल ने अपने खास सहज अन्दाज में उसकी तारीफ की थी।

"हूँ। नीला। ब्ल्यूज़ (उदासी) में डूबी देवी के लिए ब्ल्यू (नीला)। तो तुम अपने मूड के रंग की साड़ी पहने हुए हो—ऐसा क्यों ? मुझे देखकर खुश नहीं हो ?"

कब हुई थी उससे मेरी यह बातचीत ? छह महीने, या और भी पहले ? मैंने सफाई से इस्त्री किए गए पेटीकोटों के ढेर के नीचे से अपनी हरी डायरी निकाली। उसके रेक्सीन के चमकीले कवर पर 'इंडियन कोल्ड एक्सट्रूजन इंडस्ट्री' छपा हुआ था। मैंने अपनी गीली और घबराहट से काँपती उँगलियों से उसके पन्ने खोले। मुझे पता था कि मैं किस पन्ने की तलाश में थी। जल्दी-जल्दी कुछ पन्ने पलटने के बाद मैंने थककर डायरी को वापस उसी जगह रख दिया। दरवाजे पर कोई था—शायद इडली बेचनेवाला हो।

इडलियाँ। मंगलवार की इडलियाँ। हर मंगलवार को, विश्वनाथ इस बिल्डिंग में अपनी जोरू के हाथ की बनी फूली-फूली सफेद इडलियाँ लेकर आता था और घर-घर जाकर औरतों से पूछता था कि उन्हें इडली तो नहीं लेनी। मेरे लिए इडली का स्वाद अनजाना था। कलकत्ता में तो मैंने शायद ही कभी इडली खाई होगी। यह तो विश्वनाथ ने ही मुझे बढ़िया ढंग से तैयार की हुई इडली खाने का चस्का लगा दिया था। उसकी इडलियाँ खास साँभर में डूबी होती थीं जिसको बनाने का तरीका केवल उसकी बीवी को ही मालूम था।

"इसे चखिए, मेमसाब, इसे चखिए। मुम्बई में आपको यह स्वाद और कहीं नहीं मिलेगा।" अपनी बड़ाई करता हुआ वह मेरे दिए स्टेनलेस स्टील के डिब्बे में चम्मच से इडली डालता जाता था। वह दही में तैरती नारियल की ढेर सारी चटनी डिब्बे में डालता और बड़ी विनम्रता से कुछ रुपए लेकर इडली के अपने डिब्बे को खुशी-खुशी झुलाता वहाँ से चला जाता था।

एक दिन दोपहर बाद जब मैं दरवाजे पर खड़ी यह बहस कर रही थी कि रंजन को चाय पर देने के लिए छह इडलियाँ लूँ या नहीं, तभी मुझे निखिल के आने की आवाज सुनाई दी। उसने अपने दरवाजे को जोर से भेड़ा था और सीटी बजाता हुआ सीढ़ियों से उतरा था। मेरे मन में आया कि मैं फौरन अपने फ्लैट में घुस जाऊँ—मैं अभी न नहाई थी, न ही मैंने बाल सँवारे थे, और पिछली रात का काजल मेरी आँखों के गिर्द फैल गया था। लेकिन विश्वनाथ तो दरवाजे में अड़ा था, मैं घर में जाती भी तो कैसे ?

वैसे भी अब काफी देर हो चुकी थी। "हाय, माया !" निखिल ने रुककर मुझे अभिवादन किया था। मेरा एक हाथ अपने बिखरे बालों को सँवारने में लग गया और दूसरे से मैंने अपने कफ्तान को पकड़ लिया, मानो मैं बाढ़ के पानी में उतरने जा रही हूँ।

"कॉलेज जा रहे हो ?" मैंने भरसक खुशी जताते हुए निखिल से पूछा, क्योंकि इस अस्त-व्यस्त हालत में पकड़ी जाने पर मुझे शर्मिंदगी महसूस हो रही थी।

"ऐ, तुम तो कुछ ऐसी दिख रही हो...कुछ तो अलग दिख रही हो !" निखिल ने मुझे खुल्लम-खुल्ला उत्सुकता के साथ घूरते हुए कहा था।

निखिल हँस दिया। "इसको ही मैं कहता हूँ साफगोई। लेकिन चिन्ता मत करो...तुम फिर भी अच्छी लग रही हो।" वह बोला।

मैं चौखट से टिककर खड़ी हो गई। मुझे लग रहा था कि मैं गन्दी और अनाकर्षक दिख रही हूँ। मुझे समझ में नहीं आ रहा था कि आगे क्या कहूँ या क्या करूँ। इसलिए मैंने कह दिया, "इडली खाओगे ?"

निखिल आत्मविश्वास से भरा आगे आया और बोला, "क्यों नहीं ? मुझे तो बहुत अच्छी लगती है इडली। पता नहीं मेरी माँ क्यों हमारे लिए कभी इडली नहीं लेती।"

मैंने स्टेनलेस स्टील का डिब्बा उसकी तरफ बढ़ा दिया और बोली, "शुरू हो जाओ, दो-तीन ले लो। मुझे तो बस उनके लिए थोड़ी चाहिए।"

निखिल ने अपने लिए एक इडली उठाकर उसे चटनी में डुबोया और एक बार में पूरी की पूरी मुँह में धर ली।

मैं हँस पड़ी। मैंने उससे पूछा, "क्या तुम हमेशा ऐसे ही इडली खाते हो ?"

"हमेशा नहीं। बस आज खा रहा हूँ। जल्दी में हूँ न...लेक्चर के लिए देर हो रही है।" निखिल ने इडली खाते-खाते ही जवाब दिया।

मैं साँभर का बर्तन उसकी तरफ बढ़ाए खड़ी रही और निखिल के तेजी से चलते जबड़ों को मुग्ध होकर देखती रही। तीन इडलियाँ कुछ ही सेकेंड में उसके हलक में उतर गईं।

मैं उसे छेड़े बिना नहीं रह सकी। मैंने कहा, "घर में पेट-भर खाने को नहीं मिलता क्या ?"

निखिल ने सिर हिला दिया। बोला, " 'पेट भर' की तुम्हारी परिभाषा क्या है ? इसे यों समझो, मैं हमेशा भूखा रहता हूँ, हमेशा।"

उसने कुछ देर तक मुझे सवालिया निगाहों से देखा, जैसे कोई रहस्यपूर्ण सुराग तलाश रहा हो। फिर कहा, "मुझे पता नहीं था कि बंग लोग इडली भी खाते हैं। यह तो बड़ी मजेदार बात है। लेकिन फिर...तुम भी तो मजेदार हो।"

इससे पहले कि मैं उसके जाते-जाते यह कह पाती, 'तुम्हारा क्या मतलब है ?' वह नीची दीवार से कूदकर मोटरसाइकिल पर सवार हो गया तथा मैं और विश्वनाथ उसे देखते रह गए।

मैं चौंककर विश्वनाथ की तरफ घूमी। उसे तो मैं बिल्कुल भूल ही गई थी। अजीब बात थी, जैसे वह अचानक अदृश्य हो गया हो। एकदम से गायब ! और अब फिर प्रकट हो गया था और मुझसे दो फीट की दूरी पर खड़ा बड़े इत्मीनान से अपने पैसों का इन्तजार कर रहा था और मुझे ऐसे घूरकर देख रहा था, जैसे पहले कभी नहीं देखा हो।

"ये लोग मेरी इडली कभी नहीं खरीदते," वह एकदम बोला, "वह औरत—इस लड़के की माँ—बहुत रूखी है। मैं किसी से कुछ लेने की जबरदस्ती नहीं करता। वह 'नहीं' भी कह सकती है। चिल्लाने और अनाप-शनाप बकने की क्या जरूरत है ? मैं भीख तो नहीं माँगता।"

मैं किसी फेरीवाले से निखिल की माँ के बारे में बात नहीं करना चाहती थी। मैंने उसे पैसे पकड़ा दिए और चलने के लिए मुड़ी, लेकिन वह वहीं जमा रहा, "यह लड़का ठीक है। भला आदमी है। हमेशा हँसता रहता है। इसकी माँ ही अच्छी नहीं है।"

मैंने इस बात का न कोई जवाब दिया और न ही अपने चेहरे के भावों को बदला। विश्वनाथ ने आराम से अपना डिब्बा उठाया। वह अब भी मेरे दरवाजे में अड़ा था, इसलिए मैं दरवाजा बन्द नहीं कर सकती थी। विश्वनाथ ने ठंडी साँस ली। "आज की जिन्दगी कितनी अकेली है," वह बोला, "बहुत अकेली। ऐसा कोई नहीं, जिससे कुछ बात कर ली जाए। किसी के साथ कुछ भी मिल-बाँट नहीं सकते। क्या गलत

कह रहा हूँ मैं ?''

मैंने 'हाँ' या 'न' कुछ नहीं कहा। बस मुस्कुरा दी।

''अगले मंगलवार को आऊँगा।'' विश्वनाथ ने कहा और इडली बेचने निकल गया।

और, इस तरह हर मंगलवार का मेरे लिए एक नया अर्थ हो गया—दरवाजे पर खड़े होकर निखिल के साथ इडली खाना। मैं सुबह जल्दी उठने लगी, ताकि समय से नहा-धोकर कंघी करूँ और माँग में नया सिन्दूर भर सकूँ। मैं बहुत सावधानी से अपनी साड़ियों का चुनाव करती और उन्हें इस्त्री करने तक की जहमत उठाती। मेरे पास ढेरों पुरानी और पहनी हुई खास साड़ियाँ थीं, जिनको मैं घर में इस्तेमाल करती थी। इन साड़ियों में कभी इस्त्री नहीं की जाती थी, बस सफाई से तह करके रख दिया जाता था। मेरी 'अच्छी' साड़ियाँ एक दूसरी शेल्फ पर मलमल की तहों में सावधानी से लिपटी रखी रहती थीं।

मंगलवार की सुबह मैं अपनी 'घरवाली साड़ियों' के ढेर में से खोज-बीनकर एक साड़ी निकालती। जबसे निखिल ने नीली साड़ी पर ध्यान दिया था, मैंने दूसरी नीली साड़ियों को भी निकालकर अलग रख लिया था। मंगलवार के दिन मेरे लिए 'नीले' दिन हो गए। रंजन ने भी इसे ताड़ लिया।

''अचानक तुमने इतनी सारी नीली साड़ियाँ पहननी शुरू कर दी हैं। मैं तो सोचता था कि तुम्हें नीला रंग पसन्द ही नहीं है। तुमने तो मुझसे हमेशा यही कहा है कि तुम्हारे साँवले रंग पर नीला रंग अच्छा नहीं लगता। वैसे अगर तुम मुझसे पूछो तो मैं तो यही समझता हूँ कि तुम्हारा रंग काफी साफ है...मसलन, तुम्हारे पिता के मुकाबले।'' एक दिन उसने कहा था।

उसकी इस बात पर मैं चिहुँक गई थी। यह बात नहीं थी कि रंजन बेइज्जती कर रहा था—वह तो बस मुँहफट हो गया था। वैसे भी, परिवार को लेकर इतनी नाजुक-मिजाजी की भी क्या जरूरत है ? मैंने हल्के-से मुस्कुराते हुए कहा, ''पता नहीं मुझे क्या हो गया है—शायद पिकासो की तरह मेरा भी यह नीले का दौर है।''

मैंने जो मजाक किया था, वह मेरे पति को बिल्कुल भी समझ में नहीं आया। ''मुझे पिकासो-विकासो की तो कोई बात समझ में नहीं आती,'' उसने नरमी से कहा, ''मैं तो जो देखता हूँ वही जानता हूँ, और मैं एक और नीली साड़ी देखता हूँ।''

मैं गरमागरम चपातियों की ताजा प्लेट लेने छोटी-सी रसोई में गई। रंजन ने उलाहना देते हुए कहा, ''यहाँ बैठो, भगवान के लिए—इस तरह दौड़ती मत फिरो। मुझे ठंडी चपातियाँ खाने से कोई ऐतराज नहीं है...हालाँकि मैं यही कहूँगा कि अपनी माँ के यहाँ मैं एक भी ऐसी रोटी नहीं खाता था जो सीधे चूल्हे से न आई हो। भगवान जाने कैसे करती थी वह—लेकिन पूरे घर को गरमागरम चपातियाँ मिलती रहती थीं और उन्हें

एक बार भी खाने की मेज से उठना नहीं पड़ता था। मम्मी बहुत अच्छे तरीके से घर को चलाती और बनाती हैं। जब मैं न्यूयॉर्क में काम कर रहा था तो मुझे उसके हाथ के बने खाने की सचमुच बहुत याद सताती थी। मैं छुट्टियों से जब वापस न्यूयॉर्क जाता था तो मेरे सूटकेस तमाम तरह के पकवानों से ठसाठस भरे होते थे। उनमें घर के बने पापड़ होते थे, नाश्ते के लिए तरह-तरह की चीजें होती थीं, अचार होते थे। गजब का खाना बनाती है वह। ड्राईंग बोर्ड पर अपना समय बरबाद करने से तो शायद तुम्हारे लिए यही बेहतर रहेगा कि तुम उनसे कुछ सीख लो।''

मुझे अपना बचाव करने की उकसाहट तो हुई, लेकिन मैंने अपने आपको रोक लिया। तो मेरे तजुर्बे के तौर पर की गई ड्राईंग की कोशिशों के बारे में ये विचार हैं रंजन के। वह इसे समय बरबाद करना समझता है। मैंने उसे उसकी मनपसन्द सब्जी–पोस्त के दोनों में पकाए आलू के छोटे-छोटे कतरे–परोसते हुए ठंडी साँस ली।

रंजन के चेहरे पर चमक आ गई, ''हाँ...पोश्तो एक ऐसा व्यंजन है, जिसे तुम काफी हद तक मेरी माँ की तरह बनाती हो। वह हरी मिर्चों को बीच से चीरकर उन्हें पोश्तो में डालती है, जिससे वह और भी जोरदार हो जाता है। अगली बार तुम भी इसे आजमा सकती हो।''

मैं अपनी पीली-नीली साड़ी के पल्लू को ताकती रही, लेकिन कुछ बोली नहीं।

6

अक्सर मेरा मन ललचाता था कि फोन उठाऊँ और कलकत्ता अपनी माँ या स्कूल की एक पुरानी सहेली आरती से बात करूँ। लेकिन दो कारणों से मैं ऐसा नहीं कर पाती : एक तो रंजन की इजाजत के बिना लम्बी दूरी के कॉल करने की मेरी हिम्मत नहीं होती थी, दूसरे मुझे एस.टी.डी. का लॉक-कोड पता नहीं था।

हमारी शादी के तुरन्त बाद रंजन ने मुझे पूरा फ्लैट दिखाया था। फोन की तरफ इशारा करते हुए उसने कड़ाई से कहा था, "यह केवल वक्त-जरूरत के लिए है, फालतू गपशप के लिए नहीं।" उसने यह भी साफ कर दिया था कि फोन का बिल कम्पनी नहीं देती और जब भी मैं फोन करती हूँ, उसे पहले पाँच मिनट के लिए एक रुपए से भी ज्यादा देना होता है। और यह रेट लोकल कॉल के लिए था।

मुझे किफायतशारी पर उसका यह छोटा-सा भाषण बुरा नहीं लगा था, क्योंकि इससे मुझे अपने पिता के रवैए की याद हो आई थी। मेरे पिता भी मेरी बातूनी माँ से अक्सर यही कहा करते थे कि उसे फोन के पास एक स्टॉप घड़ी रखनी चाहिए और उससे अपनी कॉलों का समय तय करना चाहिए।

"किसी से कुछ भी कहना हो तो उसके लिए पाँच मिनट काफी होते हैं।" वह बड़बड़ाते रहते थे और माँ एक बार फिर अपना खास जुमला 'मुद्दा यह है...' शुरू कर देती थी। 'मुद्दा' तो सचमुच बहुत आसान था। मेरी माँ जबरन बात करती थी। मेरे पिता को इसके लिए पैसे चुकाने से चिढ़ थी।

मुझे ज्यादा बातचीत करना नहीं आता था। मैं कई तरह से अपने पिता से ज्यादा मेल खाती थी। मैं उन्हीं की तरह तमाशाई थी, भागीदार नहीं। वह चुपचाप मुझसे कहते थे, "हमारे परिवार के लोग फलसफाना और शायराना मिजाज के हैं। हम चिन्तक लोग

हैं। लेकिन तुम्हारी माँ के घरवाले ! जब वह प्रदीप से बात कर रही होती है तब जरा उसे टोककर देखो। मैंने और कोई भाई-बहन ऐसे नहीं देखे जिनके पास एक-दूसरे से कहने के लिए इतनी सारी बातें होती हैं।''

मुझे यह सुनकर बड़ा मजा आया कि मेरे पिता अपने आपको शायर, फिलॉसफर और चिन्तक समझते हैं। मुझे लगता है कि सारे बंगाली अपने आपको यही समझते हैं। वह इसमें 'इंकलाबी' जोड़ना भूल गए थे। फिर भी, अपने सदाचरण से मेरे पिता ने मेरे आचरण पर अपना प्रभाव छोड़ा था। उन्हीं की तरह, मैं भी झगड़े-टंटे से दूर और अपने आप में सिमटी रहती थी। उन्हीं की तरह मुझे भी रोजमर्रा की अधिकांश स्थितियों में निरर्थकता दिखाई देती थी। उन्हीं की तरह मुझे भी बारिश की शामों की अप्रत्याशित सुन्दरता में आनन्द आता था, या कड़क चाय के प्याले के साथ गरमागरम तला हुआ नमकीन मजेदार लगता था।

मेरी माँ इस सबका मजाक बनाती थी। मुझे विश्वास है कि उन्हें किसी तेज-तर्रार आदमी को अपना जीवन-साथी बनाकर ज्यादा खुशी होती। मेरे पिता महत्त्वाकांक्षी नहीं थे। इससे माँ को जो गहरी निराशा हुई थी, वह उसकी कर्कश और तेज आवाज में व्यक्त होती थी—इस आवाज का इस्तेमाल वह 'चीजों को सही नजरिए से रखने' के लिए करती थी। पिताजी अगर माँ के इन बार-बार के तेज हमलों का बुरा मानते भी होंगे तो वह इसे जताते नहीं थे। इसके बजाय वह अपने कमरे में चले जाते थे और टैगोर में डूब जाते थे।

सारे फैसले माँ ही करती थी—बड़े भी और छोटे भी। वही घर चलाती थी, पैसों का हिसाब-किताब करती थी और भविष्य की योजनाएँ बनाती थी। अगर माँ ने पहल न की होती तो मेरी शादी रंजन से कभी न होती। इस बारे में मेरे पिता के विचार तो कभी पूछे ही नहीं गए और शादी में उनकी भागीदारी भी नाममात्र को थी। मेरी माँ और उसके भाई ने ही मिलकर सारा इन्तजाम कर लिया था। उपहार और प्रबन्ध, नजदीकी रिश्तेदारों के लिए ठहरने की जगह, कौन-सी रस्म कब होगी, इसका सही-सही खाका, यहाँ तक कि मेरा सुहाग का जोड़ा वगैरह भी उन्हीं दोनों ने मिलकर तय किया था।

मेरे पिता तो बस जो उनसे कहा गया, सिर झुकाकर करते रहे और उन्होंने न तो एक भी सुझाव दिया और न ही किसी किस्म का अड़ंगा लगाया। सारा खेल चित्रादी और प्रदीपदा का था, और मैं समझती हूँ, यह बेहतर ही हुआ।

मेरी शादी के बाद मेरे मामा तो पता नहीं क्यों गायब ही हो गए। शायद उन्हें यह लगा कि उन्होंने अपना फर्ज पूरा कर दिया है और आगे उनके करने लायक कुछ नहीं बचा। मैंने उम्मीद तो यही की थी कि मेरी शादी के पहले कुछ महीनों में मेरा हाथ पकड़ने के लिए वह मेरे आसपास ही रहेंगे—एक अजनबी शहर में मेरे साथी होंगे। कई बार मैंने उन्हें फोन करने की भी कोशिश की थी, लेकिन उन्होंने एक दूरी-सी बनाए रखी और कोई साफ जवाब नहीं दिया था। मैं अपनी जिन्दगी से उनके

अचानक इस तरह से गायब हो जाने पर हैरान थी।

मैंने एक चिट्ठी में माँ से इसका जिक्र भी किया था और उसने फौरन ही उसका जवाब भी दे दिया था। उसने लिखा था—"मुद्दा यह है, तुम अब एक शादीशुदा औरत हो। तुम अब ससुराल की हो। हमारे जैसे पुराने खयालों के घरों में यह नहीं होता कि लड़की के घरवाले—खासकर उसके मर्द रिश्तेदार—उसके यहाँ बार-बार आना-जाना या नजदीकी सम्बन्ध रखें। इससे लड़की को अपने ससुरालियों के साथ घुलने-मिलने में अड़चन पैदा होती है। इसके अलावा, इसकी वजह से पति-पत्नी में गलतफहमी भी पैदा हो सकती है। भले ही सलाह नेक इरादे से दी जाए, लेकिन उसे घर के मामलों में दखल भी माना जा सकता है। मेरी बात मानो, यही ज्यादा अच्छा है।

"इसका मतलब यह नहीं है कि तुम्हारे मामा तुम्हें प्यार नहीं करते। वह तो बस अक्लमन्दी और होशियारी से काम ले रहे हैं। तुम्हें अकेला छोड़कर एक तरह से वह तुम्हें इस बात के लिए उत्साहित कर रहे हैं कि तुम जमाई बाबू के परिवार का हिस्सा बन जाओ। और फिर, हमें यह भी तो नहीं मालूम कि तुम्हारे मामा के आने या बार-बार फोन करने से उन लोगों को कैसा लगेगा। तुम वहाँ थोड़ी जम जाओ, फिर हालात अपने आप बदल जाएँगे। तुम चिन्ता मत करो। बेशक, अगर तुम्हें कभी वक्त-बेवक्त किसी चीज की जरूरत पड़ जाए, तब तो वह हैं ही।

"मुद्दा यह है, तुम्हें अपने नए घर-परिवार को समझना है और जितनी जल्दी हो सके उसका हिस्सा बनना है। तुम्हारे मामू अगर तुम्हें अकेला छोड़ रहे हैं तो यह तुम्हारी ही खातिर है, इसमें तुम्हारी ही भलाई है। इसे गलत मत समझो। जो लड़कियाँ बहुत ज्यादा दिनों तक अपने मायकेवालों से चिपकी रहती हैं, वे अपने ससुरालियों के साथ कभी तालमेल नहीं बिठा पातीं। हम नहीं चाहते कि तुम्हारे साथ ऐसा हो। मुझे विश्वास है तुम समझ जाओगी। अलग से आयरन और कैल्शियम लेना मत भूलना—कब क्या पता ?"

मेरी माँ की बुद्धि के पैनेपन पर भरोसा किया जा सकता था। यह बात नहीं थी कि मुझे उसकी सलाह अच्छी नहीं लगती थी। मेरे और उसके बीच एक अजीब तरह का रिश्ता था। ज्यादातर हम एक-दूसरे से होशियार रहते थे। मुझे यह कभी पता नहीं रहता था कि वह मेरे बारे में सचमुच क्या सोचती है, सिवाय एक जबरदस्त कर्त्तव्य-बोध के। और मैं अपनी ओर से कभी अपनत्व-भरी भावनाओं का इजहार नहीं कर पाती थी। अगर वह अपने-आप में सीमित थी, तो मैं भी थी। जहाँ तक मेरे पिता का सवाल है, उनके बारे में तो यह पता करना और भी मुश्किल था कि वह हम दोनों के बारे में सचमुच क्या सोचते हैं। उन्होंने मेरी माँ को बिल्कुल अकेला छोड़ दिया था और खुद घर के अपने वाले हिस्से में शान्त, चिन्तनशील और एकान्त जिन्दगी जीना पसन्द करते थे।

मेरे साथ उनका जो स्नेह था, उसमें भी लगाव जैसा कुछ नहीं था। उन्होंने संकोच के मारे मुझे कभी गले से लगाया या चूमा तो नहीं, हाँ कभी-कभी मेरे पास से निकलते

हुए वह मेरे सिर को कठोरता से थपथपा जरूर देते थे। इससे ज्यादा उन्होंने कभी कुछ नहीं किया। अगर मैं कभी बिना बताए उनके कमरे में घुस जाती थी तो वह इस बुरी तरह से चौंक पड़ते थे कि मुझे लगने लगता था कि मैं कोई घुसपैठिया हूँ। उनके बिस्तर पर चढ़कर उनकी बगल में पसर जाने के बारे में तो सोचा भी नहीं जा सकता था। न ही मैं उनका हाथ पकड़कर या बाँह से लिपटकर उन्हें छूने की पहल कर सकती थी। यह बात नहीं थी कि वह मुझसे कभी कुछ कहते हों—यह तो बिना कहे ही समझने की बात थी। वह शरीर छूने से इतने ज्यादा हिचकिचाते थे कि इसमें जबरदस्ती करना बहुत ही खराब, अनधिकार चेष्टा मानी जाती।

मेरे माता-पिता एक-दूसरे से बहुत ही कम बोलते थे, इसलिए उनमें लड़ाई-झगड़ा या तू-तू, मैं-मैं होने का तो सवाल ही नहीं था। अगर कभी वे एक-दूसरे से असहमत होते भी थे तो इसका इजहार नापसन्दगीवाली नजर और अधीरता भरे हाव-भावों के जरिए होता था, जिन्हें मैं जल्दी ही पढ़ना और उनका मतलब निकालना सीख गई थी।

मेरे पिता का सबसे नजदीकी साथी कॉलेज के दिनों का उनका एक दोस्त था। उनके यह दोस्त नीरद चौधरी और बंकिमचन्द्र की पूजा करते थे और कीट्स और शेक्सपियर की लाइनों को हूबहू सुना करते थे। आशीषदा हमारे यहाँ चाय के समय के आसपास आते थे। उनके एक हाथ में सन्देश का एक छोटा-सा डिब्बा होता था और दूसरे से वह अपनी धूल-भरी धोती पकड़े होते थे। तीन (हमेशा तीन) प्याले चाय पर मेरे पिता और उनके वह दोस्त अन्तरंग भाव से घंटों उस समय की ताजा घटनाओं पर बहस करते हुए बिता देते थे। वे प्रदूषण, कीमतों, और राजनीति पर चर्चा करते थे। उनकी आवाज उनके प्यालों की चाय के साथ-साथ ऊँची-नीची होती रहती थी। बस, इन्हीं मौकों पर मैं उन्हें उत्तेजित, बहस करते, खूब बोलते और मगन होते हुए देखती थी।

बेशक, यह बात बिना कहे साफ थी कि आशीषदा हमारे यहाँ आने को आदत नहीं बनाएँगे, नहीं तो मेरी माँ की बरदाश्त का माद्दा चुक जाएगा। आशीषदा इस तरह के संकेतों को पकड़ने में सक्षम थे। वह मेरे पिता की बेचैनी, माँ के कमरे की तरफ उनके बार-बार जल्दी से देखने और आरामकुर्सी से पलंग और पलंग से आरामकुर्सी पर जाने की उनकी हरकत को ताड़ लेते थे। ऐसे मौकों पर पिताजी बार-बार वक्त की बात भी करने लगते थे ('ओह...अब साढ़े पाँच बज गए—आजकल इतनी जल्दी अँधेरा हो जाता है !')

मेरी माँ आँगन की ओर खुलनेवाली छोटी-सी बालकनी में चहलकदमी करने लगती थी। वह अपनी अधीरता को छिपा नहीं पाती थी। मैं आशीषदा के आने पर उसकी नाराजगी को कभी नहीं समझ पाई। ऐसी बात नहीं थी कि उसे पिताजी से कोई बात करनी होती थी या फिर फोन पिताजी के कमरे में होता था कि फोन पर बात करते

समय उसकी गोपनीयता में खलल पड़ता, और न ही टी.वी. पिताजी के कमरे में रखा था।

मैंने यही निष्कर्ष निकाला था कि शायद माँ की नाराजगी की वजह यह है कि टॉयलेट का रास्ता वहीं से था। वैसे तो हमारे यहाँ दो और बाथरूम भी थे, लेकिन वे केवल नहाने और हाथ धोने के लिए थे। टॉयलेट केवल पिताजी के कमरे से होकर पहुँचा जा सकता था। मेरी माँ की आदतें ऐसी थीं कि वह नियत समय पर ही कोई काम करती थी। वह दिन में केवल एक बार, सुबह ठीक साढ़े सात बजे टॉयलेट का इस्तेमाल करती थी, जब वह दो प्याले चाय पी चुकती थी। जो लोग एक से ज्यादा बार टॉयलेट जाते थे, उनसे वह बहुत नाराज होती थी।

''क्या हुआ तुम्हारे पेट को ?'' जब कभी वह दोपहर को मुझे चुपचाप टॉयलेट में घुसते हुए पकड़ लेती थी, तो गुस्से में घूरते हुए कहती थी। कभी-कभी तो मैं झूठ बोल देती थी—''मैंने कुछ नहीं किया, सच।''

मेरे इस जवाब पर वह शक्की निगाहों से मेरे हाथों को देखती थी कि वे गीले हैं या नहीं, और फिर कहती थी, ''अगर तुमने कुछ किया नहीं तो फिर तुम वहाँ गई ही क्यों थीं ?''

मुझे तो यह शक होता था कि वह बालकनी में शायद इसलिए चहलकदमी करती रहती थी कि कहीं आशीषदा हमारे टॉयलेट का इस्तेमाल न कर लें। मैंने एक बार एक पड़ोसन से उसे शिकायत करते सुन लिया था। वह कह रही थी, ''इन बाहरी लोगों को तो कोई खयाल ही नहीं रहता। ये लोग आपके घर में घुस आते हैं और सीधे टॉयलेट चले जाते हैं। ऐसा नहीं करना चाहिए। ऐसा बिल्कुल नहीं करना चाहिए। मुद्दा यह है, ये लोग अपने साथ तमाम तरह के कीटाणु लेकर आ जाते हैं...इन्फेक्शन...धूल। क्या वे अपने घर लौटने तक नहीं रुक सकते ?''

यह सही था कि आशीषदा मेरे पिता के साथ जो ढाई घंटे बिताते थे, उनमें से करीब बीस मिनट वह टॉयलेट में बन्द रहते थे। मेरी समझ में यह कभी नहीं आया कि इतनी देर तक वह वहाँ क्या करते रहते थे। एक बार मैंने पिताजी से पूछना भी चाहा, लेकिन उन्होंने कोई साफ जवाब नहीं दिया। जवाब मेरी माँ ने दिया।

''बवासीर है,'' माँ ने बताया, ''उसे बवासीर है। यह मत सोचना कि मुझे पता नहीं है।''

फिर उसने पिताजी को ऐसी अर्थपूर्ण नजरों से देखा मानो उन्हें चुनौती दे रही हो कि इस भयंकर सच्चाई को गलत बताकर तो देखो। वे सहमकर अपने पैरों की उँगलियों को देखने लगते थे और मैं इस इन्तजार में रहती थी कि वे इसकी पुष्टि करें।

''क्या सच में उन्हें बवासीर है, बाबा ?'' मैंने आखिर पूछ ही लिया।

मेरे पिता ने तो नहीं, लेकिन माँ ने जवाब दिया। वह बोली, ''मुद्दा यह है, इन लोगों के पास कोई सोच तो होती नहीं है। उन्हें यह पता नहीं रहता कि टॉयलेट में बैठकर शेक्सपियर पढ़ने से कब्ज होता है। पुराना कब्ज फिर बवासीर पैदा करता है।

वह आदमी चाहे जितना भी पढ़ा-लिखा और विद्वान क्यों न हो, मामूली बातों के बारे में उसे कोई जानकारी नहीं है। तभी तो वह कुँआरा है। अगर वह अपने पेट का खयाल नहीं रख सकता तो बीवी का क्या खयाल रख पाएगा, बताओ जरा ?"

मुझे इन दोनों चीजों में कोई मेल दिखाई नहीं देता। लेकिन मैंने गौर किया कि पिताजी के चेहरे पर निराशा के भाव आ गए और उनके छोटे-छोटे कन्धे कुछ ज्यादा ही झुक गए। एकदम मुझे लगा कि अब मुझे पक्ष लेने और यह जताने की जरूरत है कि मेरी हमदर्दी किसके साथ है।

मैंने बिना किसी से मुखातिब होते हुए कहा, "मुझे तो आशीषदा बहुत अच्छे लगते हैं। उनके मन में दया और बर्ताव में मिठास है। फिर इससे क्या फर्क पड़ता है, अगर शेक्सपियर की वजह से उन्हें बवासीर है ? कम-से-कम वह बच्चों पर चिल्लाते तो नहीं और नीच हरकतें तो नहीं करते।"

मेरी माँ पलटकर कमरे से निकल गई। जाते-जाते उसने मुझे कड़ी नजर से देखा। मैं पिताजी के पास अकेली रह गई। वह बहुत शान्त और खामोश थे। कुछ मिनट बाद, मेरी तरफ देखे बिना उन्होंने मुझे अपने पास आने का इशारा किया। उन्होंने हाथ बढ़ाकर अपनी आरामकुर्सी के नीचे से आशीषदा का दिया सन्देशों का छोटा-सा डिब्बा निकाला और मुझे दे दिया। उसमें गिनती के दो ही सन्देश थे। एक मैंने ले लिया और दूसरा उन्होंने। हमने खामोशी से सन्देश खा लिये। साझेदारी की इस क्रिया में मैंने अपने पिता की बगावत, उनकी हुक्मउदूली, उनके बचाव के तेवर को पहचाना और समझा। मेरी माँ के साथ रहना उनके लिए आसान नहीं रहा होगा।

7

सुबह-सुबह रोजमर्रा के काम निपटाते हुए मैं अक्सर यह सोचती रहती थी कि निखिल सारा दिन क्या करता होगा। मैंने कई दिन से उसे नहीं देखा था। इस बीच बस एक बार मुझे उसकी हल्की-सी झलक मिली थी। जून के महीने की बारिश में भीगता हुआ वह बाहर खड़ी एक कार में सवार हो गया था। मैंने उसकी माँ को कई बार पानी से भरे छोटे-छोटे गड्ढों पर से कूदकर निकलते हुए देखा था। वह अपनी साड़ी को इतने ऊँचे उठाए होती थी कि बालों से भरी उसकी टाँगें उसके मांसल घुटनों तक दिखाई देती थीं। रोज सुबह मोटरसाइकिल पर सवार होकर वह कहाँ जाता है ? उसका कॉलेज कैसा है ? क्या वह लगातार अपनी क्लासों में जाता है, उसे कौन से विषय अच्छे लगते हैं—अगर अच्छे लगते हैं, तो ? उसकी एक ही गर्लफ्रेंड है या कई सारी ? क्या वह कॉलेज का रोमियो है ? खिलाड़ी है ? हीरो है ?

क्या उसकी चुड़ैल माँ उसे वे जारी चुस्त जीन्स और खादी की कमीजें खरीदने के लिए पूरा जेब-खर्च देती है ? उसके पिता बैंक में सचमुच क्या काम करते हैं ? उसका कमरा कैसा दिखता होगा—क्या उसकी माँ ने अपनी बेहूदा रुचि के हिसाब से उसके कमरे को सजाया होगा या उसने खुद अपनी हल्की रुचि को उस पर थोपा है ? उसका कमरा कौन-सा है ? जिसकी खिड़की गाड़ियों से ठँसी हुई पार्किंग की तरफ खुलती है, वह या वह दूसरेवाला, जहाँ से चहल-पहलवाली मुख्य सड़क का थोड़ा बेहतर नजारा दिखाई देता है ? क्या उसका कमरा साफ होगा ? क्या उसकी दीवारों पर पोस्टर चिपके हैं और तेज संगीत का शोर रहता है ? वह अपने कमरे में कितना समय बिताता है ?

घर में वह क्या पहनता है—पाजामा या लुंगी ? इसका जवाब मुझे जल्दी ही मिल गया। एक शाम सात बजे की बात है। उस दिन आसमान में एक अजीब-सी रोशनी

थी, मानो भगवान यह तय नहीं कर पा रहा था कि उस पल अपनी रंग की तख्ती को वह कैसे रँगे, उसमें कौन-सा रंग भरे—बदरंग नारंगी, फीका सुनहरा, उबाऊ भूरा या ये तीनों ही ?

मैं रसोई में खड़ी रंजन के लिए चाय की ट्रे तैयार कर रही थी। इस अनुष्ठान के बारे में वह हमेशा बहुत गम्भीर रहता था। हनीमून से घर लौटने के बाद तीसरे दिन उसने मुझसे कहा था, "मेरी माँ हर चीज को लेकर गम्भीर रहती है। मैं एक खास किस्म की जिन्दगी, एक निश्चित ढर्रे का आदमी हूँ। शाम की चाय सही ढंग से दी जानी चाहिए। ट्रे के ऊपर एक जालीदार कपड़ा ढँका होना चाहिए। चाय—हाँ, मुझे पत्ती चाय पसन्द है। यह महँगी तो होती है, सीटीसी की चायों से बहुत ज्यादा महँगी, लेकिन मैं यही चाय पीकर बड़ा हुआ हूँ। मेरी माँ चाय के साथ आमतौर पर खाने की एक-दो चीजें बना लेती है। अगर कोई तली हुई नमकीन चीज होती है तो उसके स्वाद को बराबर करने के लिए एक मिठाई भी रखी जाती है। अगर पेस्ट्री होती है तो फिर और किसी चीज की जरूरत नहीं रहती। हाँ, अगर पनीर के सैंडविच बने हों तो बात और है। अगर तुम घर पर सैंडविच बनाती हो तो यह याद रहे कि मैं उनके किनारे निकालकर उन्हें आड़ा कटा हुआ पसन्द करता हूँ। और एक गिलास ठंडा पानी और एक साफ नैपकिन रखना भी याद रखना। और देखो, प्याले में से चाय छलककर तश्तरी पर नहीं गिरनी चाहिए। अगर गिर जाए तो उसे फौरन पोंछ देना।

अभी तक तो मुझे चाय की ट्रे को इस तरह से सजाने में कामयाबी नहीं मिल पाई थी कि उसमें एक भी नुक्स न निकले। उस शाम आसमान ने मेरा ध्यान बाँट दिया था और मुझसे ट्रे ढकने के जालीदार कपड़े के ऊपर टमाटर का गाढ़ा केचप गिर गया था। दूसरा कपड़ा धोबी के पास से अभी आया नहीं था। मैंने केचप का दाग छुड़ाने की भरसक कोशिश की और इस प्रयास में लगी रही कि रंजन के आने से पहले इसे थपथपाकर सुखा दूँ। मैंने उस दागवाले गीले हिस्से पर इस्त्री करने के बारे में भी सोचा।

उस समय एक खूबसूरत इन्द्रधनुष आसमान पर धीरे-धीरे उभरने की तैयारी कर रहा था। मैं सोचने लगी कि इस अलौकिक आभा में नहाया हुआ सागर-तट (हमारे घर से बहुत दूर नहीं था वह) कैसा दिख रहा होगा। मैं कल्पना करने लगी कि रोमांचित बच्चों से भरी खच्चर-गाड़ियों के साथ-साथ मैं रेत में भाग रही हूँ। मैं हिन्दी फिल्मों की उन बल खाती हीरोइनों की तरह लहरों में भीगना चाहती थी; चाहती थी कि एयर गन से जब सारे रंगीन गुब्बारे फोड़ दूँ और देखने वाले तालियाँ बजाएँ तो मैं खूब हँसूँ। मैं चाहती थी कि मेरा अन्तस जंगली नृत्य करे और एक खजुहा ऊँट मुझे अपने ऊपर बिठाकर सागर-तट पर भागता फिरे। मैं चाहती थी कि तोते मेरा भाग्य बाँचें...हे भगवान, मुझे नहीं मालूम कि क्या-क्या चाहती थी मैं ! शायद मैं बस आजाद और जिन्दा और बेपरवाह और पागल होना चाहती थी।

तभी मुझे घंटी की आवाज सुनाई दी। इस समय रंजन तो हो नहीं सकता। यह उसकी आवाज नहीं है। मैंने अपनी घड़ी देखी—हाँ, वह हो भी सकता है, समय से

सत्तरह मिनट पहले ही। मैंने अपराध-बोध से भरकर उस दाग को एक नैपकिन से छिपा दिया और फिर अपनी साड़ी को ठीक करते हुए अपने बिखरे बालों को जल्दी से एक नजर देखा और गीले हाथों से उन्हें सँवारा। अब मैं रंजन के सामने जाने लायक हो गई थी। मैंने किसी अनिष्ट को टालने के लिए अपनी दो उँगलियों से गुणा का चिह्न बनाया। उसकी नुक्ताचीनी वाली नजरों से मैं घबरा जाती थी। हर शाम वह मुझे गौर से देखता और कोई-न-कोई चुभती हुई टिप्पणी जरूर करता था (जैसे 'ब्लाउज मेल नहीं खा रहा', 'पेटीकोट दिखाई दे रहा है', 'रंग तैलीय लग रहा है', या 'काजल फैल गया है')।

ओह, आज उसने मुझे सँभलने का मौका दिए बिना ही पकड़ लिया था। अब मैं चीजों को ठीक करने के लिए कुछ भी नहीं कर सकती थी। मैं दौड़कर दरवाजे पर गई। वहाँ निखिल खड़ा था ! मैंने रंजन के स्वागत के लिए जिस मुस्कुराहट का रिहर्सल किया था, वह निखिल को देखकर चेहरे पर जड़ हो गई और इस हालत में मैं जरूर कुछ बौड़म लग रही हूँगी।

"तुम इस वक्त क्या कर रही हो ?" निखिल ने हाँफते हुए पूछा।

"अपने पति का इन्तजार कर रही हूँ।" उसकी बाटिक लुंगी को देखते हुए मैंने जवाब दिया। (तो...साहब घर में लुंगी पहनते हैं !)

"क्यों ?" मैंने आगे पूछा। मैं घबराई हुई थी और मुझे अपनी बात कहने के लिए शब्द नहीं मिल रहे थे। उफ ! वह मुझे निरी बौड़म समझ रहा होगा।

"मैं सोच रहा था कि क्या मैं तुम्हारे घर आकर तुम्हारे टेप-रिकॉर्डर पर कोई टेप चला सकता हूँ ?" निखिल ने एक टेप आगे बढ़ाते हुए कहा।

मैं हिचकिचाई। "तुम्हारे टेप-रिकॉर्डर में क्या खराबी है ?" मैंने पूछा। मैं अपने दरवाज़े से बाहर आकर खड़ी हो गई, ताकि अगर रंजन आ जाए तो देख ले कि मैं अजनबी मर्दों को अन्दर नहीं बुलाती।

"मेरे टेप-रिकॉर्डर में कोई खराबी नहीं है। मैंने बस यह सोचा कि क्यों न इसे तुम्हारे साथ सुना जाए।" निखिल ने मुस्कुराते हुए कहा।

मैंने दुखी होकर अपने पैरों की उँगलियों को देखा और उन्हें हिलाने लगी। "यह...यह...सम्भव नहीं है।" आखिर में मैंने अपनी ही हल्की-सी आवाज सुनी। मैंने अपना हाथ बढ़ा दिया। "इसे मेरे पास छोड़ दो...यह जो भी हो...मैं इसे बाद में सुन लूँगी...कल।" मैं बुदबुदाई। मेरी आँखें उसकी भड़कदार नारंगी लुंगी पर बने एक भद्दे से कत्थई फूल पर जमी थीं।

निखिल ने कन्धे उचकाते हुए कहा, "ठीक है, लेकिन मुझे इसे तुम्हारे साथ सुनना सचमुच अच्छा लगता।"

मैंने उससे आँखें नहीं मिलाईं। मेरे पाँव पहले ही पिघलने लगे थे। निखिल ने थोड़ा ठहरकर कहा, "बात यह है—यह मेरा टेप है। ये गीत मैंने लिखे हैं। मैंने ही संगीत रिकॉर्ड किया है, और मैंने ही सारे गीत गाए भी हैं।"

मैंने नजर उठाकर देखा और चहकते हुए कहा, ''सच ? यह तो गजब की बात है। मैं सच कह रही हूँ। मुझे पता नहीं था कि तुम...''

उसने मुझे अपनी बात पूरी नहीं करने दी। ''मैं यह सब कर सकता हूँ।'' उसने शान्त स्वर में कहा। उसकी आवाज में शरारत थी, ''मेरा विश्वास करो।''

यह कहकर वह जाने के लिए मुड़ा। मैं उसकी लुंगी पकड़कर उसे पीछे खींचना चाहती थी, पर मैं खड़ी रह गई। मेरे चेहरे पर जरूर मन्त्रमुग्ध होने का भाव होगा। मुझे उम्मीद नहीं थी कि वह मुड़कर इस भाव को देख लेगा, लेकिन उसने ठीक यही किया।

''साइड-बी पर चौथे गाने को सुनना,'' उसने कहा, ''वह तुम्हारे बारे में है।''

और यह कहकर निखिल चला गया।

मैं खड़ी की खड़ी रह गई। मैंने टेप को अपने हाथ में कसकर पकड़ा हुआ था। मैं जरूर 'स्टेच्यू' का खेल खेल रहे किसी बच्चे की तरह दिख रही हूँगी, जो अपने अगुआ के 'फ्रीज' चिल्लाने पर डर के मारे हिल भी नहीं पा रहा हो। और कुछ मिनट बाद रंजन हाँफता-काँपता पसीने में नहाया सीढ़ियाँ चढ़कर ऊपर आया तो उसने मुझे ठीक इसी हालत में खड़े पाया। उसने जैसे ही अपनी भौंहों को सवालिया अन्दाज में हिलाया कि 'क्या हो रहा है ?' वैसे ही मुझ पर तारी वह जादू टूट गया।

मैंने अपनी सबसे विनम्र मुस्कान बिखेरी (मैं अक्सर देर तक आईने के सामने इसका अभ्यास करती थी) और कहा, ''सच में कुछ नहीं। मैं खुश महसूस कर रही हूँ, बस।''

रंजन मेरे पास से होता हुआ अन्दर गया और उसने अपना ब्रीफकेस दरवाजे के सबसे नजदीक रखी कुर्सी पर पटक दिया, ''बदलाव के लिए यह सुनकर अच्छा लगा। मैं तो यह सोचने लगा था कि तुम्हें—क्या कहते हैं उसे—घर की याद सता रही है। मैं तो अपनी माँ से कहनेवाला था कि कुछ दिन आकर हमारे पास रह लें। मुम्बई की ये दूरियाँ—तुम्हें क्या बताऊँ, और यहाँ का ट्रैफिक। जैसे हम दो अलग-अलग शहरों में रह रहे हों। बेचारी माँ, उसका दमा सच में बहुत परेशान करता है। जब उसे सफर करके यहाँ आना होता है, तब तो बहुत ज्यादा परेशानी हो जाती है।''

मैंने खुशी-खुशी सिर तो हिला दिया लेकिन मैं सुन कुछ भी नहीं रही थी। मुझे रंजन की जानी-पहचानी आवाजें सुनाई दे रही थीं। वह अपने ऑफिस के कपड़ों को मैले कपड़ोंवाली टोकरी में फेंक रहा था। मुझे फर्श पर उसके जूते फेंकने की आवाज सुनाई दी। मुझे पता था, इस समय वह कमरे में अंडरवियर पहने घूम रहा होगा, और जल्दी-जल्दी हाथ-मुँह धोकर और शाम के सारे अखबार उठाकर चाय की ट्रे का इन्तजार करने के लिए तैयार हो रहा होगा।

और किसी दिन तो मैं केचप के धब्बों और चाय के रंग (बहुत गाढ़ा ? बहुत

हल्का ?) को लेकर परेशान होती, लेकिन आज नहीं थी। रंजन का ध्यान मेरे हाथ में लगे टेप पर नहीं गया था। मैं चाहती भी नहीं थी कि वह इसे देखे। रंजन की चीजों को देखने की क्षमता में खोट था। कभी-कभी वह एक ही नजर में सबकुछ देख लेता था, और कभी-कभी तो उसके सामने मेरा वजूद ही नहीं होता था। मैंने वह दराज खोली जिसमें मैं फालतू चम्मच, छुरियाँ, डब्बा खोलने का औजार (कैन ओपनर) और पेचकस रखती थी। मैंने टेप को सावधानी से दराज में पीछे की तरफ रखा और उसे बन्द कर दिया।

मैं इसे जल्दी से जल्दी अगली सुबह को ही सुन सकती थी। लेकिन रुकिए। कल तो शनिवार है—रंजन घर पर ही रहेगा। मेरा दिल डूब गया। पूरे दो दिन बेकार चले जाएँगे। कितने अफसोस की बात थी कि निखिल और पहले नहीं आया, बीस मिनट पहले भी नहीं। मेरे दिमाग ने इस बारे में काम करना शुरू कर दिया कि रंजन से कम-से-कम दो घंटे के लिए कैसे छुटकारा पाया जाए। मैं उससे कह सकती थी कि वह थोड़ी देर के लिए बाहर घूम आए। या इससे भी बेहतर यह हो सकता था कि मैं उसकी माँ के लिए कोई खास व्यंजन बनाने की बात कहूँ और उससे गुजारिश करूँ कि वह उसे अपनी माँ को दे आए।

इस सम्भावना से खुश होकर मैं चाय की ट्रे लेकर फुर्ती से रंजन के पास पहुँची। रंजन कोई धुन गुनगुना रहा था और अपने बालों में कंघी करते हुए बड़े ध्यान से अपने माथे पर उभरे एक दाने को देख रहा था। मैंने कुछ ऊँची आवाज में कहा, "कल शनिवार है।"

रंजन ने बिना मुड़े जवाब दिया, "हाँ, मुझे पता है कल शनिवार है।"

"क्यों न मैं तुम्हारी माँ के लिए कुछ बना दूँ ?" मैंने कहा।

रंजन ने मुड़कर मुझे देखा। उसके चेहरे से खुशी साफ झलक रही थी। "क्या शानदार खयाल है," वह बोला, "हाँ, उसे दोपहर के खाने पर बुला लेते हैं। नहीं, इससे तो वह थक जाएगी। ऐसा करते हैं, मैं उससे कहूँगा कि वह सारा दिन यहीं रहे। लेकिन प्लीज...उससे रसोई में काम मत करवाना। उसे आराम की जरूरत है, रिलैक्स की जरूरत है।"

मेरा दिल धक-धक करने लगा था। मैंने उससे नरमाई से कहा, "ओह...मेरा यह मतलब नहीं था। अब एक व्यंजन चखने के लिए उन्हें यहाँ चलकर आने की क्या जरूरत है ? क्या तुम उन्हें वहीं देकर नहीं आ सकते ? मैं जल्दी उठ जाऊँगी और दस बजे तक तैयार कर दूँगी।"

रंजन ने सिर हिलाया। बोला, "नहीं, यह नहीं हो पाएगा। मुझे बहुत सारे कागजात निपटाने हैं। मैं एक मिनट के लिए भी घर से बाहर नहीं जा सकता।"

मेरा दिल बैठ गया। ऐसे लगा जैसे वह जोर से मेरे पैरों की उँगलियों पर आकर गिरा है। रंजन इतना बेअक्ल कैसे हो सकता है ? मैं तो बस इतना चाहती थी कि वह महज एक घंटे के लिए घर से बाहर रहे—मैं इसे आधा घंटा करने को भी तैयार थी,

लेकिन वह तो मेरी बेचैनी से बिल्कुल बेखबर मजे से चाय पिए जा रहा था।

उस पर मैंने उसकी माँ की बात छेड़कर और मुसीबत मोल ले ली थी। अब मुझे दोनों से निपटना होगा। यही नहीं, अब मुझे नर्क से भी गरम रसोई में दोपहर का खास खाना तैयार करने के लिए पिसना होगा।

रंजन शंकालु होकर अपनी चाय पीने में मगन था। मैं उसकी आम टिप्पणी का इन्तजार करने लगी, लेकिन उसने मुझे एक बार को छूट देने का फैसला किया—उसने जल्दी से चाय सुड़की और तकियों पर टिककर बीबीसी देखने बैठ गया। मैं अकेले सोच-विचार करने को आजाद थी। अपने लिए बेहद अफसोस करते हुए मैं रसोई में चली गई। मैंने दराज खोली और टेप को हाथ लगाया।

मैंने जान-बूझकर लाइट नहीं जलाई थी। जब मैंने अँधेरे में उस पतले काले टेप को टटोलकर उसके सख्त किनारों पर अपनी उँगलियाँ कसीं तो मुझे एक अजीब-सी तसल्ली का अहसास हुआ। तो इसमें मेरे बारे में भी एक गीत है ! निखिल ने सचमुच मेरे बारे में एक गाना लिखा है !

इस गाने को लिखने की प्रेरणा उसे किस बात से मिली होगी ? और जितनी तेजी से मेरी खुशी परवान चढ़ी थी, उतनी ही तेजी से वह बिखर भी गई। बेचैनी। हाँ, यही वह बात है। निखिल ने मेरी बेचैनी को ध्यान से देखा था और एक तनहा-तनहा औरत के लिए एक उदास-उदास गीत लिखने का फैसला किया होगा। वह जरूर दयनीयता से भरा गीत होगा। शायद इसे न सुनना ही बेहतर रहेगा। अच्छा तो यही होगा कि मैं इसे बुहारीवाले या इडली बेचने वाले के हाथों निखिल को लौटा दूँ। मैं क्यों अपने आपको और उदास करूँ ? क्यों ऐसी सजा भुगतूँ, जिससे बचा जा सकता है ?

मैंने सुना, रंजन कह रहा था, "तुम उस अँधेरी रसोई में क्या कर रही हो ? जल्दी से आओ, तुम्हें कुछ दिखाऊँ। हिन्दुस्तान के बारे में है—जल्दी आओ, नहीं तो खत्म हो जाएगा।"

मैंने जल्दी से दराज को बन्द किया और वापस बेडरूम में पहुँच गई। रंजन ने अपना एक हाथ प्यार से मेरी तरफ बढ़ाया। उसने मेरे बाल सहलाते हुए कोमल स्वर में कहा, "माया, सच-सच बताना, क्या तुम्हें अपनी माँ की याद सता रही है ?"

और मैंने सच-सच बता दिया कि मुझे माँ की याद नहीं सता रही। मेरे जवाब से सन्तुष्ट होकर उसने सिर हिला दिया। मैंने उसे रिमोट उठाते देखा। अब चैनलों की सवारी का समय था। मैंने फर्श से अपने पैर उठाए और उन्हें पलंग पर रखकर बैठ गई। मैंने अपनी आँखें बन्द कर लीं और निखिल के साथ अपनी उस छोटी-सी मुलाकात के बारे में सोचने लगी। मुझे हल्की-सी झपकी आ गई और तभी उसकी लुंगी के वे फूल झपटकर मेरे ऊपर आ गए और पागलों की तरह नाचने लगे ! मुझे बीबीसी के कमेंटेटर की आवाज पर एक और 'टॉप टेन काउंटडाउन' प्रोग्राम की आवाज गड्ड-मड्ड होती सुनाई दे रही थी।

निखिल ने अपने गीत में मेरी जिन्दगी के बारे में जो लिखा था, उसे मैं दो दिन

बाद ही सुन पाई। मैंने अपने आपको यह सोचकर तसल्ली दी कि कम-से-कम शनिवार-इतवार के बाद मेरे पास कुछ तो होगा, जिसका मैं अभी इन्तजार कर सकती हूँ। एक गीत। एक आदमी। वह चाहे किसी भी सन्दर्भ में क्यों न हो। और आखिरी फैसला चाहे कितना ही क्रूर क्यों न हो।

मेरी प्रतीक्षा और चिन्ता अगली सुबह साढ़े दस बजे ही टूट गई, जब एक चुस्त दस्तक (घंटी की आवाज नहीं) सुनकर मैंने रसोई में इस्तेमाल होने वाली छुरी जोर से काउंटर पर पटकी और दरवाजे की तरफ दौड़ी। दरवाजे पर मैली जीन्स और खादी का सफेद कुरता पहने निखिल खड़ा था।

"हाँ ?" उसने पूछा। वह अपनी टाँगें फैलाए और कमर पर हाथ रखे खड़ा था। मेरे चेहरे पर भय का भाव देखकर उसने अपना लहजा और खड़े होने का अन्दाज बदल लिया। उसने बिना एक शब्द कहे, अपनी भौंहों और हाथों को चलाकर मानो यह पूछा, "क्या तुम्हारे पति घर पर हैं ?"

मैंने सिर हिला दिया। जिस डर का मैं अनुभव कर रही थी, वह मेरी आँखों से व्यक्त हो रहा था। उसने अपने बाएँ हाथ की पहली दो उँगलियों को उठाते हुए हाथ हिलाया और कहा, "सोमवार को मिलता हूँ।"

कोई जवाब देने की मेरी हिम्मत नहीं हुई। इसके बजाय, मैंने अस्वाभाविक ढंग से अपनी आवाज ऊँची करते हुए कहा, "नहीं शुक्रिया, मुझे नहीं चाहिए।"

यह कहकर मैंने भड़ाक से दरवाजा बन्द कर दिया और निखिल हमेशा की तरह आँखों से ओझल हो गया। रंजन बाथरूम का दरवाजा खोले हुए शेव कर रहा था। उसकी इस हरकत से मुझे हमेशा चिढ़ होती थी। मेरे पिता हमेशा बहुत देर तक शेव करते रहते थे, लेकिन वह अकेले में और दरवाजा बन्द करके यह काम किया करते थे। न तो मेरी माँ ने और न ही मैंने कभी उन्हें उस समय देखा था, जब उनके पूरे चेहरे पर शेविंग क्रीम का झाग लगा होता था। मुझे हमेशा यह लगता था कि जब आदमियों के चेहरे पर शेविंग क्रीम लगी होती है, तब वे बहुत हास्यास्पद दिखते हैं। जैसे सर्कस का कोई जोकर कपड़े उतारकर आ गया हो।

रंजन तो और भी जोकर लगता था, क्योंकि वह केवल अंडरवियर पहनकर ही शेव किया करता था। मुझे वह अपने ऊपरी होंठ पर ध्यान जमाए, अपना मुँह भींचकर, कसकर बन्द किए और आखिरी बाल को देखने के लिए आँखें गड़ाए दिखाई देता था और मैं अपना मुँह फेर लेती थी। सफेद अंडरवियर, चेहरे पर सफेद झाग, हर हरकत के साथ हिलता बालों भरा पेट—नहीं, मुझे यह सब बिल्कुल अच्छा नहीं लगता था। कभी-कभी मैं बाथरूम के पास से निकलते हुए चुपचाप दरवाजा बन्द कर देती थी, लेकिन ज्यादातर मैं ऐसा नहीं कर पाती थी, क्योंकि टी.वी. पर बेसबॉल के ताजा स्कोर आ रहे होते थे।

रंजन को बेसबॉल के स्कोर में क्यों दिलचस्पी थी, यह मेरी समझ में कभी नहीं

आया। शायद उसने अमरीका में जो साल बिताए थे, यह उसी की याद थी। और यह होना ही था। रंजन जब बेहद खुश होता था तो उस समय उसका उच्चारण बदल जाता था, और मुझे उसकी आवाज में अमरीकीपन और छिटपुट अमरीकी मुहावरों का साफ पता चलता था (हालाँकि ये सब हमेशा घिसे-पिटे ही होते थे)।

आज सुबह बाथरूम का दरवाजा तो खुला ही हुआ था, लेकिन टी.वी. बन्द था। रंजन ने वहीं से चिल्लाकर पूछा, "कौन था ?"

मैंने जवाब दिया, "कोई नहीं।"

"लेकिन तुम किसी से बात तो कर रही थीं। अंग्रेजी में।" वह बोला।

मैंने सहज रहने की कोशिश करते हुए कहा, "ओह...पड़ोस का कोई था।"

"कौन ?" रंजन ने फिर पूछा। मैं उसकी इस दिलचस्पी पर चकित रह गई।

"ऊपर रहनेवाला कोई शख्स।" मैंने कहा। मैंने उसकी साफ-साफ पहचान नहीं बताई और न ही यह बताया कि यह शख्स मर्द था या औरत।

"हमारे ऊपर तीन फ्लैट हैं—उनमें से कौन था ?" उसने फिर पूछा।

मैंने हिचकिचाते हुए कहा, "कोई नहीं...वह छोटा लड़का था वर्मा जी का।"

रंजन बाथरूम से निकल आया था और बेडरूम के दरवाजे पर खड़ा हुआ था। रसोई में जहाँ मैं खड़ी थी, वहाँ से वह करीब तीन फीट की दूरी पर था, "वह वर्मा जी का लड़का ! वह यहाँ क्या कर रहा था ? और तुम उसे 'छोटा' कह रही हो ?"

मैंने सिर हिला दिया और रंजन की माँ का लंच तैयार करने में जुट गई। वह बीस मिनट में यहाँ पहुँचनेवाली थी। "क्या वह छोटा नहीं है ? अभी कॉलेज में ही तो पढ़ रहा है—क्यों ठीक है न ?"

रंजन एक छोटे-से तौलिए से अपना मुँह पोंछने लगा। वह बड़बड़ाया, "वह निकम्मा, निठल्ला लोफर...ताज्जुब तो यह है कि वह जिस कॉलेज में अपने आपको बताता है, उन्होंने उसे निकाल बाहर क्यों नहीं किया। हुँह ! ऐसे ही लोग तो हिन्दुस्तान को गर्त में ले जानेवाले हैं। समाज को वह क्या दे रहा है ? कुछ भी तो नहीं। दूसरों के भरोसे चलनेवाला जीव, यही तो है वह। और तुम उसे 'लड़का' कहती हो ? वह बन्दा कब का बीस पार कर चुका है। उसकी उम्र में मैं अपनी रोजी-रोटी कमाने लगा था। मैं अपने माँ-बाप का खून नहीं चूस रहा था। बेशर्म, गँवार। वैसे, उसकी यहाँ आने की हिम्मत कैसे हुई ? और फिर, मुझे तो घंटी बजने की आवाज भी नहीं आई।"

मैं एक उथले फ्राईपैन में मछली तलने लगी (यह मछली रंजन लेकर आया था, मैं नहीं)। पूरे घर में सरसों के तेल की तीखी गन्ध भर गई। मेरी आँखों से पानी आ रहा था। गरम तेल के बुलबुले मेरी कलाइयों के आसपास फूट रहे थे।

"उसने खटखटाया था।" मैंने धीमे से कहा।

तब तक रंजन रसोई में आ चुका था और मेरे पास खड़ा होकर खाना बनाने की मेरी अनाड़ी कोशिशों पर नजर रखे हुए था, "थोड़ा सँभलकर पलटो इसे...देख के, मछली टूट जाएगी। मछली डालने के पहले तुमने तेल तो ठीक से गरम कर लिया था न ?"

मैंने दुखी होकर सिर हिलाया। यह मेरे बस का काम नहीं था, मुझे पता है। आज का लंच तो बिगड़ना ही था। सबकुछ गलत हो रहा था, और अब मछली की खाल बुरी तरह से तड़क रही थी और लगता था कि अभी फट जाएगी। रंजन और भी नजदीक आ गया।

"क्या वह हमेशा खटखटाता है ?" उसने पूछा।

मैंने घबराते हुए जवाब दिया, "नहीं, वह घंटी बजाता है।"

रंजन ने मेरा हाथ कसकर पकड़ लिया (यह वही हाथ था जिससे मैं मछली चला रही थी)। "तो इसका मतलब है, वह बराबर यहाँ आता रहता है ? तुमने मुझे बताया क्यों नहीं ?" वह बोला।

मैंने उसकी पकड़ से अपना हाथ छुड़ाने की कोशिश की। गरम होकर, कुछ ज्यादा ही गरम होकर, मैंने ऐसी आवाज में कहा जिससे मेरे पाक-साफ होने का भाव झलक रहा था, "बिल्कुल नहीं। तुमने ऐसा सोच भी कैसे लिया ? वह यहाँ एक बार और आया था, कोई चीज लौटाने जो उसकी माँ मुझसे ले गई थी, बस।"

रंजन असुविधाजनक हालत में मेरे पास खड़ा था। गरम तेल की भाप मेरे चेहरे को झुलसा रही थी और मेरा दम घुट-सा रहा था। रंजन शायद बारीकी से सोच रहा था, "मिसेज वर्मा को तुमसे...इस घर से क्या लेने की जरूरत पड़ गई ?"

मैंने संक्षेप में जवाब दिया, "चीनी ? चाय ? दही ? माचिस ? प्याज ? पड़ोसी लोग एक-दूसरे से ऐसी चीजें माँगते ही हैं। इसका मतलब यह नहीं कि मैं भी माँगती हूँ। न मैं इस तरह की बातों को बढ़ावा देती हूँ।"

मैंने गहरी साँस ली और चिड़चिड़ाते हुए अपने माथे को पोंछने लगी। अब भी रंजन मेरे पास से हिला नहीं। बोला, "यहाँ रहते हुए मुझे एक अरसा हो गया है और आज तक किसी ने मेरा दरवाजा खटखटाकर मुझसे कुछ नहीं माँगा। अचानक तुम आती हो और बस्ती का हर जवान आदमी कोई-न-कोई चीज माँगने चला आता है ! क्या तुम्हें यह अजीब नहीं लगता ?"

मैंने फ्राईपैन से मछली उतार ली और उसे बासी कागज की थैली में रख दिया (यह मेरी माँ की सलाह थी—थैली फालतू तेल को सोख लेती है)। "पता नहीं, तुम छोटी-सी बात को तूल क्यों दे रहे हो," मैंने धीमी लेकिन उलाहना-भरी आवाज में कहा, "अगर उसकी माँ खुद नहीं आई तो इसमें मैं क्या कर सकती हूँ। उसे मैंने तो नहीं बुलाया था।"

रंजन थोड़ा हटकर फ्रिज से टिककर खड़ा हो गया। वह बोला, "मैं उस लड़के को मुद्दत से देखता आ रहा हूँ। वह किसी काम का नहीं है। लोफर है। आवारा है। क्या पता नशीली दवाइयाँ भी बेचता हो—इस शहर में हर कोई किसी-न-किसी तरह से नशीली दवाइयों से जुड़ा है। नहीं तो लोग इतना खर्च कहाँ से करते हैं ? मैं तुम्हें बताता हूँ, टोकियो यहाँ से सस्ता है—और वह भी दुनिया का सबसे महँगा शहर माना जाता है।"

मैं कुछ नहीं बोली और आलू के छोटे-छोटे टुकड़े काटती रही (मैं एक खास व्यंजन बनाने की सोच रही थी, जिसमें पोस्त के दानों की तह चढ़ाई जाती है)। रंजन बोलता रहा।

"वह बन्दा बहुत ज्यादा घमंडी है। उसे किसी ने कुछ सिखाया ही नहीं। मैंने उसकी माँ को देखा है। बालों-भरे हाथोंवाली फूहड़ औरत। जरा सोचो तो—हाथों में बाल भरे पड़े हैं और काम ब्यूटीशियन का करती है ! वह लड़का करता क्या है ? उसने स्कूल की पढ़ाई भी पूरी की है या नहीं ? मुझे तो नहीं लगता। मैं तो उसे अपनी कम्पनी में दरबान की जगह भी नहीं दे सकता। तुम्हें ऐसे बकवास लोगों से मेल-जोल करते हुए शर्म आनी चाहिए। अगर तुम्हारी माँ को यह बात बता दी जाए तो उन्हें धक्का ही लगेगा, बहुत धक्का लगेगा ! मैं तो यही मना रहा हूँ कि मेरी माँ इस बारे में चुप ही रहे।"

मैंने छह हरी मिर्चों को बीच से चीरा। "अब यह मत कहना कि तुम उन्हें बताने की सोच रहे हो ?" मैंने मजाक में कहा।

"तुम कहना क्या चाहती हो ?" वह बोला, "मैं अपनी माँ को सब कुछ बता देता हूँ। उसे जानने का हक है। आखिर उसी ने तो मुझे इस दुनिया में जन्म दिया है।" (जैसे उसने अकेले दम पर यह काम किया हो !)

मैंने मिर्चों को थोड़े-से तेल में तड़कने को छोड़ दिया। रंजन की बात अब भी खत्म नहीं हुई थी। वह कहे जा रहा था, "शायद तुम्हें मेरी माँ से इस बारे में बात कर लेनी चाहिए। आखिर तुम मुम्बई की तो हो नहीं। यहाँ सब कुछ अलग है। जब पति घर से बाहर होता है तो जवान, शादीशुदा औरतें लोफरों को अपने घरों में नहीं बुलातीं। सम्भव है, कलकत्ता में कोई इसे गलत न समझता हो। लेकिन यहाँ ! यहाँ तो कुछ न करो तब भी लोग बातें बनाने लगते हैं। और यह वाकई हद है। तुम्हारी माँ भी इस बात को मानेंगी। मेरा तुम पर पूरा भरोसा हो सकता है (वह कह तो ऐसे रहा था, मानो उसे रत्ती-भर भी भरोसा न हो), लेकिन लोगों का क्या करें ? उनका सामना कैसे किया जा सकता है ?

"और हमारी प्रतिष्ठा ? हमारी इज्जत ? मुझे तुमसे निराशा हो रही है, माया ! तुमने मुम्बई के बारे में तरह-तरह के किस्से तो सुने ही होंगे। और मैं तुम्हें बताऊँ, जिन्दगी कोई हिन्दी फिल्म नहीं है। यहाँ बाहर से आनेवालों के साथ यही परेशानी है। ये लोग घटिया फिल्मी पत्रिकाओं में जो पढ़ते हैं, उसी को सच मान बैठते हैं। वे बस घटिया अनाप-शनाप बातों पर ध्यान देते हैं। तुम मनीषा कोइराला नहीं हो, समझीं ? यह इज्जतदार लोगों का घर है। यहाँ के कुछ कायदे-कानून हैं। तुम्हें उनको मानना ही होगा, चाहे तुम्हें अच्छा लगे या बुरा।"

मिर्चें जलकर सुर्ख हो गईं—मैं लौ धीमी करना भूल गई थी। रंजन को खाँसी का दौरा उठ आया था। फिर वह बेतहाशा छींकने लगा और उसके आँसू बहने लगे। मैंने मिर्चों को कुछ और जलने के लिए छोड़ दिया और पानी लाने को भागी। मुझे रंजन का गला रुँधने की आवाज सुनाई दे रही थी। उसका चेहरा लाल पड़ गया था और

फूल गया था।

"माँ...वह बस अब आती ही होगी। और तुम उसे खिलाओगी क्या ? जली हुई मिर्चें ? हे भगवान ! यह तो भयंकर है ! वह कितना बिगड़ेगी।"

मैंने कूड़ेदान खोला और मिर्चों को उसमें डाल दिया। फिर शान्ति से, और धीरे-धीरे, रंजन को यह विश्वास दिलाया कि मैं सबकुछ ठीक कर लूँगी, लेकिन इसके लिए उसे मेरे रास्ते से हटना होगा और मुझे काम करने देना होगा।

"प्लीज," मैंने उससे विनती की, "हम इस बारे में बाद में बातचीत कर लेंगे। लेकिन पहले मुझे उनके आने से पहले खाना बना लेने दो।"

रंजन ने रसोई में काम आनेवाला एक तौलिया लिया, उससे अपनी नाक बन्द की और वहाँ से भाग लिया। दरवाजे की घंटी ठीक बीस मिनट बाद बजी। तब तक मैं अपनी प्यारी सासू-माता का स्वागत करने के लिए तैयार हो चुकी थी। मेरा राज वहीं छिपा रहा, जहाँ कि वह था, यानी छुरी-काँटों के साथ सहेजकर रखा हुआ।

8

रंजन ने हफ्ते के उन आखिरी दिनों में इस विषय को फिर नहीं उठाया और इस बात के लिए मैंने उसका सचमुच अहसान माना। शायद उसे यह लगा होगा कि मैंने तो अपनी बात कह दी और अगर माया में जरा भी समझ है तो वह इस पर गौर करेगी और अपने तौर-तरीके बदल लेगी।

उस रात मैंने अपनी डायरी लिखी तो मैं सचमुच पछतावे से भरी हुई थी। रंजन शायद ठीक ही कह रहा था। शायद मैं मुम्बई और मुम्बइया लोगों को सचमुच नहीं समझती थी। शायद यहाँ के लोग कलकत्ता, या दिल्ली, या इन्दौर या राँची या और कहीं के भी लोगों से अलग ढंग से सोचते और व्यवहार करते थे। शायद मैं भारी मूर्खता कर रही थी और निखिल भी भारी दुःसाहस से मेरे नजदीक आकर मेरा अपमान ही कर रहा था। क्या पता जो गीत उसने मेरे बारे में लिखा है, वह भी अपमान से ज्यादा और कुछ न हो।

मैंने आखिर यह मान भी कैसे लिया कि मैं अब इस शहर में रह रही हूँ तो मैं भी मुम्बइया हो गई ? रंजन का आकलन बिल्कुल सही था। मैं खुद को मूर्ख बना रही थी। निरी मूर्ख। मुम्बई के लोग स्मार्ट और चंट और व्यवहारकुशल थे। उनके बीच मुझ जैसी कोई औरत कैसे खप सकती थी ? मैं तो कलकत्ता में पाली-पोसी गई और वहीं के संस्कारों में बँधी हूँ। मुझे दुनियादारी की बातों का क्या पता ?

फिर भी, रंजन की यह बात पूरी तरह मुनासिब नहीं कि जिन्दगी कोई हिन्दी फिल्म नहीं है। जैसे मुझे यह पता ही न हो। मैं इतनी मूढ़ भी नहीं थी, और फिर मुझे तो हिन्दी फिल्में पसन्द भी नहीं। मैंने अपनी पूरी जिन्दगी में कुल जमा दस हिन्दी फिल्में देखी होंगी। और, जहाँ तक हिन्दी की फिल्मी पत्रिकाओं का सवाल है, मैंने केवल मुम्बई

आते समय ही ट्रेन में उनके पन्ने पलटे थे। मैंने कहानियों की किताब खत्म करने के बाद ये पत्रिकाएँ एक सहयात्री से देखने को ली थीं। दूसरे कलकत्तावासियों के विपरीत मैं फिल्मी चक्कर की ओर से उदासीन और अप्रभावित ही रही थी।

बेशक, फिल्मों के गहरे प्रभाव से बच पाना यहाँ मुश्किल ही था। मुम्बई की पहचान इसकी फिल्मी तहजीब से ही है—यह हर व्यक्ति और हर चीज में साफ दिखाई देती थी। यहाँ के लोग बोलते भी हीरो-हीरोइनों की तरह हैं। आम बोलचाल की जगह लगभग फिल्मी डायलॉग्स में।

मुझे इसमें मजा आता था और यह मुझे आकर्षित भी करता था। खासकर तब जब नीचे रहने वाले बैंक मैनेजर से लेकर चाय बेचनेवाले उस छोकरे तक सभी ताजा फिल्मी गीतों को गुनगुनाते सुनाई देते थे। वह छोकरा तो लोहे की बाल्टी में रखी ऐल्यूमिनियम की एक बड़ी-सी केतली से छोटे-छोटे टूटे प्यालों में चाय उँड़ेलते हुए भी गुनगुनाता रहता था। मैं खिड़की पर खड़ी हो जाती और नीचे चहल-पहल-भरी सड़क से आनेवाली बातचीत के टुकड़ों को सुनती रहती। वहाँ टैक्सी ड्राइवर, फेरीवाले, सड़कछाप छोकरे, हिजड़े, भिखारी, विद्यार्थी, दफ्तर जानेवाले लोग और हर ऐरा-गैरा आकर बात करते थे। इनमें से प्रत्येक व्यक्ति किसी हिन्दी फिल्म के किरदार की तरह बोलता था। उनमें से कुछ तो उन्हीं की तरह बन-ठनकर रहते भी थे। ये लोग पॉलिएस्टर के ऊटपटाँग कपड़े पहनते, उन्हीं की तरह बाल बनाते और उनके हाव-भाव भी उन्हीं के किसी मनपसन्द फिल्मी हीरो की तरह होते थे।

मुम्बई की सड़कों पर (कम-से-कम उस सड़क पर जिसे मैं देख पाती थी) इतना उत्साह और इतनी मासूमियत थी कि यहाँ के बारे में कलकत्ता में सुनाई पड़नेवाले उन भयंकर किस्सों पर विश्वास करना मुश्किल होता था ('हे माँ...मुम्बई में तो अकेले चलने की सोच भी नहीं सकते—दिन में भी नहीं ! वहाँ के लोग ही ऐसे हैं। अगर आप बदमाश नहीं हैं, तो उस शहर में आपका जीना मुश्किल है')।

मुझे रंजन और निखिल का खयाल आया। वे तो मुझे बिल्कुल भी बदमाश दिखाई नहीं देते थे। फिर भी वे ठीक-ठाक जी रहे थे। मुम्बई लोगों के दिलों में जितना आदर पैदा करता था, उतना ही डर भी, और अपनी खिड़की से बाहर देखने पर मुझे इसकी वजह भी समझ में आ जाती थी। तकरीबन हर रोज मेरे सामने कोई ऐसी बात हो जाती धी कि मेरी आँखें थोड़ी और खुल जाती थीं।

मैं घंटों एक केले बेचनेवाली को देखती रहती थी, जिसके साथ उसका छोटा-सा बच्चा भी होता था। रोज सुबह वह अपने 'ठीये' पर पहुँच जाती थी (चकित करनेवाली बात यह थी कि कोई भी उसकी जगह को हड़पने की नहीं सोचता था। जाहिर है, हर फेरीवाले का अपना एक ठीया था)। वह केलेवाली अपने बच्चे को कूल्हे पर और केलों को सिर पर सँभाले वहाँ आती और एक छोटी-सी झाड़ू से फुटपाथ के अपने छोटे से चौकोर हिस्से को साफ करती। झाड़ू वह उस पेड़ की डालियों में छिपाकर रखती थी, जिसके नीचे वह अपनी दुकान लगाती थी। उसका अधनंगा बच्चा उसके पैरों के

पास रेंगता रहता था। वह बड़ी खुशी से गन्दी सड़क से चीजें उठा लेता और उन्हें अपने मुँह में डाल लेता था (यह बच्चा लड़का था और केलेवाली को इसका घमंड था—उसकी कमर पर कभी कोई कपड़ा नहीं होता था और वह नंगा दिखाई देता था, जबकि उसका कमर से ऊपर का हिस्सा और सिर हमेशा ढँका रहता था)।

बीच-बीच में माँ अपने बच्चे को पकड़ लेती और उसके भूखे मुँह में अपनी लम्बी, गाढ़ी कत्थई घुंडी ठूँस देती। वह अपनी नंगी छाती को कभी ढँकने की परवाह नहीं करती थी। मैं अपने कामों के बीच उसे देख लेती और सोचती थी कि यह औरत कितनी किस्मत वाली है, जो घर से बाहर आकर लोगों के बीच अपनी रोजी-रोटी कमा रही है और साथ में एक और जिन्दगी को पाल भी रही है।

ऐसे पलों में मुझे यह नहीं लगता था कि उससे अपनी जिन्दगी की तुलना करना कितना हास्यास्पद है। मुझे तो बस अपने घर का बन्द द्वार और खिड़कियों पर लोहे के भारी जँगले दिखाई देते थे ('मुम्बई इतना असुरक्षित है कि तुम्हें पता भी नहीं चलेगा कि खिड़की के रास्ते कौन अन्दर घुस आया है')। मैं 'दूसरी मुम्बई' के साथ फ्लर्ट करना चाहती थी—उस मुम्बई के साथ, जिसके बारे में मैंने बिंदास शहरी अखबारों में पढ़ा था और जिसे मैंने हिन्दी फिल्मों में देखा था। हिन्दुस्तान की इस फिल्म-राजधानी से दूर रहते हुए मैंने फिल्मी सितारों की रिहायश वाली इस दुनिया के बारे में तमाम तरह के अजीबोगरीब किस्से सुन रखे थे। मेरी माँ ने तो मुझे यहाँ तक आगाह किया था कि मैं बचकर रहूँ कि कहीं यह दुनिया मुझे लील ही न ले।

"तुम जवान हो और देखने-भालने में भी अच्छी हो," माँ ने गम्भीर होकर कहा था, "मैंने सुना है वहाँ हर जगह लड़कियों की तलाश में दलाल घूमते रहते हैं। वे बड़ी आसानी से भाँप लेते हैं कि कौन मुम्बई में बाहर से आया है, और तभी झपट पड़ते हैं। सँभलकर रहना। ये लोग तुम्हें झाँसा दे सकते हैं...तुम्हारे साथ धोखा कर सकते हैं। मुद्दा यह है, मुम्बई में कोई सुरक्षित नहीं है।"

अपनी रसोई वाली खिड़की से देखते हुए मैं यही सोचती रहती थी कि सेमल के उस बड़े-से पेड़ के नीचे मटरगश्ती करनेवालों में से कौन-सा आदमी दलाल है और वह किसका शिकार कर रहा है। यह सही था कि वहाँ हमेशा निठल्ले दिखाई पड़नेवाले दर्जनों लोग इधर-उधर बेचैन खड़े रहते थे। कभी-कभी वे केले बेचने वाली से एक केला लेकर खा लेते और फिर सिगरेट या पान लेते और वहाँ खड़ी किसी कार से टिककर इन्तजार करने लग जाते।

वे किस शख्स या किस चीज का इन्तजार कर रहे हैं ? मैंने जब रंजन से एक दिन यह सवाल किया तो उसने जवाब दिया था, "पहली बात तो यह कि तुम अजनबियों को ताक ही क्यों रही हो ? क्या पता वे भड़ुए या चोर हों और मौका तलाश रहे हों ? याद रखो, इस शहर में लाखों बेरोजगार हैं। उनके पास हथियार होते हैं और वे बेहद मक्कार होते हैं। एक गलती हुई नहीं कि चाकू निकाल लेते हैं। मैंने लोगों को—बेकसूर लोगों को—दिन-दहाड़े चाकू घोंपे जाते देखा है। या वे नशीली दवाइयाँ

बेचनेवाले भी हो सकते हैं, जो बच्चों को लॉलीपॉप देकर फुसलाते हैं। हाँ, यही लोग जिन्हें तुम घंटों देखती रहती हो, ये वही लोग हो सकते हैं जो दरवाजों पर दस्तक देते हैं और क्लोरोफॉर्म सुँघाकर तुम्हारे जैसी गृहिणियों से बलात्कार करते हैं और उन्हें लूटते हैं। मैं तुम्हें कितनी ही मिसालें दे सकता हूँ। पिछले साल मेरे साथ काम करनेवाले एक आदमी के पड़ोसी की बीवी के साथ यही हुआ था। बेचारी औरत–उसका तो कोई कसूर भी नहीं था। और वह तो उन्हें ताक भी नहीं रही थी, जैसे कि तुम करती हो। अगर तुम्हारे साथ कुछ हो जाए तो मुझे दोष मत देना। याद रखो, मैंने तुम्हें आगाह कर दिया है।''

मैंने याद रखा, और थोड़ी हँसी भी। यह हँसी चिन्ता से बिल्कुल मुक्त नहीं थी। रंजन झूठ नहीं बोल रहा होगा, वह अपनी सारी जिन्दगी यहीं रहा है। फिर भी, जब वह पूरी सदाशयता के साथ सावधानी बरतने के बारे में यह सब कह रहा था तो वह और उसकी बातें भी हास्यास्पद लग रही थीं।

एक बार हँसी-हँसी में मैंने उससे पूछ लिया था कि क्या उसने जिन्दगी में कभी दुष्टता का कोई काम किया है, ऐसा कुछ जिसके बारे में उसे अफसोस हो, जिसकी वजह से वह परेशानी में पड़ गया हो। इस पर रंजन ने शंकालु होकर मुझे देखा था और फिर तमककर जवाब दिया था, ''तुम पागल तो नहीं हो ? क्या मैं तुम्हें इस किस्म का आदमी लगता हूँ ?''

यह सही भी था। लेकिन रंजन जैसे आदमी कभी-कभार गलती करके प्रायश्चित भी कर लेते थे। पर रंजन ने ऐसा नहीं किया। उसने तो मुझे 'सही पालन-पोषण' और 'स्वस्थ मूल्य-प्रणालियों' के बारे में अच्छा-खासा भाषण दे डाला था। मैंने उसके भाषण के बीच अपनी जम्हाई को बड़ी खूबी से रोके रखा था। अगले दिन, रंजन ने मुझे स्वामी विवेकानन्द की जीवनी की एक प्रति भेंट की थी और कहा था, ''जब मैं अमरीका में था और मुझे मेरे रास्ते से हटाने के लिए कई तरह के प्रलोभन सामने थे, मुझे इसी से मदद मिली थी। हो सकता है तुम्हें भी इससे मदद मिले।''

मैंने विनम्रता से उसे शुक्रिया कहा था और वादा किया था कि मैं इस किताब को जरूर पढ़ूँगी।

•

एक दिन दोपहर बाद जब मैं अपनी खिड़की से बाहर ताक रही थी तो मैंने देखा कि वह केलेवाली अपनी जगह पर नहीं थी। मुझे बेचैनी होने लगी, मेरा ध्यान बँटने लगा और मैं उसका इन्तजार करती रही। आखिर में, मैंने घर की चाभी उठाई और सामनेवाले दरवाजे को सावधानी से बन्द करके नीचे आ गई।

बाहर चहल-पहलवाली सड़क पर आकर मुझे दिशा का ज्ञान नहीं रहा और मैं भटक गई। इसके अलावा, मैं यह भी नहीं जानती थी कि आगे क्या करना चाहिए। क्या मुझे रोज वहाँ निठल्ले खड़े रहनेवाले उस आदमी से पूछना चाहिए जो वहाँ खड़ा

सिगरेट पी रहा है, या सीधे अपने घर जाकर यह बात ही भुला देनी चाहिए ?

एक हथठेले पर मटमैले रंग का शर्बत बेचनेवाले ने मुझे आवाज दी थी, "कुछ ढूँढ़ रही हैं क्या ? काला-खट्टा गोला से अपना प्यास नहीं बुझाइएगा क्या ?" उसने बिहारी लहजे में बात की थी।

मैंने सिर हिला दिया था और मूर्ख जैसी वहाँ खड़ी रह गई थी। तभी निखिल ने मुझे देख लिया था और वह जल्दी से मेरे पास आ गया था। "क्या बात है, माया ?" उसने साफ उत्सुकता से पूछा था।

मैंने चुपचाप फुटपाथ पर खाली जगह की तरफ इशारा कर दिया था। "तुम्हारा पर्स खो गया क्या ?" उसने मदद करने के अन्दाज में पूछा था।

अब मैं फट पड़ी थी। मैंने कहा था, "वह औरत...वह वहाँ नहीं है।"

"कौन-सी औरत ?" उसने चकराकर मेरी तरफ देखते हुए पूछा था!

"वह औरत जो हमेशा यहाँ एक बच्चे के साथ बैठती है। वही, केले बेचनेवाली।"

निखिल ने मजा लेते हुए मुझे घूरकर देखा था, "तुम भूखी हो ? सन्तरा चलेगा ?" और उसने अपने बस्ते में हाथ डाल लिया था।

"नहीं, नहीं, नहीं, मैं तो...मैं तो यह सोच रही थी कि वह आज आई क्यों नहीं...मुझे चिन्ता हो रही है।" मैंने कहा। मेरे मुँह से ठीक से शब्द नहीं निकल पा रहे थे।

निखिल लापरवाही से हँस दिया था। वह बोला, "ओह, उसकी चिन्ता मत करो। शायद उसके आदमी ने उसे पीट-पीटकर नीला कर दिया हो। क्या पता इस बार उसने अपनी औरत का एकाध हाथ-पैर ही तोड़ दिया हो। ऐसा होता है।"

मैंने उसे घूरकर देखा। मेरी आँखें डर से फैल गई थीं। वह एक बार फिर हँस दिया था। उसने कहा, "ये औरतें इसकी आदी होती हैं। इस तरह से परेशान मत हो। उनकी जिन्दगी में तो यह सब आम बात है।"

मैं अब भी वहीं जड़वत् खड़ी थी। मैं अब भी नहीं समझ पा रही थी कि आगे मुझे क्या करना चाहिए। "आओ, तुम्हें भेल खिलाते हैं।" निखिल ने धीरे-से मेरी कुहनी पकड़ते हुए कहा था।

मैंने जल्दी से खुद को छुड़ाते हुए कहा था, "नहीं...मुझे वापस जाना है।"

निखिल ने मेरा रास्ता रोक लिया था और अपने सीने पर दोनों हाथ रखकर सचमुच चकित होते हुए पूछा था, "वापस जाना है ? किसलिए ? मेरा मतलब है, तुम्हारे घर में कोई मेहमान वगैरह तो नहीं हैं न, क्यों ? चलो...मुझे माँ का एक काम भी करना है। दुनिया का सबसे बेहतरीन भेलपूरीवाला ठीक सामने है।"

मुझे इस छोटे-से कारनामे के बारे में और भी आश्वस्त करने की गरज से निखिल ने उस निहायत बेकार नमकीन बेचनेवाले की तरफ इशारा किया था, "उधर, दिखाई दिया ? बस वहाँ। एक मिनट लगेगा। और हमारा परचूनवाला भी वहाँ नुक्कड़ पर है। मुझे अपनी माँ के नए खिलौने—हमारी अद्भुत वाशिंग मशीन—के लिए थोड़ा पाउडर

लेना है। माँ को इस पर इतना घमंड है कि वह रोज सुबह उसकी अर्चना करती है।''

मैंने यों ही उससे पूछ लिया था, ''क्या वह बहुत कारगर है ?''

निखिल हँस पड़ा था। उसने कहा था, ''मुझे नहीं मालूम। लेकिन हमारे सामनेवाली मिसेज बजाज के पास एक वाशिंग मशीन है। इसी तरह, नीचे रहनेवाले मल्होत्रा परिवार के पास भी वाशिंग मशीन है। मेरी माँ की रातों की नींद उड़ाने के लिए यह काफी था। आखिर मेरे पिता किश्तों पर एक वाशिंग मशीन ले आए।''

उसने भेलपूरीवाले की तरफ चलना शुरू कर दिया था और मैं वहीं की वहीं खड़ी रह गई थी। ''चलो, मुझे फौरन वापस पहुँचना है। अगर तुमने यह भेल नहीं चखी तो समझो तुमने कुछ भी नहीं चखा।'' उसने कहा था।

मैं फिर भी नहीं हिली—नहीं हिल पाई। आखिर में बहुत ही धीमे और बहुत ही मूर्खतापूर्ण ढंग से बोली थी, ''मैं...मैं नहीं जा सकती। मेरे पति को यह अच्छा नहीं लगेगा।''

निखिल फट पड़ा था, ''क्या ? मुझे विश्वास नहीं हो रहा। क्या तुम यह कहना चाहती हो कि तुम्हारे पति ने तुम्हें भेलपूरी खाने से मना किया है ?''

मैं इतनी लज्जित हो रही थी कि मैं कुछ समझा नहीं पाई। मैंने आगे एक शब्द भी नहीं कहा और मुड़कर बिल्डिंग में वापस भाग आई। मेरे बाल अचानक जूड़े के बन्धन से आजाद हो गए थे और पीछे लहरा रहे थे।

9

निखिल के टेप को सुनने का लम्बा इन्तजार सोमवार की सुबह 9.47 पर खत्म हुआ। उस दिन रंजन अपने तय समय से, ठीक बारह बजे घर से निकला। समय की पाबन्दी का पालन उसने अपनी पूरी जिन्दगी खब्त की हद तक किया था। वह अक्सर मुझसे कहता था कि जो आदमी तय समय का पाबन्द नहीं हो सकता, उस पर किसी भी तरह से भरोसा नहीं किया जा सकता।

एक बार जब मैंने रंजन को पूरे आठ मिनट उसके दफ्तर के बाहर इन्तजार करवाया था, तो उसने कहा था, "मेरी माँ की मिसाल लो। इन तमाम बरसों में उसे कभी देरी नहीं हुई।"

मैं बिल्कुल मान सकती थी, बल्कि मैं तो यहाँ तक सोचती थी कि उसकी माँ हर सुबह बाथरूम में ही अपने हर काम का क्रम बना लेती होगी। दो मिनट और पन्द्रह सेकेंड दाँत साफ करने के लिए। छह मिनट टॉयलेट में बैठने के लिए। ग्यारह मिनट नहाने के लिए (अगर बाल भी धोने हैं तो अठारह मिनट)। तेरह मिनट साड़ी पहनने, बाल सँवारने, पैरों में टेल्कम पाउडर लगाने और कुहनी पर क्रीम मलने के लिए। न एक सेकेंड ज्यादा, न एक सेकेंड कम।

इस तरह एक-एक सेकेंड बाँधकर चलने से मुझे डर लगता था। फिर भी, रोज सुबह मैं इसका स्वागत ही करती थी। मुझे पता था कि ठीक इतने बजे रंजन अपना ऑफिस बैग उठाएगा, जल्दी से घर का जायजा लेगा (कि कहीं कोई जाला, धूल या धब्बा तो नहीं है) और फिर संकोच से 'शाम को मिलते हैं' कहकर निकल जाएगा।

उसके जाते ही मेरे अन्दर हमेशा आनन्द की लहर दौड़ जाती थी—इसलिए नहीं कि मुझे उसका घर पर रहना अच्छा नहीं लगता था (सच में था भी ऐसा ही, पर अगर

वह कुछ देर ज्यादा ठहर भी जाता था तो मुझे उससे कोई परेशानी नहीं होती थी), लेकिन इसकी असली वजह यह थी कि मैं सहजता से साँस लेने को आजाद हो जाती थी। जब तक रंजन घर में रहता था तो मैं साँस रोककर पंजों के बल चलकर काम निपटाती थी, और यथासम्भव यही कोशिश करती थी कि उसे कम-से-कम नजर आऊँ। कपड़े बदलते हुए तो रंजन बेतरह घबराहट और तनाव में आ जाता था और वह अपनी नाक के नीचे रखी चीजों को भी नहीं देख पाता था।

"मेरे मोजे," वह चिल्लाता, "मेरी बेल्ट कहाँ है ?" मैं दौड़ी-दौड़ी जाती और उसे ये चीजें उठाकर देती। वैसे ये चीजें उसके सामने पलंग पर ही रखी होती थीं।

वह बड़ी देर तक अपने बाल बनाता और पूजा-पाठ करता रहता था। मुझे उसका यह काम बड़ा मार्मिक लगता था। रंजन बहुत ही धार्मिक व्यक्ति था और उसमें सदाचार और सच्चाई कूट-कूटकर भरी थी। कुछ मायनों में वह मेरे पिता की तरह था—पिता कुछ ज्यादा तेज जरूर थे।

एक आश्चर्य की बात यह थी कि कुछ चीजों के बारे में रंजन के खयाल पुराने ढर्रे के थे। मसलन, वह घर में बिना कमीज के कभी नहीं घूमता था, कि कहीं घर में पार्टटाइम काम करनेवाली नौकरानी आसपास ही न हो। शारीरिक क्रियाओं में उसे इतनी शर्म आती थी कि रोज सुबह जब वह अपने सारे 'काम' निपटाता था तो मुझे बैठक में ही इन्तजार करना होता था (अपने इन दैनिक कार्यों को वह 'काम' ही कहता था)।

लेकिन आज रंजन के साथ एक बड़ा हादसा हो गया था—उसका भूरी किनारीवाला रूमाल कहीं खो गया था। मैंने उसे इसकी जगह दूसरा, सादा सफेद रूमाल देना चाहा तो उसने इसे परे सरकाते हुए चिड़चिड़ाकर कहा था, "भगवान के लिए, माया, मुझे भूरी किनारीवाला रूमाल ही चाहिए। तुम्हें याद नहीं, आज सोमवार है ? सफेद रूमाल बुधवार के लिए है।"

और, हमने जोर-शोर से रूमाल ढूँढ़ना शुरू कर दिया था। रंजन नौकरानी को कोस रहा था कि उसने रूमाल को उसकी तय जगह पर वापस नहीं रखा। फिर वह जहाँ का तहाँ खड़ा हो गया था और मुझे दोषी माननेवाली नजरों से देखते हुए पूछने लगा था, "उसने वह रूमाल धोया भी या नहीं ?"

मैंने हाँ या न कुछ भी नहीं कहा, बस कन्धे उचका दिए। मेरा मकसद बस, नौकरानी का बचाव करना था। "जाकर बाथरूम में देखती हूँ," मैंने शान्तिपूर्वक कहा था।

"तुम्हें पता होना चाहिए। घर की औरत को यह पता होना चाहिए कि क्या धुला है और क्या नहीं। कहीं तो कोई व्यवस्था, कोई तरीका होना चाहिए। वह औरत चोर भी हो सकती है। हो सकता है वह हमारे कपड़े चुरा लेती हो और तुम्हें पता ही न हो।"

मैं कमरे से बाहर भागी और मैले कपड़ों की टोकरी में ढूँढ़ने लगी। रसोई में टिक-टिक करती घड़ी की आवाज मेरे कानों में पड़ रही थी...वह मुझे इतनी तेज लग रही थी जैसे धमाके पर धमाका हो रहा हो। रंजन कमरे में पलंग की चादर वगैरह इधर

से उधर फेंक रहा था और इधर मैं काँपती उँगलियों से उसकी पैंट की जेबों को टटोल रही थी। साथ ही यह चिन्ता भी कर रही थी कि वह खोया हुआ रूमाल अभी कूदकर मेरे ऊपर आएगा और फिर एक और भाषण शुरू हो जाएगा ('यह मेरा काम था कि रंजन की कमीज-पैंटों को लांड्री भेजने या गन्दे कपड़ों की टोकरी में डालने से पहले उनकी जेबें देख लूँ')।

फिर, आखिर मुझे राहत की साँस जैसी तेज आवाज सुनाई दी और साथ ही चू...चू...की आवाज भी। "माया...रहने दो। परेशान मत होओ। रूमाल मिल गया है।" रंजन कह रहा था।

मैं दौड़कर कमरे में वापस आई। मेरा दिल जो अभी तक मेरी पसलियों में धक-धक कर रहा था, वह अब आभार जताता हुआ फिर से अपनी सहज रफ्तार में धड़कने लगा था। "कहाँ था ?" मैंने पूछा।

"अरे, यहीं था," रंजन ने बिस्तर को थपथपाते हुए कहा, "भगवान जाने मुझे दिखाई क्यों नहीं दिया। चलो आखिर मिल गया। अच्छा हुआ।"

फिर उसकी नजर अपनी कलाईघड़ी पर पड़ी (यह वही घड़ी थी, जिसे कॉलेज के दिनों से अब तक उसने फेंका नहीं था, क्योंकि अपने अठारहवें जन्मदिन पर अपनी माँ के दिए इस तोहफे को लेकर वह बहुत जज्बाती था)।

"मुझे देर हो रही है।" वह बोला। उसकी आवाज बेसुरी हो रही थी। फिर एक मिनट बाद ही वह कम्पाउंड को पार करता एक धूसर धब्बा बनकर रह गया था, और मैं एक रोमांचित स्कूली लड़की बन गई थी ज़ो जगह-जगह से सिकुड़ी अपनी नाइटी को पकड़े रसोई की शेल्फ की ओर भाग रही थी, वहाँ छिपाकर रखा टेप निकालने।

मुझे उस गीत को ढूँढ़ने में थोड़ा समय लग गया। निखिल ने कहा था कि साइड-बी पर वह चौथा गीत है, लेकिन मशीनों के बारे में मेरी कोई ज्यादा जानकारी नहीं थी। मैं मामूली से मामूली मशीन को भी नहीं समझ पाती थी। न मैं कभी पहली ही बार में किसी टेप की सही साइड को बजाने में कामयाब हुई थी।

और यह कोई अलग टेप नहीं था। पहले तो मैंने टेप को दो बार गिरा दिया। फिर मैं रिकॉर्डर का प्लग लगाना भूल गई। आखिर में जब मैं इसे चला पाई तो यह कोई और गीत था, जिसमें मुम्बई की रेलगाड़ियों और बदबूदार साँसोंवाले मुसाफिरों का बखान था।

निखिल की आवाज सुनकर मुझे बहुत खुशी हुई। इससे कोई फर्क नहीं पड़ता था कि उसका गीत 'लोनली लेडी' बेहद मामूली और निश्चित रूप से बेसुरा था। यह सब मुझे शुरू से गौर करने पर पता चला। लेकिन जिस पल मैंने शुरुआती सुरों को और उनके साथ निखिल के गुनगुनाने को सुना तो मैं काँपे बिना नहीं रह सकी। यह खयाल मेरे लिए एकदम अनजानी खुशी लेकर आया कि एक आदमी—कोई और आदमी नहीं, बल्कि निखिल—को मुझ—मुझ—से इतनी प्रेरणा मिली क़ि उसने मेरे बारे में एक गीत लिख दिया, अपना गिटार छेड़ दिया और मुझे उस टेप की एक प्रति भी भेंट की।

मैंने 'लोनली लेडी' को लगातार बीस बार तो जरूर सुना होगा। उसके एक-एक उदास सुर, एक-एक भावपूर्ण पंक्ति का रस लिया। जब मुझे लगा कि मैंने इसे पूरी तौर पर आत्मसात कर लिया है और यह मेरे खून में दौड़ने लगा है, तो मैंनें अपने टिनी टू-इन-वन को बन्द कर दिया और बैठकर रोने लगी।

मैं कई बरस से इतना नहीं रोई थी। मैं रसोई के स्टूल पर दुबककर बैठ गई और जी भरकर रोई। अगर फोन की घंटी नहीं बजती तो शायद मैं शाम तक रोती ही रहती। रंजन का फोन था। वह अपनी 'दफ्तरशाही आवाज' में बोल रहा था, जो बिल्कुल कामकाजी और सटीक थी।

"सुनो," उसने बिना किसी दुआ-सलाम के एकदम कहना शुरू कर दिया, "मुझे उम्मीद है, तुम भूली नहीं होगी कि आज रात हमें माथुर लोगों के यहाँ जाना है। मिसेज माथुर के पिछले महीने बेटा हुआ है। आज बच्चे का नामकरण होना है। हमें उनको तोहफा देना होगा। पैसा देना ठीक नहीं रहेगा। तुम दादर जाकर एक अच्छा-सा बाबा सूट ले आना। लेकिन ध्यान रखना, बहुत महँगा न हो।"

मैंने एक शब्द तक नहीं निकाला, मैं अपनी सिसकियाँ रोकने में ही इतनी व्यस्त थी। "हैलो...हैलो...सुनो, तुम सुन रही हो न ?" रंजन कह रहा था।

मैंने सिर हिला दिया और फिर मुझे याद आया कि मुझे बोलना भी है। "मैंने तुम्हारी बात सुन ली है।" मैंने अटकते हुए कहा।

कुछ देर को चुप्पी रही। फिर रंजन की आवाज आई, "सुनो...तुम ठीक तो हो न ?"

मैंने दो-टूक जवाब दे दिया, "हाँ।" रंजन बहुत कम फोन करता था, और जब करता था तो हिदायतें देने के लिए ही करता था। इस बार वह कुछ अनिश्चित-सा लगा। उसने हिचकिचाते हुए अपना गला साफ किया।

"हैलो ? माया—अगर तुम्हारी तबीयत ठीक नहीं है, तो परेशान मत होना। मेरी माँ को फोन कर देना। वह जैसा ठीक समझेगी, कर लेगी।"

मैंने जोर से नाक सुड़की और जैसे-तैसे धीमे-से कहा, "ठीक है। मैं ठीक हूँ।"

एक बार फिर थोड़ी देर के लिए चुप्पी रही। फिर रंजन ने कहा, "पक्का ?"

"पक्का।" मैंने उसी के शब्दों को दोहरा दिया।

रंजन अटपटाकर इन्तजार करने लगा। मैं समझ रही थी कि वह यह सोच-विचार कर रहा है कि क्या कहा या किया जाए। "सुनो, आज रात को वह अच्छी पीलीवाली साड़ी पहन लेना, ठीक है ? वही लाल किनारीवाली। वह तुम पर अच्छी लगती है। पता है न किस साड़ी के बारे में कह रहा हूँ मैं ? वही रेशमीवाली। और हाँ, मेरी नीली कमीज पर इस्त्री कर देना। अमरीकी शर्ट पर। बाय !"

मैंने रिसीवर रख दिया। मुझे खुद से ज्यादा रंजन के लिए अफसोस हो रहा था। वह इतना मासूम था, और इतना प्यारा भी। उसे पीली साड़ी इसलिए पसन्द थी, क्योंकि वह उसकी माँ की साड़ी थी, इसलिए नहीं कि वह मुझ पर फबती थी। मेरे पास उसकी

माँ की दी हुई ढेरों साड़ियाँ थीं। यह बात नहीं कि मुझे इसमें कोई ऐतराज था, लेकिन ऐसा कोई मौका ही नहीं होता था कि उन साड़ियों को पहना जाए। मुझे तो इसी बात पर आश्चर्य होता था कि उसने मुझे ये साड़ियाँ दे कैसे दीं, क्योंकि सभी साड़ियाँ काफी अच्छी हालत में थीं।

मैंने अपनी माँ को इन तोहफों के बारे में लिखा था। उसने जवाब दिया था, ''मुद्दा यह है, वह तुम्हारी सास हैं और इस तरह उन्हें यह हक है कि अपनी साड़ियाँ तुम्हें दे दें। इन्हें विनम्रता और आभार के साथ स्वीकार करना। लेकिन हाँ, अगर तुम्हें ये साड़ियाँ पसन्द नहीं हैं तो इन्हें जबरदस्ती मत पहनना।''

इसलिए मैंने कर्त्तव्यपरायणता का परिचय देते हुए अपनी सास की साड़ियों को अलग रख दिया था। मैंने इस बात की पूरी कोशिश की थी कि ये साड़ियाँ मेरी अपनी साड़ियों में न मिल जाएँ। पुरानी अलमारी में 'उसका' ढेर और मेरा ढेर अलग-अलग था। रंजन ने इसे ताड़ लिया था। वह बोला था, ''क्या बात है, तुम इन साड़ियों को कभी नहीं पहनतीं ?'' यह बात उसने महीन रेशमी साड़ियों में अपनी उँगलियाँ फिराते हुए कही थी।

मेरा मन तो हुआ था कि कह दूँ, 'इतने महँगे कपड़े पहनकर मैं जाऊँगी कहाँ ? कोई मौका तो मिलता नहीं है हमें।'

लेकिन यह न कहकर मैंने प्यार से मुस्कुराते हुए कहा था, ''इतनी खूबसूरत साड़ियाँ हैं ! माँ सचमुच बहुत प्यारी हैं, जो उन्होंने मुझे ये साड़ियाँ दीं।''

बस इतनी सफाई काफी थी। लेकिन, आज वह भद्दी पीली साड़ी पहनने का खयाल मुझे दो तरह से कुढ़ानेवाला लगा। जरा सोचिए तो, एक औरत के बारे में उसी सुबह एक आकर्षक नौजवान गीत लिखता है, और उसी को अपनी सास की पुरानी पीली साड़ी में एक उबाऊ समारोह में जाना पड़ता है ! इससे ज्यादा चिढ़ानेवाली बात और क्या हो सकती है ? बेचारी, 'लोनली लेडी' !

10

कोई और दिन होता तो माथुर परिवार के यहाँ जाने के खयाल से ही मैं एकदम निराश हो जाती। लेकिन अब मेरे उत्साह पर कोई भी चीज असर नहीं डाल सकती थी। अब तो मैं निखिल की आवाज और उसके शब्दों पर तैर रही थी, और जब मैं बाबा सूट खरीदने के अभियान पर निकली तो उस गीत की धुन पार्श्व संगीत का काम कर रही थी।

केले बेचनेवाली आज भी अपनी जगह पर नहीं थी, लेकिन आज का दिन उसके बारे में चिन्ता करने का दिन नहीं था। आज का दिन तो बस मेरे लिए और मेरे उस छोटे-से राज़ के लिए सुरक्षित था। कुछ कर गुजरने की उमंग से भरे हुए, मैंने पीला गुलाबी लखनवी चिकन का कुर्ता पहना, चमकीले नीले रंग का प्लास्टिक का शॉपिंग बैग उठाया और थिरकती हुई निकल पड़ी अपने फ्लैट से सीटी बजाती—जी हाँ, सीटी बजाती !

और सीधी जा टकराई निखिल की माँ से। उसने मुझे जिस तरह से घूरकर देखा, उससे साफ पता चलता था कि उसे मैं, मेरे कपड़े, मेरा सीटी बजाना, मेरा वजूद ही, बिल्कुल पसन्द नहीं आया था।

"अरे, अरे, अरे, आज तो बड़ी खुश दिख रही हो ! किसी स्कूली लड़की की तरह—या मैं यह कहूँ कि किसी स्कूली लड़के की तरह ? कोई ख़ास बात है ? कोई खुशखबरी ?" और यह कहकर उसने गौर से मेरे पेट को देखा।

खुशी में भरकर मैं चहक उठी। मैंने कहा, "हाँ, खुशखबरी। लेकिन वह नहीं जो आप सोच रही हैं। आज मेरा मन गाने का हो रहा है। आज बहुत खुश हूँ मैं।"

उसकी नापसन्दगी अब अरुचि में बदल गई। मैंने उसकी काँख में पसीने के

बड़े-बड़े बदरंग धब्बे देखे और उसके शरीर से उठनेवाली बदबू के झोंकों से बचने के लिए अपनी साँस रोक ली। वह चमकदार, सिंथेटिक सलवार-कमीज में थी, जिसमें काँच के हीरे जड़े थे। उसके बालों में लगी मेहँदी के नीचे बालों की सफेद जड़ें चमक रही थीं और उसकी लिपस्टिक ऐसी लग रही थी, जैसे रस-भरी का जैम फैल गया हो। उसकी आँखों के नीचे की खाल लाली लगे उसके गालों पर ऐसे लटक गई थी, जैसे बदरंग सायबान।

इन सबसे ज्यादा डरावने मुझे उसके हाव-भाव लगते थे। उसकी आँखों में वैमनस्य की चमक थी। उसके शरीर की भंगिमाएँ ऐसी थीं, जैसे मौका मिलते ही वह अखाड़े में कूदकर माइक टायसन के साथ दो-दो हाथ करने को तैयार हो। मैं वहाँ से भाग ली।

बाबा सूट बेचनेवाला बांग्लादेशी था। मैंने उसका सियालटी लहजा फौरन पकड़ लिया, और उसने भी मेरी बोली में पश्चिमी बंगालियत को पहचान लिया। उसने मुझे चाय-नाश्ता कराया। मैं ढुलमुल स्टूल पर बैठकर उससे घुट-घुटकर बतियाने लगी। मुझे ऐसे व्यक्ति से बात करके बड़ी तसल्ली मिली, जो मुम्बई में मेरी ही तरह अजनबी था।

हम दो षड्यन्त्रकारियों की तरह धीमे-धीमे और दबी-दबी आवाज में इस चलते-फिरते शहर की जिन्दगी के बारे में ऐसे बात करने लगे, मानो हमें अपनी बात सुन लिये जाने का डर हो। इसके बाद भी, जब मैंने उससे यह पूछा कि क्या वह वापस घर जाने की सोच रहा है तो उसने जोर से अपना सिर हिला दिया।

''मेरी जगह यही है।'' उसने अपनी छोटी-सी 'दुकान' को थपथपाते हुए कहा। दिमागी तौर पर मैं भी उससे सहमत थी। यही जगह है। काश, मैं खुद इसे खोजने को आजाद होती। या रंजन के साथ ही। काश, उसमें अपने शहर को मेरे साथ बाँटने का कुछ और उत्साह होता। वह शाम के जो दो अखबार लेकर आता था, उन्हें मैं पूरा घोंट जाती थीं। इसके अलावा मैं शनिवार-इतवार के तमाम अखबारों को भी शुरू से आखिर तक पढ़ जाती थी। जाहिर है, शहर में बहुत सारी रोमांचक घटनाएँ हो रही थीं, और यह सब मेरे घेराबन्द वजूद से थोड़ा-सा ही बाहर था।

हम कभी कोई हल्का-फुल्का नाटक ही देखने क्यों नहीं जाते (ऐसे कॉमेडी नाटक, जिनके बारे में '100 हाउसफुल शो' पढ़कर पता चलता था कि वे बहुत लोकप्रिय हैं)। हम जिन्दगी से लबरेज उन शराबखानों में क्यों कदम नहीं रखते थे, जहाँ जाज बैंड बजता रहता था ? पीने के लिए नहीं, बस संगीत की धुन पर थिरकने के लिए, वहाँ मौजूद तमाम लोगों को देखने और वहाँ के बेफिक्रीवाले माहौल में अपने आपको थोड़ा-सा खो देने के लिए ?

हम यहाँ के अनेक सागर-तटों में से किसी एक पर भी साथ-साथ क्यों नहीं टहलते, सड़क-किनारे कुछ खाते-पीते क्यों नहीं, किसी तड़क-भड़कवाली दुकान में क्यों नहीं जाते या उन गन्दे, घिचपिच फुटपाथों पर खामख्वाह क्यों नहीं टहलते ?

मैंने एक-दो बार रंजन से इस बारे में कहा भी था, लेकिन उसने हमेशा की तरह थोड़ा चिढ़ते हुए इसे अहमियत न देनेवाले अन्दाज में जवाब दिया था, ''कर सकते हैं,

कर सकते हैं। लेकिन क्या इसके लिए हमें एक एजेंडा नहीं बनाना चाहिए ? मुझे ठीक-ठीक बताओ कि तुम्हारा क्या करने का इरादा है और मैं तुम्हारी इल्तिजा पर गौर करूँगा।''

मुझे तो ठीक-ठीक पता ही नहीं था कि मैं क्या करना चाहती हूँ। लेकिन जब मैं उस बांग्लादेशी की दुकान पर थोड़ी देर ठहरी रही थी तो मुझे अपना पूरा शरीर तनावमुक्त होता लगा था। मैं वहाँ बिना कुछ किए, एक खाली एजेंडे के साथ घंटों रुक सकती थी। सिर्फ, देखते हुए।

एक बात जिस पर मैंने गौर किया, वह यह थी कि जैसे कलकत्ता में कलकतिये थे, वैसे मुम्बई में मुम्बइया लोग नहीं थे। यह बताना मुमकिन नहीं था कि कौन मुम्बई का है और कौन नहीं। अपने आस-पास से हड़बड़ी में गुजरते लोगों में से कोशिश करके ही मैं एक-दो ऐसे चेहरे खोज पाती थी जो शायद सचमुच मुम्बई के ही बाशिन्दे थे। लेकिन मैं यह भी जानती थी कि मेरा अन्दाजा गलत निकलेगा। अगर यहाँ कोई इस अन्दाज में घूमता था कि यह शहर उसी का है तो वे थीं अनथक और सेक्सी मछुआरिनें, जिनके पुष्ट नितम्बों पर झीनी साड़ियाँ कसकर लिपटी होती थीं, बदन सोने के गहनों से लदा होता था, तेल लगे जूड़ों में मौसम के सबसे चटकीले फूल सजे होते थे, और उनकी कमर या सिरों पर खूबसूरती से सधी बड़ी-सी टोकरियों में उस दिन पकड़ी हुई ताजा मछलियाँ रखी होती थीं।

इन औरतों में ही कोई मकसद होने का गजब का अहसास नजर आता था। उस बांग्लादेशी की दुकान में बैठे हुए, मैंने ऐसी ही एक मछुआरिन को एक आदमी से झगड़ते हुए देखा। यह आदमी भूल से इस मछुआरिन से टकरा गया था और उसकी छोटी-छोटी रुपहली मछलियाँ सड़क के चमकते डामर पर फिसलती चली गई थीं। उसने उस बेचारे आदमी को कन्धे से पकड़कर उसकी सात पुश्तों को कोसा था, और फिर उसे एक जोर का धक्का दिया था कि वह आदमी वहाँ से चलता ही नजर आया था। किसी ने भी रुककर देखने की जरूरत नहीं समझी थी, बीच-बचाव की तो बात ही अलग है।

मेरे चेहरे पर उत्सुकता का भाव देखकर उस बांग्लादेशी ने समझाया था, ''यह मुम्बई है। किसी के पास वक्त नहीं है यहाँ। किसी में कोई जज्बात नहीं हैं। हर कोई अपनी खाल बचाने में लगा है। आप झगड़ें, चिल्लाएँ, चीखें। आप मर जाएँ। दूसरे लोग आपकी लाश पर पाँव रखकर चलते जाएँगे।''

मैंने सिर हिला दिया। बोली, ''और फिर भी तुम यहाँ रहना चाहते हो ?''

उसने मेरी तरफ सचमुच चकित होकर देखा और बोला, ''हमारे जैसे लोगों के लिए हिन्दुस्तान में और कोई शहर है क्या ?''

और जब उसने 'हमारे' कहा तो इशारे से यह बता दिया कि उसने इसमें मुझे भी शामिल कर लिया है। मुझे इसमें अपनी बड़ाई दिखाई दी। मैंने कहा, ''लेकिन मैंने सुना है, पुलिसवाले बहुत परेशान कर रहे हैं। क्या यह सही है ?''

वह जान-बूझकर मुस्कुरा दिया। बोला, ''सही है। उन बांग्लादेशियों को परेशान करते हैं, जिनके पास जरूरी कागजात नहीं होते। मैं ? मैंने सारी चीजें जुटा ली हैं। इस काम में मेरे दो साल और आठ हजार रुपए लग गए। लेकिन अब मुझे कोई निकाल नहीं सकता। देखो...'' उसने अपनी गन्दी, गंधाती कमीज उठाई और अपनी चीकट बनियान में बनी एक बड़ी-सी जेब में रखे महत्त्वपूर्ण से दिखनेवाले कागजात के एक पुलिन्दे को थपथपाते हुए बोला, ''पासपोर्ट, राशनकार्ड, रिहायशी सर्टिफिकेट, सबकुछ है।''

''तुम किस्मतवाले हो।'' मैंने उसकी तारीफ करते हुए कहा।

''किस्मतवाला ? नहीं, मैं यह तो नहीं कहूँगा। हाँ, मैं चतुर जरूर हूँ। यहाँ आने के दो हफ्तों में ही मैंने झुग्गी बस्ती के दादा से दोस्ती कर ली। मैंने उसे अपनी बीवी की सोने की चूड़ियाँ दीं और यह भी कहा कि बाद में और दूँगा। उसने मुझे एक सँकरे से कमरे में एक कोना दे दिया। उस कमरे में आठ और बांग्लादेशी थे। कम-से-कम यह तो पक्का हो गया कि कोई मुझे नुकसान नहीं पहुँचाएगा और न ही पुलिस में मेरी रिपोर्ट करेगा।

''अगली सुबह ही मुझे रद्दी छाँटने का काम इस शर्त पर मिल गया कि मैं उस आदमी को अपनी कमाई का एक मोटा हिस्सा दूँगा। मुझे कोई परेशानी नहीं होगी, मैंने कह दिया। मैं फिर भी घाटे में नहीं था। मेरी गाँठ से क्या जाना था ? तो बहन...मेरी कहानी इस तरह शुरू हुई। आज मेरे पास एक झुग्गी बस्ती में पक्का घर है, जिसे सरकार की मान्यता मिली हुई है। उसमें नल का पानी है, बिजली है, सभी कुछ है। अगले साल मैं टी.वी. खरीद रहा हूँ। साइकिल तो मैं ले ही चुका हूँ। मेरी बीवी और दो बच्चे मेरे साथ ही रहते हैं। खुदा की मेहरबानी है।''

उसने सँकरी गली से धड़धड़ाकर निकलते पानी के एक बड़े-से टैंकर को गौर से देखा और फिर मेरी तरफ मुड़ते हुए चिन्ता के साथ पूछा, ''और तुम ?''

मैंने मुस्कुराकर सिर हिला दिया। ''अच्छा है,'' मैंने झूठ बोल दिया, ''मुझे यहाँ अच्छा लगता है।''

मेरे खयाल से, उसने मेरा झूठ पकड़ लिया था। हम दोनों ने चुपचाप एक-दूसरे को एक सन्देश दिया। मैंने अपना पैकेट उठाया और घर की लम्बी-सी दूरी तय करने पैदल चल दी।

मैं अन्दर घुसी तो दरवाजे के नीचे निखिल का हड़बड़ी में लिखा हुआ पर्चा मिला।

''पसन्द आया ?'' उस छोटे-से पर्चे में यही दो शब्द लिखे थे। मैं उसकी लिखाई को घूरती रही, मानो इससे बननेवाले डिजायन ने मुझ पर जादू कर दिया हो, और उन दो बेहद साफ, बेहद आसान शब्दों में कोई गुप्त अर्थ तलाशती रही, यह सोचती रही कि इन शब्दों में कहीं कोई गुप्त सन्देश तो नहीं छिपा है।

निखिल ने यह सावधानी बरती थी कि उसने किसी का नाम नहीं लिखा था। यहाँ तक कि उसने कागज पर अपने नाम के पहले अक्षर भी नहीं लिखे थे। मैं यह सोचकर हैरान होती रही कि कहीं यह उसकी आदत तो नहीं है। शायद मुम्बई में दर्जनों 'अकेली औरतें' (लोनली लेडीज) फैली हुई हैं। शायद उनमें से हरेक औरत इसी तरह का परचा लिये हुए हो और उसी में कोई गुप्त सन्देश तलाश रही हो।

मैंने गुस्से में उस कागज को कुचल डाला, और फिर अपनी मुट्ठी खोलकर देखने लगी कि मैंने क्या कर दिया। मेरी हथेली पर पड़ा वह पर्चा इतना दयनीय दिख रहा था कि मैंने उसे रसोई के चबूतरे पर रख दिया और अपनी हथेली से उसकी शिकनों को सीधा करने की कोशिश करने लगी। लेकिन यह तरकीब कारगर नहीं हुई। मैंने बेलन उठाकर एक बार फिर कोशिश की। इससे कुछ फर्क पड़ा।

मैं निराश होकर बैठ गई। मेरी आँखों में आँसू भर आए थे। मुझे बाहर फोन की घंटी बजने की आवाज सुनाई दे रही थी। मैंने गुस्ताखी करते हुए फैसला किया कि मैं घंटी को बजने दूँगी। यह रंजन का ही फोन होगा। वह जानना चाहता होगा कि मैंने उसका सौंपा हुआ काम ठीक से कर दिया या नहीं। आखिर में मैंने घंटी बन्द होते सुनी और इससे मुझे अपनी जीत का अहसास हुआ, मानो मैंने किसी फरमान को मानने से इन्कार कर दिया हो और बगावत के इस छोटे-से कारनामे को अंजाम देकर साफ बच निकली होऊँ।

मेरा गला सूख रहा था और मेरे कपड़े पसीने में भीग रहे थे। हालाँकि कलकत्ता की गर्मियों में नर्क की-सी तपिश थी, फिर भी मुम्बई की उमस मुझे परेशान किए दे रही थी। ठंडे-ठंडे पानी से नहाने के ठीक बाद भी पसीने की धाराएँ मेरी बगल से नीचे बहने लगती थीं। रंजन ने बेडरूम में एक पुराना एयरकंडीशनर लगवा लिया था, लेकिन उसे इस्तेमाल करने के बारे में भी हमारे बीच एक अलिखित समझौता था। उसे रात के खाने के बाद ही चालू किया जाता था और इतनी ही देर तक चलाया जाता था कि कमरा पर्याप्त ठंडा हो जाए।

हफ्ते के आम दिनों की गरम दोपहरियों को मुझे चुपचाप और निर्लिप्त होकर सहना होता था। ऐसे में धीरे-धीरे चलता एक खड़खड़ाता हुआ सीलिंग फैन गरम हवा को कमरे में फैला देता था। मैं बड़े-से पलंग पर लेट जाती और मेरी शादी पर उपहार में मिले हथकरघे के बने एक पलंगपोश का खुरदरा कपड़ा मेरी नंगी चमड़ी को झुलसा देता था। मैं इस डर से एयरकंडीशनर चलाने की हिम्मत नहीं कर पाती थी कि रंजन इसके इस्तेमाल के बारे में मुझसे सवाल करेगा और किफायतशारी पर एक भाषण झाड़ देगा। बेशक, हफ्ते के आखिरी दिनों में इसे चलाना अच्छा रहता था, क्योंकि उस समय रंजन भी कमरे में होता था।

ये सब बातें कही नहीं जाती थीं। मैं जानती थी, मुझे सबकुछ बताया नहीं जाना

है, और मैं इसका बुरा भी नहीं मानती थी। रंजन बहुत मेहनत करता था, और मुम्बई की जिन्दगी इतनी सस्ती नहीं थी। हर शाम वह मुझसे वह डायरी माँगता था जिसमें मैं होशियारी से हिसाब-किताब लिखती थी। यह काम एक खास अन्दाज और एक खास समय पर किया जाता था। ठीक पचहत्तर बार अपने पैरों की उँगलियाँ छूने के बाद रंजन करीब चार मिनट के लिए बाथरूम में घुसता था ('मुझे अपने बाल भिगोने हैं')। वह अपनी कमर पर तौलिया लपेटे बाहर निकलता था और जल्दी से प्रार्थना बोलकर अपना चश्मा उठाता था और फिर अपनी आरामकुर्सी पर बैठ जाता था।

उसके बाद, एक हाथ में कैलकुलेटर और दूसरे में पेन लेकर वह मुझसे कहता था, "किताब लाओ।" मैं घबराते हुए उसे डायरी पकड़ा देती थी। हर बार, यह एक तनाव-भरा पल होता था और मैं हमेशा ही न जाने क्यों अपने आपको दोषी समझती थी, उस छोटे चोर की तरह जो आँकड़ों की हेरा-फेरी करते पकड़ा गया हो।

रंजन खर्चों को बारीकी से देखता और बाद में मुझे बरजता था, "तुमने रोज के खाने के लिए महँगावाला बासमती चावल खरीदा है। यह फिजूलखर्ची है, माया ! मैं तुम्हारे घरवालों की बेइज्जती नहीं करना चाहता, लेकिन मैं दावे से कहता हूँ कि तुम रोज इस क्वालिटी का चावल खाकर बड़ी नहीं हुई हो। मैं नहीं समझता कि मैं ऐसा खर्चा बरदाश्त कर सकता हूँ। मेहरबानी करके थोड़ा हल्का हाथ रखो। मेरी माँ से पता करो कि वह अपना राशन कहाँ से लेती है। तुम भी वही ब्रांड लिया करो।"

मैं उसका हुक्म मानती और सिर हिला देती। फिर मैं एक खास रद्दी कॉपी में जरूरी बातें लिख लेती थी। यह कॉपी वह अपने दफ्तर से इसी काम के लिए लेकर आया था। "भिंडी ? बीस रुपए किलो ? हमें इतनी महँगी भिंडी खाने की क्या जरूरत है ? मुझे तो भिंडी खाने का इतना शौक है नहीं—तुम्हें है क्या ? मेरा मतलब है, क्या तुम्हारा खाना भिंडियों के बगैर अधूरा रहता है ? मुझे यह सब्जी न लेकर खुशी ही होगी, भले ही यह पेट के लिए अच्छी हो। दाम कम होने तक रुक जाओ, ठीक है ?"

"इसके बाद...मछली ! मैं जानता हूँ मुम्बई में उतनी किस्म और उतने पैसोंवाली मछली नहीं मिलती, जितनी कलकत्ता के बाजार में। फिर भी, अगर तुम थोड़ी सावधानी से देखो तो तुम्हें मुनासिब दाम में ऐसी मछली मिल जाएगी, जिसे कुरकुरा तला जा सकता है। इस तरह से इसमें कोई फर्क नहीं रह जाता कि यह मीठे पानी की मछली है या नहीं।"

जब मैं उसकी बताई बातों को लिख रही होती थी तो वह आँखें गड़ाकर देखता था। ऐसे में अक्सर मेरा मन होता कि मैं ऊटपटाँग चित्र बनाने लगूँ या कुछ भी घसीट मारूँ। इससे भी बुरी बात मेरे जेहन में यह आती थी कि जब वह हरे पत्तोंवाली सब्जियाँ खाने के गुणों के बारे में ('ज्यादा सस्ती, ज्यादा सेहतमन्द') और ज्यादा खाने की बुराइयों के बारे में भाषण दे रहा हो तो उसके बारे में कुछ उलटा-सीधा और गन्दा लिख दूँ।

हर रात ठीक पौने दस बजे, रंजन की माँ का फोन आता और अगर इसे मैं उठाती तो वह कहती कि मैं उसके बेटे से उसकी बात करा दूँ। मुझे पता था कि ऐसे समय

में उसी कमरे में मेरी मौजूदगी से रंजन को थोड़ी अड़चन होती है। इसलिए मैं रसोई में चली जाती और जान-बूझकर इतना शोर करती कि रंजन को तसल्ली हो जाए कि मैं उनकी बातचीत नहीं सुन पाऊँगी। कभी-कभी वह फोन पर बातचीत शुरू करने से पहले टी.वी. पर आनेवाली खबरों की आवाज तेज कर देता था।

मैं अक्सर यह सोचती थी कि ये दोनों हर रात किस बारे में इतना घुट-घुटकर बातें करते हैं। एक-दो बार जब मैं अपनी उचंग को रोक नहीं पाई तो हिम्मत करके इस बहाने से कमरे में घुस गई थी कि छोटा तौलिया ढूँढ़ रही हूँ। मुझे हूँ-हाँ ही सुनाई पड़ती थी, और तब रंजन चोर-नजरों से मेरी तरफ ही देखता होता था। मुझे यह जानकर एक विकृत खुशी मिलती थी कि मैंने रंजन का ध्यान उचाट कर दिया है। मैंने दो-एक बार उससे पूछा भी कि वह रात में माँ से किस बारे में बात करता है, तो उसने इस सवाल को उड़ाते हुए जवाब दिया था, ''अरे...कुछ नहीं। बस वही रोजमर्रा की पूछताछ।''

''किस तरह की पूछताछ ?'' मैं जानने पर तुल गई थी।

''तुम तो जानती ही हो, माँएँ अपने बच्चों को लेकर कैसी होती हैं।'' उसने कहा था।

इस पर मेरा गला रुँध गया था। बच्चे ? मैंने मासूमियत से रंजन को देखा था। मेरी आँखों के भाव से इस मामले में मेरे बिल्कुल अज्ञानी होने का ही पता चलता था। मुझसे नजरें चुराते हुए वह बुदबुदाया था, ''वह मेरी आम सेहत और खैरियत का पता करने के लिए फोन करती है...जानती हो...मैंने रात के खाने में क्या लिया, मेरी हाजमे की परेशानी, घर की परेशानियाँ।''

मैंने उसकी कमीजों को सावधानी से तहाते हुए पूछा था, ''कैसी हाजमे की परेशानी ? कैसी घर की परेशानियाँ ? मुझे नहीं पता था कि तुम्हें कोई परेशानी भी है। तुमने मुझे बताया क्यों नहीं ?''

रंजन ने एक चाय कम्पनी की सालाना रिपोर्ट पर अपनी आँखें गड़ा दी थीं। ''मैं तुम्हें परेशान नहीं करना चाहता।'' उसने कहा था।

रात के लिए फ्रिज से ठंडे पानी की बोतल लाने के बाद मैंने अपनी बात जारी रखी थी, ''लेकिन...जब तुम दूर अमरीका में थे तब माँ क्या करती थीं ? मेरा मतलब है, तब तो वह हर रात तुम्हें फोन कर नहीं पाती होंगी, ठीक है न ?''

रंजन ने शर्मिंदगी जताने की गरिमा तो दिखाई थी। ''नहीं। लेकिन हम रोज एक-दूसरे को चिट्ठी लिखते थे। मेरे पास आज भी सारी चिट्ठियाँ रखी हैं।'' उसने कहा था।

''क्या तुमने कभी अपने पिताजी को भी चिट्ठी लिखी ?'' मैंने पूछा था।

''किसलिए ?'' रंजन ने पूछा था। फिर इसके बारे में सोचने के बाद उसने अपना लहजा बदलते हुए कहा था, ''देखो, इसकी कोई जरूरत ही नहीं थी। वैसे भी माँ उन्हें सबकुछ बता ही देती थी। अलग-अलग चिट्ठियाँ क्यों लिखें ? और फिर, डाक-खर्च भी इतना महँगा पड़ता है।''

फोन की घंटी फिर बज रही थी। इस बार मैं उसे अनसुना नहीं कर सकी। मैंने एक 'पत्नी' की तरह (धीरे-से, संयत और दोस्ताना अन्दाज में) 'हैलो' कहा।

"तो...पसन्द आया ?"

फोन निखिल का था। मैंने गहरी साँस ली, जो दूसरी तरफ जरूर सुनाई पड़ी होगी।

"तुम्हें डरा दिया न मैंने ?" वह जरूर मुझ पर हँस रहा था।

मैंने जल्दी से कहा, "नहीं।" मेरा ध्यान दूर एक आईने में दिखते मेरे अक्स ने बाँट लिया था। मेरा कुरता जगह-जगह से सिकुड़ रहा था, बाल बिखरे हुए थे और मेरे माथे पर पसीने की बूँदें जमा होने से धब्बे बन गए थे। मैंने अपने आपको उस रूप में देखा जिसमें मैं उस पल निखिल के सामने आई होती, और मैं काँप गई।

"तुम मुझे बता क्यों नहीं रही हो कि तुम्हें मेरा गीत कैसा लगा ? क्या मेरा गीत इतना बेकार है ? तुम जानती हो यह गीत मैंने तुम्हारे लिए ही लिखा था। तुम्हारे लिए।"

मैं एक पल चुप रही। फिर उसे सीधे-सीधे जवाब देने के बजाय मैंने कहा, "तुम्हें मेरा नम्बर कैसे मिला ?"

मैं इसके आगे कुछ नहीं सोच सकी, और सच कहूँ तो मैं डर गई, क्योंकि मुझे पता था कि हमारा नम्बर टेलीफोन डायरेक्टरी में नहीं है।

निखिल हँस दिया, "तुम्हें बस यही कहना है—'तुम्हें मेरा नम्बर कैसे मिला ?' चलो माया, बचपना छोड़ो। असली बनो। यह सचमुच 'हाई सिक्योरिटी लिस्ट' में तो नहीं है, क्यों ? फिर, मेरी बड़ी-बड़ी जगहों में जान-पहचान है। जैसे, वह टेलीफोनवाला जो हमारी बिल्डिंग में खराब फोन ठीक करने आता है। तुम्हें जवाब मिल गया न ? अब... तुम मुझे मेरे गीत के बारे में—अपने गीत के बारे में—बताने जा रही हो या नहीं ?"

मैं अब भी इतनी हैरान थी कि अपने विचारों को कोई तरतीब नहीं दे पा रही थी। फिर दरवाजे की घंटी भी बज रही थी। यह हमारी पार्ट-टाइम नौकरानी थी और वह ऐसी थी कि एक भी मिनट फालतू इन्तजार नहीं करती थी (वह पाँच और घरों में काम करती थी और उसका समय सेकेंड के आखिरी हिस्से तक तय था)।

"दरवाजे पर कोई है।" मैंने निखिल से कहा।

"और वह मैं नहीं हूँ," उसने मजाक किया, "इसलिए दरवाजा खोलने की जरूरत नहीं है।"

मैं अटकती हुई बोली, "निखिल, प्लीज माफ करना...अभी एक सेकेंड में आती हूँ मैं। अगर मैंने दरवाजा नहीं खोला तो बाई चली जाएगी और मुझे खुद कपड़े धोने पड़ेंगे। और, तमाम जूठे बर्तन भी।"

और फिर निखिल के जवाब का इन्तजार किए बिना ही मैंने रिसीवर मेज पर रखा और दरवाजे की तरफ दौड़ी। बाई नहीं, उसका लड़का था।

"वत्सला बाई आज नहीं आएगी," उसने बदमजगी से मुझसे कहा, "उसने मुझे भेजा है कि सब मेमसाबों को बता दूँ।"

यह सुनकर मैं परेशान हो गई और उससे बोली, ''वह अपनी जगह किसी और को क्यों नहीं भेज देती ? उसकी लड़की क्यों नहीं आ सकती ?''

लड़के ने मुझे इस तरह घूरा जैसे मैं कमअक्ल हूँ। वह बोला, ''यह नहीं हो सकता। मेरी बहन अस्पताल में है, तभी मेरी माँ यहाँ नहीं आ पाई—वह मेरी बहन के पास है।''

मेरा दिमाग लड़के की बातों में नहीं था। पूरा वजूद फोन पर केन्द्रित था और इस बात पर कि निखिल का सब्र टूट जाएगा और वह फोन रख देगा।

''ठीक है...ठीक है...'' मैंने लड़के से कहा, ''कल का क्या रहेगा ? कल तो वह आ जाएगी न ?''

लड़के ने कन्धे उचकाए जैसे उसे इससे कोई मतलब ही न हो। ''यह तो मेरी बहन की हालत से पता चलेगा।'' उसने कहा।

मेरी आवाज झुँझलाहट में तेज हो रही थी। मैंने लड़के से कहा, ''अभी यहीं रुकना। मुझे फोन का जवाब देना है।''

लड़के ने सिर हिला दिया। वह बोला, ''मुझे भी काम करना है। मेरी माँ ने कहा है कि सारी मेमसाबों को बताकर आऊँ।''

''तो फिर जाओ।'' मैंने बेसब्री से कहा और दरवाजा बन्द कर दिया।

फिर मैं फोन की तरफ दौड़ी। मुझे यकीन था कि निखिल ने फोन काट दिया होगा, लेकिन वह अभी तक फोन पर था। अभी तक मुझ पर हँस रहा था।

''मैंने पूरी बातचीत सुन ली है, मेमसाब,'' उसने हँसी उड़ाते हुए कहा, ''और बोलचाल में तुम बिल्कुल मेरी माँ जैसी लगती हो।''

मेरी रुलाई फूटनेवाली थी। जबरदस्त गरमी थी और मैंने खाना बनाने के बारे में अभी सोचना भी शुरू नहीं किया था—और अगर उसी पल मैं खाना बनाना शुरू भी कर देती तो मेरे पास कोई साफ बर्तन भी नहीं था। बाल्टी-भर भीगे कपड़े धोने और पिछली रात के सिंक-भर बर्तन माँजने का खयाल आते ही मुझे बेहोशी छाने लगी और मैं रुआँसी हो गई।

''कोई मदद चाहिए, मैम,'' निखिल बोलता गया, ''मैं घर का काम करने में बहुत अच्छा हूँ। मेरा घर बिल्कुल बिगड़ा रहता है। चाहे पार्टटाइम हो या फुलटाइम, कोई भी नौकरानी हमारे यहाँ एक बार में चंद घंटों से ज्यादा नहीं रुकती। मेरी माँ ऐसी मीन-मेख निकालनेवाली, अत्याचारी और हौआ है। तो...तुम समझ लो। पूरे साल हमारे पास कोई नौकरानी नहीं होती और बेचारे निखिल को तरस खाकर सारे गन्दे काम निपटाने पड़ते हैं। अगर मैं अपने घर में यह सब कर सकता हूँ, तो फिर तुम्हारे घर में भी कर सकता हूँ। कोई परेशानी नहीं है। तुम्हारी कसम !''

मेरे खयाल में इतनी प्यारी पेशकश मेरी पूरी जिन्दगी में पहले किसी ने नहीं की थी, और निखिल की बात में सच्चाई लग रही थी।

''कोई बात नहीं, मैं...मैं कर लूँगी।'' मैंने अटपटाते हुए कहा।

"हाँ ? किस तरह ? जैसे तुम और सबकुछ कर लेती हो ? चुपचाप सबकुछ सहते हुए ? इस सबसे निकलो, माया ! असली जिन्दगी को जियो। किसी से मदद के लिए कहना कोई बहुत बड़ी बात नहीं है, तुम्हें पता है ! इसे शर्मनाक नहीं माना जाता।" निखिल ने अंग्रेजी में कहा।

निखिल की भाषा सुनकर मैं चकरा गई। मैं इस तरह की अंग्रेजी की आदी नहीं थी। मुझे नहीं पता इस ब्रांड की अंग्रेजी को क्या कहते हैं। यह फिल्मी डायलॉग, एम टी.वी. के बोलचालवाले शब्दों और हॉलीवुड की फिल्मों का घालमेल था। यह मेरे जैसी स्त्री के लिए बहुत ज्यादा चालू भाषा थी, क्योंकि हमें तो ठेठ पारम्परिक मुहावरेवाली अंग्रेजी सिखाई गई थी। जिस तरह की अंग्रेजी कलकत्ता के हमारे शिक्षक इग्लैंड के विद्यार्थियों से लिखने-बोलने की उम्मीद करते थे—औपचारिक, व्याकरण के लिहाज से शुद्ध और कुछ-कुछ बेजान।

मुझे निखिल के बोलने का तरीका अच्छा लगा और उसके अनगढ़ लहजे से मजा आया। यह अटपटा नहीं था, और सहज होने की वजह से मजेदार हो गया था। निखिल रोब डालने के लिए नहीं बोलता था। वह सहजता से बोलता था, और एक ऐसी लय का इस्तेमाल करता था जो पूरी तरह उसकी अपनी थी।

"तो—सुन रही हो ? क्या तुम चाहती हो कि मैं वहाँ आऊँ, या नहीं ? कोई झंझट नहीं होगा, मैं बिना किसी नुकसान के अगले दो पीरियड गोल कर सकता हूँ।"

जुनून का एक पल आया, जब मैं उसे अपने घर बुलाने के लिए बहुत ज्यादा ललचाई। मैं कल्पना करने लगी कि हम दोनों यारबाशी में और खुशी-खुशी जूठे बर्तन धो रहे हैं और कपड़ों को निचोड़ रहे हैं (अपने भीतरी कपड़ों को छोड़कर, जिन्हें मैं रंजन से भी छिपाकर रखती थी), लेकिन मैंने अनमने भाव से उससे कहा था, "सब ठीक है—सच। अब मुझे चलना चाहिए। बहुत सारा काम करना है।"

मेरी आवाज सख्त और दबी-दबी थी। निखिल चुप रहा। मैं समझ रही थी कि उसे निराशा हुई है। "ठीक है, कोई बात नहीं। अच्छा है। वैसे, तुमने टेप तो सुन लिया न ? या नहीं सुना ? क्या तुम्हें उसके लिए भी फुरसत नहीं मिली ?"

मुझे उसकी झुंझलाहट दिल तोड़ने की हद तक प्यारी लगी। "मुझे बहुत अच्छा लगा।" मैंने बहुत ही धीमे-से कहा। मेरी अपनी आवाज स्थिर नहीं थी।

"और तुम्हारेवाला गीत ?" उसने उत्सुकता से पूछा।

"उसने मुझे उदास कर दिया। बहुत उदास।" मैंने न चाहते हुए भी स्वीकार किया।

"ओह," निखिल ने कहा, और आगे बोला, "मुझे अफसोस है, इसे सुनकर तुम्हें ऐसा महसूस हुआ। मेरा तुम्हें दुखी करने का कोई इरादा नहीं था। खैर, अब फोन रखना होगा। मैं एक पब्लिक बूथ से फोन कर रहा हूँ और कई लोग इन्तजार कर रहे हैं।"

"निखिल...मैं...मैं तुमसे फिर बात करना चाहूँगी।" मैंने अटकते हुए कहा। मुझे डर लग रहा था कि वह फोन रख देगा और फिर कभी मुझे फोन नहीं करेगा।

"ठीक है," निखिल ने एकदम कहा, "ठीक है, बाय ! फिर मिलते हैं।"

और, मैंने उसके जोर से रिसीवर रखने से होनेवाली आवाज सुनी। मैं सोफे पर बुत बनी बैठी रही और अपने आपको कोसती रही। मैं हक्का-बक्का होकर अपने सामने घूरे जा रही थी। मेरी बात उसे जरूर बेदम और सपाट लगी होगी। उसने क्या सोचा होगा मेरे बारे में ? क्या वह फिर कभी मेरी तरफ देखने का भी कष्ट करेगा ?

मैंने उसके साथ अपने रिश्तों को हमेशा के लिए बिगाड़ लिया था, इस बात का मुझे पक्का यकीन था। और अब मैं वापस अपने उसी नीरस, उबाऊ और एक निश्चित ढर्रेवाले वजूद में वापस चली जाऊँगी। मैं धड़धड़ाती हुई रसोई में घुसी और अपनी सारी झुँझलाहट बर्तन-भाँडों पर उतार दी। मैं तेज धारवाली लम्बी छुरी को तेजी से चलाकर सब्जियों के टुकड़े करने लगी।

मैं अपने काम में बहुत ज्यादा व्यस्त होऊँगी, तभी तो मुझे दरवाजे पर डाकिए के पहली बार घंटी बजाने की आवाज नहीं सुनाई दी। आखिरकार जब मैंने दरवाजा खोला तो मुझे पसीने में भीगा एक आदमी दरवाजे की चौखट से टिका दिखाई दिया। वह गुस्से में दिखाई पड़ रहा था और खीझा हुआ ऊँची आवाज में शिकायत कर रहा था, "मैं जाने ही वाला था। तीन बार घंटी बजा चुका हूँ मैं। आप लोगों को हमारा तो कोई खयाल रहता नहीं है। आधी बिल्डिंगों में लिफ्ट नहीं है। अधिकारियों ने कह रखा है कि सीढ़ियाँ शुरू होनेवाली जगह पर लेटर बॉक्स लगाए जाएँ, लेकिन लगाए किसी ने ? और फिर आपके जैसे लोग भी हैं जो हमें गरमी में इन्तजार करवाते हैं और खुद टी.वी. देखते रहते हैं !"

इस आदमी ने मुझे गलत वक्त पर पकड़ा था। आज उसका दिन नहीं था, जैसे यह मेरा दिन नहीं था। मैंने रसोई में इस्तेमाल होनेवाली छुरी को उसके सामने लहराते हुए कहा, "देखो, मैं तुम्हारी मुम्बईवाली मेमसाबों में से नहीं हूँ जो सारा दिन बैठकर टी.वी. देख सकती हैं। तुम देख सकते हो, मैं रसोई में काम कर रही थी।"

डाकिए ने बदतमीजी से घूरते हुए कहा, "तो क्या हुआ ? सबकी बीवियाँ रसोई में काम करती हैं, मेरी भी। इससे क्या वे बहरी हो जाती हैं ? क्या आपको मेरी आवाज नहीं सुनाई दी ? अगर नहीं सुनाई दी तो फिर अपने कान साफ करवाइए।"

उसकी गुस्ताखी पर मैं भड़क उठी। बोली, "तुम्हारी मुझसे इस तरह से बात करने की हिम्मत कैसे हुई ? तुमने चिट्ठी को दरवाजे के नीचे क्यों नहीं सरका दिया, जैसे कि दूसरे डाकिए करते हैं ? तुम लोगों को डिस्टर्ब और परेशान क्यों करते हो ?"

डाकिए ने मेरे सामने एक लिफाफा लहराते हुए कहा, "यह रजिस्टर्ड लेटर है, मैडम ! अगर आप इसके लिए साइन नहीं करना चाहतीं तो मुझे कोई परेशानी नहीं है। मैं इसे वापस ले जाऊँगा।"

मैंने आगे बढ़कर उसके हाथ से चिट्ठी झपट ली। इस चक्कर में छुरी फर्श पर गिर गई और मेरे मुँह से धीरे-से एक बंगाली विशेषण निकल गया। डाकिए ने मेरे ध्यान बँटने का फायदा उठाते हुए वह चिट्ठी मुझसे वापस छीन ली और चिल्लाया, "अब आप मुझे कोस रही हैं। आप सोचती हैं, मैं आपकी भाषा नहीं समझता। मैं सब समझता

हूँ, और मुझे पता है अभी आपने मुझे क्या कहा। मुझे सुपरवाइजर से इस मामले की रिपोर्ट करनी होगी और हम आपके घर चिट्ठियाँ पहुँचाना बन्द कर देंगे।''

मैंने छुरी उठा ली और उसे अपने से सटा लिया। अचानक मुझे लगा था कि यह चिट्ठी कोई अहम दस्तावेज भी हो सकता है। शायद रंजन के लिए कोई ऑफिस से सम्बन्धित चिट्ठी हो। और मैं इस आदमी से झगड़ा कर रही हूँ जो इसे देने आया है। मैंने अपना रवैया बदल दिया और विनम्र हो गई।

''प्लीज...यह चिट्ठी जरूरी भी हो सकती है। प्लीज, इसे मुझे दे दो।'' मैंने डाकिए से कहा।

डाकिया सीधा हो गया। वह बोला, ''अब आप अलग भाषा बोल रही हैं। अक्ल आ गई न, क्यों ? पहले आप कोसती हैं और फिर गिड़गिड़ाती हैं। मैंने आपके जैसी बहुत औरतें देखी हैं—मुम्बई में ऐसी औरतों की कमी नहीं है। बदतमीज, बदमिजाज औरतें। ताज्जुब है कि आपके आदमी ने आपको छोड़ा नहीं है।''

मैंने अपना होंठ काट लिया और चुप लगा गई। मुझे उस दस्तावेज की जरूरत जो थी। ''ठहरो,'' मैंने उससे कहा, ''मैं अभी एक मिनट में आती हूँ।''

मैं दौड़ी-दौड़ी अपने बेडरूम में गई और छोटी-सी ड्रेसिंग टेबल की सबसे ऊपरी दराज को खोला, जिसमें मैं घर-खर्च के लिए थोड़े-बहुत पैसे रखती थी। मैंने दस रुपए का एक नोट लिया और उसे बहुत सँभालकर पकड़े हुए वापस आई।

''यह लो—तुम्हें जो परेशानी हुई है, उसके एवज में यह रख लो।'' मैंने डाकिए से कहा।

डाकिए ने ललचाते हुए नोट को देखा, लेकिन किसी वजह से उसने उसे लेने से इनकार कर दिया। अब यह उसका स्वाभिमान था या उसकी जिद, मुझे पता नहीं।

''हुँह !'' उसने मजाक उड़ाते हुए कहा, ''अब आप मुझे दस रुपए की रिश्वत देना चाहती हैं। यह मुम्बई है, मैडम, कलकत्ता नहीं। दस रुपए में पॉलिशवाला छोकरा आपकी जूतियों पर पॉलिश भी नहीं करेगा। भूल जाइए। बेइज्जती करना बहुत महँगा पड़ता है। मेरे साथ यह सब नहीं चलेगा। नहीं चलेगा, समझीं।''

उस सुबह दूसरी बार मुझे लग रहा था कि मेरी आँखों में आँसू आ रहे हैं और इस हालत के लिए मुझे खुद से ही नफरत हो आई। ''प्लीज...मैं तुमसे विनती कर रही हूँ...प्लीज। अगर मेरे पति को पता चल गया...प्लीज, मुझे यह चिट्ठी दे दो।''

मेरा ध्यान डाकिए के हाथ में लगी उस छलिया चिट्ठी पर इस कदर जमा था कि मैंने यह देखा ही नहीं कि निखिल सीढ़ियों के पास चुपचाप खड़ा यह तमाशा देख रहा था।

''कोई परेशानी ?'' वह डाकिए के पास आकर और उसे घेरता हुआ बोला।

''हाँ...मेरा मतलब है, नहीं...यानी...परेशानी हल हो गई है। सब ठीक है, यह बस जा ही रहा है।'' मैंने जवाब दिया। मैं समझ रही थी कि जगह-जगह से सिकुड़े और पसीने से भरे अपने कुरते में मैं कितनी अस्त-व्यस्त दिख रही होऊँगी, जबकि मैंने मुँह

भी नहीं धोया था। बाबा सूट खरीदकर लौटने के बाद मैंने बालों में कंघी भी नहीं की थी। मैंने सोचा था कि बाद में खाना बनाने के बाद थोड़ी देर से नहा-धो लूँगी और तरो-ताजा हो जाऊँगी।

निखिल मेरी शर्मिंदगी पर मुस्कुरा दिया और मुझे तसल्ली देते हुए बोला, "तुम परेशान मत होओ, माया। मेरी माँ तो सुबह के वक्त इससे भी खराब दिखती है। और फिर, तुम्हारे बाल तो कंघी नहीं करने पर भी खूबसूरत लगते हैं।"

और, फिर वह डाकिए की तरफ मुड़ा। उसने डाकिए से कहा, "क्यों ? क्या तकलीफ है ? इन्हें इनकी चिट्ठी दो और दफा हो जाओ। तुम बहुत परेशान करते हो। मैं पहले भी तुम्हें दूसरे तल्ले पर रहनेवाली औरत के साथ यही हरकत करते देख चुका हूँ। अब अगर कभी तुम्हें ऐसा करते देख लिया तो तुम्हारी हड्डियों का सुरमा बना दूँगा। समझे ?"

डाकिए ने कुढ़ते हुए मुझे दस्तखत करने के लिए एक डिलीवरी फार्म दिया, लेकिन अपना पेन फिर भी नहीं दिया। निखिल ने अपनी कमीज की जेब से पेन निकालकर मुझे पकड़ाया। आखिरकार, वह चिट्ठी मेरे हाथों में आ ही गई। मैंने गौर से देखा। मुझे यह तो पता नहीं कि मैंने किस चिट्ठी की आस लगाई थी, लेकिन यह चिट्ठी कोई अहम दस्तावेज न होकर एक कपड़ा मिल की फिक्स्ड डिपॉजिट की रसीद निकली। मिल स्पष्ट रूप से बन्द हो रही थी।

"इसके लिए इतना तूफान !" मैंने भुनभुनाते हुए कहा।

निखिल इस स्थिति का मजा लेते हुए मुस्कुराया। "रिलैक्स, माया !" उसने कहा और मजाक में मेरा गाल छू लिया। मैं पीछे हट गई। मेरा शरीर तन गया। निखिल मेरे पीछे-पीछे चला आया और मुझसे कुछ ही दूर खड़ा हो गया। उसका चेहरा बिल्कुल मेरे चेहरे के नजदीक था।

"मैंने कहा रिलैक्स, माया ! मैं काटता नहीं हूँ। और मैं तुम्हें चोट पहुँचाने नहीं जा रहा। ठीक है। घर के काम में मदद करने की मेरी पेशकश अभी भी बरकरार है।" वह बोला।

वह पूरा इरादा कर चुके व्यक्ति की तरह अपनी आस्तीनें चढ़ाने लगा। "चलो हटो !" वह बोला, और मेरे पास से निकलता हुआ रसोई की तरफ बढ़ चला।

मैं उसके पीछे यह कहती हुई दौड़ी, "मजाक मत करो, निखिल ! प्लीज, अब चले जाओ। मैं यह सब अपने आप कर सकती हूँ। मैं हट्टी-कट्टी औरत हूँ।"

वह पूरा घूम गया। "और मैं न जाऊँ तो ?" वह बोला, "क्या तुम उस आलसी, मरियल चौकीदार को बुलाकर मुझे अपने कीमती फ्लैट से बाहर निकलवा दोगी ? सच माया, तुम्हारी बहुत सारी ग्रन्थियाँ हैं। मैंने तुमसे कहा था न कि मुझे धोने, साफ करने, पोंछने या चमकाने में कोई परेशानी नहीं होती। स्कूल के दिनों में मैं स्काउट हुआ करता था—ठीक है ? चलो, अब काम करें।"

मैं क्या कहती। वह सिंक में पड़े बर्तनों से जोश के साथ जूझने लगा तो मैं उसे

देखती रही। अचानक मुझे लगा कि मैं बेकार हूँ, और निठल्ली खड़ी हूँ। यह बहुत छोटी-सी रसोई थी। अब इसमें केवल निखिल के लिए ही जगह थी।

वह घूम गया और अपने कन्धे के ऊपर से देखते हुए हँस दिया। बोला, "संगीत सुनो या अपनी टाँग पर टाँग रखकर कोई मैगजीन पढ़ो। तुम्हें आराम मिलना चाहिए, तुम बेहद थकी हुई दिख रही हो।"

मैंने चोर-निगाहों से सामने के दरवाजे को देखा—मैंने इसे जान-बूझकर खुला छोड़ दिया था। उसने मुझे उधर देखते हुए पकड़ लिया और जोर-से हँसने लगा। "क्या यह कलकत्ता की कोई पुरानी आदत है ?" वह कहने लगा, "क्या वहाँ लोग अपने दरवाजे बन्द नहीं करते ? माया, तुम सच में कितनी अजीब, कितनी मजेदार हो। कितनी...अलग हो मुम्बई की औरतों से !"

मैंने गहरी साँस ली और खामोश रही। मैं इतनी डरी हुई थी कि आराम करने का सवाल ही नहीं था। मैं यह सोच-सोचकर मरी जा रही थी कि किसी भी वक्त कोई फेरीवाला या कोई और इधर आ निकलेगा। या इससे भी खराब एक बात यह हो सकती है कि दूसरों के मामलों में टाँग अड़ानेवाला कोई पड़ोसी इसमें कोई चक्कर-वक्कर न ढूँढ़ने लग जाए। और सबसे ज्यादा फिक्र तो मुझे रंजन की तरफ से हो रही थी। अगर कहीं उसकी तबीयत अचानक खराब हो जाए और वह घर आने का फैसला कर ले ? तब मैं अपनी रसोई में निखिल की मौजूदगी को लेकर क्या सफाई दूँगी ?

जब मुझसे तनाव बरदाश्त नहीं हुआ तो मैं बोल पड़ी, "निखिल, मुझे इस तरह तुम्हारे यहाँ होने से डर लग रहा है। अगर कभी मेरे पति को पता चला गया तो वह मुझे मार ही डालेंगे। साथ में तुम्हें भी।"

निखिल ने एक चमकते हुए फ्राईपैन को हाथ में उठाए हुए चहककर कहा, "मैं यह खतरा उठाने को तैयार हूँ। लेकिन यह तो तुम्हारे ऊपर है। उसे इस बात का पता नहीं चलेगा, लेकिन अगर तुम सचमुच इस बात से डरती हो कि उसे पता चल जाएगा, तो ठीक है, मैं अभी यहाँ से चला जाता हूँ।"

मैंने सिर हिला दिया। मुझे इस बात से बहुत राहत मिली थी कि मेरी बात उसकी समझ में इतनी जल्दी आ गई है। "प्लीज," मैंने कहा, "मुझे उम्मीद है तुम गलत नहीं समझोगे। मैं तुम्हारी मदद की कद्र करती हूँ। लेकिन ऐसा होता नहीं है...कि कोई मर्द इस तरह एक शादीशुदा औरत के साथ अकेला रहे।"

मैंने सोचा था कि निखिल मेरी बात पर हँसेगा, लेकिन वह हँसा नहीं। उसने पास ही रखे रसोई के तौलिए से अपने हाथ पोंछे, फिर अपने कन्धे सीधे किए और तेज कदमों से दरवाजे की तरफ बढ़ गया।

वह बोला, "माया, मैं नाराज नहीं हूँ। सच पूछो तो मैं थोड़ा खुश ही हूँ। मैं तुम्हें यह नहीं बताऊँगा कि क्यों। परेशान मत होओ। मैं तुम्हारी जिन्दगी को उलझाना नहीं चाहता। तुम्हें दुखी नहीं करना चाहता। मुझे तुम्हारे साथ अपना टेप सुनकर अच्छा लगता। शायद कभी फिर यह मौका आए।"

वह जाने ही वाला था कि मैं दौड़कर उसके पास गई और हिचकिचाते हुए उसके हाथ को छुआ। "मुझे तुम्हारा गीत बहुत अच्छा लगा। मैं तुम्हें बताना चाहती हूँ।" मैंने किसी तरह उससे कह ही दिया।

"शुक्रिया !" उसने कोमल स्वर में जवाब दिया। फिर वह मुड़ा और एक बार में दो-दो सीढ़ियाँ चढ़ता हुआ अपने फ्लैट की तरफ दौड़ गया।

11

उस साल मैंने मुम्बई की अपनी पहली बारिश को अनुभव किया और मुझे इसमें मजा आया। बारिश ने मुझे उदास तो नहीं किया, सच पूछें तो मैंने ही उसके अनेकानेक तेवरों के आगे सोचा न था कर दिया। अपनी खिड़की से मैं बारिश को पेड़ों की फुनगियों तक आते देखती और इन्तजार करती कि कब यह मेरे बेडरूम को लाँघेगी। बारिश से मेरी खिड़की की देहरी पर जो छोटे-छोटे पानी भरे गड्ढे बन जाते थे, मुझे अच्छे लगते थे। अब इस देहरी पर गमलों में लगे कुछ पौधे रखे थे, और उनमें से कुछेक में तो फूल भी निकल आए थे।

मेरे कमरे में लगातार हर तरफ नमी बनी रहती थी, जिसकी वजह से उसमें हल्की-सी छिछियाँद आती थी। जब तक बत्तियाँ न जलाओ, यहाँ अँधेरा ही रहता था। फिर भी, मुझे बेचैनी का अहसास बिल्कुल नहीं होता था और मैं नीचे चमकती सड़क को देखती रहती थी, जिस पर हमेशा रहनेवाले लोग आजकल दिखाई नहीं देते थे।

केले बेचनेवाली उन दिनों दिखाई देती थी, जब बारिश कुछ कम होती थी। दूसरे फेरीवाले तो और भी ज्यादा गोल रहते थे। कभी-कभार वहाँ से गुजरती कोई कार केले बेचनेवाली और उसके बच्चे पर पानी उछालते हुए चली जाती थी, लेकिन उसे किसी बात से कोई फर्क नहीं पड़ता था। वह एक फटे-पुराने कपड़े से अपने आपको पोंछती और टूटी तीलियोंवाले एक छाते के नीचे दुबककर धैर्य के साथ आसमान साफ होने का इन्तजार करने लगती कि कब ग्राहक उसके फल खरीदने आएँ।

इसके उलट, रंजन का मूड बारिश में खराब हो जाता था। उसे सुबह निकलने और अपने कपड़े भिगोने से बहुत चिढ़ होती थी। अपने कपड़ों से ज्यादा तो वह बारिश में अपने बाल बिगड़ जाने से खार खाता था। वह खराब मूड में घर से निकलता था

और जब शाम को समय से पहले लौटता था तब भी बक-बक करता रहता था। मुझे खुश देखकर वह और भी चिढ़ जाता।

"तुम इस बेहूदा मौसम को कैसे बरदाश्त कर पाती हो ?" चाय सुड़कते हुए वह भुनभुनाता।

मैं कहती, "कलकत्ता में तो मुम्बई से कहीं ज्यादा भारी बारिशवाले तूफान आते हैं। मैं इनकी आदी हूँ।"

रंजन बाथरूम के कोने में टँगी अपनी टपकती बरसाती को गुस्से में घूरता हुआ बड़बड़ाता, "काश, मुम्बई अपना मौसम बदल पाता, तो हर कोई और भी सुखी होता।"

हर शाम उसकी माँ का फोन आता। वह हमेशा उसी क्रम में वही सवाल करती थी—"तुम भीगे तो नहीं ? गीले कपड़े उतारकर दूसरे कपड़े पहन लिये न ? ठंड तो नहीं लगी ? पक्का बताओ, तुम्हें बुखार तो नहीं है ?"

रंजन के जवाब भी हमेशा एक-से रहते थे। लेकिन बस अपनी खराब हालत को दिखाने के लिए वह एकाध बार छींकता या जोर से नाक जरूर छिनकता था। तब उसकी माँ उसे कुछ हिदायतें देने के बाद फोन रख देती थी।

वह कहती, "अपने पाँवों को जरूर ठीक से पोंछ लेना। ठंड वहीं से लगना शुरू होती है। गीले बाल लेकर सीधे पंखे के नीचे मत सोना। गीले कपड़े पहनकर बिस्तर पर मत जाना। अगर तुम्हारे कपड़े थोड़े भी गीले हों तो माया से उन पर दोबारा इस्त्री करवा लेना।"

रंजन आधा दर्जन बार, 'ठीक है, अच्छा माँ,' कहता और फोन रख देता।

उसी साल रंजन की तरक्की होनी थी। जाहिर है, यह बात उसके दिमाग में चढ़ी हुई थी। ऐसा इसलिए और भी था क्योंकि अब उसको नया बॉस मिल गया था। उसका यह बॉस अमरीकी था और वह भी कुल उनतीस साल का।

"टॉम हिन्दुस्तान को कैसे सँभाल पाएगा ?" रंजन कहता, "उसे क्या पता यहाँ किस तरह से काम होता है ? वह यहाँ अमरीकी सिस्टम चलाना चाहता है, लेकिन उसे यह खबर नहीं कि हम यहाँ कारोबार के उस स्तर से सालों पीछे हैं।"

कभी-कभी मैं एकाध बात कहकर उसे उकसा देती। मैं कहती, "लेकिन मैं तो सोचती थी कि नई उदारवादी नीति के चलते अब कारोबार का माहौल तेजी से बदल रहा है। सब लोग यही कह रहे हैं—कम-से-कम टी.वी. पर तो यही कह रहे हैं।"

रंजन अधीर होकर मुझे घूरता और बुझता हुआ-सा पूछता, "ये सब लोग कौन हैं ? और तुम किस टी.वी. प्रोग्राम की बात कर रही हो ?"

मैं कहती, "ओह...बीबीसी और हमारे दूरदर्शन पर चलनेवाली कुछ बहसों में।"

रंजन तुनककर कहता, "मुझे नहीं मालूम था तुम यह सब भी सुनती हो। मैं तो जब भी घर आता हूँ, मुझे हिन्दी फिल्मों के गाने या कोई बेहूदा काउंटडाउन ही चलता

मिलता है।"

मैं कुछ हल्केपन से अपना बचाव करती। मैं कहती, "मुझे उनमें भी मजा आता है, और ओपरा विनफ्री के प्रोग्राम में भी–तुम्हें पता है, उस रोज वह उन मर्दों के बारे में क्या कह रही थी जो अपनी बीवियों को मार देते हैं और अपनी रखैलों से शादी कर लेते हैं ?"

रंजन अपना हाथ उठाकर कहता, "प्लीज !" और यह उसका एक विनम्र तरीका होता था मुझे चुप कराने का।

मैं उसका ध्यान टॉमस बेकर जूनियर की तरफ से हटाने की पूरी कोशिश करती। लेकिन रंजन पर तो उसका भूत सवार था। "वह आखिर सोचता क्या है ?" रंजन कहता, "खाली येल की डिग्री ले लेना काफी नहीं होता। आपको माहौल की गहरी जानकारी भी होनी चाहिए। यह उसकी विदेश में पहली पोस्टिंग है। पता नहीं क्यों, ये लोग अनाड़ियों को हिन्दुस्तान भेज देते हैं। शायद वे सोचते हैं कि वे तीसरी दुनिया के देशों का इस्तेमाल सस्ते ट्रेनिंग स्थलों के तौर पर कर सकते हैं। हमारी हैसियत तो बस दो टके की हैं। टॉम अपने देश में होता तो वहाँ उसे कोई जगह नहीं मिलती।"

मैं उसे थोड़ा-सा और छेड़ती। मेरा इरादा उसे चोट पहुँचाने का नहीं, बल्कि मजा लेने का होता था। मैं कहती, "मैं 'टाइम मैगजीन' की एक कवर स्टोरी पढ़ रही थी। उसमें अमरीका के आजकल के चीफ इक्जीक्यूटिव ऑफिसर्स (सीआईज़) के बारे में दिया हुआ था। उनका कहना था कि अगर कोई आदमी तीस का होने तक सीईओ नहीं बन पाता तो उसे इस बारे में सोचना छोड़ देना चाहिए। इस हिसाब से टॉम के पास अपनी काबिलियत साबित करने के लिए एक और साल है। शायद यह उसके लिए अहम एसाइनमेंट है। वह इतना मूर्ख तो नहीं हो सकता।"

इस पर रंजन अपनी आवाज तेज कर देता और अधीर होकर कहता, "तुम्हें कुछ पता है, माया–औरतें जिन विषयों के बारे में कुछ भी नहीं जानतीं, उनके बारे में उन्हें अधकचरी और अज्ञानता-भरी बातें नहीं करनी चाहिए। तुमने कभी किसी मल्टीनेशनल संगठन में काम नहीं किया। मैंने किया है। मुझे पता है, काम कैसे होता है। टॉम चल नहीं पाएगा–मुझसे लिखवा लो। वह यहाँ के दबावों को झेल नहीं पाएगा।"

मैं सिर हिला देती और ऐसे दिखाती जैसे मैंने यह मुद्दा छोड़ दिया है, और फिर बोल पड़ती, "लेकिन निश्चित तौर पर, उसने वर्ल्ड बैंक में कुछ तो सीखा होगा। क्या वह उसी माहौल से नहीं आया ?"

आखिरकार रंजन फट पड़ता, "वर्ल्ड बैंक–हुँह ! जैसे यह कोई बहुत महान उपलब्धि हो ! वर्ल्ड बैंक में तो मैं भी जा सकता था। बस, मैं अपने जमीर को नहीं बेचना चाहता। मैं अपने देश के लिए अपने सोचा न था में विश्वास करता था। मैं अपने देश की अर्थव्यवस्था को अपनी सेवाएँ देना चाहता था। और उसमें योगदान करना चाहता था। मुझे अमरीका में रुकने के बड़े अच्छे-अच्छे ऑफर मिले। कितने ही बड़े कॉरपोरेशंस मुझ पर डोरे डाल रहे थे, लेकिन मैंने कहा, 'नहीं,' मेरे लिए तो

मेरा हिन्दुस्तान है।''

मैं उसकी इन जज्बाती घोषणाओं पर मुस्कुरा देती। रंजन अपने मकसदों के बारे में इतनी ईमानदारी से सबकुछ खोलकर बता देता था। और मैं ? मेरे अन्दर यह दुष्टता, दूसरों को पीड़ा पहुँचाकर मजा लेने की प्रवृत्ति कहाँ से आई ? या मुम्बई का आपस में एक-दूसरे को खा जाने वाला माहौल मुझे ऐसा बना रहा था ?

हर रोज, रंजन उस अमरीकी युवक के बारे में कुछ और किस्से लेकर घर लौटता, जो अब उसका बॉस था। मुझे उसकी निराशा समझ में आती थी और एक हद तक मैं उससे हमदर्दी भी जताती थी। उसकी बातें सुनकर तो लगता था कि टॉम बेकर जूनियर बहुत दुष्ट है।

''वह देखने में कैसा है ?'' एक रात गरमागरम चावल परोसते हुए मैंने रंजन से पूछा।

''अरे वह ? वह अमरीकियों जैसा दिखता है।'' उसने बात को उड़ाते हुए कहा।

''और दूसरे अमरीकी कैसे दिखते हैं ?'' मैंने फिर पूछा।

''मुझे सारे अमरीकी एक जैसे दिखते हैं,'' रंजन ने तुनककर कहा, और फिर बोला, ''ठीक वैसे ही जैसे हम सब उन्हें एक-से दिखते हैं। पाकिस्तानी और हिन्दुस्तानी एक श्रेणी में आते हैं। कोरियाई, जापानी, चीनी और दक्षिण-पूर्व एशियाई दूसरी में। आसान-सी बात है। वैसे, अगर मुझसे पूछो तो सारे के सारे गोरे एक जैसे होते हैं। उसी तरह से सारे के सारे काले भी।''

उसके शब्दों की प्रचंडता ने मुझे थोड़ा हैरत में डाल दिया। मुझे पता था कि बंगाली लोग रंग पर बहुत गौर करते हैं, लेकिन रंजन की बातें तो नस्लवादी किस्म की थीं।

''तुम उसे डिनर पर यहाँ क्यों नहीं बुला लेते ?'' मैंने सुझाव दिया, ''हो सकता है कि तुम अगर बेतकल्लुफी के माहौल में उसे समझ लो, तो दफ्तर में उसके साथ काम-काज में आसानी रहेगी।''

रंजन ने अपनी मनपसन्द मिक्स्ड सब्जी का व्यंजन 'घंटो' लेते हुए मेरे सुझाव पर विचार किया। ''खयाल बुरा नहीं है,'' वह बोला, ''वह खालिस हिन्दुस्तानी खाना चखने की बात करता भी रहता है।''

उसकी इस बात पर मैं हँस दी। मैंने कहा, ''शायद वह 'करी डिनर' लेना चाहता है—अब यह चाहे जो होता हो।''

रंजन ने चकित होकर मुझे देखा। ''तुमने यह 'करी डिनर' के बारे में कहाँ सुन लिया ?'' वह बोला।

अचानक मैं शर्मिंदा हो गई और मुझे यह भी लगा कि मैं समय से पहले होशियार हो गई हूँ। मैंने कहा, ''मैं बीबीसी का 'फूड फाइल' प्रोग्राम देखती हूँ। ये लोग खाना पकाने के कुछ बेहतरीन प्रोग्राम दिखाते हैं। मैंने मधुर जैफरी का प्रोग्राम भी देखा है। जब भी हिन्दुस्तानी खाने का जिक्र आता है तो प्रोग्राम पेश करनेवाला करी, और करी की ही बात करता है—जैसे इसके अलावा तो हमारे हिन्दुस्तानी खाने में और कुछ होता

ही नहीं। चलो टॉम को बंगाली करी की दावत देते हैं—जो बंगाल में नहीं बनती।''

रंजन मेरी बातों से कुछ प्रभावित लगा। शायद वह अपने अमरीकी बॉस को घर बुलाने के बारे में इसलिए थोड़ा और आश्वस्त था कि उसे लग रहा था कि उसकी कलकतिया पत्नी इस तरफ से बिल्कुल अज्ञानी नहीं थी कि सारी दुनिया में क्या हो रहा है। अपनी शादी के बाद के इन तमाम महीनों में मुझे ऐसा लगा था कि रंजन को मेरे जैसी बीवी पाने पर थोड़ी शर्म आती है। आखिर, मैं मुम्बइया लड़की जो नहीं थी।

मुझे इस बात से कभी-कभी दुख होता था और मैं यह सोचकर भी हैरान होती थी कि उसने इस शहर से—बंगाली ही सही—कोई लड़की क्यों नहीं चुनी। मुम्बई में बंगालियों की अच्छी-खासी जमात थी—उनमें से कुछ तो तीन या चार पुश्तों से यहाँ रह रहे थे। उनकी अपनी बस्तियाँ थीं, जहाँ वे दुर्गा पूजा, सरस्वती पूजा, पोइला बैसाख और बाकी सभी बंगाली त्योहारों को पूरी धूमधाम से मनाते थे।

दरअसल, मेरी सास दो महत्त्वपूर्ण पूजा समितियों में थी और मुझे बड़े जोश के साथ इन उत्सवों के बारे में बताती रहती थी। उसके बोलने के ढंग से साफ पता चलता था कि समिति में उसका पद ('मानद सचिव : कोष-संग्रह तथा सान्ध्य कार्यक्रम) उसके लिए बहुत मायने रखता था। निश्चित तौर पर, वह दस दिन चलनेवाले सालाना उत्सव के दौरान शादी लायक लड़कियों की छानबीन करके अपने लड़के के लिए कोई योग्य लड़की छाँट सकती थी ! ऐसी कोई लड़की जो मुम्बई में पैदा हुई हो, मुम्बई में पढ़ी-लिखी हो, और मुम्बई जिसे रास आती हो।

एक बार रंजन से मैंने इस बारे में पूछा भी था। उसने छोटा-सा जवाब दिया था, ''अरे नहीं, नहीं। ये मुम्बई के बंगाली अलग किस्म के होते हैं। वे अपनी सांस्कृतिक पहचान गँवा चुके हैं। उनकी जड़ें हमारी परम्परा में नहीं हैं। उनमें सारा घालमेल है—वे न यहाँ के हैं, न वहाँ के। ऐसी किसी लड़की के साथ मेरी माँ की पटरी नहीं बैठ सकती थी।''

''लेकिन तुम क्या सोचते थे ?'' मैंने पूछा था।

रंजन ने अपने कारोबारी अखबार में नजर गड़ाए हुए जवाब दिया था, ''मैं ? मैंने सबकुछ अपनी माँ पर छोड़ दिया था। सबकुछ उसी के ऊपर था। और सच कहूँ तो, ऐसी लड़की के साथ मैं भी नहीं निभा पाता।''

मैं इतनी आसानी से छोड़ने को तैयार नहीं थी। इसलिए मैंने उससे पूछ लिया, ''क्यों ?''

रंजन ने जवाब दिया था, ''जानती हो...ये मुम्बई की लड़कियाँ बहुत तेज-रफ्तार जिन्दगी की आदी होती हैं। उनका चरित्र अच्छा नहीं होता। वे सही बंगाली नहीं बोलतीं। उन्हें हमारी पूजाओं की रस्मों के बारे में कुछ नहीं पता। वे तरह-तरह के बेहूदा कपड़े पहनती हैं और अपने बालों में तेल भी नहीं लगातीं। वे हमारे व्यंजन भी नहीं बना पातीं। उन्हें न तो बंगाली गाने आते हैं और न बंगाली नाच। ये लोग तो बस सड़क किनारे खाना जानती हैं और बार और डिस्को में जाने के सपने देखती हैं। ऐसी लड़कियाँ

अच्छी पत्नियाँ नहीं हो सकतीं। बिल्कुल भी नहीं।''

बैठे-ठाले, मैं यह सोचने लगी कि क्या निखिल, 'ऐसी लड़कियों' को जानता है। मैं भी ऐसी कुछ लड़कियों से मिलना चाहती थी, लेकिन इसलिए नहीं कि मैं उनके झुंड में शामिल होना चाहती थी, बल्कि इसलिए कि मेरी नजर में वे ऐसी जिन्दगी जीती थीं जो मेरी जानकारी वाली जिन्दगी से बिल्कुल अलग थी। मैंने इस तरह की लड़कियों के बारे में लोकप्रिय पत्रिकाओं में पढ़ा था। कवर पर अक्सर इन लड़कियों की तस्वीरें होती थीं, और अन्दर के पन्नों पर उनके इन्टरव्यू, जिनमें वे अपने 'बिंदास' रहन-सहन के बारे में बातें करती थीं। मुझे यह शब्द बहुत अच्छा लगता था। 'बिंदास' के सही मायने क्या होते हैं ? लापरवाह ? बेपरवाह ? गुस्ताख ? आजाद ? मैं इस तरसाने वाले शब्द के मायने पूछती भी तो किससे पूछती ?

और जिन मुम्बइया बंगालियों की रंजन इतने आराम से निन्दा करता था, वे मुझसे किस तरह अलग थीं ? कभी-कभी तो मुझे लगता था कि वह उनसे थोड़ा डरता था। वह किस बात से डरता था ? और अपने आपको सबसे बीस समझनेवाली मेरी सास—क्या इन लड़कियों से वह भी भय खाती थी ? या वह इतनी चतुर थी कि उसने समझ लिया था कि उसका बेटा शायद इन लड़कियों के लायक नहीं है ? क्या वह उसके लिए मुम्बई से कोई दुल्हन ढूँढ़ने की कोशिश में नाकाम रही थी ?

मुझे यह कभी पता नहीं चल पाएगा। मेरे मामू मुझे कभी बतानेवाले नहीं (मेरा मतलब है, अगर उन्हें इसकी जानकारी थी तो)। और वैसे भी, शादी के बाद हम मुश्किल से ही कभी मिले या एक-दूसरे से बोले होंगे। फोन पर भी नहीं। हमारा समय मेल नहीं खाता था। वह इतवार को फोन करना पसन्द करते थे जब रंजन घर पर होता था। कुछ बात थी कि रंजन की मौजूदगी में मुझे अपने 'मायके' के किसी भी व्यक्ति से बात करने में झिझक होती थी। ऐसा नहीं था कि वह एतराज करता था, लेकिन ऐसे मौकों पर उसके चेहरे का भाव हमेशा बदल जाता था। वह कुछ चिड़चिड़ा और अधीर नजर आने लगता था और अगर बातचीत पाँच मिनट से ज्यादा खिंच गई तो वह यह कहकर मुझे टोक देता था कि उसका एक 'जरूरी फोन' आना है—और, यह जरूरी फोन कभी नहीं आता था। मेरे मामू समझदार थे, वह समझ गए। उनके फोन कम होते गए और एक स्तर पर आकर इससे मुझे राहत ही मिली।

मैंने अपने दिमाग में यह बात लिख ली कि अब जब भी मेरी बात निखिल से सीढ़ियों के सूनेपन में होगी, मैं उससे पूछूँगी कि क्या वह मुम्बई की कुछ 'बिंदास' लड़कियों को जानता है, और अगर उसने कहा कि 'हाँ, वह जानता है' तो मैं उससे पूछूँगी कि क्या वह मुझे उनसे मिलवा देगा। लेकिन इस बीच मुझे रंजन के अमरीकी बॉस के लिए एक 'सार्थक' मेनू पर ध्यान केन्द्रित करना होगा।

''क्या हम किसी और को भी बुला सकते हैं ? माथुर परिवार के बारे में तुम्हारा

क्या खयाल है ?'' मैंने रंजन को सुझाव देते हुए कहा। इस पर रंजन की आँखों में बदहवासी का भाव तैर गया, मानो मैंने कोई एकदम वाहियात बात कह दी हो।

''माथुर परिवार को ?'' वह बोला, ''तुम पागल तो नहीं हो गई हो ? तुम्हें पता है ये उत्तर प्रदेश वाले कैसे होते हैं—पीछे पड़ जानेवाले, मारा-मारी करनेवाले और बेशर्म ! अगर उन्हें यह पता भी चल गया कि मैं बेकर को अपने घर बुलाने की सोच रहा हूँ, तो वे तमाम झूठे-सच्चे किस्से सुनाकर उसके कान भर देंगे। हमें पता भी नहीं चल पाएगा, और वे उसे अपनी तरफ कर लेंगे। नहीं, नहीं, इस डिनर के बारे में किसी को भी पता नहीं चलना चाहिए। मैंने अपने अलावा बस माँ से बात की है। उसने भी मुझे यही सलाह दी है कि मैं माथुर लोगों को न बुलाऊँ। तुम बहुत भोली हो, माया ! हमारे ऑफिस में इतनी होड़ है कि माथुर जैसे लोग मुझे नीचे घसीटने के लिए कुछ भी कर सकते हैं।''

वह मुँह का कौर चबाने के लिए थोड़ा रुका, और फिर कहने लगा, ''बंगालियों के साथ यही तो परेशानी है। दूसरी जमातों को देखो, अपने लोगों की कैसे मदद करते हैं—माथुर ने दर्जनों रिश्तेदारों को मुम्बई बुलाकर उन्हें काम पर लगा दिया होगा, लेकिन किसी बंगाली से जरा मदद माँगकर तो देखो—छोटी-सी चीज भी माँग लो तो वह झट से मना कर देगा। जलते हैं—यही तो हमारी परेशानी है। हमें यह अच्छा ही नहीं लगता कि हमारे अपने लोग आगे आकर फूले-फलें। इसीलिए हर बात बिल्कुल छिपाकर रखो। अगर आपने अपनी बात छिपाकर नहीं रखी तो आप खत्म ही हो जाएँगे। अपने आपको ले लो—तुम्हारी ज्यादा बोलने की बुरी आदत है। इन्कार मत करना, मैंने खुद देखा है। यह जरूरी है कि आप अपना मुँह बन्द रखें। क्या पता कौन हमारा दुश्मन हो ?''

मुझे उसकी आखिरी बात से पता नहीं क्यों पीड़ा हुई और मैं पूरी शाम रूठी रही। मैं रंजन से बोली नहीं और जान-बूझकर उससे दूर ही रही।

जब मैं फ्रिज को डिफ्रॉस्ट करके उससे निकले पानी को पोंछे से निकाल रही थी, तब रंजन कुछ ठंडा पीने की तलाश में रसोई में आया। एक बार फिर मैं गलत मौके पर पकड़ी गई थी। मैंने माफी माँगने के अन्दाज में बुदबुदाते हुए कहा कि फ्रिज में बिल्कुल भी बर्फ नहीं है, यहाँ तक कि पीने का पानी भी गुनगुना है।

रंजन ने निराशा में सिर हिलाया। वह बोला, ''यह सब क्या है ? एक आदमी काम से थका-माँदा और प्यासा घर लौटता है, और पीने को ठंडा पानी ही नहीं है। फ्रिज साफ करने को यही समय रह गया था ?''

उसने अपनी कलाई-घड़ी पर नजरें गड़ाईं और फिर रसोई की घड़ी को देखा, मानो उसे अपनी आँखों पर विश्वास ही नहीं हो रहा हो। ''समय देखा है तुमने ?'' उसने भयाक्रान्त होते हुए पूछा।

''हाँ—नौ बजनेवाले हैं।'' मैंने फ्रिज के खानों को पोंछकर साफ करते हुए सधी हुई आवाज में कहा।

''और, मुझे लगता है कल सुबह तक बर्फ जम भी नहीं पाएगी।''

"जी !" स्टेनलेस स्टील की ट्रे को सिंक में धोते हुए मैंने कहा।

"तुम इतनी गरम रात में मुझसे गरम पानी पीने की उम्मीद कर रही हो ? आज रात मुझे नींद ही नहीं आएगी, जानती हो ! और कल का दिन मेरा वैसे भी बहुत बिजी रहना है—कल बेकर के साथ भी मेरी बैठक है। सूखे गले और सिरदर्द को लेकर मैं बैठक में कैसे उसका सामना करूँगा।"

मैंने पोंछा रख दिया और बोली, "पड़ोसियों से थोड़ी बर्फ माँग लाऊँगी मैं। बस दो मिनट लगेंगे, ठीक है ?"

रंजन ने आसमान की तरफ आँखें घुमाईं और बोला, "माँग लाऊँगी ? और वह भी पड़ोसियों से ? यह बहुत बुरी आदत है, अगर तुम पूछो तो। बहुत बुरी। आज तुम उनसे बर्फ माँग रही हो, कल वे लोग आकर केक की माँग करेंगे। यह दुनिया ऐसी ही है। मेरी माँ ने तो कसम खाई थी कि अपने घर में हम बिना किसी चीज के काम चला लेंगे, मगर कभी किसी पड़ोसी के पास नहीं जाएँगे। ये लोग गलत मतलब लगा बैठते हैं। सोचते हैं कि यह हमारा उनको इशारा है कि हम उनके साथ मेलजोल बढ़ाना चाहते हैं। फिर वे लोग जरूरत से ज्यादा बेतकल्लुफ होने लगते हैं। कल से वे लोग तुम्हारे सोफे पर बैठकर चाय-कॉफी पिएँगे और तुमसे टमाटर और न जाने क्या-क्या माँगेंगे। इन लोगों पर बिल्कुल भी भरोसा नहीं किया जा सकता।

"जाओ...जाओ जाकर बर्फ की भीख माँगो, अगर तुम यही चाहती हो तो...लेकिन याद रखना, उनकी नजरों में तुम गिर जाओगी। वे कहेंगे, 'देखो, कैसी फूहड़ गृहस्थिन है--इतना गरम दिन है और इसके पास बर्फ भी नहीं है।' और फिर वे और भी चीजों के बारे में कयास लगाने लगेंगे।"

"जैसे ?" मैंने पूछा। मेरी आवाज में थोड़ा तीखापन था।

"अरे, जानती हो...ऐसी ही चीजों के बारे में जिनसे उनका कोई लेना-देना नहीं है। वे यह सोचने लग जाएँगे कि हमारी वैवाहिक जिन्दगी कैसी चल रही है, वगैरह-वगैरह।"

"केवल इसलिए कि मैं फ्रिज को डिफ्रॉस्ट कर रही हूँ ? क्या यहाँ के लोगों के दिमाग इसी तरह काम करते हैं ?" मैंने सीधे रंजन की आँखों में देखते हुए चुनौती दी।

"माया...तुम्हें मुम्बई की जिन्दगी से तालमेल बिठाने में कुछ समय लग जाएगा। इसमें तुम्हारा कोई कसूर नहीं है। कलकत्ता में पड़ोसी होने का भी मतलब कुछ अलग होता है। मुम्बई में लोग भोथरे और कठोर ढंग से सोचते हैं। यहाँ बरबाद करने के लिए समय नहीं होता। इनकी पहली फिक्र होती है कि, 'वह मुझसे क्या चाहता या चाहती है ?' और अगर तुम बर्फ चाहती हो, तो वे कहेंगे, 'अच्छा—आज यह इतनी आजादी से बर्फ माँग रही है, कल कोई और बड़ी चीज माँगेगी।' अब...अगर उन्हें लगता है कि बदले में वे भी तुमसे कुछ पा सकते हैं, तो वे मुस्कुराएँगे और तुम्हें केवल बर्फ नहीं, बल्कि मलाई बर्फ (आइसक्रीम) भी दे देंगे। और कुछ ही दिन बाद वे तुमसे पैसे माँगने के लिए तुम्हारा दरवाजा खटखटाएँगे—पहले वे छोटी रकम माँगेंगे और फिर बड़ी। और यह पैसा तुम्हें कभी वापस नहीं मिलेगा। ऐसे ही शुरुआत होती है। मुझसे पूछो।"

मैंने हाँफते हुए पूछा, ''तुम्हारे साथ सचमुच कभी ऐसा हुआ है क्या ?''

रंजन ने भड़कते हुए कहा, ''जरूरी नहीं कि हर घटना हर व्यक्ति के साथ घटे ही। क्या कोई औरत बलात्कार होने का इन्तजार करती है कि उसके बाद वह खतरनाक जगहों पर जाना बन्द कर देगी ? अक्ल की बात करो, माया ! तुम तो बेसिर-पैर की बातें कर रही हो।''

मैंने अपने सवाल को धीरे-धीरे दोहराया, ''मुझे बताओ—क्या तुम्हारे साथ ऐसा कभी हुआ है ? क्या तुम्हारे पड़ोसियों ने तुम्हारा नाजायज फायदा उठाया है ? क्या उन्होंने जबरदस्ती तुम्हारे घर में घुसकर तुमसे पैसा माँगा है ?''

रंजन ने कन्धे उचकाते हुए कहा, ''मैं अब भी यही सोचता हूँ कि तुम जिद्दी और मूर्ख हो रही हो।''

मैं चुप हो गई और रंजन बेचैन होकर चहलकदमी करने लगा।

''तुम्हें पता है, लू चल रही है आजकल। कुछ भी हो सकता है। रात में मेरे शरीर में पानी की कमी हो सकती है। हमें काफी पानी पीना चाहिए, खासकर इसलिए कि मुम्बई में नमी बहुत ज्यादा है। देखो कितना पसीना आ रहा है मुझे ?'' उसने अपनी नाइट शर्ट पर पसीने के बड़े-बड़े, गीले धब्बे दिखाते हुए कहा।

मैंने कहा, ''देखो, मुझे बर्फ के बारे में सचमुच अफसोस है, लेकिन इस समय मैं इसके लिए क्या कर सकती हूँ; और क्योंकि तुम नहीं चाहते कि पड़ोसियों के यहाँ जाऊँ, इसलिए मैं सोचती हूँ कि तुम्हें और मुझे दोनों को आज रात गुनगुना पानी पीकर काम चलाना पड़ेगा।''

रंजन चहलकदमी छोड़कर मुझे घूरने लगा। उसकी आँखें अपने गड्ढों से कुछ ज्यादा ही बाहर को निकली पड़ रही थीं।

वह बोला, ''तुम अब और ज्यादा उन्हीं बदतमीज मुम्बइया लड़कियों की तरह बोलने लगी हो जिनके बारे में कुछ देर पहले हम बात कर रहे थे, और जिनसे मैंने शादी नहीं की। तुम्हें पता है, जब तुम्हारे मामू को पता चला कि मैं वापस हिन्दुस्तान आ गया हूँ और यहाँ बसने की सोच रहा हूँ तो उन्होंने कम-से-कम पाँच बार मेरी माँ को फोन करके उसे तुम्हारे बारे में बताया। मैं यह नहीं कह रहा कि जो हुआ उसका मुझे अफसोस है, लेकिन मेरी माँ थोड़ी हैरान हो गई थी। पाँच-पाँच फोन।

''बेशक, उसके पास दूसरे लोगों के भी ऐसे ही फोन आ रहे थे; लेकिन तुम क्योंकि कलकत्ता की थीं, इसलिए उन्होंने 'हाँ' कर दी। वजह बहुत सीधी थी—हम इस माहौल के बंगाली परिवारों के पचड़े में नहीं पड़ना चाहते थे। हमारा मानना था कि हमारी सांस्कृतिक जड़ें तभी मजबूत रहेंगी और हमारी परम्पराओं को तभी सम्मान मिलेगा जब हम तुम्हारे जैसे माहौल की लड़की को चुनेंगे। और अब, अब तुम इस तरह से पेश आ रही हो ?''

मैंने खुद को समझाया कि रंजन पस्त और थका हुआ महसूस कर रहा है। आज बहुत ज्यादा गरमी रही थी। मेरे गमलों के पौधे मुरझा रहे थे, सूख रहे थे। मैं बहस करके या अपना बचाव करके स्थिति को और नहीं बिगाड़ना चाहती थी, इसलिए मैंने

होशियारी से काम लेते हुए उसे सुझाव दिया कि वह अपनी उस अहम बैठक से पहले बेडरूम में ठंडक ले ले और खूब आराम कर ले, और इस बीच मैं रसोई के बाकी बचे काम निपटा लेती हूँ।

सौभाग्य से, रंजन चुपचाप वहाँ से चला गया और उसने दरवाजा बन्द कर लिया। मैंने जंग लगे, बड़े-से एयरकंडीशनर के चालू होने पर उसकी धड़धड़ाहट सुनी। इस एयरकंडीशनर को हमने एक नीलामी में बहुत ही सस्ते दामों में खरीदा था और इसकी मरम्मत में इतने पैसे खर्च कर दिए थे कि उससे कम में तो एक नया एयरकंडीशनर आ जाता।

मैंने अपनी छोटी-सी रसोई का जायजा लिया। उसमें से बासी खाने की बू आ रही थी। गरमी इतनी तेज थी कि कोई भी चीज अगर आधे घंटे के लिए भी फ्रिज से बाहर रखी रह जाए तो खराब होने लगती थी। मैंने करीने से रखी प्लेटों, सिरेमिक मगों और अलग-अलग आकार के चम्मच-करछुलों से सजी रैक को देखा। सबकुछ करीने और सलीके से रखा हुआ था।

उसे देखकर मुझे अपनी काबिलियत का अहसास होना चाहिए था, लेकिन अपनी माँ की तरह मुझे भी घर का काम करने में कोई खास बात दिखाई नहीं देती थी। स्वभाव से मैं घर के काम-काज के लिए नहीं बनी थी। अगर मैं अपने घर को साफ-सुथरा रखने की जहमत उठाती थी तो इसकी एक बड़ी वजह यह थी कि मेरे पास करने को और कुछ था ही नहीं, घर के काम-काज के अलावा मेरे पास और कुछ भी नहीं था। अगर मैं जबरदस्ती झाड़-पोंछ नहीं करती तो मेरा समय कैसे कटता !

यह सही था कि पार्टटाइम नौकरों के रहते हुए मैं उन्हें हिदायतें दे सकती थी और खुद ज्यादा कुछ नहीं करती थी। मैंने ऐसा करने की कोशिश भी की थी। लेकिन मुझे लगा कि अगर कोई और व्यक्ति मेरे घर में मशक्कत में जुटा हो तो मेरा ध्यान न पढ़ने में लगता है और न टी.वी. देखने में। मैं एक अजीब-से अपराध-बोध से भर जाती थी ('मैं आराम से बैठकर पत्रिका के पन्ने कैसे पलट सकती हूँ जबकि वह बेचारी औरत मेरा फर्श चमका रही है ?') ऐसे में अपने आपको तसल्ली का अहसास कराने के लिए मैं कठपुतली की तरह अलमारियों की सफाई करने लगती या किताबों को नए सिरे से जमाने में जुट जाती, जबकि नौकरानी अपने रोजमर्रा के काम निपटाती रहती।

मैंने देखा था कि ज्यादातर बाइयों पर काम का जुनून सवार रहता था। उनके पास गपशप करने के लिए न वक्त होता था और न ही इच्छा। मैंने एकाध बार बात करने की कोशिश भी की, लेकिन मुझे 'हाँ' या 'नहीं' के अलावा और कोई जवाब नहीं मिला था। पहले तो मैंने सोचा कि शायद भाषा के फर्क से यह परेशानी हो रही है (मेरी हिन्दी कामचलाऊ थी और मैं स्वरों पर जोर देकर बोलती थी)। लेकिन फिर मैंने देखा कि काम करनेवाली ज्यादातर औरतें खुद भी मुम्बई की नहीं हैं।

मेरे यहाँ जो औरत काम करती थी, वह आन्ध्र प्रदेश की थी। काले रंग की, हट्टी-कट्टी और सुन्दर। वह सोने से लदी रहती थी और बहुत दूर से काम करने आती थी, इसलिए उसे अपने काम में बेहद पाबन्दी से जुटना होता था। एकाध बार मैंने कोशिश की कि उसे दोपहर से पहले की चाय साथ पीने के लिए कहूँ। उसके साथ होनेवाली टूटी-फूटी बातचीत भी मेरे लिए हाँगकाँग के उस वीजे की भिनभिनाती आवाज से ज्यादा खुशगवार होती जो संगीत कार्यक्रम में हिन्दुस्तान के आशीष या मोनिषा जैसे किशोर-किशोरियों की फरमाइश पर खास गाने पेश करता था। लेकिन नहीं, सावित्री बड़ी विनम्रता से मेरे न्यौते को ठुकरा देती और अपने सोने के गहने तेज धूप में चमकाती हुई भाग जाती।

मैं जानती थी, मुझे अपनी हिन्दी सुधारने की जरूरत है। ऐसी बात नहीं कि मुम्बई की हिन्दी शुद्ध थी। यहाँ के लोग जिस तरह भाषा को बिगाड़ते और उसका गलत इस्तेमाल करते थे, दिल्लीवाले उसकी बहुत हँसी उड़ाते थे। मेरे लिए तो यह पराई भाषा ही थी, इसलिए मैंने यहाँ की इस 'आधा तीतर-आधी बटेर' छाप हिन्दी पर पकड़ बनाने के लिए भी काफी मशक्कत की, ताकि फेरीवालों, लिफ्टवालों, दूधवालों और दूसरे लोगों को मैं अपनी बात और अच्छे ढंग से समझा सकूँ। जब मुझसे साफ पकड़ में आनेवाली गलतियाँ होतीं तो मुझे शर्म भी आती थी, लेकिन तब मैं यह दलील पेश करती थी कि हिन्दी न तो मेरी मातृभाषा है, न ही मैं इसे राष्ट्रभाषा मानती हूँ। कलकत्ता में कोई भी हिन्दी को राष्ट्रभाषा नहीं मानता था, उन्हें इसकी जरूरत भी नहीं थी।

रंजन की हिन्दी भी उतनी ही रद्दी थी, और उसकी माँ की भी। हालाँकि वह हिन्दी को एक अजीब ढंग से बना-बनाकर और लय में बोलती थी। उसकी और तमाम चीजों की तरह मुझे उसका हिन्दी का लहजा भी असहनीय और बनावटी लगता था। मुझे उसकी 'मेमसाबों' जैसी आवाज भी अच्छी नहीं लगती थी—इस खास लहजे में वह तब बोलती थी, जब वह नौकरों या छोटे लोगों से बात करती थी। ऐसे में उसकी आवाज तेज, सपाट और बेगानी हुआ करती थी। आवाज के साथ-साथ तब उसका बैठने का अन्दाज भी बदल जाता था—उसकी ठोड़ी पीछे को झुकी होती और दोनों हाथ कमर पर बँधे होते थे।

रंजन उसकी सराहना करते हुए कहता, "मेरी माँ सचमुच नौकरों से काम लेना जानती है। देखा, कैसे सबको उनकी औकात में रखती है ? तुम इन मुम्बइया नौकरों को नहीं जानतीं। ये सोचते हैं कि आपके घर में काम करके आप पर अहसान कर रहे हैं। अगर आप उनके साथ भलाई से पेश आए तो वे आपका नाजायज फायदा उठा लेते हैं। तुमने इस बिल्डिंग की आयाओं को देखा है ? फिल्म-स्टार भी इतना फैशन नहीं करते होंगे—लिपस्टिक, नेल पॉलिश और भी पता नहीं क्या-क्या। मेरी माँ इन सब फालतू चीजों को बरदाश्त नहीं करती। वह सख्त है, बहुत सख्त।

"तुम इन लोगों के साथ बहुत नरम हो जाती हो—अगर तुमने ध्यान नहीं दिया, तो वे इस घर में महारानियों की तरह पेश आएँगी। मैं देखता रहता हूँ कि वे तुम्हारा

कैसा नाजायज फायदा उठाती हैं। बेशर्म औरतें। और याद रखो, इन्हें कभी पैसे उधार मत देना। अगर तुमने कभी किसी को पैसा दे दिया, तो खलास समझो। उसके बाद या तो तुम्हें अपने पैसे से हाथ धोना पड़ेगा या उस नौकर से। उड़न-छू—अपनी जेब में आपके नोट आते ही ये पाजी यही तो करते हैं।"

मैंने रंजन के भाषण को खूब गौर से सुना। कुछ बातें तो उसकी एकदम सही थीं। गृहस्थिन बनने के पहले हफ्ते में ही मुझे अहसानफरामोशी, यहाँ तक कि चोरी का भी तजुर्बा हो चुका था। मैंने बेवकूफी में 'अपने' पैसों में से पचास रुपए उस नई-नई नौकरानी को 'कर्ज' दे दिए थे (शादी के ठीक बाद मुझे अपनी माँ से कुछ पैसे मिले थे। उसने कुछ सौ रुपए मेरे हाथ में पकड़ाते हुए फुसफुसाकर कहा था, 'इसे रख लो। अपने लिए छोटी-मोटी चीजें खरीद लेना')।

मैं यह नहीं समझ पा रही थी कि क्या मुझे अपने ससुरालियों को इस छोटे-से तोहफे के बारे में बताना चाहिए। रंजन ने मुझसे कहा था, "अब तुम मेरी पत्नी बन गई हो, अब मुझसे कोई राज़ मत रखना। मैं सबकुछ जानना चाहता हूँ, और मैं भी तुम्हें सबकुछ बताऊँगा।"

क्या मेरी माँ का दिया छोटा-सा तोहफा 'राज़' कहलाएगा ? क्या मुझे यह रकम अपने पति को दे देनी चाहिए ? तब क्या मुझे जरूरत पड़ने पर उससे इसमें से पैसा माँगना पड़ा करेगा ? मुझे लगा, नहीं। यह मेरा पैसा था, इसे मुझे अपनी मर्जी से खर्च करना था।

इसलिए जब रंजन ने कर्ज देने के लिए मुझे बुरा-भला कहा तो मुझे बहुत बुरा लगा। उसने छूटते ही यह सोच लिया था कि मैंने 'उसका' पैसा दे दिया है। जब मैंने यह सफाई दी कि वह मेरा पैसा था, तो वह उखड़ गया था।

"इससे तुम्हारा क्या मतलब है कि यह तुम्हारा है ? तुम्हें यह कहाँ से मिला ?"

उसने जब यह पूछा तो मैंने सरसरी तौर पर उसे बता दिया था कि यह पैसा मुझे मेरी माँ ने दिया था। रंजन कुछ देर सोचता रहा था, और फिर बोला था, "अपनी माँ को बढ़ावा मत दो कि वह तुम्हें इस तरह बिगाड़े। माना कि मैं इतना अमीर नहीं हूँ, फिर भी मैं इतना कमा लेता हूँ कि उसमें हम दोनों का गुजारा आराम से हो सकता है। एक अच्छी पत्नी को चाहिए कि वह तालमेल और त्याग करना सीखे। मुझे विश्वास है, तुम्हारी आदतें फिजूलखर्ची की नहीं होंगी, क्योंकि अगर ऐसा होगा तो मैं तुम्हारी माँगें पूरी नहीं कर पाऊँगा।"

फिर उसी रात मैंने साढ़े चार सौ रुपए रंजन के हवाले कर दिए थे, और, जैसाकि होना था, मुझे उनके दोबारा दर्शन नहीं हुए थे। मुझे नहीं लगता कि रंजन ने वह पैसा अपने ऊपर खर्च किया होगा, और सम्भावना यही थी कि वह पैसा घर में ही कहीं होगा। लेकिन यह पैसा मेरे किस काम का था ? मेरी पहुँच में तो वह था नहीं। मुझे तो यह भी पता नहीं था कि उसने यह पैसा छिपाया कहाँ है। मुझे एक बड़ा सबक मिल गया था और मैंने कसम खा ली थी कि आइन्दा कभी 'अपने' पैसे के बारे में उसे नहीं

बताऊँगी (यानी, अगर कभी फिर मुझे पैसा मिला तो) और कभी चोर नौकरों पर भरोसा नहीं करूँगी।

कलकत्ता की बात अलग थी। वहाँ नौकरों को उनकी औकात बतानी नहीं पड़ती थी, उन्हें खुद मालूम रहती थी। वहाँ ज्यादातर नौकर शहर के बाहर बसी बस्तियों से आते थे। ये लोग गरीबी की रेखा से भी बहुत नीचे जानवरों जैसी हालत में रहते थे। जहाँ मुम्बई के नौकर अच्छा खाते-पीते और अच्छा पहनते थे, वहीं वे लोग भिखारियों की तरह रहते थे, और उनका स्वभाव भी भिखारियों जैसा था। ये लोग कपड़ों के नाम पर गन्दे चीथड़े लटकाए रहते थे, औरतें अक्सर बिना ब्लाउज के रहती थीं, और वे दो जून की रूखी-सूखी रोटी और बहुत ही कम पगार पर काम करने को तैयार रहते थे।

इन नौकरों में से कुछ तो शरणार्थी थे, जिन्हें देश से निकाल दिए जाने का लगातार डर बना रहता था। ऐसे लोगों की हालत तो सबसे बदतर होती थी। चीथड़े लटकाए इन लोगों की आँखें भूख और भय से गड्ढों में धँसी होती थीं। घर की औरतें ऐसे लोगों को बहुत जल्दी पकड़ती थीं, क्योंकि सोने के लिए सीढ़ियों के एक गन्दे कोने के अलावा इनकी और कोई माँग नहीं होती थी। केवल चालीस या पचास रुपए रोज की दिहाड़ी पर ये शरणार्थी अपनी पूरी जिन्दगी नौकरी देनेवाले के हवाले कर देते थे और चौबीस घंटे बिना आराम किए बिना पगार लिये और बिना कुछ खाए-पिए काम में जुटे रहते थे।

इनके मुकाबले, मुम्बई के नौकर बहुत खाते-पीते और गुस्ताख थे। ये लोग सख्त, बातूनी, ऊँचे ख्वाब देखनेवाले और कभी एक जगह नहीं टिकनेवाले थे। मुम्बई के ये नौकर साफ कहते थे कि ताली दोनों हाथों से बजती है। अगर उन्हें पगार की जरूरत थी तो मालिक को भी उनकी जरूरत थी। इसमें किसी अहसान की, किसी रियायत की कोई गुंजाइश ही नहीं थी।

अक्सर सौदे की शर्तें उनकी तरफ से पहले रखी जाती थीं। वे अपनी माँगों की लम्बी फेहरिस्त पेश कर देते थे, जिसमें उनके अधिकारों का साफ-साफ जिक्र होता था। कुछ रिहायशी इलाकों में तो घरेलू नौकरों ने अपनी यूनियन बना रखी थी, जिसके चलते कोई मालिक किसी नौकर का काम पसन्द न आने पर उसे नौकरी से निकाल भी नहीं सकता था।

रंजन अविश्वास की मुद्रा में अपना सिर हिलाते हुए इस बारे में कहता, "इन नौकरों को देख लो। अब हमें इनके रहम पर रहना होगा। ये अपने आपको समझते क्या हैं ? मैंने ऐसी बेहूदा बातें पहले कभी नहीं सुनीं। नौकर आखिर नौकर होते हैं, उन्हें यह बात समझ में क्यों नहीं आती ? ये लोग तो खाते-पीते फैक्ट्री-मजदूरों की तरह हरकत करने की कोशिश कर रहे हैं। मैं तुमसे कहता हूँ, अगर ये बेहूदा बातें बन्द नहीं हुईं तो मुम्बई रहने लायक नहीं रह जाएगी। जो शहर अपने नौकरों को काबू में नहीं रख सकता, वह किसी और को भी काबू में नहीं रख पाएगा, मेरी बात गाँठ बाँध लो।"

12

मैं तो सोच रही थी कि मुझे कोई भूरा बन्दर या कम-से-कम किसी किस्म का कोई दैत्य देखने को मिलेगा। लेकिन टॉम तो बस बहुत गुलाबी, बहुत लम्बा और गोरा निकला, जिसकी आँखें पनीली नीली थीं, पलकें सुनहरी और दाँत गन्दे।

दरवाजे की घंटी ठीक साढ़े आठ पर बजी। रंजन ने जल्दी से आईने में अपने आपको देखा, अपनी नई टाई को ठीक किया, मेरी तरफ भौंहें तानकर देखा कि मैं अपनी साड़ी के पल्लू को ठीक करूँ (जिसे मैंने सहूलियत के लिए कमर में खोंस लिया था), अपने कन्धों को सीधा किया और कुछ ज्यादा ही तपाक से दरवाजा खोल दिया।

रंजन का विदेशियों से बात करने और उनका स्वागत करने का अजीब ही तरीका था। मैंने अपनी शादी के रिसेप्शन में इस बात पर गौर किया था, जिसमें रंजन की माँ ने कुछ अंग्रेजों को भी बुलाया था। इन अंग्रेजों को वह उन पुराने दिनों से जानती थी जब वह कोश-उगाही समिति में कई धर्मार्थ संस्थाओं के लिए काम करती थी। मैं रंजन को देखती थी कि ऐसे मौकों पर वह तन जाता था, उसके चेहरे पर ऐसा भाव आ जाता था जो मेरे लिए अनजाना था, उसका लहजा (यहाँ तक कि खड़े होने का ढंग भी) बदल जाता था और वह एक अजीब, पुराने जमाने की बोली में बह जाता था, ('हाऊडी ? हाऊ या डूइन ?')।

रंजन अमरीका की एक यूनिवर्सिटी में जो कुछ साल बिता आया था, उसकी वजह से उसकी बुनियादी मुम्बइया अंग्रेजी में एक अजीब ठनक आ गई थी, जो न इधर की थी, न उधर की। रंजन की भाषा जरूरी मौकों पर बनावटी हो जाती थी—वह ऐसे बोलता था जैसे अपने विचारों को बंगाली से अंग्रेजी में अनुवाद करके रख रहा हो। मुझे यह बात समझ में नहीं आती थी, क्योंकि रंजन तो एक इंगलिश मीडियम कस्बाई

स्कूल में पढ़ा था, जहाँ बोली जानेवाली और लिखी जानेवाली, दोनों तरह की अंग्रेजी में महारत हासिल करने पर बहुत जोर दिया जाता था। रंजन की माँ ने बड़े घमंड से मुझे बताया था कि रंजन को 'इंगलिश कम्पोजीशन' और गणित में हमेशा बहुत अच्छे नम्बर मिलते हैं। उसने यह भी बताया था कि उसने यह नियम बना रखा है कि वह अपने बेटे से अंग्रेजी में ही बात करेगी, क्योंकि वह चाहती थी कि उसका बेटा खूब फर्राटेदार अंग्रेजी बोले ('हमें यह बात शुरू से ही मालूम थी कि वह आगे पढ़ाई के लिए विदेश जाएगा—इसलिए मैंने उसे अंग्रेजी में अच्छा कर दिया')।

फिर भी, रंजन कई बार व्याकरण और उच्चारण की बुनियादी गलतियाँ कर देता था। एक-दो बार मैंने प्यार से उसकी गलती सुधारने की कोशिश की थी, लेकिन उसने यही जवाब दिया था कि वह जिस तरह से मुहावरे बनाता, हिज्जे करता और बोलता है, अंग्रेजी के व्यवहार का सही ढंग वही है।

"हो सकता है कि कलकत्ता में तुम्हें अलग तरह की अंग्रेजी सिखाई जाती हो," रंजन ने हँसी उड़ाते हुए कहा था, "लेकिन मुम्बई में हम ऐसे ही बोलते हैं। और फिर, तुम्हें भी पता है, अमरीका में मुझे भाषा की कोई परेशानी नहीं हुई, कोई भी नहीं।"

टॉम अनौपचारिक जीन्स और खुले गले की टी-शर्ट पहने हुए था। उसने हँसी में रंजन की पीठ पर घूँसा मारते हुए कहा, "ऐ, यह क्या है ? तुमने तो शायद यह कहा था कि यह शाम अनौपचारिक होगी ?"

रंजन की बनावटी मुसकान और भी फैल गई, वह असामान्य ढंग से हँसने लगा और अजीब तरह से मुँह बनाने लगा। टॉम ने मेरी तरफ मुड़ते हुए कहा, "हाय, मेरा नाम टॉम है।"

मेरी समझ में नहीं आ रहा था कि उससे हाथ मिलाऊँ या पारम्परिक ढंग से नमस्ते करूँ, तभी रंजन ने मुझे कुहनी मारते हुए धीमे-से कहा, "हैंडशेक, हैंडशेक।"

टॉम ने प्रशंसा की नजरों से मुझे ऊपर से नीचे तक देखा और बोला, "अच्छी साड़ी है। प्यारा रंग है—बंगाली है न ?" उसने 'बंगाली' का उच्चारण 'हवेंगली' की तरह किया।

मैंने शरमाकर रंजन की तरफ देखा। वह बोला, "सिट, सिट—कम ऑन इन। आराम से हो जाओ।"

टॉम खड़ा ही रहा। वह बोला, "पहले मैं कुछ देखना चाहता हूँ। मुझे लोक-कला बहुत पसन्द है।"

रंजन ने कन्धे उचका दिए। वह कुछ हैरान नजर आ रहा था। टॉम एकटक चावल नापने के काम आनेवाले पीतल के नपनों को देख रहा था। ये नपने अनगढ़ दस्तकारी के नमूने थे।

"सुन्दर ! जरा इन पर हुए बारीक काम को तो देखो—वाह।" टॉम कह रहा था।

टॉम को चावल के कटोरों की तारीफ करते सुनकर मुझे मन-ही-मन खुशी हो रही थी। ये कटोरे मेरे अंकल ने मेरी शादी पर तोहफे में दिए थे। ये उन कुछ तोहफों में

से थे जिन्हें देखकर रंजन की माँ ने नाक सिकोड़ते हुए कहा था, "तुम इन्हें उसी डिब्बे में पैक करके क्यों नहीं रख देतीं, जिसमें ये आए थे। इस तरह उन्हें बाद में किसी और को देने में आसानी रहेगी। मैं बेकार के तोहफों को उनके पुराने पैक में ही रहने देती हूँ। इससे किसी जल्दी के मौके पर समय की बहुत बचत होती है।"

उनकी इस बात से मुझे खासतौर पर पीड़ा हुई थी। पहले तो मैं अपने काकू को बहुत चाहती थी। दूसरे, जब उन्होंने मुझसे पूछा था कि मुझे शादी पर क्या तोहफा चाहिए, तो मैंने ही उनसे ये कटोरे माँगे थे। बचपन में मैंने ये कटोरे अपने रिश्तेदारों के घरों में देखे थे और उनके असाधारण आकार और बनावट ने मेरा मन मोह लिया था। हमारी बस्ती के तकरीबन हर बंगाली घर में चावल के इन कटोरों का एक सेट था। मैंने अपनी माँ से पूछा था कि क्या हम ऐसा एक सेट नहीं खरीद सकते, लेकिन उसने तल्खी के साथ यह कहते हुए इनकार कर दिया था, "सच कहें तो, उन्हें रखने के लिए हमारे घर में जगह ही नहीं है। और, उन्हें चमकाएगा कौन ? मुद्‌दा यह है, लोगों का हर चीज माँगना तो ठीक है—लेकिन ऐसी चीजों की देखभाल करने को तैयार कौन होता है ?"

तब मुझे निराशा हुई थी, लेकिन मैंने कसम खाई थी कि जब मेरा अपना घर होगा तो मैं चावल के कटोरों का एक सेट लूँगी और उन्हें प्यार से चमकाऊँगी, और गर्व से घर के दरवाजे के पास उन्हें चमकने के लिए रख दूँगी। टॉम ने इन्हें ठीक वहीं पर रखे देखा था। मैंने रंजन की तरफ गर्व से मुस्कुराते हुए देखा था। अचानक मुझे ऐसा लग रहा था जैसे मुझे सही साबित कर दिया गया हो। जैसे मैंने उसकी माँ और उसके सुरुचिपूर्ण ढंग से घर सजाने के नुस्खों पर विजय प्राप्त कर ली हो।

टॉम धीरे-धीरे घूमते हुए उन सस्ती वॉल हैंगिंग्ज़ और अष्ट-धातु की छोटी-छोटी मूर्तियों को देखता रहा जो मैं कलकत्ता से लेकर आई थी। रंजन अपने में सिमटा टॉम के पीछे-पीछे चल रहा था और इन चीजों के बारे में उसे छोटी-छोटी, गलत जानकारियाँ दे रहा था। वह मेरी तरफ इस अन्दाज में देखता भी जा रहा था कि 'मैं जो कह रहा हूँ, उसे काटने की जुर्रत मत करना।'

"अच्छी जगह है।" टॉम ने मुझसे मुखातिब होते हुए कहा। उसकी आवाज दोस्ताना थी और उसके व्यवहार में खुलापन था। इससे पहले कि मैं विनम्रता से 'शुक्रिया' कह पाती, रंजन ने खुद शुक्रिया कह दिया और यह भी कहा, "सब मेरी माँ की बदौलत है, वह बड़ी कलाकार है। मेरा मतलब है, वह खुद तो कलाकार नहीं है, लेकिन उसे कलात्मक चीजों का शौक है।"

टॉम ने अपनी भौंहें चढ़ाते हुए कहा, "ओह, सच कह रहे हो ? तब तो तुम्हारी पत्नी ने इन सब चीजों को सजाया बड़े अच्छे तरीके से है। आप बड़ा शानदार घर चलाती हैं, मैम !"

मैं अनिश्चितता से मुस्कुरा दी और सोचने लगी कि क्या रंजन इस बार फिर बीच में बोल पड़ेगा कि उसकी माँ ने अपनी रुचि के मुताबिक फर्नीचर के एक-एक आइटम

को सजाया था। लेकिन, इसके बजाय रंजन जोर-जोर से हाथ मलने लगा। उसने टॉम से पूछा, "ड्रिंक लाऊँ ? बीयर ? हिन्दुस्तानी नहीं है—मैंने विदेशी माल का इन्तजाम किया हुआ है। कुछ ही कैन हैं, लेकिन है अच्छी—कार्ल्सबर्ग है। जानते हैं न ?"

टॉम ने सिर हिलाते हुए कहा, "क्यों नहीं ! लेकिन मुझे हिन्दुस्तानी बीयर पीकर भी इतनी ही खुशी होती। वह काफी अच्छी होती है—सच पूछो तो मैं लगातार हिन्दुस्तानी बीयर ही पी रहा हूँ। उसकी लत-सी लगती जा रही है मुझे।"

रंजन जरूरत से कुछ ज्यादा ही खुलकर मुस्कुराया। बोला, "बहुत बुरी नहीं होती, सच, अगर उसमें मिली ग्लिसरीन से आपको ऐतराज न हो।"

टॉम ने मुझे कुछ इस अन्दाज से देखा जैसे कह रहा हो, 'तो...आपका क्या शगल है ?'

मैं इस भाव को पहले भी देख चुकी थी। मुझे लगता है, यह तब होता है जब लोग दफ्तरों में साथ-साथ काम करते हैं और यह सोचकर हैरान होते हैं कि उनके सहकर्मियो के जीवन-साथी कैसे होंगे। और पहली बार जब वे अपने साथ काम करने वाले किसी व्यक्ति के जीवन-साथी को देखते होंगे, तो एक पहचान उभरती होगी—या तो वह जीवन-साथी उनकी पहले से बनाई तस्वीर से मेल खाता होगा या फिर उसे देखकर चकित होता होगा ('उस आदमी/औरत ने इससे शादी की ? विश्वास नहीं होता !')

मैं टॉम की आँखों में आए भाव को ठीक-ठीक पढ़ तो नहीं पाई, लेकिन क्योंकि वह खुशगवार था, इसलिए मैं भी मुस्कुरा दी और मैंने थोड़ी भुनी मूँगफलियाँ उसके आगे कर दीं। लेकिन उसने हाथ के इशारे से उन्हें लेने से इन्कार करते हुए कहा, "कोलेस्टेरॉल ज्यादा होता है इनमें।"

मैंने सिर हिलाकर उन्हें रंजन की तरफ बढ़ा दिया। टॉम हँस दिया और बोला, "अगर ये मेरे लिए खराब हैं, तो फिर उसके लिए भी खराब ही होंगी।"

रंजन ने इस तरह शक की नजर से हमें देखा मानो हमने आपस में कोई राज़ की बात कर ली हो और साजिश करके उसे बाहर कर दिया हो। बंगाली भाषा पर उतरते हुए उसने मुझसे कहा कि मैं रसोई में जाकर खाने का इन्तजाम देखूँ। मैं रसोई में भागी और एकदम चूल्हे पर रखे पतीलों और बर्तनों के ढक्कनों को खोल-खोलकर देखने लगी। रंजन ने मुझे हिदायत दे रखी थी कि मैं ऐसा हल्का खाना पकाऊँ जिसमें मसाले बिल्कुल न हों और पनीर ढेर सारा हो। उसने यह भी कहा था कि चपाती नहीं बनानी, बस डबलरोटी और मक्खन रखना है। एक व्यंजन मांस का, मुर्गे का, कोई एक सब्जी, कच्ची सलाद, दो मीठी चीजें—हो सके तो कैरामेल का कस्टर्ड और आइसक्रीम के साथ जेली। मैंने यही सब बनाने की कोशिश की थी। अब मैं बस उम्मीद ही कर सकती थी कि खाना खाने लायक ही होगा।

बाहर से दोनों के काम की बातें करने की आवाजें आ रही थीं—वे लोग किसी तकनीकी मामले पर बात कर रहे थे, जो मेरी समझ से बाहर था। तभी फोन की घंटी बजी और मैं समझ गई कि रंजन की माँ का फोन है। उसने टॉम से क्षमा माँगते हुए

फोन उठाया। मैंने सुना, वह अपनी माँ को खाने की चीजों के बारे में संक्षेप में बता रहा था और यह भी कह रहा था कि पता नहीं खाना कैसा बना होगा। तभी, टॉम टहलता हुआ रसोई में आ गया। मैंने उसे दरवाजे पर अटपटे ढंग से खड़े हुए देखा।

"हाँ ?" मैंने पीछे घूमते हुए कहा। मेरा ध्यान इस तरफ था कि मैंने अपनी साड़ी का पल्लू फिर से कमर में खोंस लिया है।

"पानी मिलेगा ? मैं पीने का पानी ढूँढ़ रहा हूँ। क्या आपके पास मिनरल वाटर होगा...नहीं हो, तो भी चलेगा।"

"मिनरल वाटर तो नहीं है," मैंने कहा, "लेकिन मैं पीने के पानी को उबालकर छान लेती हूँ। इसे पीने में कोई खतरा नहीं है। और कलकत्ता के पानी से तो यह बहुत ही अच्छा है।"

टॉम मुस्कुरा दिया। बोला, "आप क्या कलकत्ता की हैं ? और यह जो साड़ी आप पहने हुए हैं, क्या उस इलाके में ऐसी ही साड़ी पहनी जाती है ?"

मैंने नजर नीची करके अपनी सफेद-नीली तंगैल को देखा (यह मेरी शादी की साड़ियों में से थी) और कहा, "हाँ। यह खास बंगाली है। हम लोग इसे तंगैल कहते हैं।" और मैंने इस शब्द के सही-सही हिज्जे किए।

टॉम बड़ी उत्सुकता से मेरी बात सुनता रहा, जैसे वह सच में इसमें दिलचस्पी ले रहा हो। "मुझे हिन्दुस्तानी कपड़े बहुत अच्छे लगते हैं," वह बोला, "दरअसल, आजकल मैं इसी बारे में एक बहुत अच्छी किताब पढ़ रहा हूँ। अगर आपको इसमें दिलचस्पी हो तो मैं आपको वह किताब पढ़ने के लिए दे सकता हूँ।"

मैंने सिर हिलाते हुए एक और ढक्कन खोला।

"अच्छी खुशबू है। हम लोग हिन्दुस्तानी खाना ही खा रहे हैं न ! मुझे हिन्दुस्तानी घरों में असली चीज खाने को बहुत कम मिलती है। मैं फाइव स्टार होटलों की उन तमाम करीज़ से तंग आ चुका हूँ। सबका स्वाद एक ही जैसा होता है।"

शायद मैं परेशान नजर आने लगी थी, क्योंकि टॉम ने आगे झुकते हुए पूछा था, "कुछ गलत हो गया ?"

मैंने फीकी हँसी हँसते हुए कहा, "अरे नहीं...ऐसा कुछ नहीं है, बात बस यह है कि मेरे पति को विश्वास था कि आपको हमारे मसाले अच्छे नहीं लगेंगे, इसलिए... इसलिए..."

टॉम ने मेरी तरफ से बात पूरी करते हुए कहा, "...इसलिए आपने कुछ पका हुआ खाना तैयार किया है ढेर सारे पनीर के साथ, क्यों ?"

मैं हँस पड़ी।

"परेशान मत होइए—आगे भी तो मौका आएगा। तब आप मुझे सही ढंग से बंगाली खाना खिला सकती हैं। कैसा रहेगा ?" टॉम बोला।

तभी रंजन कुछ परेशान-सा चेहरा लिये रसोई में आया। "सबकुछ ठीक तो है न ? कोई परेशानी तो नहीं है ?" वह बोला।

टॉम घूम गया, ''कोई परेशानी नहीं है, तुम्हारी खूबसूरत बीवी के साथ मजाक कर रहा था, बस।''

रंजन ने जल्दी से मेरी तरफ नजर मारी और टॉम को बैठक में आने का इशारा किया। मैं खाना गरम करने में लग गई। टॉम काफी खुशदिल आदमी नजर आता था। रंजन ने उसकी जो तस्वीर पेश की थी, उससे तो वह बिल्कुल मेल नहीं खाता था। लेकिन यह भी सही था कि इस बारे में रंजन ही बेहतर जान सकता था, क्योंकि वह उसके साथ काम करता था।

चिपचिपी दिख रही भुनी मछली को हल्के-हल्के चलाते हुए (क्योंकि मैं ऊपरी सुर्ख परत को छेड़ना नहीं चाहती थी) मेरे दिमाग में यह बात आई कि टॉम पहला विदेशी है, जिससे मैंने सचमुच बात की थी। यह सही है कि कलकत्ता में मैक्सम्यूलर भवन में मैंने कुछ भाषण सुने थे और कॉलेज में भी विजिटिंग प्रोफेसर्स से मिली थी लेकिन किसी गोरे आदमी से सरसरी तौर पर बात करने का मुझे कभी मौका नहीं मिला था। मैंने यही सोच रखा था कि इस तरह की मुलाकात आसान नहीं होगी और मेरी बोलती बन्द हो जाएगी। लेकिन टॉम ने मुझे बिल्कुल भी तनाव में नहीं आने दिया था, और हमारी मुलाकात ऐसी रही, जैसे हम एक-दूसरे को पहले से जानते हों।

मैंने टॉम को रंजन से यह कहते सुना कि वह मुझे फिर से अपने बीच बुला ले। और मैंने रंजन को सफाई देकर उसके आग्रह को विनम्रता से ठुकराते हुए भी सुना। रंजन ने कहा, ''रसोई में उसकी जरूरत है। हम फुलटाइम नौकर रखने में विश्वास नहीं करते। मुम्बई में बहुत ज्यादा खतरा है।''

इसके बाद डिनर हुआ और उसमें रंजन छाया रहा। उसे आज अपने बॉस के समय का फायदा उठाने और 'लटके हुए मामलों' पर बातचीत करने का यह जो मौका मिला था, वह इसे खोना नहीं चाहता था। टॉम ने हँसी-खुशी से खाना खाया और इसके लिए मेरी तारीफ भी की। मुझे लगा कि वह रंजन की बात आधी ही सुन रहा है। मैंने अपने आपको उनकी बातचीत से अलग ही रखने की कोशिश की, क्योंकि यह जाहिर था कि रंजन इस मौके का फायदा उठाकर कम्पनी की पॉलिसी पर अपने विचार व्यक्त करना चाहता था। उसके बात करने के अन्दाज से ऐसा लग रहा था जैसे उसने अपना भाषण पहले से तैयार कर रखा हो, क्योंकि लगता यही था कि उसका एक खास एजेंडा है और वह उसी पर तेजी से बोले जा रहा है।

टॉम जब-तब मुझसे नजर मिलाता और मुस्कुरा देता था। मैं नहीं जानती थी कि मुझे भी उसका जवाब मुस्कुराहट से देना चाहिए या नहीं, क्योंकि यह रंजन के साथ बेवफाई करने जैसा लगता था। जब मेज से बर्तन उठाने का समय आया तो टॉम उछलकर खड़ा हो गया और बोला, ''लाइए...मैं ले चलता हूँ।''

रंजन ने उसकी कुहनी पकड़ते हुए कहा, ''अरे नहीं-नहीं, नहीं। वह कर लेगी। कोई परेशानी नहीं है। हिन्दुस्तान में हम अपने मेहमानों को एक उँगली तक नहीं हिलाने देते।''

टॉम फिर भी उठ गया और कन्धे उचकाते हुए बोला, "देखो रंजन, मैं हिन्दुस्तानी नहीं हूँ। और अमरीका में हम यही करते हैं।"

रंजन ने खीसें निपोर दीं और अजीब-अजीब मुँह बनाने लगा। लेकिन वह उठा नहीं। टॉम मेरे पीछे-पीछे रसोई में आ गया और उदारता दिखाते हुए बोला, "बहुत बढ़िया डिनर था।"

मैंने बहुत धीमे-से कहा 'झूठा', और यह उम्मीद भी करती रही कि वह मेरी बात सुन नहीं पाएगा।

"मैंने सुन लिया कि तुमने क्या कहा," टॉम ने हँसते हुए कहा, "और मैं झूठ नहीं बोल रहा हूँ। बहरहाल, अगली बार मुझे असली खाना चाहिए, ठीक ? यह पक्का रहा।"

उसने अपना हाथ बढ़ाकर गरमजोशी से मुझसे हाथ मिलाया। बाहर से रंजन के साइमन और गारफंकेल का एक गीत गुनगुनाने की आवाज आ रही थी। मैं उसकी जगह निखिल के होने की कल्पना करने लगी, जबकि मैं जानती थी कि ऐसा करना महज मेरी बेवकूफी है। ऐसा करना दिल को दुखानेवाला भी था, और बिल्कुल बेमानी भी। निखिल तो इस समय अपने कॉलेज के दोस्तों के साथ कहीं गया होगा, और शायद कहीं किसी बार में झागदार बीयर पी रहा होगा, या शायद संगीत तैयार कर रहा होगा और अपना गिटार बजा रहा होगा।

मैंने यह कल्पना करने की कोशिश की कि वह टॉम के साथ किस तरह से पेश आता, हालाँकि जहाँ तक रंजन का सवाल था, यह तुलना उचित नहीं थी। मैं इसी नतीजे पर पहुँची कि दोनों में जो खास फर्क होता वह होता निखिल की सहजता, जबकि रंजन तनावग्रस्त और परेशान ही रहता। रंजन अपने बॉस पर 'अच्छी' छाप छोड़ने की जी-तोड़ कोशिश कर रहा था, जैसे कोई विद्यार्थी अपने अध्यापक को प्रभावित करने की हरचन्द कोशिश कर रहा हो।

खुशकिस्मती से, टॉम गन्दा आदमी नहीं था। जब वह रंजन की शिकायतों (और कुछेक व्यावहारिक सुझावों) को ध्यान से सुन रहा था तो मैंने देखा कि उसकी आँखों में हमदर्दी और दयालुता थी। उसने रंजन की राय को महत्त्वहीन नहीं समझा, न ही बोरियत या अरुचि दिखाकर उसे हताश ही किया। मुझे रंजन की तरफ से खुशी हो रही थी। यह बहुत अजीब बात थी कि मुझे यह लग रहा था कि टॉम अगर रंजन के साथ कठोरता से पेश आता तो मुझे बहुत दुख होता। मैं जानती थी कि रंजन को इससे बेहद चोट पहुँचती और वह यह भी नहीं समझ पाता कि टॉम ने ऐसा क्यों किया।

बाद में, जब टॉम चला गया और रंजन अपने कपड़े उतारकर अंडरवियर में आ गया, तो उसने विचारमग्न होते हुए मुझसे पूछा कि मेरी इस शाम के बारे में क्या राय बनी।

"क्या उसे तुम्हारा डिनर पसन्द आया ?" ('डिनर' या 'हमारा डिनर' नहीं)।

मैंने सिर हिला दिया—मैंने न 'हाँ' कहा, न ही 'नहीं।'

"क्या उसने खुद तुमसे कहा था कि उसे तुम्हारा डिनर पसन्द आया या तुम बस अन्दाजा लगा रही हो ?"

"उसी ने मुझसे कहा था कि उसे डिनर पसन्द आया था।"

"उसने ठीक-ठीक क्या कहा था ?"

मैं रात के लिए अपने बालों में तेल लगाकर चोटी करने लगी।

"देखो, उसने कहा था कि डिनर बहुत बढ़िया है, लेकिन अगली बार वह खास हिन्दुस्तानी खाना खाकर देखना चाहता है।"

रंजन ने तकिया-गिलाफ को मोड़कर सख्त किए हुए कोने से अपने कान साफ करने बन्द कर दिए और रोमांचित होता हुआ बोला, "उसने सचमुच ऐसा कहा ? क्या उसने सचमुच 'अगली बार' शब्द का इस्तेमाल किया ?"

मैंने उदासीन रहते हुए सिर हिला दिया। रंजन की बाँछें खिल गईं, "यह तो बहुत अच्छा हुआ। बहुत ही अच्छा। इसका मतलब यह हुआ कि वह मुझसे दोबारा मिलना चाहता है।—बेतकल्लुफी के माहौल में, मेरे घर पर। अच्छा है, अच्छा है, अच्छा है।"

मुझे उसकी बात सुनकर थोड़ा दुख हुआ। 'मुझसे', 'मेरे घर पर'। मानो इस शाम की कामयाबी से मेरा कोई लेना-देना ही न हो। जैसे मैं घरेलू रसोईदारिन या भाड़े की कैटर भी हो सकती थी।

मन तो हुआ कि रंजन से यह बात कह दूँ, लेकिन फिर मैंने अपना इरादा बदल दिया। रंजन जाहिरा तौर पर इस खबर से इतना खुश था कि वह बार-बार अपने लिए इसे दोहराता रहा।

"बहुत बढ़िया। अच्छी बात है, उसे सब कुछ पसन्द आया।"

एक खयाल बिना बुलाए मेरे दिमाग में आया। मुझे यह सोचकर भी डर लग रहा था, लेकिन मन-ही-मन यह बात मुझे पता थी कि टॉम को मैं सचमुच पसन्द आई थी। और शायद उसे इस बात पर भी थोड़ा अफसोस हुआ था कि रंजन मुझसे इस तरह हिकारत से बात करता रहा था। मैंने इसे शिद्दत से महसूस किया—उस पूरी शाम के दौरान एक बार नहीं, बल्कि कई बार टॉम को रंजन के रवैए से परेशानी हुई थी।

टॉम मुझसे नजर मिलाने में भी कामयाब रहा था। मैंने फौरन अपनी नजर हटा ली थी और ऐसे जताया था जैसे मुझे इसकी जानकारी हीं न हो। और ऐसा मैंने डर के मारे नहीं किया था। मैं जानती थी कि अगर रंजन ने टॉम को मुझे उन नजरों से देखते हुए पकड़ भी लिया होता तो वह उसका मतलब नहीं समझ पाता। रंजन अपनी ही फिक्रों और खयालों में इतना उलझा हुआ था कि उसे यह देखने की फुरसत ही नहीं थी कि दूसरे लोगों के बीच क्या चल रहा है। और यह ठीक ही था।

और, अब वह खुशी से पागल हुआ जा रहा था। उसकी आवाज ऊँची और रोमांच से रुँधी हुई थी। वह कहे जा रहा था, "सुबह सबसे पहले माँ को फोन करके बताऊँगा। वह इतनी फिक्रमन्द थी, इतनी फिक्रमन्द ! वह लगातार शक कर रही थी, शक किए जा रही थी। मैंने उससे कहा कि चिन्ता छोड़ो। मैंने कहा, सब ठीक होगा। हर पत्नी

अच्छी खाना पकानेवाली नहीं होती; और फिर वह विदेशी है। अगर एक-दो व्यंजन खराब भी हो गए तो भी उसके खाने के लिए कुछ-न-कुछ तो होगा ही। इसीलिए मैंने भुने हुए व्यंजन पर जोर दिया था। ये लोग पनीर बहुत पसन्द करते हैं। देखा, ये लोग पीत्सा वगैरह कैसे जल्दी-जल्दी खाते हैं ? मैं तुम्हें बताता हूँ, जब मैं वहाँ था तो मुझे 'जंक फूड' से नफरत होती थी। नफरत करता था मैं। लेकिन और कोई चारा ही नहीं था। माँ रिश्तेदारों के हाथों मुझे कुछ सूखी चीजें भिजवा देती थी, लेकिन वे कितने दिन टिकती थीं ?

"खैर, मुझे इस बात से खुशी है कि टॉम ने दोबारा आने को कहा है। यह अच्छा संकेत है। वह मुझे मेरे दूसरे काम के लिए हरी झंडी दे रहा है। मैं कल ऑफिस में जरूर इससे आगे की बात करूँगा। ये लोग हमारी व्यवस्था को नहीं समझते कि हिन्दुस्तान में हर काम किस रफ्तार से होता है। वे तो यह उम्मीद करते हैं कि सब कुछ उतना ही सही होगा, जितना कम्प्यूटर करते हैं। 'नामुमकिन,' मैं कहता हूँ। 'इसे मुमकिन करो,' टॉम कहता है। लेकिन कैसे ? मेरे हाथ तो बँधे हैं। लेकिन आज के बाद कोई परेशानी नहीं होगी। नई शुरुआत हो चुकी है। बहुत बढ़िया, बहुत बढ़िया। अब ऑफिस में सारे लोग बेहद जल-भुन जाएँगे। सुना तुमने, बेहद जल-भुन जाएँगे।"

मैं प्रार्थना करने लगी और रंजन बच्चों की तरह चहकता रहा, मानो उसे भाषण दिवस पर कोई तमगा मिल गया हो।

"कल ऑफिस में सब लोगों को पता चल जाएगा कि टॉम मेरे यहाँ डिनर पर आया था—देखना अब कैसे उनका रवैया बदलता है। यहाँ सारी परेशानी यही है—हर कोई अपने-अपने बॉस की चमचागीरी करने में लगा है। लेकिन मैं ऐसा नहीं करता। मेरा न्यौता सीधा था—मैंने कोई मस्का नहीं मारा। बस सीधे-सीधे कह दिया। प्लीज, डिनर पर हमारे घर आना, बस। और टॉम फौरन राजी हो गया। कोई झंझट नहीं हुआ। इससे पता चलता है कि वह मुझे कितना ज्यादा मानता है। दूसरे लोगों ने भी उसे अपने घर बुलाने की कोशिश की है। तुम्हें कुछ पता है ? उसने मना कर दिया। हाँ, बिल्कुल यही। बोला, 'सॉरी, फिर कभी।' "

रंजन बोलता चला जा रहा था, लेकिन मैं उसकी तमाम बातें नहीं सुन रही थी। वैसे भी, वह मुझसे बात ही कहाँ कर रहा था ! वह तो अपने आपको तसल्ली दे रहा था। मुझे उसकी तरफ से खुशी हो रही थी। यह सचमुच बहुत अहम बात थी कि टॉम ने हमारे घर आकर हमारी इज्जत बढ़ाई थी। अब यह रंजन के ऊपर था कि आज शाम जो सौहार्द और बेतकल्लुफी कायम हुई थी, वह उसे बनाए रखे।

बहरहाल, टॉम मुझे आम दबंग गोरे बॉसों की तरह नहीं लगा। मैंने अपने पिता से कलकत्ता की चाय कम्पनियों के अंग्रेज हुक्कामों के बारे में जो किस्से सुन रखे थे, उनसे तो मुझे यही विश्वास हो गया था कि गोरे हुक्मरान सबसे ज्यादा अत्याचारी थे। वे ऐसे गुंडे होते थे जो यहाँ के बाशिन्दों की असुरक्षा का गलत फायदा उठाते थे। मेरे पिता उन्हें जंगली, बदतमीज, उद्दंड और पूरी तरह से घिनौना बताते थे।

मेरी माँ नाक सुड़कते हुए कहती थी, "घमंडी, अंग्रेज सचमुच घमंडी होते हैं। दुनिया-भर में सबसे ज्यादा घमंडी। मुद्दा यह है, एक कौम की तरह हमारे अन्दर और ज्यादा अभिमान और स्वाभिमान क्यों नहीं है ? तुमने देखा नहीं, गोरे लोगों के सामने हमारे लोग कैसे व्यवहार करते हैं ? कलकत्ता के किसी भी क्लब में चले जाओ, तुम्हें ये लोग हम पर हुक्म चलाते मिल जाएँगे, जबकि हम सिर झुकाए खड़े रहते हैं और उनकी तरफ से की गई अपनी किसी भी बेइज्जती को बरदाश्त करने को तैयार रहते हैं। मुझसे पूछो तो वे हमारे साथ जैसा सुलूक करते हैं, हम उसी के लायक हैं।"

लेकिन टॉम ऐसा बिल्कुल नहीं लगता था। वह इतना सहज और इतना विनम्र था कि उसके आगे रंजन ही जंगली और उजड्ड दिखाई देता था। लेकिन फिर, मैंने सुना था कि अमरीकी लोग अलग किस्म के होते हैं। वे बराबरी में यकीन करते हैं और अपने साथ काम करनेवालों से सहकर्मियों जैसा ही सुलूक करते हैं, बँधुआ मजदूरों या गुलामों जैसा नहीं।

टॉम जवान था—रंजन से सिर्फ एक साल बड़ा। मैं उसकी पारिवारिक जिन्दगी के बारे में सोचती थी—उसके माँ-बाप कैसे हैं ? और उसका घर ? उसके कपड़ों से तो यह बताना मुश्किल था कि वह पैसेवाले घर का है। पिताजी ने मुझे बताया था कि जहाँ तक अंग्रेजों का सवाल है, उनकी पहचान उनके कपड़े देखकर नहीं ('हमेशा गन्दे कपड़े पहनते हैं वे'), बल्कि उनके बोलने के ढंग से होती है। आदमी के लहजे से उसकी हैसियत का पता चलता है। और बरसों तक अंग्रेजों के साथ काम करने के बाद पिताजी ने ऊँचे, मध्यम और निचले तबकों के लहजों में फर्क करना सीख लिया था। एक मामले में वह अपने आपको इसका विशेषज्ञ मानते थे। मेरी माँ ने भी अपने आप कुली-कबाड़ियों को कुलीनों से अलग करना सीख लिया था (ऐसा नहीं था कि कलकत्ता में कुलीन अंग्रेज ही आते थे)।

और जहाँ तक अमरीकियों का सवाल है, उनके यहाँ ये फर्क नीली डेनिम जीन्स में आकर मिट जाते थे। जीन्स ने छोटों-बड़ों को एक करने का बड़ा काम किया है।

"तो...कल रात बॉस को प्रभावित किया जा रहा था, क्यों ?"

निखिल दरवाजे पर खड़ा कह रहा था। उसके हाथ में एक लिफाफा था, और चेहरे पर उपहास-भरी मुस्कान। कुछ नए की गरज से मैंने बचाव की मुद्रा नहीं अपनाई (शायद रंजन की तरह डिनर की कामयाबी का असर मुझ पर भी हुआ था)।

"क्यों नहीं ? तुम क्या सोचते हो, बस एक तुम्हारे माँ-बाप को ही यह अधिकार मिला हुआ है ?" मैंने जवाब दिया। मैंने भी अपने चेहरे के भावों को बदलकर उसके चेहरे के भावों की तरह कर लिया था—बदतमीजी-भरा।

"नाराज मत हो, माया," निखिल ने कहा, "मुझे तुम्हारी ही तरह खुशी हो रही है। बढ़िया...बढ़िया। मैं तो सोचता था कि बस मेरी माँ ही दूसरों से हमेशा बीस रहने

का बेहूदा खेल खेलती है, लेकिन लगता है तुम भी उससे अलग नहीं हो। ऑफिस की राजनीति, चमचागीरी, गोरे आदमी के तलवे चाटना...सब इस खेल का हिस्सा हैं, क्यों ? हूँ...तुमने हमेशा की तरह खाना जलाया तो नहीं न ?''

मैं इस पर झल्ला पड़ी (बेवकूफों की तरह)। मैंने कहा, ''तुम्हारी यह कहने की हिम्मत कैसे हुई ? और तुम्हें खाना बनाने की मेरी काबिलियत का क्या पता ?''

निखिल ने हाथ में पकड़ा लिफाफा मेरी तरफ बढ़ा दिया। वह बोला, ''न्यौता है। मेरी माँ की ब्यूटी वर्कशॉप का। सात सौ रुपए। दो दिन चलेगा। लंच और चाय इसी में शामिल है। तुम्हें इसमें जरूर हिस्सा लेना चाहिए...और अपनी ये मूँछें भी साफ करवा लेना।''

मेरी उँगलियाँ एकदम मेरे ऊपरी होंठ पर चली गईं (मैं फिर उसके झाँसे में आ गई थी)।

''मेरे मूँछें नहीं हैं !'' मैंने लगभग चिल्लाते हुए कहा।

''तुम्हारा आईना यह नहीं बोलेगा—मेरा मतलब है, अगर तुम कभी आईना देखती होती।'' निखिल ने छेड़खानी करते हुए कहा।

मैंने बात बदलने की कोशिश में चिड़चिड़ाते हुए कहा, ''वैसे, तुम्हें हमारे डिनर के बारे में किसने बताया ? दफ्तर में तो किसी को इस बारे में पता ही नहीं था।''

निखिल ठहाका मारकर हँस पड़ा। वह बोला, ''माया, माया, माया ! कलकत्ता में तुम्हें कुछ नहीं सिखाया जाता था ? मुम्बई में कोई भी बात छिपी नहीं रहती। कोई भी बात। वैसे भी अब तक तो तुम्हें पता चल जाना चाहिए कि इस बिल्डिंग का खुफिया तन्त्र कैसे काम करता है। हर रोज तो ऐसा होता नहीं है कि कोई गोरा साहब नीचे गाड़ी खड़ी करने की जगह ढूँढ़ता है और फिर मलिक-परिवार के फ्लैट में जाने का रास्ता पूछता है, क्यों ?''

फिर वह फुर्ती से अपनी एड़ी पर घूमा और मुझे एक हवाई चुम्बन देता हुआ वहाँ से चला गया। मैंने अपने आपको उसके झाँसे में आने के लिए कोसा। एक बार फिर। मैंने कुढ़कर अपने हाथ में थमे पगली पुष्पा के निमन्त्रण को घूरकर देखा और उसे दूर फेंक दिया। गुस्से की इस कार्रवाई से ब्यूटी वर्कशॉप का मसला हल हो गया। अब निखिल से निपटना बाकी बचा था। मैंने कसम खाई कि आइन्दा मैं अपनी जिन्दगी में उसके बिना बताए घुसपैठ करने से और भी मुकम्मिल तौर पर निपटूँगी। मैं उसे यह साबित करके दिखा दूँगी कि 'कलकतिया माया' अगर सचमुच ठान ले तो क्या नहीं कर सकती। मैं उसके चेहरे से वह कुटिल हँसी पोंछ दूँगी। मैं...मैं...उसे चूम लूँगी।

13

नवम्बर के आखिरी दिनों की एक सुबह मैं सोकर उठी तो मुझे हवा में एक तेज, खुशगवार, ठंडी चुभन का अहसास हुआ। पहले तो मैंने सोचा कि शायद यह मेरी कल्पना है। शायद रंजन ने एयर-कंडीशनर को रोज से कुछ ज्यादा देर तक चलता छोड़ दिया हो। लेकिन नहीं, उसने तो आँख खुलते ही उसे बन्द कर दिया था—यह उसकी ऐसी आदत थी जिसकी मैं अच्छी तरह अभ्यस्त हो चुकी थी। इस घर में और तमाभ चीजों की तरह ही, एयर-कंडीशनर भी हर तरह से उसी का था। उसी की सहूलियत से इसे चलाया और बन्द किया जाता था।

तो, अगर यह ठंडक एयर-कंडीशनर की नहीं थी तो क्या थी ? मैं दौड़कर बालकनी पर पहुँची और जल्दी-जल्दी कुछ गहरी साँसें लीं। कुछ बदल गया था। हवा की गन्ध अलग किस्म की थी, और शहर पर एक पतली, भूरी चादर पड़ी हुई थी। तो क्या यह सचमुच मुम्बई में 'सरदी' का आगमन है ? मुझे नहीं पता था कि मुम्बई में सरदी भी होती है, और अभी भी मुझे विश्वास नहीं था।

मैं रोमांचित हो उठी और उसी हालत में वापस बेडरूम में गई कि रंजन से पता करूँ। वह नहा चुका था और जूते पहनने से पहले की क्रिया में फीतों की एक गाँठ से जूझ रहा था। यह बहुत ही हास्यास्पद दृश्य था—रंजन केवल अंडरवियर और मोजे पहने बैठा था और (मेरे चमकाए हुए) बहुत ज्यादा चमचमाते जूतों से उलझ रहा था और धीमे-धीमे कोसता भी जा रहा था।

"रंजन...लगता है सरदी आ गई है। तुमने बाहर देखा ? कितना खूबसूरत मौसम है, और कोहरा-सा भी है।"

रंजन ने भुनभुनाते हुए कहा, "यह प्रदूषण है, कोहरा नहीं।" और यह समझाने

के बाद वह फिर कोसने लगा।

"ऐसा मत कहो," मैंने दुखी आवाज में कहा, "साल के इस समय कलकत्ता में हमेशा ऐसा ही मौसम हो जाता है। और फिर घड़ियाहाट के बाजार में बेहतरीन सब्जियों और मछलियों की बाढ़-सी आ जाती है।"

रंजन अब आईने के सामने खड़ा होकर सावधानी से अपने बाल सँवार रहा था। उसने अपनी खोपड़ी के थोड़े-से गंजे होते हिस्से को देखा और उसी में उलझे हुए कहा, "मुम्बई कलकत्ता नहीं है।"

फिर वह बोला, "मुम्बई में कोई कोहरा वगैरह नहीं होता--बस गन्दी हवा की एक धुँध होती है। कल तक तुम्हारी खाँसी रोके नहीं रुकेगी। तुम्हारे फेफड़े जम जाएँगे।"

मैं खिड़की के बाहर ही ताकती रही। "लेकिन क्या ठंडक कुछ ज्यादा नहीं हो जाएगी ? मुझे तो अभी से महसूस हो रही है।" मैंने कहा।

रंजन बोला, "यह तुम्हारी कल्पना है। मुम्बई में बुनियादी तौर पर दो ही मौसम होते हैं—गरम और गीला। बस।"

अचानक, बिना किसी भूमिका के मैंने कह दिया, "रंजन, मैंने कुछ क्लासेज़ में जाने का फैसला कर लिया है। मिट्टी के बर्तन वगैरह बनाने की क्लासेज़ हैं।"

रंजन ने अपनी चाँद को देखना छोड़ दिया और शक्की नजरों से मुझे घूरने लगा।

"क्या ?" वह बोला। उसकी आँखें अविश्वास में फैल रही थीं, "क्लासेज़ ? किस तरह की क्लासेज़ ? क्या बकवास है !"

मैंने पहले से तह किए धुले कपड़ों को एक बार फिर तह करने का नाटक करते हुए हल्केपन से अपनी बात जारी रखी, "तुम तो जानते हो, घर का काम खत्म हो जाने के बाद मेरे पास इतना ज्यादा फालतू वक्त बचा रहता है। मैंने सोचा, मुझे कोई अच्छा... रचनात्मक...काम करना चाहिए, कुछ सीखना चाहिए। समय क्यों बरबाद किया जाए ?"

रंजन हताश होकर पलंग के सिरे पर बैठ गया। बोला, "सीखना ? समय ? मैं समझा नहीं तुम किस बारे में बात कर रही हो, माया !—घर में कितना कुछ तो पड़ा रहता है करने को। तुम किस फालतू समय की बात कर रही हो ? माँ की मिसाल लो। वह चौबीसों घंटे काम में लगी रहती है। वह तो कभी किसी बेकार की क्लास में नहीं गई। तुम मिट्टी के बर्तन या वह जो भी बकवास हो, सीखकर क्या करोगी ?"

मैंने कपड़ों को इस्त्री की मेज पर रख दिया और कहा, "मिट्टी के बर्तन बनाने में मुझे हमेशा दिलचस्पी रही है। सच पूछो तो कॉलेज की पढ़ाई पूरी करने के बाद मेरा शान्तिनिकेतन जाने का बहुत मन था। मैं पेंटिंग और बॉटिक भी सीखना चाहती थी। मुझे कुछ बुनियादी बातें सीखकर बहुत अच्छा लगेगा—और फिर, बेशक, मैं घर से ही कर लूँगी।"

रंजन ने आईने में देखते हुए अपनी मनपसन्द नीली कमीज पहन ली। वह बोला, "तुम्हारी आदत है, सुबह-सुबह ही मुझे कोई-न-कोई ठेस जरूर पहुँचाओगी। वह भी तब जब मैं अपने आपको एक खास बैठक के लिए तैयार कर रहा हूँ। मैं कहता हूँ, पति

को ऑफिस जाने से पहले इस बात की जरूरत होती है कि पत्नी उसका कुछ खयाल करे, न कि इस तरह की धमकियाँ लेकर बैठ जाए।''

मैं जो कर रही थी, उसे छोड़कर चकित होती हुई उसकी तरफ घूम गई। मैंने कहा, ''धमकियाँ ? मैंने तुम्हें धमकाया है ? तुम यह कैसे कह सकते हो, रंजन ? मैं तो बस मिट्टी के बर्तन बनाना सीखना चाहती हूँ। हफ्ते में दो बार दो-दो घंटे की ही तो बात है, बस। इससे मेरे घर के काम में कोई रुकावट नहीं आएगी, मैं तुमसे वादा करती हूँ।''

''क्या यह सब जरूरी है ? तुम बर्तनों का क्या करोगी ?'' रंजन ने शिकायती लहजे में कहा।

''उन्हें 'बर्तन' मत कहो। बर्तन बनाना बड़ी कलाकारी और खूबसूरत काम भी हो सकता है। जब मैं छोटी-सी थी तो मोहनजोदड़ो के नमूनों के फोटो देखना मुझे बहुत अच्छा लगता था।'' मैंने अपनी आवाज को शान्त रखने की कोशिश करते हुए कहा।

''देखो माया, मुम्बई में इस तरह की फालतू क्लासेज़ में जाना फैशनेबुल तो माना जा सकता है, लेकिन हकीकत में यह तुम्हारे किस काम आ सकती है ? या हमारे ? और फिर, उनमें थोड़ा-बहुत पैसा भी देना होता होगा, क्यों ?''

मैं परेशान होकर कमरे को ठीक करने लगी, हालाँकि वह एकदम साफ था।

मैंने कहा, ''मुझे फीस का पता करना होगा कि ठीक-ठीक कितनी लगती है, लेकिन मैं इतना जानती हूँ कि वह बहुत ज्यादा नहीं है, क्योंकि जो आदमी ये क्लासेज चला रहा है, वह अपने फ्लैट में ही सिखाता है और कच्चा माल भी सस्ता होता है—शुरू में तो बस मिट्टी की जरूरत होती है।''

रंजन अचानक चौकन्ना होकर तन गया। वह बोला, ''आदमी ? कौन आदमी ? तुमने मुझे यह नहीं बताया कि क्लासेज़ कोई आदमी चला रहा है। हे भगवान, माया, तुम इन चीजों के बारे में सोचती नहीं क्या ? तुम्हें पता है तुम किस लफड़े में पड़ सकती हो ? ये नाम की क्लासेज़ अक्सर और कुछ नहीं, बस भरती के अड्डे होते हैं।''

मैं सचमुच चकरा गई। ''काहे की भरती ?'' मैंने एक तकिए को फुलाते हुए पूछा।

रंजन ने जोर से अपना माथा ठोंक लिया। उसे पसीना तो आ ही रहा था, सो इससे 'थपाक' की आवाज हुई। ''जिस्मफरोशी के लिए भरती, और काहे की ?'' वह बोला, ''मुम्बई देश का सबसे बड़ा भरती-अड्डा है। और मेरी बीवी सीधे ऐसे ही किसी जाल में फँसने जा रही थी। जरा सोचो तो मुझे कितनी शर्मिंदगी उठानी पड़ती। और बेशक, मेरे घरवालों को भी। एक बार कोई इस जाल में फँस गया तो फिर उससे निकलने का कोई रास्ता नहीं है। खलास ! उसकी जिन्दगी खत्म हो जाती है। इस तरह के आदमी बड़े रुतबेवाले भड़ुए होते हैं जो तुम्हारे जैसी औरतों को फँसाते हैं, जो इस शहर में अजनबी होती हैं, जिन्हें दुनियादारी की कोई जानकारी नहीं होती। पहले तो ये लोग तरह-तरह से झूठी तारीफें करके औरतों को लालच देते हैं और फिर वे उन्हें अपनी लौंडी बना लेते हैं—और उसके बाद कोई चारा नहीं रह जाता। समझीं ?''

मैं रंजन की बात सुन तो रही थी, लेकिन मेरा दिमाग कहीं और था। मुझे यह सोचकर स्वयं पर अजीब-सा गुमान हुआ कि मेरे पति का सोचना है कि एक शातिर-निगाह भड़ुआ मुझसे इतना प्रभावित हो जाएगा कि मुझे फँसाने के लिए मिट्‌टी के बर्तन बनाने की क्लासेज़ का चारे की तरह इस्तेमाल करेगा ! सुनने में कितना अविश्वसनीय लगता है ! और मजेदार भी !

पीछे से निकी मार्क्स की आवाज आ रही थी। वह ओकलाहोमा बम कांड के बारे में बात कर रही थी और ओ.जे. सिम्पसन के मुकदमे की एक छोटी-सी रिपोर्ट भी पेश कर रही थी। जब मैंने बातचीत शुरू की थी तो रंजन ने टी.वी. की आवाज धीमी कर दी थी और अब वह इतना उत्तेजित था कि निकी की तरफ ध्यान ही नहीं दे रहा था। मेरे लिए यह भी अपने ऊपर गुमान करने की बात थी, क्योंकि मुझे पक्का पता था कि वह निकी का दीवाना है। कुछ भी हो, निकी को वह बहुत ही पसन्द करता था। अक्सर वह उसके कपड़ों और हेयर स्टाइल्स के बारे में अपनी राय जाहिर करता रहता था ('लाल रंग उस पर सचमुच खिलता है। देखो आज कितनी स्मार्ट लग रही है वह। लेकिन यह हेयर स्टाइल उसे थोड़ी बदलनी होगी—तुम्हारा क्या खयाल है ?')।

मैं भी निकी की प्रशंसिका थी और अक्सर उसकी जिन्दगी के बारे में कल्पना किया करती थी। कितनी रोमांचक लगती थी उसकी जिन्दगी, और कितनी चुनौती-भरी ! हर रोज उसमें कुछ-न-कुछ अजीब, कुछ-न-कुछ नया होता रहता था। जब मैं कॉलेज में थी तो पत्रकार बनने और दुनिया को बदल डालने के सपने देखा करती थी। मेरे माता-पिता अपने अखबारों को बहुत संजीदगी से लेते थे। मेरे पिता तो बड़ी मेहनत से 'आनन्द बाजार पत्रिका' पढ़ते थे (वह अखबार को अपनी आँखों से कुछ ही दूरी पर पकड़े रहते थे), वहीं मेरी माँ को 'द टेलीग्राफ' अच्छा लगता था। वह समझाया करती थी, "मुद्‌दा यह है, पुराने नीरस तरीके से छापी गई खबर अब खबर नहीं रह गई। पढ़नेवालों को अपनी तरफ खींचने के लिए हमें समय के साथ चलना होता है। अखबार पढ़ने के नाम पर तो मैंने हमेशा 'दि स्टेट्‌समैन' पढ़ा है, लेकिन यह तब की बात है जब 'दि टेलीग्राफ' शुरू नहीं हुआ था। अब, अगर मुझसे पूछो तो यही अखबार पढ़ने लायक है।"

इस समय, मेरे पिता सुबह की चाय का पाँचवाँ प्याला सुड़कते और खीझते हुए बड़बड़ाते थे, "क्या खबर होती है ? खाली गपशप और फोटो होते हैं।"

मैं भी इस बात को स्वीकार करती हूँ कि मैं भी वह नहीं पढ़ती थी। फिर भी, पत्रकारिता को पेशा बनाना मुझे रोमांचित करता था। जब भी मेरी ट्राम 'राइटर्स बिल्डिंग' या 'दि स्टेट्‌समैन' के दफ्तर के पास से गुजरती, मैं खयालों में खुद को वहाँ काम करता देखती, कि मैं दुनिया-भर की खबरों की रिपोर्टिंग कर रही हूँ, प्रधानमन्त्रियों और राष्ट्रपतियों के इन्टरव्यू ले रही हूँ, महत्त्वपूर्ण प्रेस कान्फ्रेन्सों में जा रही हूँ और सब लोग मुझे संजीदगी से, बहुत संजीदगी से ले रहे हैं।

लेकिन मैं इतनी ज्यादा सुस्त थी कि स्वतन्त्र (फ्रीलान्स) लेखन नहीं कर सकती

थी। मेरी माँ मुझे कोंचती, "अपनी बात कहने से डरना क्या ? अगर तुम्हारे पास कहने को कुछ है तो उसे लिखकर कहो। अपने अन्दर अनुशासन बनाने का यही तरीका है। मुझे देखो--आज तक, मैं सब कुछ लिखती हूँ, अपने विचार भी।"

हाँ, मैंने अपनी माँ के लिखे हुए 'विचार' देखे थे। मेरे पिता तो अंग्रेजी और बंगाली की रोमांटिक कविताओं से दस्ते के दस्ते कागजों को भरते रहते थे, इसके उलट मेरी माँ ढूँढ़-ढूँढ़कर ऐसे उद्धरण उतारती रहती थी जो बेहद निराशा और उदासी से भरे होते थे। पता नहीं कहाँ मिल जाते थे उसे ये उद्धरण। लेकिन जब भी मैं उसकी 'विचार पुस्तक' के पन्ने पलटती और उसमें आत्महत्या, मौत और पुनर्जन्म के बारे में बड़े-बड़े अंश पढ़ती तो मुझे बहुत निराशा होती और मैं उदास हो जाती।

इन्सान की जिन्दगी के हिंसक और अप्राकृतिक ढंग से खत्म होने के बारे में अपनी माँ की मनहूस दिलचस्पी की तरफ जब मेरा ध्यान पहले-पहल गया था, तब मैं बहुत छोटी थी, और उसकी इस खब्त ने मुझे थोड़ा परेशान भी कर दिया था। मैंने यह भी गौर किया था कि किसी दर्दनाक हादसे की बात करते समय वह सबसे ज्यादा रोमांचित होती थी। तब वह छोटी से छोटी तफसील पर ठहरकर उसके बारे में देर तक बात करती रहती थी। मेरे पिता के साथ कभी-कभी उसकी इस तरह की बातें होती थीं और तब मैं देखती थी कि माँ की आँखें रोमांच में चमकने लगी हैं और उसकी आवाज कुछ ज्यादा ही ऊँची हो गई है।

मेरे पिता ऐसे मौकों पर कभी-कभार हुँकारी भरकर यह जताते थे कि वह सुन रहे हैं। लेकिन आधे घंटे की बातचीत का वह दौर सचमुच मेरी माँ का ही होता था। वह उस हादसे को अपने ढंग से पेश करते हुए उसमें ऐसे मनगढ़ंत किरदारों को जोड़ देती थी, जिनके इरादे नापाक होते थे। मैं यह सोचकर हैरान होती थी कि उसने जासूसी कहानियाँ लिखने पर हाथ क्यों नहीं आजमाया, क्योंकि वह पेचदार किस्से गढ़ने में बेहद होशियार लगती थी।

यह अपने आपमें कोई चिन्ता की बात नहीं थी—आखिरकार, कुछ लोग फुटबॉल के स्कोर से रोमांचित होते हैं, तो कुछ आत्महत्याओं से। लेकिन जब अचानक मैं उसे अपने आपसे बड़बड़ाते हुए देख लेती थी, तब मैं सन्न रह जाती थी। जब मैं और भी छोटी थी तब मैं ऐसे मौकों पर अपना कोई खिलौना लेने या बगल के कमरे में जाने के लिए उसके पास से दबे पाँव निकलती थी। अगर वह मुझे देख ही लेती थी, तो भी वह उस प्रेत से अपनी बातचीत को बीच में नहीं रोकती थी। वह मेरी तरफ सूनी आँखों से देखती और जरा भी विचलित हुए बिना अपना बड़बड़ाना चालू रखती।

बाद में शायद यह सोचकर कि मैं न जाने क्या कहूँगी या करूँगी, वह एकबारगी चुप हो जाती थी, अपनी साँस रोक लेती थी और मुझे एकटक घूरते हुए मेरे वहाँ से जाने का इन्तजार करने लगती थी। तब मैं भी खुद को कुसूरवार समझने लगती थी,

मानो, मैंने किसी गुप्त अनुष्ठान में रुकावट डाल दी हो। एक-दो बार मैंने दरवाजे के पीछे छिपकर यह जानने की कोशिश की थी कि वह किससे बात करती है और उसे किसे अपने विचार बताने की जरूरत होती है।

मुझे यह विश्वास-सा हो गया था कि वह अपनी मरहूम बहन से बात करती है। अपनी उस मौसी की मुझे धुँधली-सी याद थी, क्योंकि जब वह मरी उस समय मैं केवल सात साल की थी। मेरी नानी ने मुझे बताया था कि दोनों बहनें कभी जुदा नहीं होती थीं; और जब अमृता मौसी की टाइफायड से मौत हो गई थी तो मेरी माँ लम्बे अरसे तक उदासी के घेरे से बाहर नहीं निकल पाई थी। अक्सर वह अपना बिस्तर भी नहीं छोड़ती थी। उसे किसी भी बात से तसल्ली नहीं मिलती थी और उसने दुख के मारे लोगों से बात करना भी बन्द कर दिया था—मेरे पिता से भी।

शुरू में तो मेरे नाना-नानी और दादा-दादी ने सोचा था कि सिर्फ एक साल की छोटाई-बड़ाईवाली बहनों में से एक की मौत हो जाने पर दूसरी बहन पर उसका ऐसा असर होना स्वाभाविक ही था। लेकिन जब छह महीने बीत गए और माँ ने किसी से बातचीत ही नहीं की तो उन्होंने मिल-जुलकर मशहूर कालीधाट मन्दिर से एक ओझा को बुलाने का फैसला किया। इसका विरोध केवल मेरे पिता ने अपनी कमजोर, ऊँची आवाज में एतराज जताकर किया था, लेकिन उनके एतराज पर किसी ने थोड़ा-सा भी ध्यान नहीं दिया था। कोई कभी देता भी नहीं था।

और इस तरह, तड़के ही भयंकर आँखों और बड़े-बड़े बालोंवाले एक मरियल-से आदमी को लाकर उसे मेरी माँ के पास ले जाया गया। माँ ने पहले तो सूनी आँखों से उसे घूरकर देखा और फिर गश खा गई थी। इस पर रिश्तेदारों ने एक-दूसरे को अर्थपूर्ण आँखों से देखा था। एक आंटी ने कहा था, "देखो, वह बेहोश हो गई। अब तो पक्का हो गया। चित्रा पर भूत ही सवार है। चलो अनुष्ठान की तैयारी करो।"

जब यह सब हुआ, उस समय मैं घर पर ही थी, और इस घटना को कभी भूल नहीं पाई। मैं उस काले अजनबी के डर से दरवाजे के पास दुबक गई थी, जिसकी झीनी धोती से उसका नंगापन साफ दिखाई दे रहा था। उसने एक लय में झूमना शुरू कर दिया था, और साथ में मन्त्र भी पढ़ता जा रहा था। मुझे तो लग रहा था, वह कोई अंड-बंड कविता ही बोल रहा है।

मेरी माँ सिरेमिक की टाइलोंवाले ठंडे फर्श पर अब भी बेजान पड़ी हुई थी। मुझे याद है कि मुझे उसकी तरफ से शर्म आ रही थी, क्योंकि उसकी साड़ी सरककर घुटनों के काफी ऊपर तक चली गई थी। मैं उसकी कसी हुई, चिकनी जाँघों को पहली बार देख रही थी। मेरे अंकल लोग भी बड़ी उत्सुकता से उसकी जाँघों को देख रहे थे। उधर मेरे पिता ने अपनी आँखें सावधानी से उस तरफ से फेर रखी थीं और इस तरह से वह यह सफाई दे रहे थे कि जो कुछ भी हो रहा है, उससे उनका कोई सरोकार नहीं है।

तब तक मेरी आंटी लोग शुरू होने जा रहे अनुष्ठान के लिए अगरबत्तियाँ और

दिए जलाने में लग गई थीं। किसी ने फुसफुसाकर कहा, ''मुर्गा काटा जाएगा...या बकरा ?''

ओझा अपनी आँखों को गोल-गोल घुमाने लगा था और एक हल्की-सी झाड़ू से अपने शरीर को फटकारता जा रहा था। जब वह अपनी टाँगों को फैलाकर पीछे झुका तो मुझे उसकी धोती में उसका वह अंग भद्दे तरीके से हिलता दिखाई दिया था। इस हालत में उसकी जटाएँ पीछे फर्श पर बिखर रही थीं। उसने ताँबे के बर्तन में थोड़ा पानी और अगर मिल सकें तो मोर के पंख लाने को कहा था। एक आंटी दौड़कर नीचे रहनेवाले पड़ोसियों के घर गई थी और राष्ट्रीय पक्षी की खूबसूरत दुम लहराती वापस आई थी। मेरी माँ को मोरपंख से नफरत थी और वह दूसरे घरों की तरह उन्हें अपने यहाँ नहीं रखना चाहती थी। मेरे एक अंकल के मुताबिक वे लोग मोरपंख को 'छिपकलियाँ भगाने के लिए' घर में रखते थे।

ओझा ने मेरी माँ के मुँह पर पानी छिड़का और उसके शरीर को मोरपंख से थपथपाया था। वह बिना हिले-डुले वैसे ही पड़ी हुई थी। ओझा के मन्त्र और तेज तथा जोरदार हो गए थे और वह नाच-नाचकर माँ के चक्कर लगा रहा था। ऐसे में उसकी धोती के नीचे उसका वह अंग भी तेजी से हिल रहा था। फिर भी कुछ नहीं हुआ था। ओझा अपने साथ जो एक फटा-पुराना झोला लाया था, उसमें उसने हाथ डाला था और विजयी मुद्रा में उसमें से एक खोपड़ी निकाल ली थी।

कमरे में मौजूद रिश्तेदारों के मुँह से एक आह निकल गई थी और वे आखिरी मंजर देखने के लिए श्रद्धा के साथ पीछे हट गए थे।

''यह मुर्दा नाच है !'' मेरी आंटी ने फुसफुसाकर कहा था। मेरे पिता और पीछे हटकर एक कोने में पहुँच गए थे, और मैंने अपनी साँस रोक ली थी। मुझे उम्मीद थी कि कुछ अजीब घटनेवाला है, लेकिन यह पक्का पता नहीं था कि सच में क्या होगा। मैंने सोचा शायद मेरी माँ अचानक उछलकर खड़ी हो जाएगी और इस पागल-से दिखनेवाले आदमी के साथ इस नृत्य में शामिल हो जाएगी।

ओझा अपने खोपड़ी-नृत्य में जोर-जोर से लगा हुआ था। वह कूद-कूदकर मेरी माँ के चक्कर काट रहा था और मुर्दा रूहों जैसी चीखें मार रहा था। खिड़की के दासे पर बैठी गौरैयाएँ इस आवाज से डरकर उड़ गई थीं। आखिर में इस मशक्कत से पस्त होकर वह पसीने से लथपथ हाँफता हुआ वहीं ढेर हो गया था।

हर चीज और हर व्यक्ति अचानक बहुत शान्त हो गया था, मानो किसी चमत्कार का इन्तजार हो। मैंने देखा, माँ का दाहिना पैर फड़कने लगा था और फिर वह फड़कन चलती हुई उसकी बाँह तक पहुँच गई। जल्दी ही उसका पूरा शरीर इस तरह काँपने और झटके खाने लगा मानो उसे बिजली का तेज़ करंट दिया जा रहा हो। मेरी एक आंटी बिलखने लगी और मेरी माँ के कसकर बन्द मुँह से एक हल्की-सी कराह निकल गई।

ओझा ने सिर उठा सबको चुप रहने का संकेत किया था।

"आत्मा जाग गई है," उसने कहा था, "उसे बोलने दो।"

कुछ ही मिनट बाद, मेरी माँ ने आँखें खोल दी थीं और धीरे-से उठकर खड़ी हो गई थी, लेकिन यह जाहिर था कि वह कुछ देख नहीं पा रही है। वह किसी को पहचान नहीं रही थी, उसमें बस मुर्देपन का भाव था। ओझा ने उसे बोलने का आदेश दिया था। माँ ने थूक गटकते हुए अपना सिर उठाया था और बोलना शुरू कर दिया था।

वह उसकी आवाज तो बिल्कुल नहीं थी, न ही वह उसकी अपनी भाषा थी। एक आंटी ने फुसफुसाकर कहा था, "यह उसकी बहन बोल रही है—बिल्कुल वही है। मैं मीता की आवाज को पहचानती हूँ। वह बिल्कुल ऐसे ही बोलती थी।"

ओझा ने अपनी आँखें बन्द कर ली थीं और अपना खुला हाथ ऊपर उठा दिया था। मेरे लिए यह बताना मुश्किल था कि मेरी माँ कह क्या रही है, क्योंकि उसकी बदली आवाज का सदमा मुझे परेशान कर रहा था। मैंने अपने पिताजी को इधर-उधर देखा, तो वह खिड़की के पास दिखाई दिए। उनकी आँखें कसकर बन्द थीं और उनके हाथ उनके कानों पर थे। मेरा मन हुआ था कि मैं जितना हो सके, उनके नजदीक खड़ी हो जाऊँ, क्योंकि अचानक मुझे जोर की ठंड लगी थी और मेरे दाँत किटकिटाने लगे थे। लेकिन उनके पास पहुँचने के लिए मुझे उन तमाम लोगों के बीच से होते हुए पूरा क़मरा पार करके जाना पड़ता। इस बात से मैं डर गई, इसलिए मैं दरवाजे के पास ही खड़ी-खड़ी काँपती रही। उधर मेरी माँ वहाँ जमा लोगों से बात कर रही थी।

उसकी आवाज शान्त थी, और उसका शरीर स्थिर। मैंने गौर किया कि उसने खड़े होने का अपना अन्दाज बदल दिया है। उसकी वह खास लचक गायब थी और इस समय वह बिल्कुल तनकर सीधी-लम्बी खड़ी हुई थी। मुझे अपनी माँ और मीता मौसी की ब्लैक ऐंड व्हाइट तस्वीरों की याद हो आई थी, जिनमें मीता मौसी हमेशा उससे लम्बी दिखाई देती थीं। इसकी वजह यह नहीं थी कि वह मेरी माँ से लम्बी थी, बल्कि एकमात्र वजह यह थी कि मीता मौसी झुककर खड़ी नहीं होती थी।

ओझा ने मेरी माँ के सिर पर हाथ रख दिया था और एक लम्बी प्रार्थना कर रहा था। सारे रिश्तेदार हाथ जोड़े, सिर झुकाए खड़े थे। एक मेरे पिता को छोड़कर, जो बहुत ज्यादा चिढ़े हुए और हल्के से नाराज दिखाई दे रहे थे।

प्रार्थना कुछ देर तक चलती रही थी और उधर मेरी माँ का बोलना धीरे-धीरे कम होता गया था और आखिर में एक अस्फुट बुदबुदाहट रह गई थी। ओझा पूरे कमरे में उछलता फिर रहा था और वहाँ मौजूद हरेक व्यक्ति पर 'पवित्र जल' छिड़कता हुआ, 'शान्ति, शान्ति, शान्ति' का जाप किए जा रहा था। मेरी सारी आंटी लोग खुश दिखाई दे रही थीं और मेरे पिता एकबारगी कमरे से निकल गए थे। उनकी चिढ़ सबको साफ दिखाई दे रही थी।

मैं भारी उलझन में पड़ गई थी। मेरी समझ में नहीं आ रहा था कि मुझे क्या करना चाहिए। लेकिन मुझे याद है, जब ओझा मेरे सिर पर पवित्र जल छिड़कने के लिए मेरे पास आया था तो मैं सिमट गई थी। मुझे उसके बेहद बड़े-से अंग के आगे सचमुच

कुछ दिखाई नहीं दे रहा था। वह ठीक मेरी आँखों के सामने था और इसीलिए वह पहले से ज्यादा खतरनाक दिखाई दे रहा था। और मेरी माँ ? उस पर एक अजीब शान्ति छा गई थी और वह अपनी साड़ी को ठीक करते हुए सबकी तरफ विनम्रता से मुस्कुरा रही थी।

लेकिन दुर्भाग्य से भूत भगाने के इस अनुष्ठान के बाद भी वह अपनी बहन की प्रेतात्मा से मुक्त नहीं हो पाई थी। इसके उलट, मीता मौसी के साथ उसकी बातें और भी जल्दी-जल्दी होने लगी थीं। एक फर्क यह आ गया था कि अकेले में होनेवाली ये मुलाकातें अब चोरी-छिपे नहीं होती थीं। जब कभी मैं स्कूल से आकर अपनी माँ की उत्तेजित आवाज सुनती, तो मैं समझ जाती थी कि वह अपनी मरहूम बहन से बात कर रही है।

अगर मेरी माँ की अपनी बहन के साथ होनेवाली इन लम्बी वार्ताओं से पिताजी को कोई परेशानी होती भी होगी, तो वह इसे कभी जाहिर नहीं होने देते थे और अपने रेडियो पर कान लगा देते थे या फिर दिन के अखबार को दोबारा-तिबारा पढ़ने बैठ जाते थे। आखिर में मैं अपनी माँ के इस मनोरोग को सहजता से लेने लगी। कभी-कभी तो मैं उसके फायदे के लिए भयंकर किस्से भी गढ़ देती, और फिर अकेले में उसके उत्सुकता भरे सवालों के बारे में सोचकर खूब हँसती। अब मुझे आत्महत्या को लेकर उसकी दिलचस्पी भी परेशान नहीं करती थी। मैं यह मानकर इसे अनदेखा कर देती थी कि यह एक और खब्त है, उसकी बहन की अकाल मृत्यु का एक भयंकर प्रभाव।

अब मैं अपनी माँ का जान-बूझकर साथ देने लगी थी। अक्सर मैं ही हिंसक मौतों और खूनी हादसों की तरफ उसका ध्यान खींचने लगी। यह एक तरह का खेल हो गया—और मेरी माँ यह भूल ही गई कि इस खेल को खत्म भी करना है।

14

रंजन जब पहली बार काम के सिलसिले में शहर से बाहर गया तो मेरा बहुत मन हुआ था कि मैं भी अगली ट्रेन पकड़कर कलकत्ता वापस चली जाऊँ। बिना लाग-लपेट के कहूँ तो मैं इस खयाल से बेहद डरी हुई थी कि मुझे मुम्बई के एक बेगाने फ्लैट में अकेले रहना पड़ेगा। मैं अपनी सास या मामू के पास भी जा सकती थी, लेकिन यह ऐसी कायराना हरकत होती कि रंजन फौरन मेरी हँसी उड़ाता और मेरे बारे में कुछ ऊल-जलूल बोलता।

"तुम रह तो लोगी न ?" उसने अपनी अलमारी खोलकर बाहर पहनने के लिए उपयुक्त कमीजें और टाइयाँ छाँटते हुए कहा था।

"बिल्कुल।" मैंने जवाब दिया था, हालाँकि मेरा दिल जोरों से धड़क रहा था।

"पक्का ?" उसने फिर पूछा। इस बार वह बढ़िया इस्त्री किए हुए अपने रूमालों के साफ ढेर का मुआयना कर रहा था।

"पक्का।" मैंने ऊपर बनी एक टाँड़ से एक भारी सूटकेस उतारते हुए उसे विश्वास दिलाया था।

"तुम जब भी चाहो मेरी माँ के पास जा सकती हो।" उसने मुझे चुनौती-सी दी थी और इन्तजार करने लगा था कि मैं उसकी बात काटूँगी।

मैंने दृढ़ता से अपना सिर हिला दिया था और अपनी उसी बात पर डटी रही थी कि 'हाँ मैं रह लूँगी'।

"या," रंजन ने थोड़ा रुकते हुए कहा था, "तुम चाहो तो अपनी प्यारी माँ को कुछ दिन के लिए यहाँ बुला सकती हो। इससे उन्हें भी थोड़ा अलग माहौल मिल जाएगा।"

जाहिर था वह मुझे फाँसना चाह रहा था। "वह आजकल व्यस्त है," मैंने जल्दी से कहा, और फिर कहा, "वैसे भी, मुझे कोई परेशानी नहीं।"

उसने आईने में अपने अक्स को बड़े ध्यान से देखा।

"यह बिल्डिंग काफी सुरक्षित है। और फिर तुम्हारी देखभाल के लिए तुम्हारी अच्छी सहेली पुष्पा है...अगर अचानक कोई जरूरत पड़ ही जाए तो। पड़ोसी सभी मदद करनेवाले हैं—तुम क्या सोचती हो ? बस यह ध्यान रखना कि दरवाजे की कुंडी हमेशा चढ़ी रहे। अजनबियों को घर के अन्दर मत आने देना, और बत्ती जलाकर सोना।"

उसकी आखिरी हिदायत मुझे बहुत मजेदार लगी, क्योंकि खुद रंजन को ही अँधेरे से नफरत थी और वह जिद करता था कि एक नाइट लैम्प रात-भर जलता रखा जाए।

"मेरी चिन्ता मत करो।" मैंने नरमी से कहा।

उसने मेरी इस बात पर दबी हँसी हँसते हुए कहा, "अजीब बात है...लेकिन मैं सचमुच तुम्हारी चिन्ता करता हूँ। मुझे नहीं लगता कि पहले कभी तुम बिल्कुल अकेली रही हो, क्यों ? यह एक डरावना अनुभव हो सकता है।"

जिस तरह से वह बोल रहा था, उससे मैंने यही अन्दाजा लगाया कि वह अपने उस डर की ही बात कर रहा था जो उसने पहली बार पढ़ाई के लिए अमरीका जाते समय अनुभव किया था। मैंने एहतियात बरतते हुए कहा, "पहली रात थोड़ा डर लग सकता है। उसके बाद मैं इसकी आदी हो जाऊँगी। एक बार जरूर मैं कॉलेज की तरफ से बाहर गई हूँ, लेकिन वह अलग बात थी, क्योंकि मेरे कमरे में तीन और लड़कियाँ भी थीं।"

फिर रंजन ने झाड़न माँगा और मैं उसे लाने के लिए दौड़ी।

"कब जाओगे—कल ?" मैंने उसके जूतों का मुआयना करते हुए कहा। उसने सिर हिला दिया और फिर अपने सूटकेस की तरफ सिर को एक झटका दिया।

"कितनी धूल है इस घर में, हे भगवान ! पहले इसे साफ करो—खासकर अन्दर से, नहीं तो मेरी कमीजें और अंडरवियर गन्दे हो जाएँगे। और फिर मुझे मैचिंग मोजे ढूँढ़कर देना। यह भी देख लेना कि जूतों पर ठीक से पॉलिश हुई है या नहीं। वहाँ मुझे जूते साफ करने की फुर्सत नहीं मिलेगी।"

मैं फौरन उसके बताए काम में जुट गई। "वहाँ कहाँ ?" मैंने पूछा।

"क्या ?" रंजन ने झुँझलाते हुए पूछा। मैंने अपना सवाल दोहरा दिया।

"तुम्हारी आधी बातें तो ऐसी होती हैं कि मैं समझ ही नहीं पाता कि तुम कह क्या रही हो। तुम्हारा बोलने का तरीका बिल्कुल अजीब है। और, बोलती भी तुम इतनी हड़बड़ी में हो ! अगर तुम यह पूछ रही हो कि मैं कहाँ जा रहा हूँ, तो उसका छोटा-सा जवाब है—दौरे पर। और इससे पहले कि तुम मुझसे पूछो कि मैं हकीकत में कहाँ जा रहा हूँ, तो मैं तुम्हें खुद ही बताए देता हूँ—दिल्ली, बैंगलूर, कोची, कलकत्ता और वापस मुम्बई। हर जगह फाइव स्टार।"

मैंने यह दिखाने की कोशिश की कि मैं यह सुनकर बेहद प्रभावित हुई हूँ।

"क्यों, जलन हो रही है ?" उसने मुझे छेड़ते हुए कहा था।

"बहुत ज्यादा।" मैंने जवाब दिया।

"देखो, देखो, देखो..." रंजन ने खीसें निपोरते हुए कहा, "मेरी जैसी नौकरी के ये अतिरिक्त फायदे हैं। जमकर काम करो, जमकर मजे करो, अमरीकियों का तो यही कहना है। यही मेरा भी फलसफा है।"

उसने बैग का मुआयना किया, खासकर दरारों को देखा, "मेरी माँ बैगों को हमेशा मलमल या प्लास्टिक के कवर में रखती थी। इस तरह वे साफ रहते थे। मैं सोचता हूँ, आईंदा तुम्हें भी ऐसा ही करना चाहिए।"

मैंने उदासीनता से सिर हिला दिया। "कब तक ?" मैंने पूछा।

"कब तक क्या ?" रंजन ने पलटकर कहा। उसकी भौंहें तन गई थीं और होंठ टेढ़े हो गए थे।

"कब तक बाहर रहोगे ?" मैंने साफ किया।

रंजन ने अपने हाथ ऊपर कर दिए, "तुम सीधे-सीधे क्यों नहीं बोल सकतीं और दूसरों की तरह सीधे-सीधे सवाल क्यों नहीं कर सकतीं ? तुम शार्टहैंड में क्यों बोलती हो ? मैं तो पागल हो जाता हूँ। तुम्हें स्कूल या कॉलेज में सही ढंग से बोलना नहीं सिखाया गया क्या ? मुम्बई के हमारे टीचर इस मामले में बहुत सख्त थे।"

मैंने हल्का-सा मजा लेते हुए उसकी तरफ देखा और फिर पूछा, "डिनर ?"

इस पर तो रंजन फट पड़ा। बोला, "देखो—अब तुम जान-बूझकर यह हरकत कर रही हो। मैं जानता हूँ, तुम मुझे गुस्सा दिलाना चाहती हो—क्यों ? भगवान के लिए, जैसे मैं बोलता हूँ, वैसे बोलो। 'डिनर' कहने से तुम्हारा क्या मतलब है ? मैं इससे क्या समझूँ ?"

मैंने शान्ति से कहा, "मुझे पक्का पता है कि मैं जो कहना चाह रही थी, उसे तुम समझ गए हो। यह मेरा अपना तरीका था तुमसे यह पूछने का कि तुम खाना कब खाओगे—अभी या बाद में ? शब्द के बाद एक सवालिया निशान था। उस पर तुमने ध्यान नहीं दिया ?"

रंजन खीज उठा। उसने कन्धे उचकाते हुए कहा, "किस पर ध्यान नहीं दिया ? कोई आदमी किसी बातचीत में सवालिया निशान पर कैसे ध्यान दे सकता है ? मुझे लगता है, तुम पागल हो रही हो। या तो यह मुम्बई के मौसम का असर है या खुद मुम्बई का। शायद तुम्हें एक-दो महीने के लिए वापस कलकत्ता चले जाना चाहिए। तुम्हें एकदम बदलाव की जरूरत है।"

"मुझसे तंग आ गए हो ?" मैंने पूछा। मेरी आवाज में आधी संजीदगी थी।

रंजन ने दबी हँसी हँसते हुए कहा, "तुम इस तरह की बात कैसे कर सकती हो, मैडम ? तुम मेरी पत्नी हो।"

मैं उसके गुमशुदा भूरे मोजों को ढूँढ़ने के काम में लगी रही।

"आदमी अपनी बीवियों से तंग आ तो जाते हैं।" मैंने कुछ उदास होते हुए कहा।

रंजन ने कुछ सोचते हुए कान खुजाया। वह बोला, ''यह सही है। लेकिन इतनी जल्दी नहीं। देखने दो...हमारी शादी हुए कितना अरसा हो गया—तुम्हें याद है ?''

मैंने रंजन के इस सवाल का कोई जवाब नहीं दिया। वह मेरे पास आ गया और हँसी-हँसी में मेरे बालों को खींचता हुआ बोला, ''तुम तो बहुत संजीदा हो रही हो...बहुत जज्बाती...तमाम बंगाली औरतों की तरह। मेरी माँ हमेशा कहती रहती है, 'बंगाली औरतों से होशियार रहना, वे दुनिया की सबसे ज्यादा उन्मादी औरतें होती हैं'।'' इस बात पर वह बेहद खुश दिखाई दे रहा था।

''क्या वह उनमें मुझे भी शामिल करती हैं ?'' मैंने अपनी आवाज को संयत रखने की कोशिश करते हुए कहा।

''तुम्हें ऐसा सवाल नहीं पूछना चाहिए था। वैसे वह तुम्हारी उम्र की लड़कियों की ही बात कर रही थी।''

''क्या मैं उन्मादी हूँ ? क्या तुम्हें मैं डावाँडोल लगती हूँ ?'' मैंने पूछा। मैं जरूर थोड़ी बौड़म लग रही होऊँगी क्योंकि उस समय मैं अपने हाथों में दो अलग-अलग रंगों के मोजे लिये खड़ी थी।

रंजन ने प्यार से अपना सिर हिलाया। ''तुम मत चिन्ता करो, जानेमन,'' उसने मुझे कहा, ''तुम तो बेहद प्यारी हो। और फिर, जब तुम थोड़ी गुस्सा हो जाती हो तो ही मुझे लगता है...लेकिन बहुत ज्यादा गुस्सा नहीं, ध्यान रहे।''

मैं मन-ही-मन मुस्कुरा दी। रंजन दस दिन के पाँच सितारा दौरे की सम्भावना से काफी खुश है। अगर उसकी जगह मैं होती तो मुझे भी खुशी ही होती। वह हमारी रोजाना की जिन्दगी की एकरसता से दूर जा रहा है। मैं उस हवाई जहाज में सवार होकर उड़ जाने के लिए कुछ भी देने को तैयार हो जाती। मैं कलकत्ता नहीं, कहीं और दूर, किसी अनजानी जगह जाने को लालायित थी। जब भी मैं किसी पत्रिका में किसी सैरगाह की चिकनी तस्वीरें देखती, तो मैं अपनी आँखें बन्द कर लेती और अपने आपको स्वीमिंग पूल की आसमानी नीलिमा या किसी पहाड़ की आमन्त्रित करती ढलानों पर पहुँचा देती।

हर बार मैं अकेली और किसी जोखिम की तलाश में होती। ये दिवास्वप्न मुझे असीम आनन्द से भर देते और अपनी कल्पना के उन बहुत थोड़े-से पलों में मैं एक अजीब उम्मीद से भर जाती।

एक दिन दोपहर बाद मैं अपने पलंग पर लेटी टी.वी. के चैनल बदल रही थी और सोचती जा रही थी कि क्या करूँ—रंजन के मोजों और अंडरवियर वाली दराजों को ठीक करूँ या फिर अपने प्यासे पौधों को पानी दूँ। तभी मुझे टी.वी. के परदे पर एक मनमोहक तस्वीर दिखाई दी। एक पुरुष और एक स्त्री आसमानी रंग के एक लागून में चंचल डॉल्फिनों की तरह तैर रहे थे। उनके शरीर मूँगों की चट्टानों से होकर खूबसूरती से गुजर जाते थे, मानो उनकी मौजूदगी से बेखबर, इन्द्रधनुषी रंगोंवाली मछलियाँ उनके पास से निकली चली जा रही हों। रंग-बिरंगी धूप उनके कसे हुए अंगों

पर जादुई आकृतियाँ बना रही थी। मेरे गाल आँसुओं से गीले हो गए। कितनी सुन्दर तस्वीर है ! और कितना सुखी है यह जोड़ा !

मैंने नारंगी बिकिनी पहने उस औरत की जगह ले ली, और निखिल पानी के नीचे तैरनेवाला मेरा साथी हो गया। मासूम बच्चे की तरह, हम एक-दूसरे के भरोसे एक-दूसरे का हाथ पकड़े तैरने लगे। वह आसमानी रंग का लागून हमारा घर हो गया और हम उस अद्‌भुत दुनिया के अकेले मालिक। मैं कल्पना करने लगी कि हम पानी से निकलकर एक टापू में पहुँच रहे हैं, जहाँ अविश्वसनीय रंगोंवाली गरम प्रदेशों की बेशुमार चिड़ियाएँ हैं। निखिल मेरे गीले बदन को एक चटक पीले तौलिए से पोंछ रहा है और वर्षा-वनों के बीच हमारी कुटिया की तरफ ले जा रहा है। और हम वहीं बने रहते हैं—मेरे बालों में हिबिस्कस का फूल लगा है और मैं फलदार पेड़ों से बँधे झूले में धीरे-धीरे झूल रही हूँ; और निखिल पास ही एक झरने के पार बिरानी तितलियों को पकड़ रहा है।

मेरे भीतर कभी-कभार उमड़नेवाली यह चाहत मुझमें एक असहनीय उदासी भर देती थी। बेशक, मुझे पता था कि इनमें से मेरी कोई भी कल्पना सच होनेवाली नहीं है। रंजन के साथ तो बिल्कुल नहीं; और निखिल के साथ सचमुच नहीं। मैं दूर किसी पहाड़ी पर झुकते इन्द्रधनुष को कभी नहीं देख पाऊँगी। इस तरह के सपने देखना मेरी बेवकूफी थी। मैंने इस जादू को तोड़ने के लिए जल्दी-जल्दी चैनल बदल डाले। यह अजीब बात थी कि मेरी कल्पनाएँ दर्शनीय स्थलों का विवरण देनेवाली सफरी पुस्तिकाओं से आगे कभी नहीं जाती थीं। मसलन, मुझमें इतनी हिम्मत क्यों नहीं थी कि मैं उन्हें और आगे ले जाऊँ—किसी सुनसान तट से उठकर किसी एकान्त बेडरूम में ? लेकिन मैं बस यह कर ही नहीं पाती थी। इसका खयाल ही मुझे डरानेवाला लगता था। निखिल मेरे सपनों में कभी नंगा नहीं आता था, और मैं भी, बेशक, हमेशा पाकीजगी से ढँकी रहती थी।

इसका मतलब यह नहीं कि इससे कोई फर्क पड़नेवाला था। कल्पनाओं के ये छोटे-छोटे लम्हे मुझे बेहद उदास तो कर जाते थे, फिर भी ये सेफ्टी वाल्व का काम करते थे। एक अनमोल कल्पना के बाद रंजन की अलमारी पर टूट पड़ना और उसे जोश के साथ दोबारा सजाना और भी आसान हो जाता था...अगर रंजन इन कल्पनाओं में कभी नहीं आता था, तो निखिल हमेशा आता था।

अब, जब मैं रंजन का शेविंग का सामान ढूँढ़ने बाथरूम में गई तो मुझे यह सोचकर थोड़ी जलन और कुढ़न हुई कि वह कहीं—कहीं भी—जा रहा है, और मैं इस फ्लैट में बिल्कुल अकेली रह जाऊँगी, जिसमें मुझे कतई अच्छा नहीं लगता था। यह मेरी जिन्दगी में पहला मौका भी होगा, जब मैं अपने ऊपर निर्भर रहूँगी। अँधेरे से तो कलकत्ता में भी मैं कभी नहीं डरती थी। मुझे भूत-प्रेतों का नहीं, चोरों का डर लगता था। रंजन को हमारे ब्लॉक के सिक्योरिटी सिस्टम पर बहुत भरोसा था, लेकिन मुझे बिल्कुल नहीं। मुझे तो दिन में भी अजीब-अजीब लोग बिल्डिंग में बेधड़क आते-जाते दिखाई देते थे। कौन थे ये लोग ? और कोई उन्हें रोककर उनसे पूछताछ क्यों नहीं करता था ?

रात में रहनेवाला नेपाली पहरेदार तो आमतौर पर सोता ही रहता था और दिनवाला

बिहारी हमेशा फालतू कमाई में लगा रहता था। वह उन लोगों के छोटे-मोटे काम करता रहता था जिनके पास नौकर नहीं थे। हमारे फ्लैट में हालाँकि भारी कुंडियाँ लगी हुई थीं, फिर भी खिड़कियों को तो हल्का-सा धक्का देकर खोला ही जा सकता था और हमारे बाथरूम के बाहरवाली पटिया के बिल्कुल पास ही पाइप लगे थे, जिससे कोई सेंधमार अगर अन्दर न भी आना चाहे तो इस सहूलियत को देखकर ही अपने आपको न रोक पाए। बेशक खिड़कियों-दरवाजों पर लोहे की जालियाँ लगी थीं, लेकिन ये चुस्त शहरी चोरों को रोकने के लिए काफी नहीं थीं।

मैंने जल्दी-जल्दी कुछेक बार अपना थूक निगला और अपना ध्यान बँटाने की कोशिश करने लगी। बीबीसी वाली (फिर से) बोसनिया के बारे में बता रही थी और रंजन बड़े ध्यान से उसे सुन रहा था। मुझे उसे उन देशों, कौमों और हालात में इतना मशगूल देखकर बहुत गुस्सा आता था, जिनसे उसका कोई लेना-देना नहीं था। मैंने एक बार इस बारे में उससे पूछा भी था तो उसने छोटा-सा जवाब दिया था, ''ग्लोबलाइजेशन के इस जमाने में, हमारे लिए यह जानकारी रखना जरूरी है कि दुनिया में कहाँ क्या हो रहा है। तुम्हें भी कभी-कभी इन बातों पर ध्यान देना चाहिए, नहीं तो हमारी बैंक पार्टियों में तुम्हारा मजाक बनेगा। होनहार अफसरों की बीवियों से लोग यह उम्मीद रखते हैं कि उन्हें काफी ज्ञान होगा।''

''क्या ऊपर रहनेवाली उस औरत—उस बेवकूफ ब्यूटीशियन को बहुत ज्ञान है ?'' मैंने धूर्तता-भरा सवाल किया था।

रंजन ने अपने चेहरे से शेविंग की झाग को पोंछते हुए कहा था, ''उससे बोसनिया की जानकारी रखने की कोई उम्मीद नहीं करता है।''

''क्यों ?'' मैंने पूछा।

''अरे...क्योंकि वह ब्यूटीशियन है,'' रंजन ने जवाब दिया था, ''उसका एक पेशा है। वह अपनी रोजी-रोटी खुद कमाती है। वह पैसे कमाती है—समझीं ? तुम यह सब नहीं करतीं। तुम्हारे बारे में तो लोग यही सोचेंगे कि पता नहीं सारा दिन क्या करती रहती है, क्योंकि तुम्हारे पास सचमुच कोई शगल नहीं है। तुम यह तो नहीं चाहोगी न कि वे लोग तुम्हारे बारे में यह सोचें कि तुम अपना सारा समय हिन्दी फिल्में देखने में बिता देती हो, क्यों ?''

मैं गुस्से में पलंगपोशों और तकिया-गिलाफों को धोने के लिए एक ढेर पर फेंकने लगी थी। फिर मैंने आवाज ऊँची करके कहा था, ''मुझे इस बात की कोई परवाह नहीं है कि तुम्हारे बैंकवाले मेरे बारे में क्या सोचते हैं। उन्हें कहने दो कि मैं दिमागी तौर पर कमजोर हूँ, मूर्ख हूँ, बौड़म हूँ, निकम्मी हूँ। सोचने दो उन्हें कि मैं सारा दिन हिन्दी फिल्में देखती रहती हूँ। इससे क्या फर्क पड़ता है ! या तुम यह चाहते हो कि मैं उन्हें बता दूँ कि सच क्या है, हूँ ?''

इस पर रंजन की त्योरियाँ चढ़ गई थीं। वह बोला था, ''सच क्या है ?''

मैंने गरम होते हुए पलटकर जवाब दिया था, ''सच यह है मि. मलिक कि तुमने

यहाँ मुझे बिना पगार की एक फुलटाइम घरेलू नौकरानी बनाकर रखा हुआ है। क्या मैं तुम्हारे साथ काम करनेवालों को यह बता दूँ ? और यह भी बता दूँ कि तुमने मुझे कोई काम करने से मना किया हुआ है—पार्टटाइम काम से भी। और वैसे भी, तुम्हारी तरक्की क्या इस बात पर टिकी हुई है कि मुझे यह जानकारी है या नहीं कि बोसनिया में कौन किस पर बम गिरा रहा है ?''

रंजन बेहद हक्का-बक्का दिखाई दे रहा था, और आखिर में वह उखड़ गया था। एक-दो सेकेंड तक वह स्तब्ध खामोशी में मुझे घूरता रहा था और फिर एकबारगी बाथरूम में घुस गया था। मैंने अपने जज्बात के इस तरह फट पड़ने पर अफसोस करते हुए यह कसम खा ली थी कि आइन्दा अपने पति के साथ बीबीसी या सीएनएन के बारे में कभी कोई बातचीत नहीं करूँगी।

उस बातचीत के दो-एक दिन बाद की बात है। रंजन ने घर आकर सरसरी तौर पर कहा था, ''तुम दोपहर में करने के लिए कोई काम क्यों नहीं देख लेतीं—अपना शौक पूरा करने के लिए।''

मैं शब्दों के उसके चुनाव पर मन-ही-मन मुस्कुराई थी। मेरी टेक्सटाइल डिजायनर की डिग्री को 'शौक' बताकर उसने यह इशारा कर दिया था कि उसकी नजरों में इसकी क्या औकात है। मैं कोई जवाब देना नहीं चाहती थी, इसलिए अस्पष्ट तरीके से अपना सिर हिलाते हुए कहा था, ''कभी नहीं। घर में करने को बहुत सारे काम होते हैं। शायद बाद में...अगले साल।''

हालाँकि उस पल मुझे रंजन का चेहरा दिखाई नहीं दे रहा था, फिर भी मैं जानती थी कि उस पर जबर्दस्त राहत का भाव आया होगा। और जो मैंने कहा था, वह मेरे सोचने के विपरीत नहीं था। उस समय मेरा बिल्कुल भी मन नहीं था कि मैं छोटे-मोटे काम लेने के लिए भटकती फिरूँ। सबसे पहली बात तो यह कि मुझे आत्मविश्वास बढ़ाने की जरूरत थी। कलकत्ता में डिग्री हासिल करना एक बात थी, और मुम्बई में अपनी काबिलियत को साबित करना बिल्कुल दूसरी बात।

हाँ, अगर मैं कलकत्ता में होती तो मुझे पता रहता कि मुझे शुरुआती काम हासिल करने के लिए क्या करना है। मैं अपने प्रोफेसरों की मदद ले लेती और अपने माता-पिता के थोड़े-बहुत सम्पर्कों का फायदा उठा सकती थी। लेकिन यहाँ इस भयंकर होड़वाले शहर में...मुझे तो काम करने का ककहरा भी पता नहीं था। रंजन की बातों से मुझे जो भी पता चला था, उसके हिसाब से तो यहाँ कहीं भी पाँव टिकाने के लिए आदमी की बड़े-बड़े रुतबेवाले लोगों से पहचान होनी चाहिए। पर मैं मुम्बई में किसे जानती थी ? केवल प्यारे प्रदीप मामा को। और प्रदीप मामा मुम्बई में किसे ज़ानते थे—मध्यम दर्जे और एक्जीक्यूटिव तबके के कुछ दूसरे बंगालियों को।

नाकाफी और नाकाम होने की यह भावना मुझे उदासीनता और पराजय की

मनस्थिति में पहुँचा रही थी। मैं मुम्बई में कभी भी कोई काम पाने की तमाम उम्मीदें छोड़ चुकी थी। मैं जानती थी कि रंजन की माँ चाहती तो इस मामले में मेरी मदद कर सकती है, क्योंकि चैरिटी के अपने विभिन्न कामों के दौरान कला से जुड़े लोगों के साथ उसका काफी साबिका पड़ा था। लेकिन उसने मुझे इतना डरा रखा था कि मैं उससे कोई अनुरोध कर ही नहीं सकती थी। ठीक वैसे ही, जैसे मैं रंजन से मदद के लिए नहीं कह सकती थी। अभिमान के कारण ? शायद 'हाँ', या फिर शायद हिकारत और खारिज किए जाने के डर से।

मैंने अपने चुनिंदा काम को अपने तईं भी छोटा बनाना शुरू कर दिया था। जब भी कोई मुझसे पूछता कि मैं क्या करती हूँ तो मैं क्षमा-याचनावाली स्थिति में आ जाती थी।

"देखिए...मैंने टेक्सटाइल डिजायनर की ट्रेनिंग ली हुई है..." मैं शर्मिंदगी से हँसते हुए कहती और फिर इस अन्दाज में कन्धे उचका देती कि यह ऐसी कोई चीज नहीं है, जिसे मैं ज्यादा संजीदगी से लेती हूँ। वैसे भी, मेरे इतना कहने पर ही ज्यादातर लोगों की दिलचस्पी खत्म हो जाती और वे किसी ऐसे व्यक्ति की ओर मुड़ जाते जिसके पास कहने को बहुत कुछ होता और जो ज्यादा महत्त्वपूर्ण दिखाई देता।

कलकत्ता में यही बात कहने पर लोगों में अलग किस्म की प्रतिक्रिया होती। वे लोग भौंहें चढ़ाकर मुझसे पूछते कि मैंने यह पेशा क्यों चुना और क्या कपड़ों में हमेशा से मेरी दिलचस्पी रही है।

मैंने यह गौर किया था कि मुम्बई में लोग सचमुच किसी बात या किसी व्यक्ति को ध्यान से नहीं सुनते, और यहाँ लोगों की (मेरे जैसे) आम लोगों में कोई दिलचस्पी नहीं है। यह मुझे बेशक मालूम हो गया था कि यह उन लोगों का शहर है, जिनका मकसद कामयाबी हासिल करना है (रंजन और मेरी सास इस हकीकत को ज्यादा जोर देकर नहीं बता सकते थे), लेकिन इस बात पर मुझे लगातार ताज्जुब होता रहा कि यहाँ लोग किसी व्यक्ति को आसानी से केवल इसलिए खारिज और हाशिए पर कर सकते थे कि वह बड़ा आदमी नहीं है—मशहूर और रुतबेवाला नहीं है।

जिन लोगों से मैं रंजन के जरिए मिली, उनकी नजरों में मेरा कोई वजूद नहीं था। उनके लिए मैं कलकत्ता से आई एक और गृहिणी थी। एक ऐसी बिरानी चीज जो मुम्बई के लहजे में बोल नहीं सकती थी और शहर से जिसका कोई तालमेल नहीं था। अक्सर तो उसके साथ काम करनेवाले विनम्रता दिखाने की भी जरूरत नहीं समझते थे। सरसरी तौर पर हाय-हलो करने के बाद वे दूसरे मामलों की तरफ अपना ध्यान लगा लेते थे और मैं आप अपना मनोरंजन करने के लिए अकेली रह जाती थी। रंजन भी मुझे छोड़कर गपशप करती औरतों के झुंड के साथ 'सर्कुलेट' करने के लिए चल देता था (इस तरह के समारोहों के लिए उसका यही मनपसन्द शब्द था)। बैंकवालों की बीवियों की मुझमें इसलिए दिलचस्पी नहीं हो सकती थी, क्योंकि मैं उन दुकानों से खरीदारी नहीं करती थी, जिनसे वे करती थीं और न ही वे टी.वी. प्रोग्राम देखती थी जो वे देखती

थीं। जिन कुछ पेशेवर औरतों की अपनी नौकरी थी वे इस तरह की शामों को आदमियों के साथ बिताना पसन्द करती थीं और इस बात को बहुत साफ कर देती थीं कि वे यहाँ खालिस गृहस्थिनों के साथ अपना कीमती समय बरबाद करने नहीं आई हैं, जिनके पास तरक्की और ऑफिस की राजनीति के बारे में बात करने के अलावा कोई काम नहीं था।

किसी भी तरह से देखूँ, इनके बीच मैं कहीं फिट नहीं बैठती थी। अक्सर, पूरी शाम मैं तनाव-भरी मुस्कान और चिन्ता-भरी नजरों से कमरे में रंजन का पीछा करती रहती। हालाँकि वह अपने आपको अकेले रहनेवाले इन्सान के तौर पर पेश करता था, फिर भी पार्टियों में हमेशा उसका आकर्षक, जोशीला पहलू ही उजागर होता था। जहाँ उसके साथ काम करनेवाले दूसरे लोग बहुत ज्यादा पी जाते थे और अपना मजाक बनवाते थे, वहीं वह ह्विस्की के दो छोटे पेग तक सीमित रहता था। इसे वह उस उबाऊ शाम (मेरे लिए) के खत्म होने तक चलाता रहता था। ह्विस्की पीकर वह बड़बोला हो जाता था और तब मुझे उस पर प्यार आता था। तब वह और ज्यादा हँसता था और बेहद बेतकल्लुफ होकर बातचीत करता था। यहाँ तक कि वह औरतों के साथ हल्का-फुल्का फ्लर्ट भी कर लेता था। वह साड़ियों, गहनों और मेकअप को लेकर उनकी तारीफ भी कर देता था।

मैं जिस रंजन को जानती थी, यह रंजन उससे बिल्कुल अलग होता था, और मैं उसकी तरफ बहुत ज्यादा खिंचाव महसूस करती थी। लेकिन बदकिस्मती से, उसका पार्टीवाला मूड उसी पल खत्म हो जाता था, जब हम घर आने के लिए कार में बैठते थे। तब उसके चेहरे पर वही चिड़चिड़ाहट और खीझवाला भाव वापस आ जाता था। अगर उस समय मैं, पार्टी में आई औरतों की नकल करते हुए, हल्की-फुल्की बातचीत करने की कोशिश भी करती थी तो वह चकित नजरों से मेरी तरफ देखते हुए कहता था, ''अब तुम्हें क्या परेशानी हो रही है ?''

रंजन के साथ मैं कभी हल्की-फुल्की बातें नहीं कर सकती थी। यह बहुत दुख की बात थी, क्योंकि कभी-कभार जी खोलकर हँसने, मजाक करने और मूर्खता-भरी बातें करने का मेरा बहुत मन होता था। लेकिन रंजन इस तरह के व्यवहार को सख्ती से रोक देता था। ऐसा लगता था जैसे उसने अपने मन में 'पत्नी' की एक तस्वीर बना रखी है, और मुझे उसी के अनुरूप अपने आपको ढालना हो—इसमें कोई छूट मिलने की गुंजाइश नहीं थी।

दो-एक बार 'बैंक की बीवियों' ने मुझे बताया था कि वे रंजन के बारे में क्या सोचती हैं। ''या तो हम उसे 'बंगाली बाबू' कहती हैं या फिर 'बाबू मोशाय'।'' उनमें से एक ने रंजन की तरफ कनखियों से देखते हुए कहा था।

मुम्बई की यह एक और खा़सियत थी—यहाँ हरेक के लिए तुरन्त एक ख़ाना बना दिया जाता था। यहाँ हर जमात के अपने नमूने थे और 'कास्मोपॉलिटन' होने का दावा करने के बावजूद मुम्बई इन किरदारों को ही मजबूत करती थी। दक्षिण के लोग 'मद्रासी'

थे, भले ही वे दक्षिण के दूसरे इलाकों से आए हों। गुजराती 'गुज्जू' थे, महाराष्ट्र के लोग 'घाटी', बंगाल के 'बोंग' और पंजाबी लोग यहाँ 'पुंजू' कहे जाते थे।

शुरू-शुरू में तो मुझे 'बोंग' वाली बात से बहुत चिढ़ होती थीं। जब पहली-पहली बार मुझसे यह कहा गया 'तो तुम बोंग हो', तो मैं स्तब्ध रह गई थी। उस औरत ने हँसते हुए मेरी बाँह पर हाथ रखा था और कहा था, ''उम्मीद है, तुम इस फिकरे का बुरा नहीं मानोगी, लेकिन मुम्बई में बंगालियों को यही कहा जाता है।''

मैं फीकी हँसी हँस दी थी और अपना थूक गटकते हुए वहाँ से हट गई थी। उस रात, जब मैं बिस्तर में लेटी थी और रंजन मेरी बगल में लेटा जोर-जोर से साँस ले रहा था (उत्तेजना में नहीं—वह साँस लेता ही बहुत जोर से था), तो मैंने उससे पूछा था कि उसे इस तरह की अपमानजनक बातें सुनकर कैसा लगता है।

रंजन जो कारोबारी अखबार पढ़ रहा था, उसे रखते हुए उसने कहा था, ''देखो, अब इससे मुझे परेशानी नहीं होती है। और तुम्हें भी नहीं होनी चाहिए। लोग यह अपमान करने को नहीं कहते हैं। इस शहर में हर कोई ऐसे ही बात करता है। इसके लिए इतना जज्बाती क्या होना ? बोंग होने में कुछ भी गलत नहीं है। यह कोई गाली-वाली नहीं है। भूल जाओ इसे।''

इसलिए मैं इसे भूल गई। एक-दो बार तो लोगों के कहने से पहले मैंने ही चहकते हुए ऐलान कर दिया था, ''हलो, मेरा नाम माया है...और मैं बोंग हूँ।'' किसी को भी यह अजीब नहीं लगा था। लोगों के साथ जितना मैं घुली-मिली, उतना ही ज्यादा मुझे अपने फर्क का अहसास हुआ।

''तुम तो बहुत ही जज्बाती हो,'' निखिल ने एक बार मुझसे कहा था, ''हरेक बात में छिपे हुए मायने ढूँढ़ना बन्द करो—ठीक ? सामान्य बनो। सामान्य हरकतें करो। तुम छोटी से छोटी बात को लेकर उत्तेजित हो जाती हो। याद रखो, यहाँ के लोग अपनी ही जिन्दगियों में इस कदर उलझे हुए हैं कि उनके पास तुम्हारे अनमोल जज्बात को चोट पहुँचाने की फुर्सत ही नहीं है। यह बेरहमी जरूर लग सकती है, लेकिन यहाँ कोई किसी को भाव नहीं देता। आप जिन्दा रहें, आप मर जाएँ, मुम्बई नहीं ठहरती। लोग पैसा बनाते हैं, लोग पैसा गँवाते हैं। कौन परवाह करता है ? कोई नहीं।''

हमेशा की तरह, हमारी यह मुलाकात भी अचानक हुई थी। मैं एक मौसमी बेचनेवाले से पाँच रुपए के ऊपर टंटा कर रही थी और वह वहाँ जा रहा था जहाँ वह हमेशा जा रहा होता था (मैंने कभी नहीं पूछा कि वह कहाँ जाता है)।

''तनाव में हो ?'' उसने लापरवाहीवाले अन्दाज में मुझे छेड़ा था।

''हर बात का मजाक मत बनाया करो।'' मैंने तुनककर कहा था, और तभी उसने मेरे 'जज्बाती' होने के बारे में अपना छोटा-सा भाषण दे डाला था।

मैंने अपने आपको बेइज्जत और तुच्छ महसूस किया था। यहाँ मुझसे छोटा एक व्यक्ति—जो महज कॉलेज का विद्यार्थी है—मुझे ही सलाह दे रहा है, जबकि होना इसका उलटा चाहिए। यह तो बाद में जाकर अहसास हुआ कि निखिल ने मुझे जिन्दा रहने

का बुनियादी सबक सिखाया था। जब उसने मुझसे सख्त होने की वकालत की थी तो सचमुच वह मेरे साथ एक दोस्त की तरह पेश आ रहा था।

वह मेरी पतली खाल के बारे में भी सही बोल रहा था। कलकत्ता में मैं इतनी छुई-मुई नहीं थी, लेकिन तब मैं इतनी दुखी भी नहीं थी। मेरी यह जो अस्पष्ट-सी उदासी थी, उसका सम्बन्ध मेरे अकेलेपन से था। मेरे पंगु बनाने वाले अकेलेपन से। मुम्बई में ऐसा कोई नहीं था, कोई भी नहीं, जिससे मैं बात कर सकती, जिसकी तरफ सहारे के लिए देख सकती।

ऐसी बात नहीं है कि कलकत्ता में मेरे सैकड़ों दोस्त थे या वहाँ मैं खुली हुई थी। लेकिन वहाँ हमेशा ऐसे लोग मौजूद थे, जिन्हें मैं फोन कर सकती थी, जिनके साथ मैं कुछ समय बिता सकती थी, जो वही भाषा बोलते थे। मेरी भाषा। बंगाली।

मुम्बई की यह एक और खासियत थी—यहाँ लोग अपनी-अपनी मातृभाषाओं में नहीं बोलते थे। वे एक अजीब तरह की अंग्रेजी या घालमेल वाली हिन्दी में बात करते थे। यह सड़कों से उठाई हुई अनगढ़ बोली थी, जिसे यहाँ के लोग गरज में इस्तेमाल करते थे। इस बोली को सुनकर मेरे कानों में दर्द हो जाता था। इसमें स्वरों का उतार-चढ़ाव ही इतना कर्कश था। मुझे इसकी बुनियादी, कामचलाऊ लय से अरुचि होती थी। कहाँ थी इसमें बंगाली की वह रूमानियत, उसकी नफासत, उसकी काव्यात्मकता ? मुम्बई की बोली तो गाली न होने पर भी गाली लगती थी। यह भद्दी और खराब लगनेवाली थी।

आखिर में जब मैंने अपने ये खयाल निखिल के सामने रखे तो उसने इसमें कुछ सुधार किया था, "समझ में आनेवाली कहो। मुम्बई की बोली समझ में आनेवाली है, माया ! लोग इसे इसलिए इस्तेमाल करते हैं, क्योंकि इसमें उनकी बात समझ ली जाती है। कोई अपना समय बरबाद नहीं करता। लच्छेदार भाषा बोलने की क्या जरूरत है ? और वैसे भी उसके लिए वक्त किसके पास है यहाँ ?"

बेशक, उसने सही कहा था। निखिल बहुत-सी चीजों के बारे में सही बोलता था, लेकिन मुम्बई के लोगों ने जो शार्टहैंड अपनाई हुई थी, वह कानों को पीड़ा पहुँचानेवाली थी और मुझे शक था कि मैं कभी इसकी आदी हो भी पाऊँगी या नहीं, या जिसकी और भी कम सम्भावना थी कि मैं कभी खुद भी इस तरह बोलना शुरू कर पाऊँगी।

15

रंजन के चले जाने के बाद मुझे एक अजीब-से खालीपन का अहसास हुआ। पहले तो मैंने सोचा कि यह बोरियत और अकेलापन है। लेकिन नहीं, यह तो उससे भी बढ़कर था। इन दिनों मुम्बई में हर साल दस दिन तक पड़नेवाली 'सर्दियाँ' चल रही थीं। कलकत्ता में दो महीने पड़नेवाली कड़ाके की ठंड के मुकाबले मुम्बई के ये दस ठंडे दिन एक मजाक की तरह थे—लेकिन फिर भी मुम्बईवालों को सर्दियों के इन दस दिनों का बेसब्री से इन्तजार रहता था।

रंजन तड़के ही एयरपोर्ट के लिए रवाना हो गया था, और उसके बाद मैं खिड़की पर बैठकर आसमान को धीरे-धीरे रौशन होते देखती रही थी। सुबह का तारा पूर्वी क्षितिज पर तेजी से चमक रहा था, और आकाश का यह हिस्सा हंसावर पक्षी के पंखों की तरह पीले-गुलाबी रंग का हो गया था। उस चमकदार तारे को देखते हुए मुझे अपनी माँ का खयाल आ गया और मैं सोचने लगी कि न जाने वह कैसी होगी—अब उसकी चिट्ठियाँ भी लगातार नहीं आ रही थीं, और प्रदीप मामा से उसकी जो खबर मुझे मिलती थी, वह छिटपुट और सतही थी।

मैं इस बात को लेकर बेचैन थी। मेरे मामू इस तरह के व्यक्ति नहीं थे जो बात को गोल-मोल करके बताएँ या बिना सोचे-समझे कुछ कह दें। क्या वह मुझसे कुछ छिपाने की कोशिश कर रहे थे। क्या मेरी माँ बीमार थी ? आखिरकार, जब मैंने उनसे यह सवाल कर दिया था तो उन्होंने यह कहते हुए एकदम से फोन काट दिया था कि दरवाजे पर कोई है। रंजन ने जाने से पहले एसटीडी यह कहकर लॉक कर ही दी थी, "तुम्हें इसकी जरूरत तो पड़ेगी नहीं—तो फिर इसे लॉक करने की बुनियादी एहतियात क्यों न बरती जाए ? मैंने सुना है कि आजकल इसका बहुत दुरुपयोग हो रहा है, और

भगवान जानता है, हमारे बिल इतने ज्यादा क्यों आ रहे हैं।''

रंजन पर बिलों की खब्त सवार रहती थी—हरेक तरह के बिलों की। ऐसा एक दिन भी नहीं जाता था जब मुझे खर्चों में कटौती करने के बारे में कोई लम्बा-चौड़ा भाषण न सुनना पड़ता हो। ''मेरी माँ कोई इकॉनामिक्स की विद्वान नहीं है,'' वह मुझे याद दिलाता था, ''लेकिन देखो वह कितनी अच्छी तरह से सँभालती है।''

अब, किफायतशार गृहिणी तो मेरी माँ भी थी, और फिर उसकी शादी तो अच्छी-खासी, तनख्वाहवाले किसी बैंक मैनेजर से नहीं हुई थी। रंजन अपने पैसों का क्या करता था ? वह पैसों के मामले में इतना कंजूस क्यों था ? यह बहुत नाजुक मसला था और इसके बारे में कोई भी बात छेड़ना उसे बिल्कुल नापसन्द था। कुछेक बार मैंने इसे उठाने की हिम्मत भी की तो हर बार उसने मुझे रुखाई से देखते हुए यही पूछा था, ''क्या तुम्हें कोई खास परेशानी हो रही है ? क्या घर में किसी चीज की कमी है ? क्या हम आराम से नहीं हैं—या तुम्हें किसी चीज की जरूरत है ?''

मैंने चुपचाप अपने आपको पीछे खींच लिया था और फिर इस मसले को आईन्दा कभी नहीं उठाया था। मेरे गाल को एक भाई की तरह हल्के-से चूमते हुए उसने अपना पिटा-पिटाया ब्रीफकेस उठाया था। फिर जैकेट पहनकर आईने में अपना अक्स देखते हुए उसने सावधानी से गिनकर एक हजार रुपए निकाले थे—उसकी गैर-मौजूदगी के दस दिनों में मुझे सौ रुपए रोज के हिसाब से मुम्बई में घर चलाना था।

''मैं तुम्हारे पास बहुत सारा पैसा छोड़कर जा रहा हूँ,'' उसने कहा था, ''मुझे उम्मीद है, तुम इसे होशियारी से खर्च करोगी। तुम्हारे हाथ में एक हजार रुपए आ जाने का यह मतलब नहीं है कि तुम किसी फालतू चीज में इन्हें उड़ा दो। कोशिश तो यही करना कि पचास रुपए रोज में काम चल जाए। अगर अचानक कोई जरूरत पड़ जाए तो मेरी माँ तो है ही, उससे सम्पर्क कर लेना। लेकिन उसे फालतू में परेशान मत करना। उसे खटका हो जाएगा।''

मैंने उन नोटों को अहसान की तरह ले लिया था। आमतौर पर रंजन घर के खर्च के लिए मेरी ड्रेसिंग टेबल पर रखे एक खास डिब्बे में रोजाना जो बीस-तीस रुपए छोड़ता था उनके मुकाबले तो सचमुच यह बहुत सारा पैसा था। मेरे मन में पहला विचार यह आया, 'बहुत बढ़िया, इससे मैं कलकत्ता तक का एक तरफ का टिकट खरीद सकती हूँ, और फिर कभी वापस नहीं आऊँगी।'

लेकिन यह तो बस एक बचकानी उचंग थी। कलकत्ता में कौन-सा व्यक्ति या कौन-सी चीज मेरा इन्तजार कर रही थी ? इसका तो खयाल भी मुझमें डर पैदा कर देता था—क्या मैं वहाँ अपनी माँ को मृत्यु-शैया पर पड़ा देखने जाऊँगी ? मुझे सपनों में इस तरह की पेशीनगोई हो रही थी, लेकिन मुझमें पता करने की हिम्मत नहीं थी।

मैं कुछ देर यों ही सुस्त-सी बैठी रही। मेरी समझ में ही नहीं आ रहा था कि अब अपना क्या करूँ। यह बड़ी अजीब स्थिति थी। हफ्ते की आम सुबह रंजन का शहर से बाहर होना भी वैसा ही था, जैसा उसका ऑफिस में होना। और फिर भी मुझे ऐसा

लग रहा था जैसे मुझे अकेला छोड़ दिया गया हो और मैं सबसे कट गई हूँ। ऐसा कोई नहीं था जिसे फोन करके मैं कुछ बातचीत कर सकूँ। कोई नहीं था जिसे मैं अपने पास बुला लेती। कोई नहीं था जिसके पास मैं चली जाती। और, करने के लिए भी मेरे पास कुछ नहीं था।

अपने आपमें नेक होने के अहसास और अपने आप पर तरस खाने की तरंगें मुझे रुआँसा कर रही थीं और यह मुझे अच्छा नहीं लग रहा था। मुझे आँसुओं में कोई आकर्षण दिखाई नहीं देता था और अपनी माँ की तरह ही मुझे भी ये अरुचिकर लगते थे। उसने मेरे बचपन में मुझे रोने-धोने से रोका था। वह कहा करती थी, "यह नल बहाना बन्द करो—इस घर में पानी की कोई कमी नहीं है।"

मेरे पिता उसके मुकाबले थोड़ी-सी ही ज्यादा हमदर्दी दिखाते थे। जब कभी मैं रोती थी तो वह यह करते थे कि मुझे प्यार से बाथरूम में ले जाते थे और मेरा मुँह धो देते थे। उनकी यह कोमल भंगिमा उनके अनुरूप ही थी, और तब तो मुझे सचमुच बहुत अच्छा लगता था, जब वह मेरी दुखती आँखों को उस सूती गमछे से पोंछते थे, जो उनके बाएँ कन्धे पर हमेशा पड़ा रहता था। इसमें से एक खास गन्ध आती थी—मेरे पिता की गन्ध। यह ब्राह्मी हेयर ऑयल, लाइफबॉय साबुन, सरसों के तेल और हिमालयन बुके टेल्कम पाउडर की एक खास मिली-जुली गन्ध होती थी।

वह अपने गमछे को दिन में दो बार बदलने पर खास ध्यान देते थे। यह उन कुछ आदतों में थी, जिन्हें वह कभी नहीं छोड़ते थे। मेरी उकताई माँ को समझाते हुए वह कहते थे कि यह 'निजी सफाई' का मामला है, क्योंकि वह दिन-भर चाय पीने के फौरन बाद इससे अपना मुँह पोंछते थे। वह अपने गमछों को सफाई से एक के ऊपर एक तहाकर अपनी आरामकुर्सी के पास रखते थे। एक बार में वह अपने पास छह इस्त्री किए हुए कड़क गमछे रखते थे, और अगर कभी मेरी माँ गन्दे गमछों को बदलना भूल जाती थी तो उन्हें बहुत गुस्सा आता था।

उस सुबह मैं अपने पिता के गमछों के बारे में सोचकर रो पड़ी। मैं इस शहर में क्या कर रही थी, जो मेरा अपना नहीं था, और वह भी एक ऐसे आदमी के साथ जिसके लिए मेरे दिल में एक हल्के-से स्नेह-भाव के अलावा और कोई लगाव नहीं था ? रंजन मेरा पति था। मुझे उसे प्यार करना चाहिए था, उसकी इज्जत करनी चाहिए थी, और उसके जाने पर मुझे उसकी कमी अखरनी चाहिए थी। इसके बजाय मैं उसके न होने पर राहत ही महसूस कर रही थी। एक-दूसरे के विरोधी कितने ही जज्बात से निपटना पड़ रहा था मुझे। एक तरफ तो मुझे इस खयाल से नफरत हो रही थी कि मैं अपने घर में अकेली हो जाऊँगी, वहीं मैं खुद को दबाव से, उसकी मंजूरी की जरूरत से, नुक्ताचीनी से, निगरानी से, सही किए जाने से, डाँटे जाने से, टोके जाने से, जबर्दस्ती किए जाने से और हिदायतों से आजाद भी महसूस कर रही थी। इससे मुझमें जो अपराध-बोध पैदा हो रहा था, वह भयंकर था। क्या मैं सचमुच इतनी निर्दयी, रूखी और स्वार्थी थी ? मैं एक वफादार, प्यार करनेवाली बीवी की तरह अपने पति के लौटने की

कामना क्यों नहीं कर रही थी, इसके बजाय मैं दस दिन अपनी मर्जी से जीने की सम्भावना पर इतनी खुश क्यों हो रही थी ? बेशक, ये असुरक्षा और अस्पष्ट भय के दस दिन थे, लेकिन ये मेरे अपने दस दिन भी थे, जब मैं अपने असली रूप में रह सकती थी।

सच तो यह है कि रंजन के रहते मुझे तनाव रहता था। रंजन के रहते मेरा ध्यान अपने पर रहता था। जब वह घर में होता था तो मैं कभी आजाद होकर अपनी तरह से नहीं रह पाती थी। क्या उसका घुन्नापन मुझे ठंडा कर देता था ? या उसका हमेशा मेरे कामों में मीन-मेख निकालकर अपने आपको मुझसे श्रेष्ठ दिखाना ? जब मैं उदार मन से सोचती थी तो मुझे रंजन की कुछ खूबियाँ भी दिखाई देती थीं, लेकिन फिर भी ज्यादातर मैं उसकी तरफ से चिढ़ी ही रहती थी। अपने आपसे यह कहने का भी कोई फायदा नहीं होता था कि मैं उन औरतों के मुकाबले किस्मतवाली थी, जिनके पति शराब पीते थे और अपनी बीवी को पीटते थे। रंजन में कुछ कमियाँ जरूर थीं, लेकिन वह बुरा आदमी नहीं था और मुझे यह बात बहुत अच्छी तरह से मालूम थी कि वह मेरा भला ही चाहता है। वह आमतौर पर मुझसे दयालुता से पेश आता था, लेकिन उसकी दयालुता वैसी ही होती थी, जैसी लोग विकलांगों या बेहद गरीबों के लिए सुरक्षित रखते हैं।

क्या उसने कभी इस बारे में नहीं सोचा कि सारा दिन मेरे दिमाग में क्या चलता रहता है ? क्या चीज मुझे परेशान करती है, प्रभावित करती है, उदास करती है, खुश करती है ? घरेलू मामलों के अलावा और किसी भी चीज से सम्बन्धित कोई जिज्ञासा, कोई सवाल क्यों नहीं उठाता वह ? वह मेरे चेहरे पर आने-जानेवाले भावों पर कभी ध्यान क्यों नहीं देता ? या, कम-से-कम एक बार ही मुझसे यह पूछ लेता कि मैं उससे शादी करके खुश हूँ या नहीं ?

घड़ी बहुत शोर-शराबा कर रही थी। कम-से-कम मेरे छोटे-से, साफ-सुथरे, बेजान फ्लैट की खामोशी में तो यही लग रहा था। मुझसे इसकी लगातार टिक-टिक बर्दाश्त नहीं हुई और मैं दौड़कर रसोई में पहुँच गई और गुस्से में इसे घूरने लगी। अगर उसी समय दरवाजे की घंटी न बजी होती तो बहुत मुमकिन है, मैंने गुस्से में फ्राईपैन फेंककर इसके शीशे के मुँह को तोड़ दिया होता।

मैं ताजा हवा लेने के लिए बालकनी में निकल गई। आसमान में काले बादल छाए हुए थे, लेकिन इससे मेरी उदासी दूर नहीं हुई। अचानक एक अशुभ गड़गड़ाहट हुई और बारिश की कुछ बूँदें मेरे गाल पर आकर गिरीं।

मैं वापस रसोई में गई। मैंने अपने उन पौधों के बारे में सोचा, जिन्हें मैंने बौछारों के बीच थोड़ी धूप देने के लिए बहुत होशियारी से बालकनी में रख दिया था। किसी और दिन मैं दौड़कर उन्हें अन्दर ले आई होती, लेकिन आज मुझमें इतनी मेहनत करने की ताकत ही नहीं बची थी। सिरेमिक के चमकदार गमलों के अन्दर पानी लगातार बढ़ता गया और फिर गमलों से बाहर बहने लगा, और मैं उदास होकर उन्हें ताकती

रही। इस तरह उनकी जड़ों के सड़ जाने की पूरी सम्भावना थी। कुछ ही समय की बात थी कि पौधों की हरी-हरी, प्यारी पत्तियाँ गिर जाएँगी। बहुत बुरी बात थी। मुझे नए सिरे से दूसरे पौधों पर मेहनत करनी होगी, यानी अगर मैंने अपने मरते पौधों की जगह दूसरे पौधे लेने का फैसला किया तो। ये पौधे मेरे पास तब से थे जब से मैं मुम्बई में थी—इनमें से एक-दो तो मैं कलकत्ता से ही लेकर आई थी, जैसे फाइकस और ड्रेसीनिया। अपने नए माहौल में आने के बाद पहले कुछ महीनों में तो वे कुम्हला गए थे और एक तरह से सूख ही गए थे, और मैंने नए पौधे लेने का विचार ही छोड़ दिया था। लेकिन जल्दी ही मुझे उनकी नई जरूरतें समझ में आ गई थीं और मैंने उसी हिसाब से इन्तजाम कर दिया था। मैंने उन्हें पानी देना कम कर दिया था, धूप ज्यादा लगानी शुरू कर दी थी और ढेर सारी ताजा हवा का इन्तजाम कर दिया था।

मेरी साँस रुक-रुककर और तेज-तेज आ रही थी, जैसे कोई मेरा गला घोंट रहा हो। मेरे माथे पर पसीने की बूँदें झलक आई थीं। मैंने फ्रिज से टिककर अपने आपको साधा और कुछ गहरी साँसें लीं। मैं पागल हो रही हूँ—मेरे दिमाग में पहला खयाल यही आया। अपनी जिन्दगी में पहले कभी मैंने इतनी निराशा का अनुभव नहीं किया था। मेरा मन बिल्कुल भी नहीं हो रहा था कि जाकर दरवाजा खोलूँ—उस दिन या किसी भी चीज या व्यक्ति से निपटूँ। मैंने फैसला किया कि मैं दोपहर का खाना गोल कर जाऊँगी और नहाने का खयाल छोड़ दूँगी। इससे फर्क भी क्या पड़ना था ?

घंटी फिर बजी, और उसके बाद ही दस्तक भी हुई। न चाहते हुए भी मैं धीरे-धीरे चलकर दरवाजे की तरफ गई और उसे खोल दिया। मैंने सेफ्टी चेन लगाने की सावधानी भी नहीं बरती। दरवाजे पर, पीछे से आती हुई रोशनी में साये की तरह निखिल खड़ा था। वह बेसुरी सीटी बजा रहा था।

"कहाँ थीं तुम ?" उसने धौंस से पूछा।

मैंने भी विनम्र होने की कोशिश नहीं की, "इससे तुम्हें क्या मतलब है ?"

निखिल मेरे पास से होता हुआ अन्दर आया और सबसे पास रखी कुर्सी में धम-से बैठा गया। "शिट !" वह बोला।

मैं दरवाजे के पास खड़ी इन्तजार करती रही। उसने भी मुझ पर या मेरी हालत पर गौर नहीं किया था। मैं अत्याचार को जिस स्तर पर भोग रही थी, वहाँ निखिल को भी मैंने रंजन वाली श्रेणी में ही रखा, और उसे बेहूदा ढंग से कुर्सी में बैठे देख कर मेरे अन्दर जबर्दस्त नफरत उमड़ आई। वह बैठा-बैठा भगवान जाने किस चीज या किस व्यक्ति को कोस रहा था।

आखिरकार, जब थोड़ी देर हो गई तो मैंने रुखाई से कहा, "और अब, अगर तुम्हारा काम खत्म हो गया हो तो मेहरबानी करके यहाँ से चले जाओ। मैं इस समय किसी भी सूरत में तुम्हारी गालियाँ सुनने के मूड में नहीं हूँ।"

तब उसने घूमकर मुझे देखा, "हे भगवान," निखिल फुनफुनाते हुए बोला, "तुम्हें हुआ क्या है ?" वह कुर्सी से उठकर मेरे पास आ गया।

मैं गुस्से से काँप रही थी और बेबसी की लहरें मुझे डुबोए दे रही थीं। मैं जानती थी कि मैं बैरी आँसुओं की बाढ़ से एक मिनट की दूरी पर थी। निखिल ने मेरे कन्धे पकड़कर मुझे झिंझोड़ दिया।

"तुम तो भयंकर लग रही हो। जाओ जल्दी से मुँह धो लो। तुम बीमार हो क्या ? हे भगवान—मैं तो सोचता था कि केवल मेरी माँ ही इस तरह की हरकतें करती है।"

मैंने उसके हाथों को झटक दिया। मुझे उसकी गन्ध स्पष्ट महसूस हो रही थी और उसके गालों पर बालों के ठूँठ दिखाई दे रहे थे, मानो मैं किसी आतिशी शीशे से देख रही हूँ—हरेक बाल चमकती चमड़ी में से बाहर आ रहा था। अपने चेहरे से टकराती उसकी साँस से साफ पता चल रहा था कि उसने अपनी सिगरेट अभी-अभी मेरे घर में घुसने से ठीक पहले बुझाई थी, और यह भी कि उसने उससे पहले अंडों का नाश्ता किया था। उसके ऑफ्टर-शेव लोशन की बेहद मसालेदार महक से मेरा सिर घूम-सा रहा था, और उस समय मैं बस यही चाहती थी कि वह उसी पल मेरे घर से निकल जाए और मुझे मेरे दुख में अक़ेला छोड़ दे।

सामने का दरवाजा अब भी खुला हुआ था। उसकी तरफ इशारा करते हुए मैंने निखिल से थोड़े-से शब्दों में कहा, "प्लीज...मेरा तुमसे बात करने का मन नहीं है।"

निखिल ने मेरी आँखों का पीछा किया, वह दरवाजे तक गया और उसे कसकर बन्द कर दिया। फिर वह अपनी जगह वापस आ गया। उसकी आँखों में सवाल था और वह थोड़ा आहत भी दिख रहा था। उसने कहा, "क्या मैंने ऐसा कुछ कह दिया जिससे तुम्हें परेशानी हुई ? क्या मैं कुछ गलत कर गया ? बात क्या है ? क्या तुम इसलिए तनाव में हो कि तुम्हारे पति शहर से बाहर हैं ?"

उसकी यह बात सुनकर मैं चौंक गई, "तुम्हें कैसे मालूम है ?" मैंने उससे सवाल किया। मेरी आवाज कड़वी और तेज और भद्दी थी।

निखिल ने कन्धे उचकाते हुए बेहद सहज ढंग से कहा, "मैं जल्दी उठ गया था.. मैंने उन्हें बैग लेकर टैक्सी में बैठते हुए देखा, बस ऐसे ही मालूम हो गया मुझे, ठीक ? तुम फिक्र मत करो। मैं तुम्हारी जासूसी नहीं कर रहा हूँ। यह तो एक इत्तिफाक था।"

मैं अपनी जगह से बिल्कुल भी नहीं हिली थी। मैंने टूटी आवाज में कहा, "तुमने मेरे पति को शहर से जाते देख लिया, केवल इसी बात से तो तुम्हें यह अधिकार नहीं मिल जाता कि तुम मेरे घर में घुस आओ। वैसे तुम इतने दिनों से थे कहाँ ?"

और यह कहते ही मुझे यह अहसास हुआ कि मेरी बातें कैसी मूर्खतापूर्ण लग रही होंगी। निखिल ठहाका मारकर हँस पड़ा—वह अपना सिर पीछे की ओर झटककर बेतहाशा हँस दिया। उस समय तो मुझे यह पता नहीं चला कि उसे मेरी बात में क्या अजीब लगा, हालाँकि मुझे यह तो अहसास हो गया था कि मुझसे कोई गलती हो गई है।

"तो सारी ड्रामेबाजी इस वजह से है ? तुमने सीधे-सीधे यह क्यों नहीं कह दिया कि तुम्हें मेरी कमी अखर रही थी ? और तुम नाराज और आहत हो ? कितना आसान होता है सीधे-सीधे...ईमानदारी से बात करना...जैसे मैं करता हूँ।"

मैं जोर-जोर से सिर हिलाने लगी। "मेरा यह मतलब बिल्कुल नहीं था," मैंने उसकी बात का विरोध करते हुए कहा, "बात बस यह है कि मैं इस जगह अकेली रह जाने की वजह से थोड़ा डर रही हूँ, और मुझे इस बात पर गुस्सा आ रहा है कि तुम इतने दिन गायब रहने के बाद अब आए हो।"

निखिल ने सिगरेट का पैकिट निकाला, "तुम बुरा मानोगी तब भी मैं सिगरेट जरूर पिऊँगा," उसने एक सिगरेट जलाते हुए कहा, "मेरे इम्तिहान थे," उसने सफाई दी, "मैं अपनी फाइनल की पढ़ाई में लगा था, और आज ही मेरा रिजल्ट आया है। अच्छे नम्बर नहीं आए। माँ गुस्सा होगी।"

मैंने सिर हिला दिया। मैंने यह परवाह ही नहीं की कि वह पास हुआ है या फेल।

वह कहता गया, "नहीं–मैं फेल तो नहीं हुआ। लेकिन मेरे नम्बर इतने अच्छे नहीं हैं कि किसी इंजीनियरिंग कॉलेज में दाखिला मिल सके। यह बात है। मुझे यहीं सड़ना पड़ेगा। बस दो फीसदी से पिछड़ गया मैं जरूरी नम्बर लाने में। जरा सोचो। दो फीसदी किसी आदमी की जिन्दगी बदलने के लिए काफी हैं। अब तो मैं फँस गया। अब मुझे सोचना पड़ेगा कि अपनी जिन्दगी का क्या करूँ। तुम्हारे पास कोई आइडिया है ?"

"फिल्मों में चले जाओ, या टी.वी. में।" मैंने रुखाई से कहा।

"मैं सोचता हूँ, तुम मेरी तारीफ कर रही हो। तो...तुम्हें मैं सचमुच सुन्दर लगता हूँ ? मुझे पता था।"

निखिल आत्मविश्वास से भरा जिस तरह मेरे फ्लैट में मटक रहा था, वह मेरे घर के माहौल से मेल नहीं खाता था और अब यह मेरी बर्दाश्त से बाहर हो रहा था। "तुम पॉप सिंगर बनकर उन तमाम बेहूदा टी.वी. चैनलों पर आ सकते हो।" मैं कहती गई। मेरे दिमाग में निखिल की तस्वीरें आ रही थीं कि वह किसी अजीब मकसद से (ट्रैम्पलीन) मंच पर उछल-कूद मचा रहा है।

उसने चीनी मिट्टी की एक तश्तरी पर अपनी सिगरेट रगड़ दी, जो ऐश-ट्रे का काम नहीं करती थी, और एकदम मेरे बेडरूम में चला गया। मैं अपनी जगह पर जड़वत् खड़ी रही। मेरा दिल तेजी से धड़क रहा था। मैं समझ नहीं पा रही थी कि उसका इरादा क्या है और–वह चाहे जो भी रहा हो–मुझे यह भी नहीं पता था कि मैं उससे निपटूँ कैसे। मैं कुछ तय नहीं कर पा रही थी और बौड़म-सी यह सोच रही थी कि उसके पीछे-पीछे अपने बेडरूम में जाकर उससे एक बार फिर बाहर जाने को कहूँ या फिर उसके बाहर आने का इन्तजार करूँ ?

मैंने इन्तजार करने का ही फैसला किया। करीब पाँच मिनट बाद निखिल अपनी पैंट की जिप बन्द करता हुआ वापस बैठक में आया। "जाना पड़ा–सॉरी !" उसने हँसते हुए कहा।

मैंने अविश्वास से उसे घूरकर देखा और बोली, "मैं तुम्हारे इस रवैए को सख्त नापसन्द करती हूँ। तुम्हें सचमुच बिल्कुल भी तमीज नहीं है। तुम इस तरह मेरे घर में घुसकर कैसे इस तरह का व्यवहार कर सकते हो, जैसे तुम अपने बेडरूम में हो ? मैं इस तरह के अशिष्ट व्यवहार की आदी नहीं हूँ। मैंने कभी ऐसा व्यक्ति नहीं देखा जो इस तरह की हरकत करने की हिमाकत करता हो।"

निखिल पर मेरी बातों का कोई असर नहीं हुआ। वह बोला, "कोल्ड कॉफी कैसी रहेगी—ढेर सारी बर्फ चूरकर ? चलो माया, रिलैक्स। तुम तो भारी तनाव में दिख रही हो। मैंने कौन-सा बड़ा पाप कर दिया ? मेरा तुमसे मिलने का मन हुआ और मैं यहाँ चला आया। यह सही है कि मैं यहाँ यह जानने के बाद आया कि तुम्हारे पति शहर में नहीं हैं, लेकिन इसमें समझदारी है। क्यों, है न ? ईमानदारी से बताना। तुम सचमुच मुझसे यह उम्मीद तो नहीं करतीं कि मैं उनके सामने तुम्हारे पास आऊँ। तुम परेशान हो जाओगी, वह गुस्सा हो जाएँगे और मैं बेचैन हो जाऊँगा—ठीक ? यही बढ़िया है।"

उसने मुझे घूरते हुए कहा, "तुम किसी बंगाली फिल्म की हीरोइन की तरह ऐसी बेवकूफी-भरी हरकतें बन्द करके शान्त क्यों नहीं हो जातीं ? मैं तुम्हारे साथ बलात्कार या और कुछ तो करने नहीं जा रहा हूँ। अगर तुम्हें इससे राहत मिलती है तो मैं तुम्हें छुऊँगा भी नहीं, ठीक है ? चलो कुछ गप-शप करते हैं, हँसते-हँसाते हैं और संगीत सुनते हैं। आज मुझे बड़ा खराब लग रहा है। यही हाल तुम्हारा भी है। मुझे खुशी की जरूरत है। तुम्हें भी। अब, जाओ भी—दो लोगों के लिए कोल्ड कॉफी लेकर आओ। समझीं ?"

मैं चुपचाप रसोई में चली गई। मैंने कॉफी का जार उठाया। मुझे लगा, मैं अपने आप ही सब कुछ किए जा रही हूँ, किसी मशीनी मानव (रोबोट) की तरह, जिसे पहले से कमांड दे दी गई हो। निखिल वहाँ रंजन के स्टीरियो से छेड़छाड़ कर रहा था और मेरा दिमाग बिल्कुल खाली हो रहा था। मैं घड़ी की तरफ देखकर इस सोच में नहीं पड़ना चाहती थी कि बर्तन माँजनेवाली कब आएगी। मैं तो बस यह जानती थी कि निखिल की मौजूदगी से मेरे मन में अजीब-सी खुशी घर करने लगी थी। मुझे इस बात की परवाह नहीं थी कि उसे यहाँ कौन देखता है, और बाद में मुझे इसके क्या नतीजे भुगतने पड़ेंगे। मुझे परवाह नहीं थी, अगर उस पल रंजन भी घर में यह कहता हुआ आ जाए कि उसकी फ्लाइट रद्द हो गई है।

मुझे यह भी परवाह नहीं थी कि कहीं मेरी सास ही इस समय न आ टपके। मैं सबसे निपट लूँगी। लेकिन पहले मैं अपनी उपेक्षित पड़ी मिक्सी को झटका देकर होश में लाऊँगी और उसे चालू करूँगी। पिछली बार जब मैंने किसी के लिए कोल्ड कॉफी बनाई थी, उस बात को बरसों हो गए थे। मैं तो यह भूल ही गई थी कि अपने पल्लू पर झाग में भीगी मूँछ और कॉफी के धब्बे लगवाने में कितना मजा आता है।

जब मैं एक छोटी-सी ट्रे में कॉफी के मगों को करीने से सजाकर कमरे में लौटी तो निखिल उदास बैठा खिड़की के बाहर ताक रहा था। मैंने उसकी पीठ देखी और मेरा ध्यान अपने आप पर चला गया। कितनी गन्दी लग रही थी मैं। निखिल की नुक्स ढूँढ़नेवाली नजर में कैसी लग रही होऊँगी ? मैंने थोड़ा उदास होते हुए सोचा कि मैं जरूर एक सुस्त, उपेक्षित गृहिणी की तरह दिख रही होऊँगी, जिसके बालों में कंघी नहीं हुई थी और जिसका चेहरा तैलीय हो रहा था—और यह मेरी हमेशा की हालत थी।

अगर निखिल ने मुझे अपनी तरफ से इस तरह परेशान देखा भी होगा तो उसने इसे अनदेखा कर दिया होगा। शायद वह अपने घटिया रिजल्ट को ही लेकर बेहद उलझा हुआ था।

"चियर्स !" उसने चीनी मिट्टी के भारी मग को उठाते हुए कहा, लेकिन उसकी आवाज में कोई खुशी नहीं थी।

"तुम्हारी माँ को पता है ?" मैंने पूछा।

"क्या ? कि मैं यहाँ तुम्हारे पास हूँ या यह कि मैंने इंजीनियर बनने का मौका गँवा दिया है ?"

"दोनों।" मैंने जवाब दिया।

निखिल ने कुर्सी के हत्थे के ऊपर अपने पैर रख लिये। उसके जूतों में मिट्टी लगी हुई थी और वे सीवन पर से फट रहे थे। यह एक नई चीज थी।

"नहीं," उसने कहा, "तुम्हारे दोनों ही सवालों का जवाब है, नहीं। मैं उसे बाद में बताऊँगा, अपनी परसेंटेज के बारे में, और कुछ नहीं। यह जरूरी नहीं है कि उसे मेरी जिन्दगी की हरेक बात की जानकारी हो कि मैं कहाँ जाता हूँ, किससे मिलता हूँ, क्या करता हूँ। वह मेरी निजी पुलिस नहीं है। अब मैं इतना बड़ा हो गया हूँ कि इन मामलों में अपना फैसला खुद कर सकता हूँ।"

"लेकिन अगर उन्हें पता चल ही गया कि तुम यहाँ आए थे, तो क्या वह बुरा मानेंगी ? मुझे तो लगता है कि इसे लेकर वह जरूर परेशान हो जाएँगी।" मैंने कहा।

"लगता तो मुझे भी है। लेकिन सच पूछो तो यह उसकी परेशानी है, मेरी नहीं। उसे ही निपटना होगा इससे।" रंजन ने कहा।

मैं घबराई हुई कॉफी पीने लगी। मैंने कहा, "तुम्हारे पिताजी भी गुस्सा होंगे, सही कहा न मैंने ? वह इस बारे में मेरे पति से कहेंगे, और तब वह गुस्सा हो जाएगा। फिर हम दोनों ही मुश्किल में पड़ जाएँगे। बहुत बड़ी परेशानी में।"

निखिल हँस दिया। वह बोला, "तुम सही कह रही हो। एकदम सही। तुम्हें डर लग रहा है ?"

मैंने सिर हिला दिया। यह सही था। मैं डर गई थी, और मैं इससे इनकार भी नहीं कर सकती थी।

निखिल लापरवाही से हँस दिया। वह बोला, "तुम इतनी प्यारी और भोली हो। सच कहता हूँ, कितनी अलग हो तुम। मेरा मतलब है...जिस तरह की लड़कियों से मैं

मिलता हूँ—तुम तो जानती हो—ये ठेठ मुम्बइया लड़कियाँ—हे भगवान, बारह साल की बच्चियाँ भी तुमसे ज्यादा निडर हैं।''

मैं शरमा गई, मैं नहीं समझ पाई थी कि उसने यह बात मेरी तारीफ में कही थी या यों ही।

मैंने कहा, ''देखो, निखिल...चाहे कलकत्ता हो या मुम्बई, एक शादीशुदा औरत को दूसरे मर्दों से नहीं मिलना चाहिए, बस।''

निखिल ने कन्धे उचका दिए। वह बोला, ''मिलना चाहिए, नहीं मिलना चाहिए, मैं इस तरह के नियमों को नहीं मानता। कोई भी आदमी या औरत जो भी करना चाहता या चाहती है, उसे इसकी पूरी आजादी होनी चाहिए, बस। और मैं जानता हूँ कि तुम चाहती हो कि मैं यहाँ तुम्हारे पास रहूँ। और फिर हम कोई गलत काम नहीं कर रहे हैं, बस दो आम इनसानों की तरह बात ही तो कर रहे हैं। इसलिए भूल जाओ। भूल जाओ उन सारी 'मिलना चाहिए, नहीं मिलना चाहिए' वाली बातों को।''

मैंने सोचा—काश, मैं भूल पाती !...काश, मेरी बातचीत कुछ अलग होती। सबसे ज्यादा तो मैं आजाद होकर हँसना और बात करना चाहती थी और निखिल से हजारों सवाल करना चाहती थी। लेकिन, फिलहाल मैंने यही कहा, ''क्या तुम अक्सर यही करते हो—शादीशुदा औरतों के पति जब कहीं बाहर चले जाते हैं तो तुम पता लगाकर उनसे मिलने पहुँच जाते हो ?''

निखिल हल्के से हँस दिया और बोला, ''हाँ, हर वक्त यही तो करता हूँ मैं। मेरी डायरी न जाने कितने पतियों के बारे में इस जानकारी से भरी पड़ी है कि वे कब, कहाँ जा रहे हैं। सच तो यह है (उसने अपनी घड़ी देखी), अभी बीस मिनट में मुझे पेडर रोड पहुँचना है। वहाँ एक और उकताई हुई बीवी मेरा इन्तजार कर रही है।''

मैं उसकी इस बात पर हँस पड़ी और मुझे अपनी मूर्खता का अहसास हुआ।

'' 'एक और उकताई हुई बीवी' से तुम्हारा क्या मतलब है ?'' मैंने कहा, ''तुम्हें बता दूँ कि मैं उकताई हुई नहीं हूँ। इतने अंदाजे मत लगाया करो, समझे ?''

निखिल ने अपने हाथ ऊपर कर दिए। वह बोला, ''चलो यहाँ से निकल चलें। आओ भी ! हिम्मतवाली बनो। कम-से-कम एक बार तो अपनी जिन्दगी में कोई सहज काम करो। जीन्स पहनो और मेरे साथ चलो। मैं तुम्हें कुछ मजेदार जगहें दिखाऊँगा... लंच भी कराऊँगा। सोचना छोड़ो, माया ! जल्दी करो, नहीं तो बहुत गरमी हो जाएगी।''

मैंने निखिल के सुझाव पर थोड़ा विचार किया। ''मेरे पास जीन्स नहीं है,'' मैंने कहा।

''ठीक है,'' वह बोला, ''कोई और अच्छा बहाना ढूँढ़ो। जीन्स नहीं है तो दूसरी साड़ी ही पहन लो। मैं तुम्हें इस सिकुड़ी हुई साड़ी में नहीं ले जा सकता—मेरी बेइज्जती होगी।''

मैंने शर्मशार होते हुए अपनी साड़ी में पड़ी सलवटों को देखा। मैं इसी को पहनकर सो गई थी, और यह साफ पता चल रहा था। निखिल ने मुझे बेडरूम की तरफ

हल्का-सा धक्का दिया।

"जाओ," उसने हुक्म दिया, "मैं पूरी सुबह नहीं दे सकता।"

मैं अपनी जगह पर जमी खड़ी रही। बोली, "तुम्हारी माँ ? अगर किसी ने हमें देख लिया तो ? और पहरेदार और नौकर लोग ?"

निखिल उठकर दरवाजे की तरफ गया, "देखो यह सब बड़ा तकलीफदेह और मूर्खतापूर्ण है," वह बोला, "अगर तुम इसी तरह से सोचती रहीं तो हम यहाँ से कभी नहीं निकल पाएँगे। वैसे, तुम्हारा फ्लैट बड़ा उदास और गन्दा है। तुम इसमें थोड़ी रोशनी और हवा क्यों नहीं आने देतीं ? तुम यहाँ साँस कैसे लेती होगी ? या सोचती होगी, या आराम करती होगी ! छी ! मेरा तो दम ही घुट जाए। कोई ताज्जुब नहीं कि तुम्हारे पति शहर से चले गए हैं—कौन आदमी इस तरह के माहौल में रह सकता है। और मैं सोचता था कि सारे बंगाली महा-क्रिएटिव होते हैं। मैं तो उम्मीद करता था कि तुम्हारा घर सत्यजीत रे की किसी फिल्म के सेट जैसा होगा—किसी अस्पताल के एंटीसेप्टिक कमरे जैसा नहीं।"

निखिल की यह अशिष्टता मुझे अचानक चुभ गई और मैं भड़क उठी। मैंने कहा, "तुम्हारी हिम्मत कैसे हुई कि यहाँ बिन बुलाए चले आओ, और मेरी जिन्दगी, मेरे घर और हरेक चीज को बुरा बताने लगो ? तुम्हें यह अधिकार किसने दिया—हूँ ? यहाँ जैसा जो भी है, मैं उससे खुश हूँ। और मुझे इस बात की परवाह नहीं है कि तुम क्या सोचते हो। अब मेहरबानी करके यहाँ से चले जाओ।"

निखिल ने शान्ति से मुझे देखा। उसके चेहरे पर हल्की-सी मुस्कान थी।

"रिलैक्स, माया," वह बोला, "इतनी गरम मत होओ—हालाँकि गुस्से में तुम बहुत प्यारी लगती हो। सुनो...अपना जी हल्का करो। एक मामूली गृहिणी की तरह बर्ताव मत करो, क्योंकि तुम मामूली गृहिणी हो ही नहीं। तुम दुनिया के सामने जिस औरत के रूप में पेश होना चाहती हो, उसका स्वाँग करना बन्द करो। मैं महज एक दोस्त के नाते यह कह रहा हूँ। तुम क्या सोचती हो कि मेरे पास समय बिताने के लिए कोई और अच्छा काम नहीं है ? मैं आवारागर्दी कर सकता हूँ, जिम में जाकर तैर सकता हूँ या टेनिस खेल सकता हूँ। मैं यहाँ क्यों आया हूँ ? क्योंकि मैं तुम्हें पसन्द करता हूँ। सच में पसन्द करता हूँ। और जब हम पहली बार मिले थे, तभी से मैं तुम्हें पसन्द करता हूँ—अब तो सन्तुष्ट हो ? अब...तुम जो चाहो करो, तुम्हें पूरी आजादी है। घर पर ही रहो और परेशान होती रहो। मेरी तरफ से भाड़ में जाओ, या मेरे साथ मोटरसाइकिल की सवारी करो—यह सब तुम्हारे ही ऊपर है।"

मैं अनिश्चय की स्थिति में खड़ी, अत्यधिक निराश और दुखी अनुभव कर रही थी। उस पल, मेरी जिन्दगी में सब कुछ गलत लग रहा था—मेरे सारे फैसले—मेरी शादी, मुम्बई आने का मेरा फैसला, रंजन के खिलाफ आक्रामक होने में कायरता बरतना, मेरा अपने कैरियर को छोड़ देना—यहाँ तक कि मेरा यहाँ खड़े होना और अपने से छोटे एक आदमी को इस तरह बोलने की छूट देना। मुझे लगा, यह सब गलत है—बिल्कुल

गलत। मुझे लगा, मैं रंजन से, अपने माता-पिता से, अपने सारे विश्वासों से बेवफाई कर रही हूँ। मैं चाहती थी कि निखिल यहाँ से चला जाए।

फिर भी, एक दूसरी ताकत मुझे दूसरी दिशा में खींच रही थी। उसकी तरफ से थोड़ा-सा बढ़ावा मिलते ही मैं उसकी मोटरसाइकिल पर सवार होकर अपनी इस नीरस जिन्दगी को अलविदा कहने को तैयार थी। और इसमें मुझे जरा भी अफसोस नहीं होता। चुनाव करने का भयानक फैसला अब मुझ पर था।

निखिल से एक भी शब्द बोले बिना मैं अपने बेडरूम में गई और एक साफ साड़ी निकाली। फिर बाथरूम में बन्द होकर मैंने यह साड़ी पहन ली। मुझे विश्वास नहीं था कि जब मैं बाथरूम से बाहर आऊँगी तो निखिल मुझे यहीं मिलेगा। लेकिन इससे कोई फर्क पड़नेवाला नहीं था। मैं हर हाल में घर से बाहर जाने का इरादा बना चुकी थी। मैं यह पता करना चाहती थी कि क्या मैं मुम्बई से अब भी प्यार करती हूँ, या वह भी मेरे अन्दर मर चुकी है।

निखिल की मोटरसाइकिल की पिछली सीट पर बैठकर गरमी इतनी ज्यादा महसूस नहीं हो रही थी। मैं अपने होंठों पर जीभ फेरती तो मुझे तेज समुद्री हवा के साथ आए नमक का स्वाद महसूस होता था।

''ज्वार आ रहा है—देखो।'' उसने खाड़ी की तरफ इशारा करते हुए कहा। इस समय हम सुबह-बाद के ट्रैफिक को चीरते हुए आगे बढ़ रहे थे। मैंने निखिल की बताई दिशा में देखा, लेकिन उस अटपटे कोण में सिर घुमाने से मेरी गर्दन में ही दर्द हो गया।

''अगली बार साड़ी मत पहनना,'' निखिल ने सलाह दी, ''जीन्स खरीद लो और एक-एक पैर दोनों तरफ करके मोटरसाइकिल पर बैठा करो। इस तरह तुम्हें ज्यादा खतरा भी नहीं रहेगा और तुम ज्यादा चीजें भी देख पाओगी।''

मैंने स्वीकृति में सिर हिला दिया। मैं जिस खतरनाक ढंग से उसके पीछे बैठी थी, उससे मुझे सचमुच घबराहट हो रही थी। पहले तो मुझे इस अटपटेपन से निपटना था। मैं निखिल से छूना नहीं चाहती थी, जिसका मतलब यह था कि मैं मोटरसाइकिल के पीछे बैठनेवाली और लड़कियों या औरतों की तरह उसका कन्धा या कमर पकड़कर नहीं बैठ सकती थी। मुझे सीट के पीछे लगे एक हत्थे को पकड़कर बैठना पड़ रहा था, जबकि मेरा दूसरा हाथ सामान रखनेवाले रैक पर था। मेरे पैर नीचे लटक रहे थे और कभी-कभी डामर की सड़क से छू जाते थे। मेरा पूरा ध्यान अपना सन्तुलन बनाए रखने पर था। उधर निखिल सामान ढोनेवाली विशाल ट्रकों, भटकती टैक्सियों और बड़ी-बड़ी बसों के बीच से अपना रास्ता बनाता हुआ बढ़ा जा रहा था।

निखिल पूरे अधिकार के साथ और खूब मजा लेते हुए मोटरसाइकिल चला रहा था। अटपटा तो मैं महसूस कर रही थी, और मुझे लग रहा था, जैसे तमाम लोग मुझे ही घूर रहे हैं।

"हम कहाँ जा रहे हैं ?" मैंने ऊँची आवाज में निखिल से पूछा, क्योंकि मैं उसकी तरफ ज्यादा झुकना नहीं चाहती थी, ताकि मेरी छातियाँ उसकी पीठ से न छू जाएँ।

"पता नहीं," उसने हँसते हुए कहा, "लेकिन जल्दी ही पता चल जाएगा।"

मैं इस बात पर मुस्कुरा दी—यह एक आम टिप्पणी थी, जिसे गम्भीरता से नहीं लिया जाना था। इसी तरह की टिप्पणियाँ सुनकर तो मुझे यह हैरानी होती थी कि निखिल किसी बात को गम्भीरता से लेता भी है या नहीं। और अगर वह सच में ही इतना खुशमिजाज है तो फिर उसे मुझ जैसी उबाऊ औरत में क्या मिलता है। मेरी तो अपनी चिन्ताएँ और अपने डर हैं।

वह मालाबार हिल के ऊपर रुक गया, "यह लो। यहाँ लाना चाहता था मैं तुम्हें। यहाँ से मुम्बई सबसे खूबसूरत लगती है। खासकर इस समय, जबकि गुलमोहर खिले हुए हैं।"

मैं मोटरसाइकिल से उतर गई और चुपचाप उसके पास खड़ी हो गई। इस बात से इनकार नहीं किया जा सकता कि यहाँ का दृश्य बहुत सुन्दर था और मैं नहीं समझती कि कोई इससे प्रभावित हुए बिना रह सकता था। उस जगह से बेतरतीबी से फैले पूरे शहर को देखा जा सकता था। यहाँ शहर के ऊपर पड़ी कोहरे की चादर को आसानी से अनदेखा किया जा सकता था और समुद्री नजारे तथा क्षितिज से इस्पाती उँगलियों की तरह उठती गगनचुम्बी इमारतों पर ध्यान जमाया जा सकता था।

"खूबसूरत है न ?" निखिल ने पूछा।

मैंने चुपचाप सिर हिला दिया। मैं इस दृश्य से सचमुच प्रभावित थी।

"क्या तुम अक्सर यहाँ आते हो ?" मैंने पूछा।

"बहुत," उसने जवाब दिया, "करीब-करीब रोजाना ही। मैं इस दृश्य को देखते कभी नहीं थकता। बहरहाल, दिन के अलग-अलग समय और अलग-अलग मौसम के हिसाब से यह बदलता रहता है। मैं तुम्हें अक्टूबर में यहाँ से डूबते सूरज का मंजर दिखाऊँगा। वह कमाल का दृश्य होता है। पता नहीं, उस महीने में माहौल को क्या हो जाता है, लेकिन आसमान में अद्‌भुत शक्लों में बादल छाए होते हैं और वह बेहद सुन्दर दिखता है। कभी-कभी, अगर किस्मत ने साथ दिया तो आपको गोधूली के समय की मद्धिम रोशनी भी देखने को मिल जाती है और तब यह पूरा बाग एक सुनहरी आभा में नहा उठता है। मैंने...मैंने इस बारे में एक गीत भी लिखा है। बाद में कभी मौका मिला तो तुम्हें सुनाऊँगा।"

निखिल ने अपनी मोटरसाइकिल खड़ी कर दी और हम दोनों एक बड़े-से तालाब पर बने एक मशहूर बाग में गए। चलते समय, सुन्दर डालियों से छिटककर गिरे गुलमोहर के सैकड़ों फूल हमारे पैरों तले कुचल गए और पगडंडी पर एक नारंगी गलीचा बिछ गया।

निखिल अपने आप में सिमटा और विचारमग्न था। मैंने सोचा, वह मुम्बई की अपनी मनपसन्द जगह के बारे में कोई नया गीत लिख रहा होगा, इसलिए मैंने उसका

ध्यान भंग करने की कोशिश नहीं की।

"बीयर चलेगी ?" उसने पूछा। हमें चलते-चलते दस मिनट हो गए थे।

"बीयर ?" मैंने कहा। मेरी आँखों से साफ झलक रहा था कि मैं एकबारगी हक्का-बक्का रह गई थी।

"क्यों नहीं ?" निखिल कहता रहा, "मुझे प्यास लगी है। तुम्हें नहीं लगी क्या ?"

"हाँ...लगी तो है, मगर बीयर ? मैं पीती नहीं हूँ। मेरा मतलब है...मैंने कभी...यानी, मैं किसी शराब की आदी नहीं हूँ।"

निखिल के चेहरे पर एक शैतानी मुस्कान आ गई, "बढ़िया—बहुत बढ़िया ! यही समय है शुरू करने का। फिर समय क्यों बरबाद किया जाए। ऐसे गरम दिन में बिल्कुल ठंडी बीयर की चुस्कियाँ लेने का मतलब है, जिन्दगी के सही मायने को महसूस करना। चलो, पीकर देखो। भगवान तुम्हें माफ कर देगा। कसम से !"

मेरा मन हुआ कि मैं रूठ जाऊँ, जो मुझे किसी और के साथ करना चाहिए था। लेकिन ऐसा न करके झुँझलाकर उससे पूछ लिया, "क्या तुम हमेशा इसी तरह लोगों का मजाक बनाते रहते हो ?"

निखिल ने दाँत निकाल दिए, "हमेशा। लेकिन माया...तुम 'लोग' नहीं हो। तुम माया हो, और मैं तुम्हारा मजाक नहीं बना रहा हूँ। हर बात को लेकर तुम इतनी ज्यादा गम्भीर मत हो जाया करो। मैं तुमसे केवल बीयर की कुछ चुस्कियाँ लेने को ही तो कह रहा हूँ—इसमें कहीं कोई गलत मंशा नहीं है मेरी। अगर तुम नहीं पीना चाहतीं तो तुम मना भी कर सकती हो। लेकिन तुम इस बात का बतगंड़ क्यों बना रही हो ?"

निखिल ठीक कह रहा था। शायद उसे यह मालूम नहीं था (और मालूम तो मुझे भी नहीं था) कि मर्दों के साथ मेरे अनुभव की घोर कमी ही इस वक्त सामने आ रही थी। मुझे पता ही नहीं था कि मर्दों के साथ किस तरह से बात की जाती है, किस तरह उनसे निपटा जाता है, किस तरह उनसे व्यवहार किया जाता है या उनकी बातों या हरकतों का जवाब कैसे दिया जाता है। और अपने स्वाभाविक संकोच के कारण मैं उनके साथ झल्लाहट और रुखाई के साथ पेश आने लगती थी।

मैंने निखिल से माफी माँगी। उसने कन्धे उचका दिए और मुझे नाज़ कैफे में ले गया। जब हम सँकरी सीढ़ियाँ चढ़कर ऊपर पहुँचे तो मुझे लगा कि सारे लोग हमें ही देख रहे हैं और इस बेमेल जोड़ी के बारे में कुछ-न-कुछ बोल रहे हैं—निखिल तो साफ दिखाई दे रहा था कि उम्र में छोटा और कॉलेज का विद्यार्थी है, जबकि मेरी माँग में चटख लाल सिन्दूर भरा हुआ था।

मैं सोचने लगी कि क्या मेरे साथ को लेकर वह भी कुछ परवाह कर रहा है। आखिरकार, मैं उन अनगिनत मुम्बइया औरतों में से तो थी नहीं—आधुनिक, बेपरवाह, निडर और साहसी। मेरे ऊपर हर जगह 'शादीशुदा' की छाप लगी थी, और मेरी माँग में सिन्दूर भरा होने की वजह से कोई भी आसानी से बता सकता था कि मैं किस प्रदेश की रहनेवाली हूँ।

अचानक मुझे लगने लगा कि मैं गन्दी, फूहड़ ढंग से कपड़े पहननेवाली और बदसूरत हूँ। मुझे इस बात पर शर्म आई कि मैं इस चकाचौंधवाले शहर में कितनी बेमेल हूँ, जहाँ हर औरत इस कोशिश में रहती है कि ढंग के कपड़े पहनकर लोगों को अपनी मौजूदगी का अहसास कराए। और एक मैं थी जो इतनी भद्दी, इतनी फूहड़ दिख रही थी, और अपने से कम उम्र के लड़के के साथ थी, जो फटी हुई जीन्स और पपड़ियाए जूते पहने हुए था—उसकी पीढ़ी के ये प्रतीक मेरे लिए अनजाने थे, जबकि खुद मैं उससे कुछ ही साल के फासले पर थी।

"लोग हमें घूर रहे हैं !" मैंने घबराते हुए बहुत धीमी आवाज में निखिल से कहा।

"बेवकूफ मत बनो, माया," वह बोला, "यह कलकत्ता नहीं है। यहाँ कोई किसी को नहीं घूरता। लोग किसी को कोई भाव नहीं देते। वे अपनी ही चिन्ताओं में इतने ज्यादा उलझे रहते हैं। तुम शान्त रहो, बस।"

मैंने सोचा—काश, मैं ऐसा कर पाती ! मेरे लिए तो अपनी बिल्डिंग से निकलना भी बहुत मुश्किल काम था। मैंने निखिल के साथ निकलने से मना कर दिया था और इस बात पर जोर दिया था कि पहले वह फ्लैट से बाहर निकले (और उससे पहले पीपहोल से झाँककर यह देख ले कि आसपास कोई है तो नहीं...)। मैं पाँच मिनट की सुरक्षित देरी से निकली, मेरे चेहरे पर उस समय 'अपराध-बोध' साफ झलक रहा था। निखिल थोड़ी दूर एक चौराहे पर मेरा इन्तजार कर रहा था और मैं निश्चित थी कि किसी ने, सचमुच किसी ने, मुझे नहीं देखा था। फिर भी मुझे लग रहा था कि दुनिया-भर की निगाहें मेरी पीठ को छेद रही हैं और मैं इतनी हड़बड़ाहट में मोटरसाइकिल पर बैठी थी कि निखिल अपनी सीट से गिरते-गिरते बचा था।

हमें बड़ी-सी बालकनी के किनारे के पास एक मेज मिल गई। लग रहा था कि निखिल इस सादा-से कैफे में पहले भी आ चुका था, क्योंकि उसने एक वेटर को नाम लेकर बुलाया और वेटर ने भी एक जाने-पहचाने दोस्त की तरह उसका स्वागत किया। फौरन ही बीयर आ गई। साथ में दो मोटे, टूटे और निश्चित तौर पर गन्दे गिलास थे। निखिल ने सावधानी के साथ बीयर उँड़ेली कि एक बूँद भी छलक न जाए। मैंने उसे अपने गिलास में ज्यादा बीयर नहीं डालने दी और उसने भी इस बारे में कोई बहस नहीं की।

अपना गिलास उठाते हुए उसने कुछ ज्यादा ही नाटकीय अन्दाज में कहा, "सूर्यास्तों के नाम...माया के नाम...नई भोरों के नाम।"

मैं बेहद खुश दिख रही होऊँगी, क्योंकि उसने मेरी तरफ झुकते हुए कोमल स्वर में कहा, "यह अच्छी बात है। तुम अपनी आँखों से मुस्कुरा रही हो। यह तुम पर अच्छा लगता है, माया...तुम खूबसूरत हो। मेरा विश्वास करो।"

मैं तुरन्त ही अपनी सीट में सिमट गई और मेरा शरीर तन गया, "मेहरबानी करके ऐसी बातें मत करो। मुझे बहुत शरम लगती है।"

निखिल ने अपने कान पकड़ते हुए कहा, "ठीक है। सॉरी ! अब और तारीफ नहीं

करूँगा। तो...किस बारे में बात करें हम—एनरॉन प्रोजेक्ट, मणिरत्नम् या मेधा पाटकर के बारे में ?''

मैं उसकी हल्की-फुल्की बातों को बहुत ध्यान से नहीं सुन रही थी। यहाँ का नजारा मेरे ध्यान को बहुत ज्यादा उचाट कर रहा था। मैं दूसरी मेजों पर बैठे लोगों के बारे में भी उतनी ही उत्सुक थी—क्या इन लोगों में हमारी तरह के और भी जोड़े हैं, जो किसी भी मामले में मेल नहीं खाते ?

मैंने सावधानी से इधर-उधर नजर दौड़ाई। तकरीबन सारी-की-सारी कुर्सियाँ घिरी हुई थीं लेकिन यह बताना मुश्किल था कि ये लोग मुम्बई के ही हैं या बगल के पार्क में 'बुढ़िया का जूता' देखने आए सैलानी। यह बात नहीं थी कि इससे कोई फर्क पड़नेवाला था। मुझे तो अपने घर से बाहर, उस बस्ती से बाहर, बस बाहर, आकर बहुत अच्छा लग रहा था।

ताज्जुब की बात यह थी कि अब मुझ पर अपराध-बोध का बोझ नहीं था, और न ही मैं इसके नतीजों के बारे में सोचना चाह रही थी। मुझे तो पक्के तौर पर यह भी पता नहीं था कि ये नतीजे क्या हो सकते थे। मुझे तो बस इतना पता था कि (अगर कभी मैंने हिम्मत करके ऐसा किया भी तो) मेरे 'इकबाल' को रंजन अनसुना कर देगा और किसी कमीज के टूटे बटन या किसी गन्दे छूट गए फर्नीचर के बारे में सवाल करने लगेगा। और, जैसे मैंने खुद के सामने ये दलीलें रखीं, मैं कोई पाप या गलत काम नहीं कर रही हूँ। यह तो महज इत्तिफाक है कि मैं शादीशुदा हूँ।

शादीशुदा होने का मतलब यह तो नहीं था कि मैं इस तरह के सैर-सपाटे की तमन्ना ही न करूँ या इसका लुत्फ उठाने का कोई मौका आए तो उसे हासिल ही न करूँ। निखिल उम्र में मुझसे छोटा था और मेरे दिमाग में यह बात हरदम रहती थी। वह मेरे साथ बस इसीलिए तो हमदर्दी दिखा रहा था कि वह मेरे अकेलेपन और बन्द जगहों के प्रति मेरे डर को समझता है।

मैं मैरीन ड्राइव पर धीमे-धीमे रेंगती कारों को देखने लगी और निखिल की अगली बात को ढंग से नहीं सुन पाई। वह कह रहा था, ''अब तुम्हें मुम्बई कैसी लग रही है—अपने पति के बिना ? पहले से अच्छी या पहले से बुरी ?''

मैं इस सवाल को सुनकर उलझन में पड़ गई। मैं इसके गूढ़ अर्थ को नहीं समझ पाई। यह तो साफ था कि निखिल मुझे उकसाना चाहता था, लेकिन मेरे पास कोई माकूल जवाब तैयार नहीं था। मैंने गोल-मोल जवाब देने की कोशिश की और इस चक्कर में ऐसा संकेत दे बैठी कि मैं झूठ बोल रही हूँ।

''मुझे मुम्बई कैसा लगता है, इससे मेरे पति का कोई लेना-देना नहीं है।'' मैंने शान से कहा। मेरे अन्दाज में कलकत्ता में छूट गए लहजे की गूँज थी।

''नहीं ?'' निखिल ने मेरी हँसी उड़ाते हुए कहा, ''तुम किसे उल्लू बना रही हो ?''

''अब इस मुद्दे को छोड़ दो।'' मैंने कुछ जोर से बीयर को सुड़कते हुए सुझाव दिया।

"ठीक है," निखिल ने कोमलता से कहा, "मैं इस सैर-सपाटे का मजा खराब नहीं करना चाहता। इसके पीछे भी मेरा स्वार्थ है। अगर आज तुम्हारा समय अच्छा नहीं बीता तो आइंदा तुम मेरे साथ नहीं आओगी।"

मैंने फीकी हँसी हँसते हुए पूछा, "तुम्हारी जान-पहचान तो सैकड़ों लड़कियों से होगी...तुम्हारी अपनी उम्र की, अपने माहौल की लड़कियों से। तो फिर तुम मुझ जैसी औरत के साथ अपना समय क्यों बरबाद कर रहे हो ? हमारे बीच कोई भी चीज तो मेल नहीं खाती। दरअसल, मुझे पक्का पता है कि मैं तुम्हें बहुत बड़ी 'बोर' लगती हूँ–क्यों, ऐसा ही है न ?"

निखिल ने जोर से अपना सिर हिलाया। बोला, "यह पहली होशियारी की बात है जो तुमने की है। तुम बिल्कुल ठीक कह रही हो–तुम मुझे बहुत बड़ी 'बोर' लगती हो। लेकिन जैसा कि टी.वी. पर आनेवाले उस विज्ञापन में कहा जाता है–'क्या करूँ ? मैं हूँ ही ऐसा', मुझे 'बोर' लोगों के साथ रहने में मजा आता है। अब तो तसल्ली हो गई ? सच में माया...तुमने इतने सारे काम्प्लेक्स पाल रखे हैं। काश, मैं तुमसे और पहले मिला होता। तुम्हारी जिन्दगी में कोई अच्छा दोस्त नहीं आया क्या ? कोई ऐसा समझदार दोस्त जो तुम्हें तुम्हारे ही बारे में कुछ बातें बताता ? जब भी मैं तुमसे मिलता हूँ तो मुझे लगता है जैसे मैं नर्मदा बाँध के सामने खड़ा हूँ और किसी भी पल बाढ़ का पानी निकलकर मुझे डुबो सकता है। मुझे तो हकीकत में यह सोचकर घबराहट होती है कि अगर तुमने अपने दिल के फाटक खोल दिए तो पता नहीं तुम्हारा क्या हश्र होगा।"

मेरी उँगलियाँ बीयर के गिलास पर इतनी सख्ती से कस गईं कि उनके पोर सफेद हो गए। निखिल ने धब्बे लगे मेजपोश पर से हाथ बढ़ाकर मेरी उँगलियों को हल्के से छुआ और बोला, "कोई बात नहीं। मैं तुमसे ऐसा कुछ भी कहलवाना या करवाना नहीं चाहता जो तुम कहना या करना नहीं चाहतीं। तुम्हारी जिन्दगी में ताक-झाँक करने का मेरा कोई अधिकार नहीं है, और तुम भी मेरी बात सुनने के लिए बाध्य नहीं हो...न ही मेरे बदतमीजी-भरे सवालों का जवाब देने के लिए। शायद तुम्हारे पति बहुत अच्छे आदमी हैं। यह तुम्हारी खुशकिस्मती है। लेकिन अगर उनके साथ तुम्हारी शादी की बात मेरे गले नहीं उतरती तो मैं क्या कर सकता हूँ।"

मैंने नजर उठाकर देखा। मेरी आँखों में आँसू थे। मैंने बहुत ही धीमी आवाज में कहा, "ऐसा मत कहो।"

निखिल ने फौरन अपनी नजर घुमा ली और बेसुरी सीटी बजाने लगा। गरमी तेज होती जा रही थी। यहाँ तक कि अभिमानी गुलमोहर भी मुरझाने लगे थे। मैं सोचने लगी कि अगर रंजन मुम्बई में ही होता तो मैं एक आम दिन में क्या कर रही होती। मैंने अपनी घड़ी देखी, लंच का समय होने जा रहा था, और मैं अभी तक नहाई भी नहीं थी–बस झटपट एक धुली-धुलाई साड़ी पहनकर और आँख मूँदकर घर से भाग ली थी। अगर मेरी सास ने फोन किया और मैं घर पर नहीं मिली, तो क्या होगा ? अगर निखिल की माँ ने अपना दिमाग भिड़ाया और यह नतीजा निकाल लिया कि हम दोनों साथ-साथ

हैं, तो क्या होगा ? अगर रंजन की फ्लाइट रद्द हो गई और वह अपने बैग रखने घर आ गया, तो क्या होगा ? अगर मेरे मामू ने फोन करके कलकत्ता की कोई बुरी खबर देनी चाही, तो क्या होगा ?

मैंने कोशिश करके सारे 'अगर-मगर' को झटक दिया, और फिर मुझे याद आया—मैं उन सारी बाइयों को तो बिल्कुल ही भूल गई थी जो अपने ठीक वक्त पर आई होंगी और फ्लैट में ताला पड़ा देखकर अगले घरों में चली गई होंगी। इसका मतलब तो यह हुआ कि घर लौटकर मुझे गन्दे कपड़ों के ढेर, जूठे बर्तनों और अनबुहारे घर से दो-चार होना पड़ेगा।

यह सोचकर ही मैं डर गई। फिर मैंने मन कड़ा कर लिया कि मैं इससे परेशान नहीं होऊँगी—सारी चीजें जहाँ हैं, जैसी हैं, उन्हें वहीं और वैसी ही पड़ी रहने दो। मेरा तुनकमिजाज पति तो है नहीं जो टोका-टाकी करेगा। मैं अगले दस दिनों के लिए गृहस्थी के काम-काज से आजाद हूँ। और यही थोड़ा समय था इस आजादी के मजे लेने का। फिर तो यह छिन ही जानी है।

बेशक, यह सम्भव था कि आज रात मैं एक गन्दे घर में मीठी नींद नहीं सो पाऊँगी और बुरे-बुरे सपने देखकर बीच-बीच में जाग उठूँगी। लेकिन मैं नहीं चाहती थी कि इन छोटी-छोटी चिन्ताओं के कारण इस पल के मजे को किरकिरा हो जाने दूँ। मैं जानती थी कि मैं बहुत ज्यादा खुदगर्ज हो रही हूँ। लेकिन जिस दिन मैंने ट्रेन से उतरकर मुम्बई को अपने उत्सुक पाँवों के नीचे महसूस किया था, उसी दिन से मैं ठीक ऐसे ही किसी सैर-सपाटे की तमन्ना करती चली आ रही थी। पाँव, जो शहर के एक छोर से दूसरे छोर तक दौड़ना चाहते थे और इसकी एक-एक इंच जगह का जायजा लेना चाहते थे। मैंने तय कर लिया कि मैं अपने आपको इस साधारण-से अधिकार से महरूम नहीं होने दूँगी।

16

निखिल घर लौटते समय अपने स्वभाव के विपरीत चुप था। जब हम अपनी बिल्डिंग के पास पहुँचे तो उसने कुछ रुखाई से मुझसे पूछा, "कहाँ उतरना चाहती हो ?"

मुझे घर से निकले चार घंटे से भी ज्यादा हो गए थे। मैं जानती थी कि मेरे आने का समय नोट करने के लिए आसपास कोई नहीं होगा, फिर भी मुझे चुपचाप घर में घुसने को लेकर बेचैनी हो रही थी। अगर निखिल ने मेरी भावनाओं को समझ भी लिया होगा, तब भी वह उन्हें अनदेखा कर रहा था। मैं उम्मीद कर रही थी कि वह मुझसे फिर कभी आने की बात करेगा या कम-से-कम मुझसे अगले दिन के कार्यक्रम के बारे में पूछेगा (अच्छी तरह से यह जानते हुए भी कि मेरा कोई कार्यक्रम नहीं है)।

मैं घर से कोई आधा किलोमीटर पहले ही उसकी मोटरसाइकिल से उतर गई।

मैंने भर्राई हुई और धीमी आवाज में कहा, "हाँ।" कुछ ही सेकेंड बाद वह धड़धड़ाता हुआ चला गया और मैं चहल-पहल-भरी एक सड़क पर एकदम लुटी-पिटी-सी खड़ी रह गई। किसी ने मेरी तरफ जरा-सा भी ध्यान नहीं दिया। मेरी परेशान हालत का उन तमाम व्यस्त लोगों पर कोई असर नहीं हुआ जो अपने आप में खोए, भयंकर ढंग से त्योरियाँ चढ़ाए मेरे पास से निकले चले जा रहे थे। ये लोग इतनी शिद्दत के साथ क्या सोच रहे हैं ? मुम्बई में हरेक शख्स इतना परेशान क्यों दिखाई देता है ? क्या इसकी वजह यहाँ की घुटन है ? या हर तरफ फैली सड़ाँध ? या बेहद महँगा रहन-सहन ?

मैं पाँव घसीटती हुई घर वापस आ गई। मेरी चाल से ज्यादा बोझिल मेरा दिल था। मेरे मुँह में बीयर का जो स्वाद बचा रह गया था, उससे मुझे वितृष्णा हो रही थी और मैं कुल्ला करना चाहती थी। मैं देर तक नहाना और कुछ देर सोना चाहती थी,

और यह भी चाहती थी कि मैं किसी ऐसे शख्स के सामने न पड़ जाऊँ जो मेरे आने-जाने को निखिल के साथ जोड़ दे।

जब मैं कम्पाउंड में घुसी तो पहरेदार ने बातों ही बातों में मुझे बताया कि कई लोग मुझे पूछ रहे थे। उसने खुद मेरे फ्लैट पर जाकर कई बार घंटी बजाई थी।

मैंने उसे रुखाई से देखा। मुझे उसकी बन्दर-जैसी आँखें बिल्कुल अच्छी नहीं लगती थीं। ''अगर घंटी सुनकर किसी ने दरवाजा नहीं खोला तो जाहिर था घर में कोई नहीं है। इसमें इतना परेशान होनेवाली क्या बात है ?'' मैंने कहा।

वह बेशर्मी से मुझे देखते हुए बोला, ''लेकिन मेमसाब, आप हमेशा तो घर पर ही रहती हैं। कभी कहीं जाती नहीं हैं, और साब भी शहर में नहीं हैं। इसलिए हमें थोड़ी फिक्र तो हो ही जाती है। मुम्बई जैसे शहर में कुछ भी हो सकता है। और, बाहरवालों के साथ तो और भी। आजकल कौन किस पर भरोसा कर सकता है ? जब घर में कोई औरत बिल्कुल अकेली हो...''

मैंने उसे बीच में ही टोकते हुए रुखाई से कहा, ''तुम अपने काम से काम रखो।''

उसने कन्धे उचका दिए और एक तिनके से अपने गन्दे दाँत कुरेदने लगा। फिर वह बोला, ''मैं तो बस अपना काम करने और आपकी हिफाजत करने की ही कोशिश कर रहा हूँ। अगर आप अपने आप ही इस सबसे निपटना चाहती हैं तो ठीक है। लेकिन बाद में शिकायत मत कीजिएगा कि मैंने आपको आगाह नहीं किया।''

मैंने चमड़े के अपने हैंडबैग को थपथपाकर देखा कि घर की चाभियाँ उसमें हैं या नहीं (यह बैग उन बेहतर तोहफों में से एक था जो मुझे मेरी शादी पर मिले थे)। मैं इतनी घबराई हुई थी कि बहुत सम्भव था कि मैं उन्हें ले जाना ही भूल जाती, और तब मुझे जबरन अपने अभिमान को दबाना पड़ता और मदद के लिए उसी सुअर पहरेदार के पास जाना पड़ता। और इस बात की पूरी सम्भावना थी कि उसने अपना बदला लेते हुए सहयोग करने से इनकार कर दिया होता। उस हालत में मुझे किसी तालेवाले की तलाश में पड़ोस में जाना पड़ता। मुझे इस बात का कोई इल्म नहीं था कि मुम्बई के ताले सुधारनेवाले कैसे दिखते हैं या मैं उन्हें कहाँ ढूँढ़ सकती हूँ। तब मुझे किसी पब्लिक बूथ से अपनी सास को फोन करना पड़ता।

और तब मुझे दर्जन-भर ऊटपटाँग सवालों का जवाब देना होता, जैसे—'तुम फ्लैट को अकेला छोड़कर इस समय बाहर कैसे निकल गईं ?' (जैसे मेरे बाहर होने पर कोई और भी इसके अन्दर हो सकता था ?), 'तुम्हारा आदमी जब शहर में नहीं है तो तुम कहाँ मटरगश्ती करती घूम रही थीं ? तुम्हें पता नहीं इसमें कितना खतरा है ?' (हाँ, मुझे पता है, इसीलिए तो मटरगश्ती करती फिर रही थी मैं।), 'रंजन को इस बात का पता चलेगा तो वह क्या कहेगा ?' (जैसे मैं बहुत परवाह करती हूँ उसकी !), 'यह तुम्हारी बेहद गैर-जिम्मेदार हरकत है।' (तब तो मुझे अक्सर ही ऐसी हरकतें करनी चाहिए।)

नहीं, उस स्थिति की भयावहता को शब्दों में नहीं बताया जा सकता। मैं ताले के

छेद में चाभी डाल ही रही थी कि मुझे पीछे से किसी औरत की आवाज सुनाई दी।

"अरे, मिसेज मलिक, मैं सुबह से चार-पाँच बार आपके फ्लैट पर आ चुकी हूँ। देखिए, किसी ने मुझे बताया था कि आप टेक्सटाइल्स के बारे में कुछ जानती हैं—और मेरी बेटी की बड़ी ख्वाहिश है कि वह कुछ जेबखर्च जुटाने के लिए एक एक्जीबिशन-कम-सेल लगाए। सबने मुझे यही बताया था कि आप हर समय घर में ही रहती हैं। मैंने सोचा, अजीब बात है ! जिस दिन मैं उनसे मिलने उनके घर आई, उसी दिन वह बाहर निकल गईं। मुझे यह भी पता था कि मि. मलिक आज सुबह-सुबह एयरपोर्ट निकल गए—जब आपकी-मेरी कार साफ करनेवाला छोकरा मुझे चाभियाँ वापस करने आया, तब उसने बताया। तभी मैंने सोचा कि आपको थोड़ी तकलीफ दूँगी। जानती हूँ जब आदमी लोग बाहर चले जाते हैं तो कैसा लगता है—हम औरतें कितना आजाद महसूस करती हैं ! हमारा समय हमारा अपना हो जाता है। हम आराम कर सकती हैं, गपशप कर सकती हैं, अपनी पड़ोसिनों के साथ बैठकर चाय पी सकती हैं। आपको एतराज तो नहीं है न, क्यों ?"

मैं अब भी दरवाजे की मूठ पर हाथ रखे खड़ी थी। उस औरत ने मुझे अपना मुँह खोलने का भी मौका नहीं दिया था। थकी हुई मैं बोली, "अन्दर आ जाइए।" और यह भी उम्मीद करती रही कि वह मेरा अनमनापन भाँपकर कहेगी, 'फिर कभी। अभी आप कुछ अस्वस्थ दिख रही हैं।'

लेकिन, वह तो इसके बजाय फ्लैट में एक पाँव घुसेड़ने की हड़बड़ी में मुझे ही धकियाती अन्दर आ गई। और इससे पहले कि मैं अपना बैग रख पाती या अपनी सैंडिलें उतार पाती, उसने बैठक में घूमना शुरू कर दिया। साथ ही वह अपने गले से अजीब-सी आवाजें भी निकालती जा रही थी।

मैं शर्मिंदगी में उसका नाम भी नहीं पूछ पाई—शायद मुझे उसका नाम पता होना चाहिए था, जैसे उसे मेरा नाम पता था। मैं अभी सोच ही रही थी कि कैसे उससे उसका नाम-पता पूछूँ कि उसने अपनी तीखी आवाज में कहा, "वैसे, मैं लीना हूँ। लीना मेहता। ग्राउंड फ्लोर पर फ्लैट नम्बर तीन में रहते हैं हम। वही वाला फ्लैट जिसमें शोख रंग के पर्दे हैं और ढेर सारे पौधे। मुझे पौधों से बहुत लगाव है, और आपको ? दरअसल, मैं घर में ही इकेबाना की क्लास चलाती हूँ। बोनसाई भी सिखाती हूँ। मैं एक छोटा-सा 'प्लांट बुटीक' भी खोलना चाहती हूँ। लोग मुझसे कहते रहते हैं कि मैं उनके फार्म हाउस सजा दूँ—लैंडस्केपिंग, बागवानी, फ्लॉवर अरेंजमेंट कर दूँ, लेकिन वक्त किसके पास है ?

"मैं शादियाँ भी करती हूँ—मेरा मतलब है, मैं शादीवाले हॉल में अच्छी-अच्छी चीजें सजाती हूँ। लोग कहते हैं मैं थोड़ी महँगी हूँ—लेकिन जब कोई टॉप क्वालिटी की चीज माँगते हैं तो फिर उसके लिए पैसे तो खर्च करने ही पड़ते हैं। मैं शादियों पर जो सजावट करती हूँ, वो वह खास होती है, बहुत खास, और अलग भी। मैं बार-बार उन्हीं पुराने गुलाबों और लिली को इस्तेमाल नहीं करती। अरे नहीं, मैं अनूठी चीजों, खूबसूरत सामान को काम में लेती हूँ।"

मैंने उदासीन रहते हुए पूछ लिया, ''जैसे ?''

उसने हिचकिचाते हुए जवाब दिया, ''जैसे नारियल का छिलका, जूट, हाथ का बना कागज, शंख, पत्थर—सब कुछ कुदरती, आप तो समझती हैं।''

मैंने बेचैनी से सिर हिलाया। मन-ही-मन मैं प्रार्थना करती जा रही थी कि हे भगवान, इस खिजाऊ औरत को इसी पल मेरे घर से बाहर करो। उसने घर में रखी पीतल की कुछ चीजों को उठाना शुरू किया तो मैं चौकन्नी होकर देखने लगी।

''बहुत प्यारा है ! अच्छा है,'' वह बेमतलब ही कहती रही, ''बंगाल का ही होगा, क्यों ? मैं तो कहती हूँ कि इस तरीके से आप बंगाली लोग अपनी चीजों को सचमुच बेहद प्यार करते हैं। आपकी तहजीब, बोली, साड़ी-वगैरह सब कुछ। यहाँ तक कि सोने के गहने भी। गुजराती होने के नाते मुझे भी अपने तरीके का सोने का काम अच्छा लगता है, लेकिन मेरे पास एक बंगाली कड़ा भी है। बड़ा है, लेकिन ठोस नहीं है। आप लोग हल्के और खोखले जेवरात बनाते हैं, सही कहा न ? यह भी अच्छी बात है। लोग यही सोचते हैं कि ये असली कीमत से भी ज्यादा महँगे हैं। दिखावा होता है, और सोने की पॉलिश भी अलग किस्म की होती है। बहुत ज्यादा चमकदार और लाली लिये हुए। हम लोग पीलापन ज्यादा पसन्द करते हैं—जैसाकि चोखा सोना होता है।

''बहरहाल, अपनी खुद की रुचि होना अच्छी बात है। अपने सरसों के तेल को ही ले लीजिए। हे भगवान, जिस चीज में देखो, सरसों का तेल, सरसों का तेल, सरसों का तेल ! जब आप अपने पति के लिए खाना पकाती हैं तो मुझे पता चल जाता है, मुझे तो लगता है, पूरी बिल्डिंग को पता चल जाता होगा। क्या गन्ध होती है ! और आपकी मछली ! मैं आपको बताऊँ, मिसेज मलिक, इसकी गन्ध जब नीचे हमारे फ्लैट तक आती है तो मेरे बच्चे तो शिकायत करने लग जाते हैं। मैं उनसे कहती हूँ, 'क्या करें ? पड़ोसी तो आखिर पड़ोसी ही होते हैं। क्या मैं मि. और मिसेज मलिक से कह सकती हूँ कि वे यह खाएँ और यह न खाएँ ? क्या वे हमारी बात सुनेंगे ?''

''ओह—मेरे पास बंगाल की एक खूबसूरत साड़ी भी है—जैसी आप इस समय पहने हुए हैं, वैसी तो बेशक नहीं है। मेरीवाली तो बस खूबसूरत है। तंगैल या ऐसा ही कुछ नाम है उसका। बहुत महँगी है—वह भी सूती साड़ी। इस दाम में मैं गुजरात से पाँच साड़ियाँ ला सकती हूँ। लेकिन मेरी बेटियाँ कहती हैं, 'ममी, आपके पास फिल्मवालों की तरह कम-से-कम एक बंगाली साड़ी तो होनी ही चाहिए।' जवान लड़कियाँ होती ही हैं ऐसी।''

मैंने मन में सोचा कि इसने कितने मजे में मुझे अपनी उम्र के लोगों में मिला लिया, हालाँकि मैं उसके बच्चों की उम्र की थी। औरतें हमेशा यही करती हैं। शादीशुदा औरतें। जैसे किसी की बीवी होते ही आपको उस क्लब की जिन्दगी-भर के लिए सदस्यता मिल जाती है जिसमें शामिल होने की आपकी बिल्कुल भी इच्छा नहीं होती। सभी उम्र की शादीशुदा औरतें एक-दूसरे की तरफ खिंची चली आती हैं, हालाँकि विवाह के वचनों को छोड़कर उनमें और कोई भी बात मेल नहीं खाती।

इस औरत ने मुझमें बैर-भाव जगा दिया। मेरे मन में आया कि उसे 'आंटी' कहूँ ताकि उसे हमारी उम्रों के फर्क का पता तो चले। लेकिन मैंने अपने शब्दों को रोक लिया, जैसे मैं अपने आँसुओं को रोके हुए थी। मैं अकेली होना चाहती थी। मैं इस सुबह को फिर से जीना चाहती थी, अपनी बातचीत को फिर से दोहराना चाहती थी, उन कीमती क्षणों को फिर से जीवन्त करना चाहती थी जो निखिल ने और मैंने अभी कुछ ही देर पहले साथ-साथ बिताए थे। इस पल, मुझे इस बारे में कोई इल्म नहीं था कि हम दोनों इस तरह फिर कभी मिल भी पाएँगे या नहीं—आज हम रोमांच की जिस भावना और जिस तरह की लापरवाही से मिले थे, वह केवल हताशा से ही पैदा होती है।

मैंने यह मूर्खता ही की थी कि इस सैर-सपाटे के दौरान अपना सब कुछ दाँव पर लगा दिया था। निखिल तो इस शर्मिंदगी को ढो रहा था कि वह अपने से बड़ी एक शादीशुदा औरत—अपनी माँ की 'सहेली' के साथ देख लिया जाएगा, और मैं इस बात से चिढ़ी हुई थी। मेरी निखिल की माँ के साथ या इस बड़बोली, मनहूस औरत के साथ क्या समानता है जो इस समय मेरे घर के एक-एक कोने का मुआयना किए जा रही है।

मैंने उसे कहते सुना, "और आपके मिस्टर—वह बैंक में नौकरी करते हैं, इतना तो हम सब जानते हैं, लेकिन वह मेल-जोल क्यों नहीं रखते ? हम इतने बुरे तो हरगिज नहीं हैं। मेरे मिस्टर उनसे मिलकर खुश होंगे—आखिर आदमी लोग एक-दूसरे के साथ रहना ज्यादा पसन्द करते हैं। वे लोग हमारी बातों, बातों, बातों से बोर हो जाते हैं। लेकिन मैं सोच रही हूँ कि आपके पति कम बोलनेवाले हैं। शायद सभी बंगाली मर्द ऐसे ही होते हैं। लेकिन हम गुजराती—हे भगवान—हमसे तो आप बस दो काम करवा लीजिए—बोलना और खाना ! हम ये दोनों काम करते हुए कभी नहीं थकते।

"बताइए, आपको गुजराती खाना अच्छा लगता है ? मैं आपको चखने के लिए भेज सकती हूँ। लेकिन मेहरबानी करके हमारे व्यंजनों को अपने व्यंजनों के साथ मत मिला दीजिएगा, हम लोग शुद्ध शाकाहारी हैं। मैं कुछ समय से सोच रही थी कि आपको ढकेला या और कुछ भेजूँ। फिर मैं रुक गई। साफ-साफ कहूँ तो मैं डर गई थी। कहीं अगर भूल से आपने मेरी प्लेट पर बकरे का गोश्त, मुर्गा या मछली रख दी तो ? सत्यानाश ! ठीक है, एक काम कीजिए—आप मुझे अपनी प्लेट भेज दीजिए। यह ज्यादा ठीक रहेगा। इस तरह से कोई परेशानी नहीं होगी, कोई सिरदर्दी नहीं होगी। आज ही मैं आपको कोई जायकेदार चीज भेजूँगी। उम्मीद है आपको पसन्द आएगा—उसमें सरसों का तेल नहीं होगा। हम केवल तिल का इस्तेमाल करते हैं। यह सेहत के लिए ज्यादा अच्छा होता है।

"अब मेरी आपसे जान-पहचान हो गई है तो हम अक्सर मिलते रह सकते हैं। तब, हमारे मिस्टर लोग भी मिल सकते हैं। मेरे मिस्टर तो बिजनेस करते हैं। हम लोग व्यापारी हैं, आप जानती हैं। हमारे यहाँ ऐल्यूमिनियम की रॉड और पाइप वगैरह का व्यापार होता है। शायद आपके पति उन्हें कोई रास्ता बताएँ। बैंकवाले बहुत स्मार्ट होते

हैं—ऊपरवाले मि. वर्मा की तरह। उसी बैंक में हैं, मैं सोचती हूँ। लेकिन उनका दिखावा देखिए और अपना। आप लोग सादा ढंग से रहते हैं। उनका घर देखिए—हे भगवान—कितनी सारी इम्पोर्टेड चीजें हैं उनके यहाँ। बड़ा-बड़ा टी.वी., फ्रिज, सीडी, क्या नहीं है ! लेकिन एक भी चीज हिन्दुस्तानी नहीं है। और कितने तो नौकर रख रखे हैं उन्होंने। बेशक, मिसेज वर्मा खूबसूरत औरत हैं। उनके पास कहाँ फुर्सत है अपने घर-परिवार को देखने की ? हमारी तरह थोड़े हैं, बिल्कुल नहीं। हम तो पूरे समय की गृहस्थिनें हैं। मैंने सुना है, खूब कमाती हैं। और कोई टैक्स भी नहीं देतीं ? सारा लेन-देन नकदी में करती हैं। मैं तो यही कहूँगी कि इन लोगों को सारे दाँव-पेच आते हैं। वह घर पर फेशल (चेहरे का मेकअप) भी करती हैं। वैक्सिंग, थ्रेडिंग, सब कुछ। आपने कभी करवाके देखा ?''

मैंने दुखी होकर सिर हिला दिया। मिसेज मेहता ने चिन्तित होकर देखा। वह बोली, ''आपकी तबीयत ठीक नहीं लग रही। देखिए, पूरा चेहरा पसीना-पसीना हो रहा है। बैठ जाइए, बैठ जाइए। मैं आपके लिए ठंडा पानी लाती हूँ।''

मैंने तुनककर कहा, ''कोई बात नहीं। मैं ठीक हूँ। मुझे कुछ नहीं हुआ है।''

मिसेज मेहता ने रसोई से चिल्लाकर कहा, ''बाप रे—लगता है आपकी नौकरानी आज काम पर नहीं आई ! जरा गन्दे बर्तन तो देखिए। मैं अपनी नौकरानी को भेज दूँ ? थोड़े फालतू रुपए लेकर वह सारा काम कर देगी। लेकिन आपको उस पर नजर रखनी पड़ेगी—उसके हाथ जो भी लगता है, चुरा लेती है। चीनी, माचिस, खाली डिब्बे, पुराने अखबार, प्लास्टिक की थैलियाँ, तार; और बेशक, पैसा भी।''

वह एक गिलास पानी लेकर आई, ''लीजिए। पीजिए, पीजिए।''

वह गौर से मेरा मुँह देख रही थी, और फिर उसकी आँखें चमक उठीं।

वह बोली, ''अब मेरी समझ में आया ! आप बताने में शरमा रही थीं न ? खुशखबरी लगती है। हम सब सोच ही रहे थे—मिसेज मलिक कब अपना परिवार शुरू करेंगी। लगता है, यह बात हो ही गई। मना मत कीजिएगा। हाँ भी मत कहिएगा। मैं समझती हूँ। इस हालत में मैं भी बहुत अन्धविश्वासी और शक्की थी। सभी लोगों की नजरें एक-सी नहीं होतीं। यह दुनिया जलने वालों की है। आज मैं आपको मुबारकबाद दे रही हूँ और कल मैं ही आपको कोस भी सकती हूँ। क्या किया जाए ? क्या कोई किसी के दिल में झाँककर देख सकता है कि सच क्या है ?

''लेकिन मैं आपसे साफ-साफ कह रही हूँ—मैं उस किस्म की औरत नहीं हूँ। भगवान की मुझ पर दया है। मेरे पास बच्चे हैं। तन्दुरुस्त बच्चे। एक बेटा, दो बेटियाँ। मैं आपसे क्यों जलूँ ? भगवान की कृपा से पति का काम भी अच्छा चल रहा है। हो सकता है हम अमीर न हों, लेकिन हमारे पास काफी है। हर कोई मेरी तरह नहीं है। इस बिल्डिंग में जलने वालों की कमी नहीं है। कोई नई कार ले आता है तो लोग कहते हैं कि उसने रुतबे का इस्तेमाल किया है। किसी को तरक्की मिलती है तो लोग कहते हैं कि उसने अपने अफसर को पैसा खिलाया है। किसी लड़की की सगाई होती है तो यहाँ की औरतें कहती हैं कि वह तो पहले से ही गर्भवती है। बहुत भयंकर हैं इस बिल्डिंग

के लोग। सबसे खराब तो यहाँ के नौकर, पहरेदार और ड्राइवर हैं। मेरी सलाह मानो, किसी को बताना मत। आप और मैं बुरी नजर या काले जादू को मानें या न मानें, लेकिन मुझे कई ऐसी घटनाएँ मालूम हैं, जिनमें इन्हीं सब चक्करों से औरतों के बच्चे गिर गए।''

मुझमें इतनी ताकत नहीं थी कि उसकी गलती को सही करूँ। वह जो भी सोचना चाहती है, उसे सोचने दो, मैंने मन में कहा और पानी को गटागट पी गई। मैंने सोचा, काश, निखिल यहाँ होता। मैं अपने घर की गन्दगी या अपनी चीकट हालत की भी परवाह नहीं करती। मैं उसके लिए चाय बनाती, अपने लिए नीबू पानी तैयार करती और प्यार से उसके साथ बैठकर बातें करती।

उसी पल यह बात मेरे दिमाग में आई कि निखिल के लिए इतनी चाहत के बावजूद मेरे मन में एक बार भी उसके साथ शारीरिक सम्बन्ध बनाने का खयाल नहीं आया। फिर यह आकर्षण कैसा है ? निश्चित तौर पर, यह बहन-भाई वाला प्यार तो नहीं है। मेरे यह मानने के बावजूद कि हमारे सम्बन्धों में वासना नहीं है, उसके लिए मेरी चाहत कम नहीं हुई। न ही इससे मुझे कोई उलझन या परेशानी हुई। मुझे निखिल का आसपास होना अच्छा लगता है। मुझे उसके साथ अच्छा लगता है। हकीकत यही है।

हो सकता है, यह किसी के साथ की जरूरत रही हो, उससे ज्यादा कुछ भी नहीं, क्योंकि मैं बेहद अकेला महसूस करती थी। लेकिन निखिल ने मुझे क्यों ढूँढ़ा ? मुझे पक्का पता था कि उसके पास कई दोस्त थीं और मौके भी थे। कभी-कभी जब निखिल और उसके कॉलेज के साथी धड़ाधड़ सीढ़ियाँ उतरते होते थे तो मुझे हँसी की आवाजें सुनाई देती थीं। या कभी-कभी, देर रात गए मुझे निखिल की मोटरसाइकिल के बन्द होते समय की फटफट सुनाई देती थी—यह वह समय होता था कि जब वह अपनी मोटरसाइकिल को अपने पिता के गैरेज में खड़ा करके सीढ़ियों पर धड़धड़ाता हुआ ऊपर जाता था।

न चाहते हुए भी, मैंने एक बार फिर मिसेज मेहता की ओर ध्यान दिया। वह मेरी सेहत के बारे में सब कुछ भूल चुकी थी और अब एक कश्मीरी रोजवुड की छोटी मेज पर रखे कुछ फोटो फ्रेमों को देख रही थी (ये फ्रेम मेरी माँ ने जिद करके मेरे साथ भेज दिए थे)।

''शादी की तस्वीरें हैं ?'' वह चहकती हुई पूछने लगी, जबकि यह जाहिर था कि वे और कुछ नहीं हो सकती थीं।

मैंने अनमने भाव से सिर हिला दिया। ''अच्छी हैं, यहाँ शादी के जोड़े में आप बहुत अच्छी दिख रही हैं।'' उसने स्वीकार करते हुए कहा। वह अपनी आवाज में ताज्जुब के भाव को छिपा नहीं पाई, ''कपड़े भी बड़े अच्छे ढंग से पहने हैं। ठेठ बंगाली दुल्हन लग रही हैं।''

उसने फ्रेम को अपनी आँखों के और भी पास लाते हुए मेरे जेवरों को गौर से देखा। ''सोना है न, क्यों ?'' उसने पूछा।

"हाँ।" मैंने कम-से-कम शब्दों में जवाब देने की कोशिश करते हुए कहा।

"इन्होंने दिए या मम्मी ने ? मेरा मतलब है, आपकी तरफ से हैं या ससुराल की तरफ से ?" मिसेज मेहता ने अपनी छानबीन जारी रखी।

"इससे कोई फर्क पड़ता है क्या ?" मैंने पूछा।

"क्यों नहीं, माई डियर—क्या कह रही हैं आप ?" वह बोली, "वैसे तो, हम भी दहेज-शहेज में विश्वास नहीं करते, लेकिन कुछ लेना-देना तो अब भी चलता ही है—है न ? मैं कैसे अपनी बेटी की शादी के सामान के लिए अभी से सोचने में लग गई हूँ ? सब कुछ तय कर दिया है, साड़ियाँ, जेवरात और यहाँ तक कि पैंटी और ब्रा भी। लन्दन से। टॉप क्वालिटी की। आपकी माँ ने भी आपको काफी दिया होगा। इकलौती सन्तान हैं, या...?"

मैं एकदम से उठ गई और बोली, "मिसेज मेहता, माफ कीजिएगा। मुझे बहुत सारा काम करना है। फिर सिर में दर्द भी है। मैं आपको फिर कभी बुला लूँगी, ठीक ?"

उसने बड़े अनमनेपन से फ्रेम वापस रखे।

"अच्छा, अच्छा, अच्छा। अगली बार मैं आपकी शादी की वीडियो और सारे एलबम देखना चाहूँगी, वादा रहा न ?" वह बोली।

मैंने उसे दरवाजे की तरफ लगभग धकेलते हुए एकदम कहा, "मेरे पास वीडियो नहीं है। हमने वीडियो फिल्म नहीं बनवाई।"

वह जाते-जाते रुक गई और पूरी घूमती हुई मुझ पर दोष लगाती हुई-सी पूछने लगी, "क्यों ? यह तो बहुत बड़ी बात है। आजकल जिसे देखो वही वीडियो बनवा रहा है—यहाँ तक कि नौकरानियाँ और ड्राइवर लोग भी। अभी पिछले महीने ही तीसरी मंजिल पर रहनेवाले ड्राइवर की सगाई हुई। ढाई हजार रुपए—खाली वीडियो में लगा दिए। म्यूजिक, टाइटिल, सब कुछ था उसमें। बिल्कुल किसी कामर्शियल फिल्म की तरह थी। मुझे तो लगा, मैं वह हिट फिल्म 'हम आपके हैं कौन' देख रही हूँ। आपने देखी ?"

मैंने स्वीकार किया कि मैंने नहीं देखी। उसने अपने अँगूठे और तर्जनी से गोल घेरा बनाते हुए कहा, "बहुत बढ़िया, बहुत ही बढ़िया फिल्म है। तीन बार देखी मैंने। घरवालों के साथ। और कितना रोई थी मैं !"

"क्या बहुत दुख-भरी फिल्म है ?" मैंने उदासीन रहते हुए पूछा।

"नहीं, नहीं, नहीं, दुख-भरी तो नहीं है, लेकिन दिल को छूनेवाली है।" मिसेज मेहता ने इतराते हुए कहा। उसे इस बात पर गर्व हो रहा था कि उसने कितनी अच्छी समीक्षा की, और यह कहकर वह चली गई। मैं अपने आप पर और घर में फैली गन्दगी पर अफसोस करती रह गई।

उस रात दिल्ली से रंजन का फोन आया। वह इतना खुश लग रहा था कि मैं तो एक बार को उसकी आवाज ही नहीं पहचान पाई। उसकी आवाज काफी तेज थी और वह

किसी बात को लेकर बहुत ज्यादा उत्तेजित लग रहा था।

"तुम ठीक हो न ?" उसने पूछा, "या मैं मम्मी को फोन करूँ ?"

मेरे मन में तो आया कि कह दूँ, "नहीं, मैं कतई ठीक नहीं हूँ। सच पूछो तो मैं यह सोच रही हूँ कि फोन रखने के बाद ही आत्महत्या कर लूँ।'

बेशक, मैंने ऐसा कहा नहीं, बल्कि मैं कुछ-कुछ, कुछ भी बुदबुदाती रही। पत्नियोंवाली आवाजें निकालती रही। वैसे भी वह सुन नहीं रहा था।

"मैं ठीक हूँ, बिल्कुल ठीक," रंजन बोलता जा रहा था, "अच्छी फ्लाइट रही, बढ़िया कमरा है। फूल हैं, फल हैं, चॉकलेट हैं। सब कुछ मुफ्त।"

उसकी इस बात पर मैं मुस्कुरा दी। रंजन सचमुच बहुत आसानी से खुश हो जाता था। तो फिर, मैंने इसके लिए खुद थोड़ी कोशिश और क्यों नहीं की ? मुझे भी बस थोड़े-से गुलाब, एक बड़ी चॉकलेट, और पके केले रखने होते।

"तुमने दिन-भर क्या किया ?" उसने पूछा, और फिर मेरे जवाब का इन्तजार किए बिना ही अपने बारे में बताने लगा कि उसने अपना दिन कैसे बिताया है।

मैंने उसकी बात पूरी तरह से नहीं सुनी। एक तो यह कि मुझे नींद आ रही थी। दूसरे, मैं भूखी थी। मैंने पूरा दिन कुछ भी नहीं खाया था। यह एक तरह की मूर्खतापूर्ण तपस्या थी। भगवान जाने किस बात की सजा दे रही थी मैं अपने आपको। मेरा सिर चकरा रहा था और मेरी आँखें बन्द हुई जा रही थीं। मैंने एक-एक लाइट जलाकर छोड़ी हुई थी और टी.वी. पर तेज आवाज में फिल्मी संगीत चला रखा था।

रंजन ने थोड़ा रुककर कहा, "बहुत शोर हो रहा है। क्या हो रहा है ?" उसकी आवाज में चिन्ता थी।

"टी.वी. चल रहा है।" मैंने जवाब दिया।

"थोड़ा धीमा करो। यहाँ दिल्ली तक मुझे सब कुछ साफ सुनाई दे रहा है।" उसने हुक्म दिया।

मैंने कमजोर और बहुत धीमी आवाज में कहा, "मुझे डर लग रहा है, रंजन ! मुझे सचमुच बहुत डर लग रहा है।"

लेकिन उसने मेरी बात नहीं सुनी। मुझे बीप की आवाज सुनाई दी, जिसका मतलब था कि तीन मिनट हो गए, और फिर फोन बन्द हो गया। मैंने रिसीवर को अपने गालों से सटा लिया और उसे आँसुओं की बाढ़ में डुबो दिया। एक अदाकारा टी.वी. के पर्दे पर अपने बदन को बुरी तरह से हिला रही थी और दर्शकों से कह रही थी कि वे यह जानने की कोशिश करें कि उसकी चोली के पीछे क्या है ! यह एक पुराना गाना था और इसे सुनकर मुझे मेरे अच्छे दिनों की याद आ गई।

मैं नहीं जानती थी कि मैं वह रात कैसे निकाल पाऊँगी। मैं कलकत्ता में माँ को फोन करना चाहती थी। यह बात नहीं थी कि वह मेरी चिन्ताओं को समझ पाती, लेकिन कम-से-कम उसकी जानी-पहचानी आवाज सुनकर मुझे कुछ तसल्ली तो मिल ही जाती, जब वह सख्ती से कहती, "मुद्दा यह है, तुम्हें अब बड़ा हो जाना चाहिए। तुम अब

बच्ची नहीं रह गई हो। मर्द तो सफर पर जाते ही रहते हैं। यह तो उनके काम का हिस्सा है। तुम्हें इसकी आदत डालनी होगी। नहीं तो जमाई बाबू से कहो कि चौबीस घंटे की नौकरानी रख लें। अगर वह इस पर राजी न हों तो अपनी पार्टटाइम नौकरानी को ही कुछ फालतू पैसे देकर उनकी गैरहाजिरी में रात में अपने पास रोक लिया करो। इसका यही एक इलाज है। और, एक और बात—डरा मत करो। डर सबसे खराब चीज है। याद रखो, अगर तुम डरोगी तो कुछ भी ढंग से नहीं सोच पाओगी। तुम्हें यह तो पता होगा ही कि पुलिस का नम्बर कैसे डायल करते हैं। सबसे नजदीकी पुलिस थाना कहाँ है ? पास ही होना चाहिए। दूसरे जरूरी नम्बर भी अपने पास रखना अच्छा रहता है। जैसे, फायर ब्रिगेड और एम्बुलेंस। तुम्हें कुछ नहीं होने जा रहा, लेकिन क्या पता कभी जरूरत पड़ ही जाए।"

हाँ, क्या पता कभी जरूरत पड़ ही जाए। मैं डर के मारे सुन्न हो गई और मेरे दिमाग में अजीब-अजीब तरह के खयाल आने लगे। मैं बिस्तर पर एक तकिया पकड़कर बैठ गई और भयाक्रान्त आँखों से खिड़की के बाहर खड़े नीम की झूलती डालियों से बननेवाले सायों को ताकने लगी। मेरी इतनी हिम्मत भी नहीं हुई कि उठकर पंखा चला दूँ। बेशक, रंजन की गैरहाजिरी में एयरकंडीशनर चलाने का तो सवाल ही नहीं उठता था।

टी.वी. पर चल रहे एक लोकप्रिय संगीत-कार्यक्रम की मस्त एनाउंसर रूबी एक अजनबी के घर में घुसकर नौकर छोकरे से यह पूछने ही जा रही थी कि वह उससे शादी करेगा क्या ? मैं उस पर भी ध्यान नहीं जमा पाई—जबकि वह मेरी मनपसन्द वीजे थी। यानी, जब कभी रंजन मुझे उसका कार्यक्रम देखने देता था, तब।

मैंने कहीं पढ़ा था कि वह कमोबेश मेरी ही उम्र की थी—और फिर भी, हम दोनों की जिन्दगियाँ बिल्कुल अलग-अलग थीं। मुझे उससे जलन होने लगी। उसे देखकर ऐसा लग रहा था जैसे उसे बहुत मजा आ रहा हो। उसे देखकर ऐसा भी लग रहा था जैसे उसे दुनिया में कोई चिन्ता ही नहीं है। मुझे उसका कपड़े पहनने, बोलने, मजाक करने और नाचने का ढंग बहुत अच्छा लगता था। मुझे यकीन था कि उसे खाना पकाने, सफाई करने या किसी को खुश करने के बारे में चिन्ता नहीं करनी पड़ती।

इस बात पर मुझे याद आया—सिंक में रखे जूठे बर्तनों को मैंने वैसा ही छोड़ दिया था, जैसे वे मुझे रखे मिले थे। और बस एक यही बात थी जिसने मुझे राहत पहुँचाई और मैं सारी रात जागती हुई एक बड़े-से परिंदे का सपना देखती रही, जो पंजे फैलाकर मुझ पर झपट्टा मार रहा था।

17

सुबह साढ़े तीन बजे तक मेरी समझ में आ चुका था कि जबर्दस्ती सोने की कोशिश करने में कोई तुक नहीं है। मैं इतनी ज्यादा तनावग्रस्त और डरी हुई थी कि मुझसे अपनी थकी हुई आँखें भी बन्द नहीं की जा रही थीं। मैंने सब कुछ आजमा लिया—टी.वी. देखा, एक गिलास दूध भी पिया, एक नीरस किताब पढ़ डाली, यहाँ तक कि तनाव से मुक्ति दिलाने का दावा करनेवाला एक योगासन भी करके देख लिया।

चौकीदार अपने लम्बे-से डंडे को एक लय में खटखटाता चक्कर लगा रहा था और मुझे उसके डंडे की वह आवाज सुनाई दे रही थी। यह खयाल तसल्ली देनेवाला था कि रात की इस तपिश और चिपचिपाहट-भरी खामोशी में कोई और भी जाग रहा है। मैंने अपने आपको बेडरूम में बन्द कर रखा था और फिर भी मैं डर रही थी कि कोई चोर घुस ही न आए। मुझे तमाम तरह की परेशान करनेवाली आवाजें, खासकर किसी के कदमों की आहट सुनाई देने लगी। मुझे ऐसा भी लगा कि कोई आदमी या औरत बार-बार अपना गला साफ कर रहा या रही है (ये आवाजें इतनी घुटी-घुटी थीं कि मेरे लिए यह समझना मुश्किल था कि ये किसी आदमी के गले से निकल रही थीं या औरत के)।

कमरे में रखा फर्नीचर जोर से चरमराया, और उधर बाथरूम का दरवाजा एक या दो बार इतनी जोर से खड़खड़ाया जैसे बाहर आँधी चल रही हो। मैंने सारी लाइटों, टी. वी. और अपने छोटे-से ट्रांजिस्टर को भी चलता छोड़ दिया था। मुझे उम्मीद थी कि ये तीनों मिलकर मेरे आत्मविश्वास को बढ़ाएँगे और मेरे डर को कम करेंगे, लेकिन चार बजते-बजते मुझे पता चल गया था कि इसका कोई फायदा नहीं है, इसलिए मैंने इसकी कोशिश करनी छोड़ दी थी। मैंने वह पैड उठाया जिसे मैं पलंग की 'अपनी वाली साइड'

पर रखती थी और निखिल को एक खत लिखने लगी :

'प्यारे निखिल,

बहुत रात हो चुकी है, बल्कि सुबह-सुबह का वक्त है। तुम शायद गहरी नींद में सोए अपनी मोटरसाइकिल पर अगले रोमांचक कारनामे का सपना देख रहे होगे। मुझे नहीं मालूम कि मैं तुम्हें यह खत क्यों लिख रही हूँ या तुम्हें यह खत पढ़ने को भी दूँगी या नहीं। मुझे बस ऐसा लगा कि तुम्हारे साथ मेरी बातचीत अधूरी छूट गई है।

सबसे पहले तो मैं तुम्हें शुक्रिया कहना चाहती थी, एक 'बहुत खुशनुमा सुबह' के लिए। यह अहसान का विनम्र इजहार नहीं, बल्कि उससे भी गहरा कोई जज्बा होगा। मैं इस बात को सचमुच महसूस करती हूँ कि समाज की नजरों में मुझे इस समय तुम्हारे साथ सुबह का वक्त नहीं गुजारना चाहिए था, जबकि मेरे पति शहर में नहीं हैं। वैसे भी, एक शादीशुदा औरत होने की वजह से मुझे यह भी अधिकार नहीं है कि मैं तुमसे अकेले में बातें करूँ, जैसाकि मैं करती हूँ—अपने पति की जानकारी में न लाते हुए। यह गलत है, और मैं शर्मिंदा हूँ कि मैं एक ऐसे आदमी के साथ बेवफाई कर रही हूँ जो मेरे प्रति वफादार है (इस बारे में मैं आश्वस्त हूँ)।

फिर भी, जब मैं तुमसे पहली बार मिली थी (उस अटपटी मुलाकात के समय, जब तुम्हारी माँ यह जिद कर रही थीं कि तुम मुझे 'आंटी' कहो), तभी से मेरी ख्वाहिश थी कि तुम्हारे साथ कुछ वक्त गुजारूँ और तुम्हें और अच्छी तरह से जानूँ। मुझे अपने आपको उसी पल रोक लेना चाहिए था, क्योंकि मैं ऐसी आजाद औरत नहीं हूँ कि एक सयाने मर्द के साथ दोस्ती कर सकूँ। लेकिन मैं अपने साथ सख्ती नहीं कर पाई। और मुझे मालूम था कि मुझे इन मुलाकातों को अपने पति से छिपाकर रखना पड़ेगा, नहीं तो मैंने उन्हें तुम्हारे बारे में बता दिया होता। लेकिन मैं अपने आपको अपराधी मान रही थी; इसलिए नहीं कि मैंने कोई गलत काम किया था, बल्कि इसलिए कि मैं ऐसा ही महसूस कर रही थी।

यह तो सच है कि रंजन के साथ मेरी शादी सही अर्थों में घरवालों की मर्जी से होने वाली (अरैंज्ड) शादी नहीं थी, फिर भी जब यह शादी तय हुई, उस समय मैं इन्हें जानती भी नहीं थी। मैं इनसे बस एक रस्मी समारोह में मिली थी और मैं ईमानदारी के साथ यह स्वीकार करती हूँ कि मुझे यह अच्छे लगे थे। मैं भी उन्हें अच्छी लगी थी—बस ऐसे ही हमारी शादी हो गई।

जब हमने साथ-साथ जिन्दगी की शुरुआत की तो मैं हर बात के लिए बहुत उत्सुक थी। मेरी ख्वाहिश थी कि हम मुम्बई में एक नई शुरुआत करेंगे, शहर का चप्पा-चप्पा देखेंगे, लोगों से मिलेंगे, और घर को अच्छी तरह से चलाना सीखेंगे। मैं सच कहती हूँ कि मैं इस सबके लिए अब भी बहुत उत्सुक हूँ। पति के साथ कोई गड़बड़ी नहीं है—तुम्हारे पिता तुम्हें बताएँगे कि वह (मेरे पति) कितने अच्छे आदमी हैं, और हमारे वैवाहिक रिश्तों में भी कोई गड़बड़ी नहीं है। शायद मुझमें ही कोई खराबी है कि मैं इतनी बेचैन और उदास रहती हूँ। शायद मुम्बई की जिन्दगी कलकत्ता की लड़की के हिसाब

से बहुत मुश्किल है।

तुम्हारी बात अलग है—तुम यहीं पले-बढ़े हो। यह तुम्हारा शहर है। मैं यहाँ अपने ससुराल वालों और अपने मामू के अलावा और किसी को नहीं जानती। मेरे पास कोई दोस्त नहीं है, जिससे मैं बात कर सकूँ। मुझे अपने माता-पिता, अपने घर, अपने माहौल, और खासकर अपनी आजादी की कमी बहुत अखरती है।

काश, किसी ने मुझे बताया होता कि शादीशुदा होने का क्या मतलब होता है। इसका मतलब यह होता है कि आप उन तमाम चीजों को छोड़ दें, जिनके साथ एक उन्मुक्त कमसिन लड़की के नाते आपका नाता था। पर किसलिए ? शायद मैं भ्रमित हूँ। शायद दूसरी औरतें इस तरह से महसूस नहीं करतीं—लेकिन मुझे इस बारे में कैसे पता चल सकता है ? किससे पूछ सकती हूँ मैं ? अपनी माँ से तो नहीं। तुम्हारी माँ से भी नहीं। अपनी सास से भी नहीं। तो फिर किससे ?

मैं इस खत को शिकायतों से नहीं भरना चाहती। जब मैंने यह कहा कि मैंने इस खत को लिखने की शुरुआत तुम्हें शुक्रिया कहने के लिए की, तो मैंने कोई झूठ नहीं बोला। तुम्हारे इस शहर में आने के बाद पहली बार मेरा मन हुआ था कि मैं हँसूँ, गाऊँ, अपने चेहरे पर थपेड़े मारती नमकीन समुद्री हवा का आनन्द लूँ। मैंने आसमान की ओर देखा और खुशी महसूस की। जब गुलमोहर का कोई फूल मेरे कदमों पर आकर गिरता तो मेरा मन होता कि उसे उठाकर चूम लूँ। जब हम चौड़ी सड़कों पर फर्राटा भर रहे थे तो मेरा जी चाहा कि मैं खुशी से चिल्ला पड़ूँ। सब कुछ इतना अद्‌भुत था—लेकिन तुम इसे कैसे जानोगे ? यह तो तुम्हारी रोजमर्रा की जिन्दगी है—तुम्हारे लिए इसमें कोई खास बात नहीं है। लेकिन मेरे लिए तो हर पल बेशकीमती था। यह मेरी उम्र के अनुकूल था। मैं तनावमुक्त महसूस कर रही थी। मैं आजाद महसूस कर रही थी। और फिर—बाद में—मैं उदास हो गई। क्योंकि मैं जानती थी कि यह अनूठा जज्बा बस आज के लिए है। यह एक बेशकीमती तोहफा था। शायद यह अनुभव अब दोबारा मुझे कभी नहीं होगा।

और मुझे बहुत बुरा लगा कि मैंने रंजन के साथ विश्वासघात किया है। शायद इन सब चीजों के लिए मुझे उसकी इजाजत लेनी चाहिए थी। मुझे यह सोचकर बहुत अफसोस हुआ कि मैंने यह सब उसकी पीठ पीछे किया। मुझे लगा कि मैं कोई चोर हूँ। हो सकता है, दूसरी औरतें इस बारे में इतनी गम्भीरता से न सोचती हों। हो सकता है, मुम्बई की औरतों को मेरी यह प्रतिक्रिया मूर्खतापूर्ण लगे। आखिर हुआ ही क्या था !

लेकिन यह सच नहीं था। मेरे लिए तो सब कुछ हुआ था। वह सब हुआ था जो एक पति के साथ, उस मर्द के साथ होना चाहिए जिसे आप प्यार करती हैं; और तभी मैंने अपने आपसे यह सवाल किया—क्या मैं तुम्हें प्यार करती हूँ ? क्या मुझे तुमसे प्यार हो चला है, निखिल ?

अगर इस सवाल का जवाब 'हाँ' है तो मुझे फौरन तुमसे मिलना बन्द कर देना चाहिए। इस समय, सचमुच मुझे पता नहीं है। मैं भ्रमित हूँ और अपने आपसे ढेरों सवाल

पूछने से डर रही हूँ। यह मुमकिन है कि यह प्यार हो ही नहीं, महज तुम्हें जानने की जरूरत हो। तुम या और कोई भी शख्स यह सवाल कर सकता है कि जब मेरे पास मेरा पति है तो इसकी जरूरत ही क्या रह जाती है। और तुम्हारा सवाल सौ फीसदी सही होगा। हाँ, मेरे पास पति है; जैसे तुम्हारी माँ के पास तुम्हारे पिता हैं।

शायद मुझे तुम्हारे बजाय अपने पति को बेहतर ढंग से जानना चाहिए। मैं जिस जवाब की तलाश में हूँ, हो सकता है वह जवाब यही हो। अगर मैं अपनी माँ की सलाह लेती तो वह यही कहती कि यह मेरा फर्ज है कि मैं अपने पति की हरेक इच्छा पूरी करूँ और उसके नियमों को मानूँ। निखिल, मैंने ऐसा करने की कोशिश की है, मेरा विश्वास करो, और इसमें मुझे बहुत दिक्कत हुई है। शायद मैं अपने पति को उतना खुश नहीं रखती, जितना मुझे रखना चाहिए। मुझे लगता है, मेरे साथ कोई गड़बड़ है। मुझे अपने पति को समझने की और उनका दिल जीतने की और ज्यादा कोशिश करनी चाहिए। अगर अभी तक ऐसा नहीं हुआ है तो गलती मेरी है। मैं अपने मन में कहती हूँ कि मुझे शादी के मंडप में कूद पड़ने से पहले थोड़ा इन्तजार करना चाहिए था। लेकिन क्या इससे कोई फर्क पड़ता ?

सच तो यह है कि मैं कलकत्ता से निकलना चाहती थी। मैं उकता गई थी। मुझे रोमांच चाहिए था। मुम्बई ने मुझे हमेशा मोहित किया है। जब मेरे मामू ने यह लड़का बताया तो मैं तुरन्त राजी हो गई। इसलिए नहीं कि मैं पहली मुलाकात में ही रंजन के प्यार में पागल हो गई थी, बल्कि इसलिए कि मैं यहाँ आकर इस शहर का एक हिस्सा बन जाने को उत्सुक थी।

लेकिन ऐसा हुआ नहीं। बल्कि, अभी तक ऐसा नहीं हुआ है। अब मैं ठगी-सी और दुखी महसूस कर रही हूँ। मेरे ज्यादातर दिन यही सोचते हुए बीतते हैं कि तुम कहाँ हो और क्या कर रहे हो। मुझे इस बात से भी जलन होती है कि तुम दूसरी लड़कियों से मिल रहे हो—अपनी उम्र की, खूबसूरत, आधुनिक, हँसमुख लड़कियों से, जो बढ़िया कपड़े पहनती हैं, सिगरेट पीती हैं, डिस्को में नाचती हैं और रात में देर से घर जाती हैं। मैंने इस तरह की जिन्दगी कभी नहीं देखी है—और न ही कभी देखूँगी।

मेरे कॉलेज के दिन बिल्कुल अलग थे। मुझे सारा समय पढ़ना और घर पर रहना पड़ता था। बहुत कम मौकों पर ही मुझे अपने चचेरे भाई-बहनों के साथ बाहर जाने दिया जाता था। मैं मुम्बई में जो कुछ देख रही हूँ, वह मेरे लिए बिल्कुल नया है। यहाँ लड़के-लड़कियाँ आजादी से साथ-साथ घूमते हैं, मिलते-जुलते हैं, हँसी-मजाक करते हैं, काम करते हैं और लड़ते भी हैं। कोई परवाह नहीं करता। कोई ध्यान नहीं देता।

मेरे पति हालाँकि अमरीका में पढ़े हैं, फिर भी वह ऐसे नहीं हैं। वह पुराने जमाने के और दकियानूसी हैं। अन्दर से तो मैं भी ऐसी ही हूँ, लेकिन मुझे यह भी लगता है कि वह कुछ ज्यादा ही गम्भीर और मेहनती हैं। मुझे नहीं पता कि तुम्हारे पिता भी थककर घर लौटते हैं या नहीं, लेकिन तुम्हारी माँ के पास बाहर निकलने का बहाना तो है। वह अपने पार्लर जाती हैं, पैसे कमाती हैं। मेरी तरह नहीं हैं वह। शायद मुझे कोशिश करके

मुम्बई में कोई नौकरी ढूँढ़ लेनी चाहिए। तब मेरी उदासी कम हो जाएगी। क्या तुम सोचते हो कि मेरे मसले का यही जवाब है ? क्या इससे मेरी परेशानी हल हो जाएगी ?

निखिल...काश, इस समय तुम यहाँ मेरे पास होते। मुझे तुम्हारी आवाज अच्छी लगती है, मुझे तुम्हारे बोलने का ढंग अच्छा लगता है। मुझे तुम्हारा गुस्सा करना भी अच्छा लगता है। लेकिन सबसे ज्यादा तो मुझे तुम्हारी हँसी अच्छी लगती है—तुम्हें पता है ? तुम्हें कभी बताया मैंने ? शायद नहीं, मैं बेहद संकोची जो हूँ।

तुमने शायद अंदाजा लगा लिया होगा कि मेरा कभी कोई बॉयफ्रेंड नहीं रहा, और न ही अपने पिता, चचेरे भाइयों और अंकलों के अलावा मेरी कभी किसी मर्द से जान-पहचान हुई, मुम्बई में इसे असामान्य माना जाता और मुझे एक अजूबा। लेकिन कलकत्ता में ऐसा नहीं था—मेरे कॉलेज में पढ़नेवाली दूसरी लड़कियों के साथ भी यही था। मुझे तो यहाँ आने के बाद ही पता चला कि शादी से पहले ही दो, तीन या उससे भी ज्यादा बॉयफ्रेंड रखना कितनी आम बात है। शायद मुझे भी किसी से जान-पहचान रखनी चाहिए थी—लेकिन इसका मौका ही कहाँ था ?

हम जिस इलाके में रहते थे, अगर वहाँ मैं किसी लड़के के साथ देख भी ली जाती तो ऐसा बतंगड़ बनता कि मेरे माता-पिता शरम में डूब जाते। मैं उन्हें कभी दुखी नहीं कर सकती थी। तुम्हें यह बात अजीब लगेगी, क्योंकि तुम तो ऐसे आधुनिक शहर में रहते हो जहाँ जवान लड़के-लड़कियाँ इतने आजाद हैं। लेकिन तब की सोचो जब मैं कलकत्ता में अपने पुराने मकान में रहती थी। बॉयफ्रेंड ? नामुमकिन।

जब रंजन से मेरी शादी हुई तो सभी लोग खुश थे—और थोड़े-थोड़े जल भी रहे थे। जानते हो क्यों ? क्योंकि मैं कलकत्ता छोड़कर मुम्बई आ रही थी। लोग तुम्हारे शहर के इतने दीवाने हैं—पता नहीं तुम्हें मालूम भी है या नहीं। जब मैं बड़ी हो रही थी और मुम्बई से लौटने वाले लोग हमारे घर आते थे तो मैं उन्हें ऐसा अनूठा जीव समझती थी, जैसे वे कोई अद्भुत अनुभव लेकर आए हों। उन अन्तरिक्ष-यात्रियों की तरह, जो चाँद से वापस आए थे।

मुझे याद है, जब भी मेरे मामू हमारे पास कलकत्ता आते थे तो मैं उनसे तरह-तरह के मूर्खतापूर्ण सवाल पूछती थी। और, मुझे अच्छी तरह याद है, मैं मन-ही-मन कहती थी कि मैं एक दिन इस अद्भुत शहर में रहूँगी। रंजन से शादी करना मेरे लिए मुम्बई से शादी करने जैसा था। मैंने सोचा था कि मैं अपनी बस्ती की सबसे खुशकिस्मत लड़की हूँ। सचमुच, मैं ऐसी अकेली लड़की थी, जिसे विदेश में पढ़ा, मुम्बई में रहनेवाला दूल्हा मिला था।

मैं अब भी मानती हूँ कि मैं बहुत किस्मत वाली हूँ जो मिसेज मलिक बनी। रंजन कोई मामूली आदमी नहीं है (तुम्हारे पिता भी तुम्हें यही बताएँगे)। उसके पास इतनी सारी डिग्रियाँ हैं और वह इतने बढ़िया माहौल से निकला हुआ है, फिर भी वह बहुत विनम्र है। सच पूछो तो मुझे इस बात पर बहुत आश्चर्य होता है कि उसने मुझ जैसी लड़की से शादी की, जबकि उसे मुम्बई में ही कोई बढ़िया लड़की मिल सकती थी।

लेकिन रंजन कई तरह से अपने आप में सिमटा रहनेवाला और पेचीदा है (तुमसे बहुत अलग)। मुम्बई ने उसे खराब नहीं किया है। उसकी मान्यताएँ अब भी पुरानी हैं। इसके लिए मैं भगवान का शुक्रिया अदा करती हूँ। मैं किसी बहुत आधुनिक आदमी की बीवी होने की कल्पना भी नहीं कर सकती, जो मुझसे अपने दोस्तों की मौजूदगी में अपने साथ बैठकर सिगरेट और शराब पीने की उम्मीद करता।

मैं जानती हूँ, तुम क्या सोच रहे हो। यही न कि अगर रंजन इतना बेहतरीन है तो आज मैं तुम्हारे साथ बाहर क्यों गई, सही कहा मैंने ? तुम्हारी जगह अगर कोई और होता तो वह भी यही सोचता। और मैं ऐसा सोचने के लिए तुम्हें दोषी नहीं ठहराऊँगी। सच यह है कि मैं भ्रमित और अपने आपसे शर्मिंदा हूँ। मैं जानती हूँ कि यह गलत--बहुत गलत—है कि कोई शादीशुदा औरत किसी मर्द के साथ बाहर जाए, खासकर तब जब उसके पति को इस बारे में पता नहीं है।

मेरे पास इसका कोई सीधा-साफ जवाब नहीं है। मैं तो बस यही कह सकती हूँ कि मैं बेबस थी और मैं तुम्हारे साथ जाने को बहुत बेताब थी। मेहरबानी करके मुझे गलत मत समझना और न ही मेरे बारे में कोई गलत राय बनाना। अब तक तो तुम जान ही गए हो, मैं उस तरह की औरत नहीं हूँ। मैं हरजाई नहीं हूँ। मैं कभी घटिया नहीं रही। शायद भगवान इसकी सजा मुझे देगा। लेकिन मेरा दिल जानता है कि मैंने कुछ गलत नहीं किया है। क्या बाहर निकलकर खुली हवा में साँस लेना पाप है ? इसका मेरे पास कोई जवाब नहीं है। मैंने जो कुछ किया है, अगर उसकी सजा भगवान मुझे देना चाहता है तो वह जरूर देगा।

हकीकत यह है कि यह मेरी जिन्दगी का एक सबसे बेहतरीन दिन था। इसलिए, मुझे अफसोस नहीं है। मुझे कोई मलाल नहीं है। और अगर आइंदा भी तुमने मुझसे अपने साथ कहीं चलने को कहा तो शायद मैं चल दूँगी। और इस बार और भी कम अपराध-बोध के साथ। क्या मैं कुछ समझदारी की बात कर रही हूँ ?

प्यार, माया।'

जब मैंने खत पूरा किया, भोर होनेवाली थी। मैंने इसे दो-तीन बार फिर पढ़ा और यह मुझे बिल्कुल ठीक लगा। न तो रूमानी ही था, और न ही रूखा। लेकिन मैं यह निश्चित नहीं कर पाई कि इसे निखिल को दूँ या नहीं। मैंने तो केवल अँधेरे के डर को दूर रखने की गरज से यह खत लिखना शुरू किया। इससे कोई फर्क नहीं पड़ना था कि निखिल इसे पढ़ता है या नहीं।

मैं कुछ बत्तियों को बन्द करने लगी। मैं नहीं चाहती इस बिल्डिंग में जल्दी उठनेवालों में से कोई इन्हें जलता देखे। मुझे यकीन था कि रात में चौकीदारी करनेवाले ने जरूर इन बत्तियों को जलता देखा होगा और हैरान होता रहा होगा। रंजन ने अपने वादे के मुताबिक फोन नहीं किया था। उसने एसटीडी तो बन्द कर ही रखी थी, इसलिए मेरे पास भी उससे सम्पर्क करने का कोई तरीका नहीं था, सिवाय इसके कि मैं कॉल बुक कराती।

मैंने चिकने तकियों पर थककर सिर टिकाया और हल्की नींद में चली गई। बाहर से शोर पसन्द करने वाले कौओं के काँव-काँव करने की आवाज आ रही थी। भोर की पहली किरण मुम्बई को एक पीली गुलाबी आभा में नहला रही थी। मुझे थोड़ी नींद लेने के लिए ये पल काफी सुरक्षित लगे।

कुछ घंटे बाद जब दरवाजे की घंटी बजी तो मैंने सोचा कि मैं सपना देख रही हूँ और स्कूल में लगी आग की सूचना देनेवाली घंटी बज रही है। मैंने पलंग के पासवाली घड़ी में देखा—दस बजे हुए काफी देर हो चुकी थी। मैं बिस्तर से कूदकर उतरी और दरवाजे की तरफ भागी। मुझे पता था कि यह आज की पहली नौकरानी होगी जो बर्तन माँजने आती है।

लेकिन दरवाजा खोलने पर पता चला कि यह निखिल है, जो कहीं जाने के लिए तैयार होकर निकला था। उसने बालों को पीछे की तरफ खींचकर बनाया हुआ था, अभी-अभी इस्त्री की हुई कमीज पहनी हुई थी और अपने पिता का ढेर सारा ऑफ्टर शेव लोशन थोपा हुआ था। मुझे कैसे पता कि यह उसके पिता का ऑफ्टर शेव है, उसका नहीं ? क्योंकि उसके पिता और रंजन थोड़ा-सा आगे-पीछे ही घर से निकलते थे, और अक्सर वे हमारे दरवाजे पर टकरा जाते थे; फिर वे एक-दूसरे से बढ़-चढ़कर दुआ-सलाम करने के बाद साथ-साथ नीचे चले जाते थे।

मैंने एक बार रंजन से पूछा था कि क्या उसे निखिल के पिता अच्छे लगते हैं ? इस पर रंजन ने बस यह जवाब दिया था, "वह मेरे सीनियर हैं। उन्हें पसन्द करना मेरी मजबूरी है।"

हालाँकि रंजन सीधे निखिल के पिता के प्रति जवाबदेह नहीं था, फिर भी वह उन पर अच्छा प्रभाव जमाने की हर सम्भव कोशिश करता था, क्योंकि वह उससे कम-से-कम चार ओहदे ऊपर थे। मैं इस बात को समझती थी। मेरे पिता भी अपने सीनियरों के बारे में ऐसी ही भावना रखते थे। लेकिन मेरी माँ इस रवैए को यह कहते हुए खारिज कर देती थी कि जिस आदमी को अपना काम आता हो उसे अपने सीनियरों की लल्लो-चप्पो करने की कोई जरूरत नहीं है। जब भी माँ यह बयान देती, पिताजी चिढ़ जाते और यह कहते हुए अपना विरोध दर्ज करते थे कि उनका किसी की लल्लो-चप्पो करने का कोई सवाल ही नहीं उठता। लेकिन सीनियरों को वाजिब इज्जत देना उनका फर्ज बनता था और बात बस इतनी-सी थी।

"चल रही हो ?" निखिल ने अपनी मोटरसाइकिल की चाभियाँ मेरी आँखों के आगे नचाते हुए खुशी-खुशी कहा। मैंने दृढ़ता से अपना सिर हिला दिया।

"नामुमकिन।" मैंने उससे नजरें चुराते हुए कहा।

"क्यों ? चलने का मन नहीं है ?" निखिल ने पूछा। उसके जूते दरवाजे पर पड़े जूट के मेट पर थाप दे रहे थे।

"नहीं।" मैंने कहा। मैं अब भी सूनी आँखों से नीचे ताक रही थी।

"झूठी !" निखिल ने ताना मारा, "कह दो कि तुम बाहर जाने के लिए मरी जा रही हो। स्वीकार करो। डर लग रहा है, क्यों ? चिन्ता मत करो, किसी को भी पता नहीं चलेगा। कसम से।"

"ऐसा नहीं है," मैंने गरम होते हुए सफाई दी, "मैं सारी रात सोई नहीं हूँ और अब मुझे थकान हो रही है।"

निखिल दरवाजे की चौखट से टिक गया। बोला, "तुम सोई नहीं हो ? क्यों नहीं सोईं ? खराब लग रहा है ? उकताहट हो रही है ? सड़ाँध महसूस हो रही है ? अच्छा, तब तो तुम्हें जरूर इस जगह से निकलना चाहिए। फौरन। अभी। मैं तुम्हें मूवी दिखाने ले चलूँगा—हिन्दी फिल्म। सचमुच बकवास-सी कोई फिल्म। 'कुली नम्बर वन' कैसी रहेगी ? मैं शर्त लगा सकता हूँ कि तुमने ऐसी बकवास फिल्म कभी नहीं देखी होगी। अब नखरे छोड़ो, माया ! और मैं तुम्हें दुनिया का सबसे बढ़िया डोसा भी खिलाऊँगा। सड़क किनारे की किसी दुकान पर। मजा आ जाएगा। जीन्स पहन लो।"

"नहीं," मैंने अड़ते हुए कहा, "और मेरे पास जीन्स नहीं है, याद है ? मैं जीन्स नहीं पहनती।"

निखिल हँस दिया। बोला, "तुम्हें देखकर मुझे अपनी दादी जी याद आ जाती हैं। नहीं—वह भी नहीं। वह तो खूब चुहलबाज हैं—मुझे यकीन है कि अगर मैं उनसे कहूँ तो वह जीन्स भी पहन लेंगी ! यह कैसे हो सकता है कि इस जमाने और इस उम्र में किसी के पास जीन्स न हो ? नामुमकिन। तुम इस तरह से क्यों व्यवहार करती हो जैसे तुम दो सौ साल बूढ़ी हो ? तुम्हें परेशानी क्या है ?"

मैंने अपनी आवाज ऊँची कर ली—बहुत ज्यादा नहीं—थोड़ी-सी।

"मुझे कोई परेशानी नहीं है। परेशानी तो तुम्हें है," मैंने कहा, "तुम सोचते हो कि हर कोई उन लोगों की तरह है जिनसे तुम्हारी जान-पहचान है। अगर किसी के पास जीन्स नहीं है तो इसमें अजीब क्या है ? कलकत्ता में—कम-से-कम, अगर तुम मेरे जैसे माहौल से निकले होते—लड़कियाँ साड़ी पहनती हैं, जीन्स नहीं। खासतौर से शादीशुदा लड़कियाँ। और अब, निखिल मैं तुम्हें यह सलाह दूँगी कि तुम यहाँ से चले जाओ—जहाँ कहीं भी तुम्हारी तफरीह होती है, वहाँ जाओ। जाओ और अपना डोसा खाओ, मूवी देखो। जो तुम्हारे जी में आए, वह करो। मेरे पास बहुत काम है। मेरा घर साफ नहीं है, और मैं भी साफ नहीं हूँ।"

उसने बस 'अच्छा ठीक है, बाई' कहा और एकदम से मुड़कर वहाँ से चला गया।

मैंने यह उम्मीद नहीं की थी। मैं तो चाहती थी कि वह मुझ पर दबाव डालता। थोड़ा और मनाता। और क्या पता, मैं नहा-धोकर तैयार हो जाती और उसके साथ चली ही जाती। लेकिन सच यह है कि मैं उसके इस आत्मविश्वास को बर्दाश्त करने को तैयार नहीं थी कि वह मेरे दरवाजे पर अपनी शक्ल-भर दिखाए और मुझसे अपने साथ चलने को कहे। उसने जिस ढंग से आकर बेतकल्लुफी से मुझसे अपने साथ चलने को कहा

था, उसे देखकर मुझे गुस्सा आ गया था। और फिर, मैं डरी हुई भी थी—अरे हाँ, कल तो मैं बच गई थी। लेकिन आज ? मुझे पता था कि अभी थोड़ी देर में मेरी सास फोन करके मुझसे पूछेगी कि उसके बेटे के बिना मैं कैसे काम चला रही हूँ।

लेकिन उससे भी ज्यादा मुझे पड़ोसियों, नौकरों और चौकीदारों की चिन्ता थी। इस बिल्डिंग में कोई भी बात आपकी अपनी नहीं रह जाती थी, और निखिल यह समझने की हल्की-सी कोशिश भी नहीं कर रहा था। मुझे यह आश्चर्य हो रहा था कि हमारी मुलाकात के बारे में वह इतना निडर, इतना खुला भी हो सकता है। मुझे यह बात भी पीड़ा पहुँचाती थी कि वह इतने आराम से चला जाता था और मैं दरवाजे के पास खड़ी उसे जाते हुए देखती रह जाती थी और यह सोचती रह जाती थी कि पता नहीं कब उसे दोबारा देख पाऊँगी या देख भी पाऊँगी या नहीं।

उस खत के बारे में चर्चा करने की मेरी हिम्मत नहीं हुई थी, और अब मुझे यह भी शक होने लगा था कि मैं उसे यह खत कभी दे भी पाऊँगी या नहीं। मैंने यह उम्मीद की थी कि इससे मेरी उलझन सुलझ जाएगी—पहले भी ऐसा ही हुआ करता था। मुझे जब कभी किसी बात को लेकर परेशानी होती थी, मैं अपनी भावनाओं को एक लम्बी चिट्ठी में उतार देती थी और मुझे तुरन्त ही तसल्ली हो जाती थी—मानो अपने जज्बात को लिखित में बदलने का आसान-सा काम करके मेरी सारी परेशानियाँ दूर हो जाती हों।

मेरे मन में आया कि वापस अपने बेडरूम में जाऊँ और माँ को खत लिखूँ—सच्चाई के साथ। लेकिन उसके साथ मेरा इस तरह का रिश्ता नहीं था। और इस समय किया गया मेरा कोई भी इकबाल उसे चौकन्ना कर देता और उसे घबराहट के दौरे पड़ने लगते। मैंने सामने का दरवाजा बन्द कर दिया और नहाने चली गई, जो मुझे बहुत पहले कर लेना चाहिए था। मैंने बाथरूम के दरवाजे को जान-बूझकर अधखुला छोड़ दिया, क्योंकि इस बीच अगर कोई नौकरानी आ जाती तो मुझे उसके लिए दरवाजा खोलने भागना पड़ता।

मुझे शॉवर से नहाने की आदत नहीं थी और इस घर में बस शॉवर ही शॉवर थे। मुझे सिर के ऊपर लगे शॉवर से रुक-रुककर टपकते पानी की पतली धार के नीचे खड़े होकर साबुन को अपने शरीर से धीरे-धीरे नीचे बहते देखने में कभी भी सफाई का अहसास नहीं होता था। कलकत्ता के मेरे घर में स्नान एक तरह का कर्मकांड होता था—गरम और ठंडे पानी की एक बाल्टी लेकर देर तक और मजे से नहाया जाता था वहाँ। नहाने का आधा मजा तो पानी को मिलाकर उसे सही ताप में लाने में ही आ जाता था, जब सही ढंग के गुनगुने पानी के लिए हम एक बार में एक लोटा लेकर पानी को एक ,से दूसरी बाल्टी में डाला करते थे। मुम्बई के स्नान तो हड़बड़ीवाले और कामचलाऊ होते थे और मुझमें हमेशा यह अहसास बना रह जाता था कि मैं ठीक से साफ नहीं हो पाई हूँ और मेरी चमड़ी की तहों पर थोड़ा-बहुत साबुन अब भी लगा रह गया है।

मुम्बई के तौलिए भी अलग थे। ये पानी को कम सोखनेवाले थे। मुझे नहीं पता कि इन तौलियों में ऐसा क्या था, लेकिन इनसे बदन पोंछकर मुझे तसल्ली नहीं होती थी। शायद हवा में मौजूद नमी उन्हें पूरी तरह से सूखने भी नहीं देती थी, या शायद उनमें सिंथेटिक सूत की बुनाई होती थी। मुझे तो रंजन की पसन्द के कड़े, ठोस रंगीन तौलियों के मुकाबले अपनी पुरानी, मुलायम साड़ी से अपना बदन पोंछने में ज्यादा आसानी रहती थी।

उस सुबह अपने बदन पर साबुन मलते हुए मैं यह सोचने लगी कि इस बिल्डिंग के बाहर निखिल की जिन्दगी कैसी होगी। मैं उससे ढेर सारी बातें पूछना चाहती थी। क्या उसके पास गर्लफ्रेंड्स हैं ? क्या उसकी बहुत सारी औरतों से जान-पहचान है ? बड़ी औरतों से ? वह औरतों के बीच इतना निश्चिंत कैसे दिखाई देता है ? वास्तव में ही बेहद निश्चिंत। उसमें उस तरह का कोई अटपटापन नहीं दिखाई देता, जैसाकि अनजान औरतों की मौजूदगी में कमसिन, कुँआरे मर्दों में देखने को मिलता है।

निखिल हमेशा बेफिक्र दिखाई देता था। उसमें आत्मविश्वास, तनाव-मुक्ति और दिलचस्पी का कुछ ऐसा भाव था जो विनम्रता-भरी उत्सुकता तक ही सीमित नहीं था। ऐसा क्यों था ? या शायद ऐसा था कि कुछ आदमी अपने माहौल के साथ तालमेल की प्रवृत्ति लेकर पैदा होते हैं—भले ही वह कितना ही खराब क्यों न हो ? मैं उसकी इस खूबी से उतना ही जलती थी जितना मैं उसकी इस बात से चिढ़ती थी कि वह लगातार मेरे अन्दर 'शान्ति की कमी' की बात करता रहता था। मेरे लिए यह एक नया और चकरा देनेवाला जुमला था, जिसकी थाह पाने में मुझे खासा समय लग गया। निखिल मुझे 'अशान्त' मानता है तो क्या ? मैं समझती हूँ कि उसके हिसाब से मैं दकियानूस थी।

फिर, अगर मैं 'शान्त' होती तो क्या रंजन मुझसे शादी कर लेता ? रंजन भी 'शान्त' नहीं था। इस मामले में हम एक-दूसरे से बहुत मेल खाते थे। दुख की, बहुत दुख की बात थी यह। दो अशान्त व्यक्ति एक अपवित्र वैवाहिक गठबन्धन में फँस गए थे।

कभी-कभी मैं अपनी शादी की रस्मों को याद करके जोर-जोर से हँस पड़ती थी। यह हास्यास्पद-सा समारोह था, जिसमें हमारी तरफ से अलग-अलग तरह के लोगों का जमघट था तो रंजन की तरफ से भी अच्छी-खासी भीड़ थी। हम कितने दयनीय दिख रहे होंगे—शायद उतने ही दयनीय जितना कि हम खुद महसूस कर रहे थे। रंजन की माँ हमें इधर से उधर हाँके फिर रही थी। हकीकत में सारी कमान उसी के हाथ में थी। एक-एक बात में उसी का हुक्म चल रहा था। लाल रंग मुझ पर बिल्कुल भी नहीं फबता था, लेकिन बेशक दुल्हन बनने पर मुझे यही रंग पहनना पड़ा था। साड़ी का कपड़ा कड़क था और इस पर सोने के तार का जो काम हुआ था, उसने मेरी चमड़ी को काटकर

रख दिया था।

जो औरत मेरे माथे पर चन्दन और कुमकुम का लेप करने आई थी, उसके नाखून गन्दे थे, दाँतों पर पान के दाग थे, बालों में ढेरों तेल भरा पड़ा था और शरीर से बेहद गन्दी बदबू उठ रही थी। जब तक वह छपाई के ठप्पे जैसी एक छोटी-सी, नाजुक-सी चीज से मेरे माथे पर लेप करती रही, मुझे अपनी साँस या तो रोककर रखनी पड़ी या बहुत धीरे-धीरे लेनी पड़ी।

मेरी शादी के पूरे हफ्ते मेरी माँ तो बिल्कुल पस्त रही, जबकि मेरे पिता ने इस तरह से कन्नी काट रखी थी कि यह विश्वास करना ही मुश्किल था कि उनका हममें से किसी के साथ दूर का भी रिश्ता है। केवल मेरे हँसमुख मामा-मामी ही मेरे आसपास रहकर मुझे यह अहसास कराते रहे थे कि मैं आज एक खास शख्सियत हूँ। उन्होंने मुझे खासकर उस मौके पर बहुत सहारा दिया जब मुझे पंडाल में पेश किया गया, ताकि सब लोग मुझे देख लें और मेरे बारे में जो कहना चाहें, कह सकें।

जब प्रदीप मामा मुझे रंजन के बगल में रखी एक नीची चौकी तक ले गए तो वह गर्व के साथ मुस्कुरा रहे थे। उन्होंने धीमे से मुझसे कहा था, ''आज के आसमान का सूरज, चंदा और तमाम तारे तुम हो।''

और तब उन्होंने मेरे बचपन के प्यार के नाम से मुझे पुकारा था, ''बुलबुल...मैंने तुम्हारे जैसी सुन्दर दुल्हन नहीं देखी।''

हालाँकि मैंने उनकी बात पर विश्वास नहीं किया था, फिर भी मुझे यह सुनकर अच्छा-सा लगा, और मेरा आत्मविश्वास उस पल के मुकाबले कुछ ज्यादा ही हो गया था, जब मेरी माँ ने मुझे मीन-मेख निकालनेवाली नजर से देखते हुए हमेशा की तरह बिना लाग-लपेट के कह दिया था, ''यह सारा बेकार का मेकअप और लिपस्टिक और न जाने क्या-क्या, माया पर बिल्कुल भी अच्छा नहीं लगता। यह तो बस गोरे लोगों पर अच्छा लगता है। उसका रंग तो देखो—काला ! वह भी आज के दिन। सब लोग यही कहेंगे, 'रंजन के लिए ऐसी काली दुल्हन क्यों छाँटी। और वह भी इतनी दूर कलकत्ता से'।''

मैंने हताश होते हुए आईने में अपना अक्स देखा तो मुझे उसकी बात सही लगी थी। सचमुच मैं अपने सबसे अच्छे रूप में नहीं थी। यही नहीं, मेरे आधे चेहरे पर पड़े जालीदार लाल कपड़े के घूँघट और मेरे सिर पर बड़े बेतुके ढंग से टिके, साल की लकड़ी के पतले-से मुकुट की वजह से मैं अपने आपको कोई अजूबा-सा भी लग रही थी। मैंने माँ से कहा भी था कि कम-से-कम इस मुकुट को तो रहने दें, लेकिन मेरी माँ ने ऐसी किसी 'गैर-रिवायती' हरकत से साफ इनकार कर दिया था और सख्ती से कहा था, ''मुद्दा यह है, यह शादी बंगाली तरीके से होनी है, या नहीं। अगर बंगाली तरीके से होनी है तो फिर ये सारी रस्में निभानी पड़ेंगी। यह बहुत अहम है। तहजीब है। मिसेज मलिक चाहती हैं कि हर काम सही ढंग से हो, और मैं उनकी बात से सहमत हूँ। वैसे भी, हम लड़केवालों से बहस नहीं कर सकते; ऐसा नहीं किया जाता। मुकुट नहीं

हटेगा।''

और इस तरह मुकुट नहीं हटा था। वह मेरे मेहनत से बनाए गए बालों के ऊपर ही टिका रहा था। और उस लम्बी, थका देनेवाली रस्म के दौरान मेरा पूरा ध्यान मेरे बालों में लगा दिए गए उस डावाँडोल मुकुट पर ही लगा रहा था। और उसे मेरे बालों में जिन पिनों से लगाया गया था, वे मेरी खोपड़ी में छेद किए दे रही थीं।

रंजन के सिर पर जो सेहरा रखा हुआ था, वह थोड़ा दिलचस्प तो जरूर था लेकिन मुकुट मेरे जितना अजूबा नहीं था। मेरे खयाल में वह टी.वी. पर चलनेवाले किसी पौराणिक धारावाहिक का पात्र लग रहा था जिसकी रंग-बिरंगी पोशाकें और गत्ते के सेट्स देखने वालों को मन्त्रमुग्ध कर देते हैं।

दरअसल, रंजन उस समय जैसा दिख रहा था, उससे वह इतना खुश था कि उसने शादी की ऐसी तीन तस्वीरें फ्रेम करवा ली थीं जिनमें वह तो बहुत अच्छा दिख रहा था, लेकिन मैं बांग्लादेश से आई कोई शरणार्थी लग रही थी—जिसे ऑर्डर देकर डाक के जरिए नर्क से मँगवाया गया हो। कभी-कभार, रंजन इन तस्वीरों की तरफ एक नजर मारता था और घुन्नेपन से कहता था, ''सुन्दर, क्यों ? अच्छे फोटोग्राफ हैं। अच्छे फोटोग्राफ हैं।''

मुझे पक्का पता था कि उसने न तो इस तरफ गौर ही किया था और न ही उसे इस बात की कोई परवाह थी कि मैं उस फ्रेम में थी या नहीं। एक बार मैंने उससे कहा भी था कि इन तस्वीरों में मैं बहुत भद्दी दिख रही हूँ, मेरे चेहरे पर रोशनी तक नहीं है, बल्कि भद्दी छायाएँ ही हैं। इस पर उसने एक तस्वीर उठाकर गौर से उसका मुआयना किया था। शायद तब पहली बार उसे यह अहसास हुआ था कि इस तस्वीर में ठीक उसकी बगल में और कोई भी था।

''ओह,'' उसने कहा था, ''हूँ, मैं समझ गया कि रोशनी न होने से तुम्हारा क्या मतलब है। लेकिन माया, क्या यह ज्यादा अच्छा नहीं है। जरा सोचो...अगर रोशनी इससे ज्यादा होती तो तुम्हारा चेहरा दिखाई दे जाता।''

उसने खुश होते हुए नजर उठाकर देखा था और मेरे चेहरे पर आए भावों को पकड़ लिया था।

वह बोला था, ''मेरा मतलब है, उस दिन तुम बहुत अच्छी नहीं लग रही थीं। निश्चित तौर पर नहीं...कितना तो मेकअप कर रखा था तुमने। किसने कहा था तुम्हें वह सब लगाने को ? तुम्हारी माँ ने ?''

मैंने चुपचाप जवाब दिया था, ''नहीं, तुम्हारी माँ ने।''

''सच ?'' रंजन ने कहा था, ''मुझे तो यह सुनकर हैरानी हो रही है। बहुत ज्यादा हैरानी हो रही है। मेरी माँ तो मेकअप करनेवाली लड़कियों को पसन्द ही नहीं करती। उनका खयाल है कि यह बहुत बनावटी लगता है। मुझे खुद मेकअप अच्छा नहीं लगता। हूँ। माँ से जरूर पूछूँगा मैं। शायद उन्होंने सोचा होगा कि मेकअप में तुम ज्यादा अच्छी लगोगी—तुम्हारी शक्ल-सूरत सुधर जाएगी...पता है ? कुछ औरतें मेकअप करके ज्यादा

गोरी—बहुत ज्यादा गोरी—दिखती हैं।''

तस्वीरों को और सफाई से देखने के लिए मैं भागकर खिड़की पर पहुँची थी।

''मेरे रंग में ऐसी क्या बुराई है ? मुझे तो यह अच्छा लगता है।'' मैंने अपना बचाव करते हुए कहा था।

रंजन ने बोरियत के अंदाज में नजर उठाकर देखा था और कहा था, ''ठीक ही है। ज्यादा काला नहीं है। अच्छा है। लेकिन उस रोज मेरी माँ कह रही थी कि अगर तुम अपना रंग साफ करना चाहती हो तो तुम्हें हल्दी का उबटन मलना चाहिए। मेरी माँ तो रोज लगाती है। यह कीटाणुओं को भी मारता है। जब मैं छोटा था तो ताजा मलाई और हल्दी से मेरी मालिश की जाती थी। तभी तो मेरे जिस्म पर इतने बाल नहीं हैं—देख रही हो ? खासकर मेरी पीठ पर। ज्यादातर लोगों की टाँगों पर बहुत बाल होते हैं—और मेरी टाँगें देख लो। इन सब चीजों से फर्क पड़ता है, माया ! इसे करके देखने में हर्ज ही क्या है।''

मैंने गरम होकर उससे बहस की थी कि मुझमें अपनी चमड़ी के रंग को लेकर कोई ग्रन्थि नहीं है। और, अगर उसे दूध जैसी गोरी दुल्हन चाहिए थी तो उसे इसके लिए इश्तहार देना चाहिए था। तब रंजन ने मुझे बताया था कि उसने इश्तहार दिया था। कई बार दिया था।

''लेकिन उनके जवाब से हम सन्तुष्ट नहीं हुए।'' उसने सफाई दी थी।

कुछ देर के लिए तो मैं ऐसी हक्का-बक्का रह गई कि कुछ बोल ही नहीं पाई।

फिर मैंने कहा, ''तुमने ऐसा कर कैसे लिया ?''

''इसमें शर्म की तो कोई बात नहीं है,'' रंजन ने कन्धे उचकाते हुए कहा था, ''सब लोग इश्तहार देते हैं। इसमें बुराई भी क्या है ? तुम्हें तो हर बात में दोष दिखाई देता है। तुम क्या सोचती हो कि हर रोज ये जो हजारों लोग इश्तहार देते हैं वे सब पागल हैं ? अखबार इन इश्तहारों से ढेरों पैसा कमाते हैं। मेरी माँ ऐसे कई घरों को जानती है जिन्हें शादी के इश्तहार के जरिए बहुत अच्छे जीवन-साथी मिले हैं।''

मैंने सिर हिलाया और जान-बूझकर अपने चेहरे पर उदासीनता का भाव ले आई। रंजन तस्वीरों में अपने आपको देखता रहा। उसकी आँखों में सराहना और गर्व की चमक थी। फिर वह चिन्तित होता हुआ मेरी तरफ मुड़ा।

''क्या शादी के बाद से मैं मोटा हो गया हूँ ?'' उसने अपने गालों को थपथपाते हुए और कमर को नोचते हुए पूछा।

''नहीं...ऐसा तो नहीं है।'' मैंने कहा।

''सच कह रही हो ? ध्यान से देखो...यहाँ...ठीक यहाँ इस जगह पर,'' वह अपने पेट की तरफ इशारा करते हुए बोला, ''चलो...शायद थोड़ा-सा बढ़ा है। कोई परेशानी नहीं है। मैं चाय कम कर दूँगा।''

''लेकिन तुम तो बस दो ही प्याले पीते हो।'' मैंने कहा।

रंजन ने दबी हँसी हँसते हुए कहा था, ''तुम यही सोचती हो। तुम्हें पता नहीं

ऑफिस में क्या होता है। तुम्हें कुछ पता नहीं।''

यह बिल्कुल सच था। रंजन के घर से निकलते ही मेरे दिमाग के कपाट बन्द हो जाते थे। यह बात नहीं थी कि मैं परवाह नहीं करती थी। शुरू-शुरू में तो मैंने बकौल अपनी माँ के 'सक्रिय दिलचस्पी' लेने की कोशिश की थी। पहले-पहल तो रंजन को अच्छा-सा लगा था और फिर वह इसमें मजा लेने लगा था। लेकिन, आखिर में मैंने गौर किया कि मैं जब भी उसके काम-काज के बारे में उससे 'सम्बन्धित' सवाल करती थी तो उसके चेहरे पर अधीरता का एक जाना-पहचाना भाव आ जाता था।

मैं उसका इशारा समझ गई और मैंने इस बारे में कुछ भी कहना छोड़ दिया था। मुझे उसकी दिनचर्या या उसके ऑफिस के माहौल के बारे में बहुत ही कम पता था। वह कहता था कि वह अपने काम-काज से सम्बन्धित चिन्ताओं को ऑफिस में ही छोड़ आता था और उन्हें घर ले आना उसे अच्छा नहीं लगता था।

''इस खेल को 'रिलैक्सेशन' कहते हैं।'' वह घर आने के बाद अपनी पैंट उतारकर अंडरवियर में आते हुए कहता था। वह सारा दिन ऑफिस में क्या करता था, अक्सर मैं इस बारे में सोचकर हैरान होती थी। अब मुझे पता चल गया था कि वह कई प्याले ढेरों चीनीवाली चाय पीता था।

और क्या करता था वह ? एक बार मैंने उसे अपनी माँ से धीमे-धीमे फोन पर बात करते सुना था। वह यह सोच रहा था कि मैं रसोई में काम कर रही हूँ। मैं नहीं चाहती थी कि वह यह सोचे कि मैं उसकी बातें सुनने की कोशिश कर रही हूँ, इसलिए मैं बेडरूम के दरवाजे से धीरे-से सरककर वापस गैस चूल्हे के पास चली गई थी। मैंने अलमारी की सबसे नीचेवाली दराज से वह झाड़न भी नहीं लिया, जिसे लेने मैं वहाँ गई थी। मैंने बस उसकी एक-दो उत्तेजित बातें ही सुनी थीं, जिनसे यह लग रहा था कि उसे अपने ठीक ऊपरवाले बॉस के साथ कुछ दिक्कत पेश आ रही थी। यह बॉस सिन्हा नाम का एक अत्याचारी, घुन्ना बिहारी था जो हमेशा यह कहता था—'बिहार का सिन्हा, बंगाल का नहीं।' उजड्ड तौर-तरीकों; खरखराई आवाज और ठेठ बिहारी लहजेवाला।

मुझे यह बातचीत नहीं सुननी चाहिए थी, इसलिए मैं रंजन से यह नहीं पूछ पाई कि दिक्कत क्या थी। फिर भी मैंने एक रात घुमा-फिराकर यह मुद्दा छेड़ ही दिया था।

''आजकल तुम कुछ तनाव में दिख रहे हो। कोई परेशानी है क्या ?''

रंजन ने बीबीसी वर्ल्ड न्यूज की आवाज धीमी कर दी थी, जिसमें जॉन मेजर दूसरे जॉन पर अपनी जीत के बारे में घमंड के साथ बोल रहा था। फिर उसने खूब खुलकर मुस्कुराते हुए कहा था, ''मैं ? और तनाव में ? बिल्कुल नहीं। तुम्हारे दिमाग में यह बात आई कैसे ?''

मैंने दबे स्वर में एक बार फिर पूछने की कोशिश की थी, ''तुम्हें यकीन है कि सारी चीजें ठीक चल रही हैं—ऑफिस में और बाकी सब ?''

रंजन ने मुझे तीखी नजरों से देखते हुए कहा था, ''सारी चीजें ? बाकी सब ? मैं कहता हूँ, ये औरतें सीधे-सीधे बातें करना कब सीखेंगी ? क्या मैं कभी तुमसे इस तरह

के बेहूदा सवाल करता हूँ ? तुम किन 'चीजों' की बात कर रही हो ? और 'बाकी सब' से तुम्हारा क्या मतलब है ?''

वह सीधे तनकर बैठा हुआ था। उसकी आँखें गुस्से में उबली पड़ रही थीं। आगे पूछने की मेरी हिम्मत नहीं हुई।

उसका यह दौरा भी उसी तरह से रहस्य में लिपटा हुआ था। मुझे बिल्कुल भी इल्म नहीं था कि वह बाहर क्यों जा रहा था और कहाँ जा रहा था। हाँ, उसने कुछ शहरों के नाम जरूर लिये थे। लेकिन एसटीडी फोन तो फिर एसटीडी फोन ही होता है। यह तो कहीं से भी आ सकता है—बगल के पुणे से भी।

यह बात मुझे परेशान करती थी कि रंजन अपनी कामकाजी जिन्दगी के बारे में मुझसे कभी कोई बात नहीं करना चाहता था। क्या वह सोचता था कि मैं बहुत मूर्ख हूँ और कुछ समझ नहीं पाऊँगी ? या मुझे इसमें दिलचस्पी ही नहीं है ? ये दोनों ही बातें गलत थीं। अपने वजूद में कोई जोश, कोई उत्साह न होने की हालत को देखते हुए, मेरी यही समझ में आया कि रंजन इस मामले में पुरानी चाल का आदमी था (जैसे वह और तमाम मामलों में भी था)।

वह मुझे अँधेरे में रखता है, इस बात का मैंने इतना बुरा कभी नहीं माना होता अगर उसने इतने जाहिरा तौर पर मुझे अपनी इन बातों से अलग न रखा होता। अगर वह अपनी माँ को राज की अपनी बातें बता सकता था तो फिर मुझे क्यों नहीं बता सकता था ? मैं कोई उसकी विरोधी या दुश्मन तो नहीं थी। क्या उसको मुझ पर इतना भी भरोसा नहीं था ?

यह सवाल मैंने उसके सामने एक 'तनावमुक्त' इतवार को रखा था, जब वह बड़े चाव से मांटे कार्लो ग्रां प्री देख रहा था और अपने मनपसन्द रेसिंग कार ड्राइवर शूमाकर का हौसला बढ़ा रहा था। टी.वी. पर आँखें गड़ाए हुए ही उसने प्यार के साथ कहा था, ''बेशक मैं तुम पर भरोसा करता हूँ। लेकिन मेरी माँ आखिर मेरी माँ है। तुमसे ज्यादा अरसे से मैं उसे जानता हूँ। इस तरह की बातों में वक्त लगता है। शायद शादी के दस या पन्द्रह साल बाद...अभी वह समय नहीं आया है। मुझे तुम्हें और अच्छी तरह से जानना होगा।''

उसने मुड़कर मुझे देखा था और शायद मुझे उदास देखकर उसने अपना हाथ बढ़ा दिया था और मुझे अपने पास खींच लिया था।

''आखिरी कुछ चक्कर रह गए हैं,'' उसने कहा था, ''मुझे लगता है कमबख्त जीत जाएगा।''

हाँ, मैं भी यही उम्मीद कर रही थी कि कमबख्त जीत जाएगा, ताकि हम डिनर तो समय से कर लें !

18

उस रात रंजन का फोन ठीक नौ बजकर तीन मिनट पर आया। उसकी आवाज सुनकर मुझे अजीब-सी राहत मिली।

"सुनो...ज्यादा बात नहीं करूँगा," उसने जल्दी-जल्दी कहा, "हमें अपनी निजी कॉलों के पैसे देने पड़ते हैं और तुम तो जानती ही हो, ये फाइव स्टार होटलवाले कितने ज्यादा पैसे लगाते हैं। इसलिए...मैं केवल तीन मिनट बात करूँगा—ठीक है ?

"अब जल्दी से बताओ—घर पर सब ठीक-ठाक है ? कोई परेशानी तो नहीं है ? मैं तुमसे कहना भूल गया...अलमारी में मेरे सामानवाली तरफ मेरे ऑफिस के कुछ कागजात रह गए हैं...बन्द दराज में। मुम्बई ऑफिस में उनकी फौरन जरूरत है, और मेरी माँ को कुछ चाभियाँ चाहिए, जो मेरे ही पास हैं। ये दोनों चीजें तुम्हें दराज में मिल जाएँगी। चाभियाँ एक बन्द लिफाफे में रखी हैं, जिन पर 'चाभियाँ' लिखा है, और कागजात प्लास्टिक की पीली फाइल में हैं।

"एक बात और—जल्दी से यह नम्बर लिख लो—4834910—इस पर फोन करके मि. मेहता के बारे में पूछना। मेरे इन्वेस्टमेंट वही देखते हैं। उन्हें याद दिला देना कि मेरे शेयर ट्रांसफर कर दें। मुझे जल्दी से जल्दी सर्टिफिकेट चाहिए। और हाँ, अभी-अभी मुझे याद आया—इलेक्ट्रीशियन को बुलाकर उससे कहना कि मेरे कमरे के एयर-कंडीशनर को देख ले। सही ठंडी हवा नहीं दे रहा था। ठीक है, एक-दो दिन में तुम्हें फिर फोन करता हूँ। शायद ऑफिस से ही करूँ—पैसा नहीं लगेगा न ! बाई !"

और उसकी बात खत्म हो गई। मैं कुछ सेकेंड तक रिसीवर पकड़े रही। मेरी इच्छा हो रही थी कि रंजन से बात करूँ। मेरी इच्छा थी कि वह मुझसे बात करे—मुझसे पूछे कि मैं कैसी हूँ, मुझे उसकी याद आ रही है या नहीं। मेरी इच्छा थी कि वह मुझसे कहे

कि उसे मेरी याद सता रही है, वह मेरे बारे में सोच रहा है। मैंने उम्मीद की थी कि मुझे थोड़े-बहुत सरोकार के...थोड़ी-बहुत चिन्ता के तो स्वर सुनने को मिलेंगे। लेकिन रंजन ने तो बस फोन करके हिदायतें दे डाली थीं। मेरे करने को ढेर सारे काम बता दिए थे। यह बात नहीं थी कि मुझे उन्हें करने में कोई एतराज था। एतराज तो मुझे सिर्फ इस बात पर था कि रंजन अपने में ही खोया रहा।

"मैं इस बारे में बिल्कुल साफ रहता हूँ कि मुझे कौन-से काम पहले करने हैं और कौन-से बाद में।" वह अक्सर कहता था, और साथ में चुटकी भी बजाता था कि देखो, मैं जिन्दगी के मसलों से कितनी होशियारी के साथ निपटता हूँ। हाँ, उसने मुझे फोन करके यह साबित भी कर दिया था—उसने मुझे साफ-साफ शब्दों में यह बता दिया था कि वह क्या काम पहले करना चाहता है।

मुझे अपनी आँखों में आँसू उमड़ते महसूस हुए और मैंने उन्हें जल्दी से बेसब्री और गुस्से में पोंछ डाला। आखिर मैंने उम्मीद क्या की थी—फोन पर प्यार-मोहब्बत का गीत होगा ? प्यार के कोमल शब्द बोले जाएँगे ? देर तक लाड़-प्यार का इजहार होगा ? मेरे पति, रंजन की तरफ से ? रंजन की तरफ से ?

क्यों नहीं ? क्या पति लोग अपनी पत्नियों से मीठी-मीठी बातें नहीं करते ? किससे पूछती मैं, ऐसा कोई भी तो नहीं था। अगर मैं निखिल की माँ के नजदीक होती तो मैं इस बारे में उनसे बात करने की सोच सकती थी। मैं अपनी माँ से तो बिल्कुल नहीं पूछ सकती थी (मैं अपने पिता को जानती थी)। मेरी कोई ऐसी घनिष्ठ सहेली भी नहीं थी जो मुझे सच-सच बता सकती।

एकबारगी, मैंने सुबह के समय मामा के ऑफिस में फोन मिला दिया (उन्हें अभी-अभी डाइरेक्ट लाइन मिली थी)। जब एकदम उनका जवाब मुझे मिला तो मुझे अपने अन्दर खुशी की एक लहर दौड़ती महसूस हुई। वह मेरी आवाज सुनकर खुश लग रहे थे।

"बुलबुल ! कैसी हो तुम ? खुश, बहुत खुश ? घरवालों के लिए कोई खुशखबरी—क्यों ? जिसका हम सभी इन्तजार कर रहे हैं ?" मामू ने कहा।

मैं हँस दी, और मुझे यह बात बहुत अच्छी लगी कि मैं हँस तो पाई।

"ऐसा कुछ नहीं है, मामू !" मैंने खुश होते हुए कहा।

वह इन्तजार करने लगे। मैं भी ठहरी रही, मुझे समझ ही नहीं आ रहा था कि अब आगे क्या कहूँ। मैंने काफी दिनों से मामू से फोन पर बात नहीं की थी, और जब भी की थी तो उन्हें अपनी माँ का कोई सन्देश देने के लिए (वह अपनी चिट्ठियों में हमेशा मामू के लिए अलग से एक पैरा जोड़ देती थी)।

"मामू..." मैंने कहना शुरू किया, "मैं आपसे एक निजी सवाल पूछना चाहती थी..."

मुझे उनके मुस्कुराने की आवाज सुनाई दी। "चलो—पूछो।" उन्होंने चुहल करते हुए कहा। यहीं मैं उखड़ गई। कितना मूर्खतापूर्ण लग रहा था यह। कैसे कोई फोन करके

इस तरह का बेहूदा सवाल पूछ सकता है ! फिर भी मैंने हिम्मत करके पूछ ही लिया।

"मामू, जब आप मामी को फोन करते हैं तो क्या कहते हैं ?"

मामू ने गुस्सा नहीं किया। वह हँसे भी नहीं। उन्होंने होशियारी से जवाब दिया, "देखो, यह तो निर्भर करता है...मेरा मतलब है...यह इस बात पर निर्भर करता है कि मैं फोन क्यों कर रहा हूँ।"

"तो आप अमूमन क्यों फोन करते हैं ?" मैंने अपने सवाल जारी रखे।

"अमूमन कुछ पूछने के लिए ही फोन करता हूँ।" मामू ने जवाब दिया।

"जैसे ?" मैंने फिर पूछा।

"जैसे...रात के खाने पर क्या बना रही हो—या, क्या बिजली का बिल जमा हो गया ? या घर आते समय मुझे बाजार से कुछ लेकर तो नहीं आना—ऐसी ही बातें ?"

मैंने निराश होकर कहा, "ओह !"

प्रदीप मामा दबी-दबी हँसी के साथ बोले, "क्या बात है, बुलबुल—क्या जमाई बाबू आज तुम्हें फोन करना भूल गए ? बताओ..."

मैंने बात को हँसी में उड़ाने की कोशिश की, "अरे नहीं, मामू। रंजन का फोन तो अभी-अभी आया था। दिल्ली से। वह मुझे दिन में कम-से-कम तीन बार फोन करते हैं। ऐसी कोई बात नहीं है। मैं तो बस सोच रही थी।"

प्रदीप मामा प्यार से बोले, "तुम मुझसे खुलकर बात कर सकती हो। क्या उसने तुम्हें परेशान किया है ? मैं किसी से कहूँगा नहीं, तुम्हारी माँ से भी नहीं।"

फिर तो मेरी आवाज फूट पड़ी। मैं बोली, "मुझे बहुत खराब लग रहा है। मेरी समझ में नहीं आ रहा कि क्या करूँ और क्या सोचूँ ! वह केवल तभी फोन करते हैं, जब कोई काम होता है। मेरी आवाज सुनने या मुझसे बात करने के लिए कभी फोन नहीं करते।"

प्रदीप मामा शायद मेरी बात सुनकर उदास हो गए। वह बोले, "ओह, लेकिन आदमी लोग—पति—केवल बात करने के लिए अपनी बीवियों को शायद ही कभी फोन करते होंगे। जमाईबाबू भी कोई अलग नहीं हैं। प्यार-व्यार की सारी बातें बस शादी से पहले होती हैं। शादी के बाद सब कुछ बदल जाता है। और सुनो, यह सब मैं बुराई करने के लिए नहीं कह रहा। शादी के बाद आदमी और औरत एक-दूसरे के साथ ज्यादा बेतकल्लुफ हो जाते हैं। तब प्रभावित करने या डींग हाँकने की जरूरत नहीं रह जाती। और शादी के बाद की जिन्दगी होती क्या है ? वही रोजमर्रा के ढर्रेवाली। उसने किसी बिल के भुगतान या रिसते नल या ऐसी ही किसी और बात की याद दिलाने के लिए तुम्हें फोन किया होगा—यही बात है न ?"

मैं इतनी जोर से नाक नहीं सुड़कना चाहती थी, जितनी जोर से मैंने सुड़की। फिर मैंने कहा, "हाँ, बिल्कुल यही बात है। लेकिन आपने कैसे जाना ?"

मामू जान-बूझकर हँस दिए। बोले, "सारी दुनिया में शादीशुदा लोगों के साथ यही होता है। यह तो पूरी दुनिया की बात है, बुलबुल ! अपना जी मत खराब करो।

कम-से-कम वह फोन तो करता है। इसके अलावा, कुछ मर्द अपनी भावनाओं को सहजता से नहीं कह पाते। वह ऐसा ही है। शर्मीला है। पर क्या हुआ ? उसने फोन किया, इसका मतलब ही है कि वह तुम्हारे बारे में सोचता है।"

मुझे मामू की बात पर बिल्कुल भी विश्वास नहीं हुआ, लेकिन बातचीत को लम्बा खींचने की मेरी इच्छा नहीं थी।

मैं मानती हूँ कि रंजन अपने तरीके से जरूर मेरी परवाह करता था, और वह शर्मीला था। यह जानकारी पाकर मेरी हालत सुधर नहीं गई। तो अब मैं एक ऐसे शर्मीले आदमी के साथ फँस गई थी जो मेरे लिए अपनी चिन्ता को जताने की खातिर नलों, स्विचों और बिलों के बारे में फोन करता है। वह प्यार का एक शब्द भी नहीं बोल सका कि मैं झूठे भी सन्तुष्ट हो जाती। मैं एक कोमल, प्यार-भरा जुमला सुनना चाहती थी, बस—अगर उसे यही पसन्द था तो यह जुमला भाई के प्यार से लबरेज भी हो सकता था।

मैं फोन के पास बैठी अपने पति के उसके ऑफिस के माहौल में होने की कल्पना करने लगी। मैंने एक बार उससे कहा था कि मुझे ऑफिस ले चले और वह हँस दिया था।

"यह हमारे ऑफिस की तहजीब का हिस्सा नहीं है," उसने कहा था, "वहाँ कोई अपनी बीवी को लेकर नहीं आता। और फिर, वहाँ इतने ज्यादा लोग होते हैं।"

उसकी इस आखिरी बात पर मैं हक्का-बक्का रह गई थी। मैं जानती थी कि वहाँ आदमी लोग होते हैं—लेकिन यह निश्चित था कि वे ऐसे गन्दे, कमजोर लोग नहीं थे जो अपनी आँखों से मेरे साथ बलात्कार कर देते या किसी किस्म की बदतमीजी करते। या रंजन यह सोचता था कि मुझे यह पता नहीं कि मुझे उसके साथ काम करनेवालों के सामने कैसा व्यवहार करना है ? क्या वह यह सोचता था कि मैं उसके लिए शर्मिंदगी पैदा करके उसके कैरियर को नुकसान पहुँचाऊँगी ?

यह सवाल मैंने उसके सामने एक दिन सुबह के समय रखा था। उस समय उसका ध्यान अपनी कीमती नीली रेशमी टाई की गाँठ पर था।

उसने जवाब दिया था, "बेवकूफ मत बनो, माया ! कुछ ऑफिस कर्मचारियों को अपने जीवन-साथी को लाने के लिए बढ़ावा देते हैं, कुछ नहीं। इस मामले में हमारा बैंक बहुत दकियानूसी है—अगर मेरा विश्वास नहीं है तो ऊपर रहने वाली उस भड़कीली ब्यूटीशियन से पूछो, वह तुम्हें बताएगी। वह अपने पति के केबिन में कितनी बार गई है—जाओ, उससे पूछो।"

इस तरह, मैं आज तक अपने पति के ऑफिस नहीं जा पाई थी और मुझे कुछ पता नहीं था कि वह वहाँ क्या करता है। इस बात से मुझे दुख होता था। जहाँ तक लंच की बात है तो वह हमेशा सैंडविच नहीं ले जाता था। क्या वह बाहर जाकर ऑफिस की तरफ से खाना खाता था ? या वह अपनी सीट पर ही कुछ हल्का-फुल्का मँगा लेता था ? या कोई साथ में काम करनेवाला व्यक्ति अपने लंच में उसे शामिल कर लेता था ?

वह लंच का अपना समय कैसे बिताता था ? क्या वह पास की किसी आर्ट गैलरी में चला जाता था ? या समुद्र के किनारे टहलने निकल जाता था ? या अपनी मेज पर पड़ी फाइलों से ही जूझता रहता था ? या फिर दस मिनट की दूरी पर रहनेवाली अपनी माँ से मिलने चला जाता था ?

रंजन ने मुझे कभी यह नहीं बताया। मैंने कई बार उससे पूछा था, लेकिन हर बार वह गोल-मोल जवाब देता था, "अरे...अलग-अलग दिनों में मैं अलग-अलग काम करता हूँ। यह उस दिन के हालात पर निर्भर करता है। कभी मैं ऑफिस में ही रहता हूँ, कभी बाहर चला जाता हूँ। कभी मैं कुछ खा लेता हूँ तो कभी नहीं खाता। बस कुछ तय नहीं होता है कि मैं यही करूँगा, कुछ भी कर सकता हूँ।"

मैंने कल्पना में उसे काम करते देखा। मेरी कल्पना में रंजन हमेशा एक बड़ी-सी मेज के पीछे काले रैक्सीन की घूमनेवाली कुर्सी पर बैठता था। उसकी मेज पर काँच लगा था और उस पर कुछ जरूरी दिखने वाली फाइलें रखी होती थीं। उसका केबिन सुन्दर और नए जमाने का था और उसमें एक ऐसा एयर-कंडीशनर लगा था जो बिल्कुल आवाज नहीं करता था और रिमोट कंट्रोल से चलता था।

मुझे याद है, उसकी माँ ने एक बार मुझे बताया था कि रंजन के बैंक के कई खातेदार मशहूर उद्योगपति थे, जिनका काम सीधे रंजन से पड़ता था।

"याद रखो, वे लोग रंजन के ऑफिस में आते हैं। वह उनके ऑफिस में नहीं जाता।" उसने मुझे खासतौर पर बताया था। मैंने कल्पना कर डाली कि कारोबारी पत्रिकाओं में दिखनेवाले वे सारे लोग—धीरू भाई, नुसली, हर्षद—रंजन से मिलने के लिए इन्तजार कर रहे हैं। मैं यह भी सोचती थी कि उसके पास एक सेक्रेटरी भी है, जो लोगों से उसकी मुलाकातों और उसकी फोन कॉल्स का ध्यान रखती थी। इसके अलावा, उसको एक चपरासी भी मिला हुआ है, जिसका काम यह देखना था कि आनेवालों को सही कॉफी मिले।

रंजन ने अपने लिए नया ब्रीफकेस नहीं खरीदने की जिद पकड़ी हुई थी। मुझे उसका यह वाला ब्रीफकेस अच्छा नहीं लगता था। यह भारी और गन्दा था।

"मुझे इससे लगाव हो गया है," वह हमेशा कहता था, "और मुझे नई चीजें अच्छी नहीं लगतीं।"

उसकी यह बात भी सही थी। जब कोई चीज फेंकने की बात होती थी तो रंजन हमेशा आनाकानी करता था। वह चाहे फटी-पुरानी चीकट कमीज हो, बिना निब का पेन हो, सूखी हुई रिफिल हो, फटी पैंट हो, घिसे हुए पाजामे हों, या फिर टूथपेस्ट की वह ट्यूब ही क्यों न हो जिसे दबाकर अब और पेस्ट नहीं निकाला जा सकता। वह ऐसी सारी चीजों को सहेजकर रखे रहता था, और वह मेरी इस बात के लिए बुराई करता था कि मैं चीजों की बरबादी करती हूँ।

"तुम्हारी आदतें बड़ी फिजूलखर्ची की हैं, माया !" मुझे उधड़े ब्लाउजों को निकालकर रद्दीवाले के लिए फेंकते देखकर वह कहता था।

''घर में कोई जगह ही नहीं है।'' मैं शिकायत करती थी। इस पर वह ताव खा जाता था।

''क्यों ? हमारा फ्लैट महारानी के लिए छोटा पड़ता है क्या ? शादी से पहले तुम महल में रहती थीं क्या—क्यों ?''

यह एक और बात थी। रंजन ने मेरी बीती जिन्दगी के बारे में कभी जरा-सी भी दिलचस्पी नहीं दिखाई थी कि मैं कहाँ रहती थी, कैसे रहती थी। मैं जब बड़ी हो रही थी तब कैसा था, और मेरे सुख-दुख के पल कैसे थे। उसके लिए इनमें से किसी भी बात का कोई महत्त्व नहीं था। उसे इन बातों को जानने की कोई उत्सुकता नहीं थी, और हालाँकि शादी के बाद वह कभी कलकत्ता नहीं गया था, फिर भी उसने यह साफ कह रखा था कि अगर कभी वह वहाँ जाएगा और मेरे माता-पिता उससे मिलना चाहेंगे तो उन्हें ही उससे मिलने के लिए उसके होटल में आना पड़ेगा, क्योंकि उसके पास उनके यहाँ जाने का वक्त नहीं होगा।

लेकिन मैं जानती थी कि वक्त न होने का तो रंजन बस बहाना बना रहा था। वहाँ जाने की उसकी कोई इच्छा ही नहीं थी। और अगर मेरे माता-पिता उससे मिलने को इतने ही उत्सुक थे तो उसके लिए कोशिश भी उन्हीं को करनी होगी।

इस दौरे पर भी, मुझे उससे यह उम्मीद नहीं थी कि वह मेरे माता-पिता को फोन करेगा। मैंने उन्हें रंजन के कलकत्ता जाने के बारे में बताया भी नहीं था। उन्हें दुख जो होता।

शायद बंगाली दामादों की यह आदत पुराने जमाने से ही चली आ रही थी कि उन्हें अपने ससुरालियों के प्रति थोड़ी (लेकिन निश्चित) हिकारत दिखानी है। मैंने यह बात अपने भीरु पिता में भी देखी थी। जब मेरी माँ के रिश्तेदारों की बात आती थी, तब वह तन जाते थे और अपने कमरे में घुस जाते थे। वहाँ से वह तभी निकलते थे जब यह साफ हो जाता था कि वह उनसे मिलना नहीं चाहते। और वे लोग, यानि मेरी माँ के मायके वाले, भी उनसे बात करते समय एक सम्मानजनक दूरी बनाए रखते थे।

हालाँकि मेरी माँ के रिश्तेदार बहुत दिनों बाद और बहुत कम ही आते थे, फिर भी ऐसे मौकों पर मेरी माँ बेहद चिड़चिड़ी हो जाती थी और बचाव की मुद्रा में आ जाती थी। अगर वह मेरे पिता के साथ और अच्छे ढंग से बर्ताव करती तो हो सकता है वह भी अच्छी तरह से पेश आते। लेकिन वह दिन होते ही शुरू हो जाती थी और हर आधे घंटे बाद पिताजी को अपने रिश्तेदारों के जल्दी ही आने के बारे में 'चेतावनी' देने लगती थी और उनसे व्यंग्य के साथ यह विनती भी करती रहती थी कि वह उसके रिश्तेदारों के साथ विनम्रता से पेश आएँ। हालाँकि उसकी यह कोशिश कुछ ज्यादा ही बनावटी प्रतीत होती थी। अगर माँ उनके साथ छेड़छाड़ न करती और खुद भी अधिक सहज रहती तो मुझे विश्वास है, वह आनेवाले मेहमानों का वैसा ही आदर-सत्कार करते जैसी

घर के मुखिया से उम्मीद की जाती है।

एक बार जब पिताजी ने मेरी एक रिश्ते की नानी के साथ गलत व्यवहार कर दिया था, तो मैंने माँ से पूछा था कि उन्हें इन लोगों से क्या शिकायत है। इस पर माँ ने तुनककर जवाब दिया था, "तुम्हें पता नहीं ? यह हमारी अजीम बंगाली तहजीब का एक हिस्सा है—बीवी के घरवालों की बेइज्जती करना !"

मैं एक तरह से उनकी बात समझ गई थी और उस दिन के बाद से मैं इसे कम गम्भीरता से लेने लगी। लेकिन यह बात मुझे आज भी याद थी कि एक दिन जब माँ अपने मेहमानों के लिए पास की मिठाई की दुकान से आधा किलो सन्देश खरीद लाई थी तो पिताजी ने उसकी इस दरियादिली का खासा मजाक उड़ाया था।

"बहुत बढ़िया," उन्होंने कहा था, "आज हमारे घर में इतनी ढेर सारी मिठाई आई है कि बिगड़ी डायबिटीजवाले के तो पेट में ही दर्द हो जाएगा। इससे क्या ? आजकल सन्देश की बढ़ती कीमतों की कौन परवाह करता है ? कोई नहीं। घर का वह आदमी तो बिल्कुल नहीं, जिसे इस महँगी दावत का भुगतान करना होता है।"

मेरी माँ इन बातों पर दुखी होकर भौंह सिकोड़ती और लकड़ी की एक पुरानी ट्रे में अपनी सबसे बढ़िया क्रॉकरी सजाने में जुट जाती और हर चीज को क्रोशिया किए हुए उस कपड़े से ढँक देती, जो उसकी बहन ने बचपन में तैयार किया था।

साथ ही, वह धीरे-धीरे बड़बड़ाती भी जाती थी, "कितना कमीनापन है। वह भी थोड़ी-सी मिठाइयों के लिए। जब इनके रिश्तेदार आते हैं और सारी चीजें चट कर जाते हैं, तब मैं कोई एतराज करती हूँ क्या ? नहीं। मैं तो बेवकूफों की तरह सुबह से शाम तक इस तपती रसोई में खाना तैयार करने में जुटी रहती हूँ ताकि वे यह शिकायत न कर पाएँ कि भूखे रह गए। भूखे ? हुँह ! साँड के साँड हैं सारे भूख के मामले में। दो किलो बकरे का मांस भी चट कर जाते हैं, और एक-एक आदमी को कम-से-कम बारह लूचियाँ चाहिए होती हैं।"

फिर वह कहती थी, "मेरे घरवालों पर भाषण झाड़ने में तो वह उस्ताद हैं, जो उनका गन्दा स्वभाव जानते हुए यहाँ बहुत कम आते हैं। और उनके भाइयों और उनकी बीवियों की तरह, मेरे घरवाले खाली हाथ हिलाते नहीं चले आते। वे जब भी आते हैं, मिठाई और नमकीन लेकर ही आते हैं। साथ में बुलबुल के लिए भी कुछ-न-कुछ लेकर आते हैं। लेकिन औरतों की तो किस्मत में ही होता है ऐसे ताने सुनना। कोई बात नहीं। मैं तो भगवान को मानती हूँ, और वह सब कुछ सुनता है। तमाम ताने भी। आधा किलो सन्देश से ही कैसी छाती फट गई ! मुझे तो शरम आती है। मैंने क्या किसी कंगाल से शादी की है...?"

मैं ऐसा जताती थी जैसे मैंने कुछ नहीं सुना और तटस्थ रहती थी। किसी की तरफदारी करने की मेरी हिम्मत नहीं होती थी। हमारे मेहमान जब आ जाते थे तो पिताजी मुझे अपने कमरे में बुला लेते थे और बहुत ही धीमी आवाज में पूछते थे, "इस बार हमारे ऊपर कितने लोगों ने धावा बोला है ? उनके बदतमीज, शोर मचानेवाले बच्चे

भी आए हैं क्या ? अगर मेरे बारे में पूछें तो कह देना, बुखार में हैं। डॉक्टर के बारे में कोई कहानी गढ़ देना—लेकिन उनसे मिलने के लिए मुझे बाहर मत बुलाना।''

मेरी माँ के रिश्तेदार काफी खुशमिजाज लोग होते थे। वे बहुत हल्के से बात करते थे, ताकि पिताजी को परेशानी न हो। माँ इस कोशिश में रहती थी कि वे पिताजी के सामने न पड़ें और बड़ी होशियारी से पिताजी का बचाव करती रहती थी। लेकिन वह डॉक्टर का नाम कभी फालतू में नहीं लेती थी।

''मुद्दा यह है, बीमारी को लापरवाही से नहीं लेना चाहिए। अगर कोई बीमारी के बारे में मजाक करता है तो समझ लो उस आदमी या औरत को जरूर जल्दी ही बीमारी लगेगी। वैसे तो मैं अन्धविश्वासी नहीं हूँ, लेकिन कुछ बातों में मेरा जरूर विश्वास है। और फिर, लोगों को अफवाहें फैलाने का मौका क्यों दिया जाए ? अगर तुम अपने पिता के बारे में झूठ बोलोगी तो उन्हें कोई भयानक छूत लग जाएगी, और रिश्तेदार बातें बनाने लगेंगे कि वह किसी बीमारी से मर रहे हैं। इससे तुम्हारे लिए परेशानी खड़ी हो जाएगी और तुम्हारे लिए अच्छा दूल्हा मिलना मुश्किल हो जाएगा।''

हालाँकि हर बार मुझे अपनी माँ की दलील समझ में नहीं आती थी, फिर भी मुझे उसमें एक किस्म की समझदारी दिखाई देती थी। बंगाली घरों का कामकाज ऐसे ही चलता था। सेहत की चर्चा तो सभी की जबान पर रहती थी। जब भी मैं छिपकर कोई बातचीत सुनती, तो वह किसी-न-किसी के पेट की खराबी और गैस की परेशानी के बारे में होती थी। मेरी माँ तो घंटों बैठकर दूर के रिश्तेदारों के पाचन-तन्त्र के बारे में बात कर सकती थी। यह एक ऐसा मुद्दा था, जिसके बारे में बात करते वह कभी नहीं थकती थी। पेट की जरा-सी गड़बड़ी का इशारा किया नहीं कि वह दवाइयों के डिब्बे में 'ईसबगोल' ढूँढ़ने के लिए दौड़ पड़ती थी।

मैंने तो ऐसी बातें भी सुनी थीं जो मुझे दूसरों की तकलीफ में मजा लेनेवाली लगी थीं और ये गम्भीर बीमारियों के बारे में थीं। मेरी माँ गर्व से कहती थी, ''मैं तो उसकी हालत को दस साल पहले टुकटुक की शादी में ही भाँप गई थी। तुम्हें याद नहीं वह कितना खाँस रहा था ? और उसकी चमड़ी—इतनी फटी हुई और पीली—साफ पता चलता था कि वह कैंसर से मर रहा है। स्वाभाविक है, घोष लोगों के घर से कोई भी इस बात को उस समय कबूल नहीं कर रहा था। लेकिन ऐसी बातों को तुम कब तक राज़ बनाकर रख सकते हो, बताओ ? अमित दा मरने को बैठे थे, तब भी वे लोग इसे छिपाने की कोशिश कर रहे थे। 'कुछ नहीं हुआ है। बस जरा-सी खाँसी है।'

''यह मत समझो कि मैं नंदिनी का इससे इनकार करना भूल गई हूँ। अगर उसे कुछ नहीं हुआ तो फिर सारे डॉक्टरों ने उम्मीद क्यों छोड़ दी है ? तीन हफ्ते और—बस। मैंने एक स्पेशलिस्ट के मुँह से यह सुना है। अगर उसकी किस्मत अच्छी रही तो तीन हफ्ते। नहीं तो उससे कम भी हो सकता है। मेरी बात गाँठ बाँध लो, उसकी अर्थी पर भी वे लोग यही कहेंगे, ''अरे...तुमसे किसने कह दिया कि उन्हें कैंसर था ? बिल्कुल नहीं। वह तो डॉक्टर बीमारी का सही-सही पता नहीं लगा पाए। यह कोई बहुत कम

होनेवाला इन्फेक्शन था—बस। कैंसर तो बिल्कुल नहीं था।"

इस तरह की चीजों के बारे में लोग झूठ क्यों बोलते हैं, मुझे आज भी पता नहीं। लेकिन जब भी मुझे बुखार होता था, माँ मुझसे यही कहती थी कि इसके बारे में किसी को भी बताना नहीं, अपने साथ पढ़नेवाली लड़कियों को भी नहीं। वह मुझे घर में ही बन्द रखती और अगर कोई मेरे बारे में पूछता था तो उससे वह झूठ बोल देती थी।

"ऐसे नाक बहाती हुई या स्वेटर पहने हुए बाहर मत आओ।" वह दाँत पीसती हुई कहती थी और मुझे धकेलकर वापस मेरे कमरे में कर देती थी। वह कहती थी, "कोई तुम्हें देख लेगा।"

मैं रूठकर अपने कमरे में चली जाती थी और दुखी होकर खामोशी से अपने पलंग पर तब तक पड़ी रहती थी, जब तक बाहर आनेवाले व्यक्ति को जल्दी-जल्दी निपटाकर मेरी माँ रफा-दफा नहीं कर देती थी।

यही हाल रंजन का भी था और मेरी सास का भी। हर शाम चाय पीने के बाद जब वह अपना दिन-भर का हाल बताने के लिए अपनी माँ को फोन करता था तो उसकी शुरुआत सुबह के 'पाखाने' से होती थी।

"हाँ माँ, आज पाखाना अच्छा हुआ," वह कहता, "हाँ—कल से अच्छा। नहीं, गैस तो बिल्कुल नहीं रही। बस हल्की-सी ऐंठन थी। लेकिन चिन्ता करनेवाली कोई बात नहीं है। मुझे याद रहेगा, रात में मैं गोभी नहीं खाऊँगा। तुम ठीक कहती हो, गोभी से पेट फूल जाता है। मैं हल्की दाल पर ही रहूँगा, फिर देखता हूँ क्या फर्क पड़ता है। लेकिन मैं माया से कहूँगा कि वह दाल में हींग न डाले। हाँ, उसे हींग का स्वाद अच्छा लगता है, लेकिन मुझे हींग रास नहीं आती। हाँ, माँ मैं उसे बता चुका हूँ। लेकिन वह भूल जाती है। मैं सोच रहा हूँ, एक पर्चे पर लिखकर उसे फ्रिज पर चिपका दूँ। मैं उससे यह भी कहूँगा कि रात में मुझे पत्तेवाली सब्जियाँ न दिया करे। शायद उसके घर में यह सब नहीं चलता था। ठीक है, माँ, कोई गम्भीर बात नहीं है लेकिन पत्तेदार सब्जियाँ न खाऊँ तो मुझे कब्ज हो जाता है। क्या ? रात में केले ? नहीं माँ ! अमरीका में तो मैं आलूबुखारे खाया करता था। बहुत अच्छे होते थे। उनकी जगह शायद मुझे सूखी अंजीर लेकर देखनी चाहिए ?"

मैं उसकी बात को आधी सुनती थी और डिनर की तैयारी में लगी रहती थी। कभी-कभी रंजन मुझे अपनी माँ से हिदायतें लेने के लिए फोन पर बुला लेता था। वह इस तरह बोलती थी, जैसे पटाखों की लड़ी छोड़ दी गई हो। वह किसी नए व्यंजन के बारे में इस रफ्तार से बताती थी कि मुझसे कुछ जरूरी मसाले हमेशा छूट जाते थे। जाहिर था, मेरे बनाए हुए व्यंजन में उसके जैसा स्वाद नहीं होता था।

मुझे इस तरह के फोन से डर लगता था। मेरी सास का बैर-भाव इसमें साफ झलक जाता था। ऐसे मौकों पर मेरी भावनाओं को रंजन शायद भाँप जाता था और वह इस

तरह से बात को सँभालने की कोशिश करता था कि यह भी न लगे कि वह अपनी माँ से बेवफाई कर रहा है।

वह बुदबुदाता हुआ कहता, ''आदमी लोग एक खास तरह का खाना खाने के आदी हो जाते हैं...उनकी जीभ इसकी आदी हो जाती है। मैंने अपने खाने के तौर-तरीकों को बदलने की कोशिश की है, लेकिन कोई फायदा नहीं हुआ। अमरीका में मैं दुखी हुआ करता था। वहाँ बस मैं घर के बने खाने के सपने देखता रहता था। चार साल के बाद भी वहाँ मैं तालमेल नहीं बिठा पाया। मुझे तो पीत्सा और पीटा ब्रेड की शक्ल से ही नफरत होने लगी थी।

''याद रहे, वहाँ दुनिया-भर की खाने की चीजें मिलती थीं, और मैंने सब कुछ खाकर देखा। आखिर में हारकर मैं 'डेलीकटेसन' (पका-पकाया मांस, मछली आदि) किस्म के खाने—पस्त्रायी (बहुत तेज मसालेवाले) सैंडविच और सलाद—पर आ गया। पास्ता का तो मैं एक कौर भी नहीं खा पाता था, हालाँकि एक इतालवी से मेरी दोस्ती हो गई थी और वह अक्सर मुझे अपने घर बुलाता रहता था। अमरीका का चाइनीज खाना मुम्बई के चाइनीज खाने जैसा नहीं था, मैंने सोचा था मुझे यूनानी कबाब अच्छे लगेंगे। वे भी हिन्दुस्तानी कबाब जैसे नहीं थे। मुझे तो वे जले हुए और बेस्वाद लगते थे।

''जहाँ तक जापानी खाने का सवाल है तो—हे भगवान ! उसके बारे में सोचने से ही उल्टी आने लगती थी। भयंकर ! लसलसे गुठलेदार चावल और गंधाती कच्ची मछली—तुम सोच भी सकती हो ? और वे लोग इस रद्दी खाने को नाश्ते, लंच, चाय के समय और डिनर पर भी खाते हैं।''

मैं हमदर्दी जताते हुए सिर हिला देती थी। मैं समझती थी। मैं खुद अपनी माँ के हाथ के बने खाने के लिए तरस रही थी, और कलकत्ता के चाइनीज खाने के लिए भी। खासकर टाँगड़ा व्यंजनों के लिए, जो शायद पास के चमड़ा साफ करनेवाले कारखानों से आती सड़ी बदबू के कारण और भी स्वादिष्ट लगते थे।

लेकिन मैं रंजन को यह सब नहीं बता सकती थी। उसने पहले ही साफ कर दिया था, ''आदमी लोग एक खास तरह का खाना खाने के आदी हो जाते हैं।''

मैं कहना तो चाहती थी, 'औरतें भी हो जाती हैं,' लेकिन फिर मैंने कहा नहीं। इससे एक लम्बी बहस छिड़ जाती, और मैं इसमें पड़ना नहीं चाहती थी।

मैं अपनी माँ को हर खाने पर याद करती थी—जबकि खाना बनाने में वह कोई अच्छी नहीं थी। खाने को हमारे घर में इतनी अहमियत नहीं दी जाती थी। मेरा मतलब है, उस तरह से नहीं दी जाती थी, जैसे अधिकांश दूसरे बंगाली घरों में दी जाती है। मैंने यह बात अपने रिश्तेदारों में देखी थी—वे जब खाना नहीं खा रहे होते थे, तब भी उसके बारे में बात करते थे। खाना उनके दिमाग पर इस कदर हावी रहता था कि मुझे विश्वास

हो चला था कि अगर मैं उनमें से किसी को गहरी नींद से उठा दूँ और तुरन्त बातचीत में लगा लूँ तो जरूर हम खाने पर ही आकर टिकेंगे कि पिछली बार हमने क्या खाया था या अगली बार क्या खाने जा रहे हैं।

मुझे खाने के साथ खब्त की हद तक इस लगाव को लेकर हैरानी होती थी। मेरी माँ श्रेष्ठता का प्रदर्शन करते हुए नाक सिकोड़कर कहती थी, "केवल जानवर ही हर वक्त खाने के पीछे भागते हैं। मुद्दा यह है, मैं मानती हूँ कि इनसानों को जिन्दा रहने के लिए खाने की जरूरत होती है, लेकिन यह भी निश्चित है कि जिन्दगी में और भी जरूरी चीजें होती हैं। जैसे किताबें, इल्म, खूबसूरती।"

मैं उनसे आधी सहमत होती थी और यह कबूल करने की मेरी हिम्मत नहीं होती थी कि मेरे दिमाग में भी अधिकांश समय खाना ही रहता है—मेरे पड़ोसी का खाना। यह सच है कि मेरी माँ किफायतशार थी, लेकिन उसमें स्वादिष्ट खाना बनाने के शौक और काबिलियत, दोनों की ही कमी थी।

अगर मेरे लाचार पिता को इससे कष्ट होता भी होगा तो वह कभी कहते नहीं थे। वह बिल्कुल उदासीन होकर खाना खाते थे और अक्सर तो यह भी नहीं देखते थे कि अपने मुँह में क्या डाल रहे हैं। वह बस सामने घूरते रहते थे और खाने में जुटे रहते थे, और माँ (अपने ही बनाए खाने पर) मुँह बनाती और खिसियाती रहती थी। मैं उन दोनों को थाली में रखे पोतोल को आगे-पीछे खींचते हुए देखती और मेरी भूख मर जाती थी। मैं अपनी प्लेट (मैं प्लास्टिक की प्लेट में खाती थी) के बीच में रखे चावलों के ढेर को बेमन से खाती रहती और यह कोशिश करती थी कि पीले-पीले पनियल शोरबे में तैरते मछली के बेकार-से टुकड़ों के बारे में अपनी नाखुशी को जाहिर न होने दूँ।

मेरी माँ कभी-कभी मेरे चेहरे के भाव को देख लेती थी और उसे अफसोस होता था, लेकिन ज्यादा देर के लिए नहीं। वह जल्दी से हमारी मेज पर रखे थोड़े से खाने पर से मेरा ध्यान हटाने की कोशिश करने लगती थी। वह कहती थी, "आहा, चंपक के फूल जब शबाब पर होते हैं तो उनकी खुशबू देखो ! माया...मैं तो सोचती हूँ, तुम्हें कुछ साल शान्तिनिकेतन में रहना चाहिए। थोड़ी तहजीब सीखनी चाहिए—सही तहजीब, जो बंगाल की ही खासियत है। जब मैं तुम्हारी उम्र की थी तो मुझे गुरुदेव की कविताएँ मुँह-जबानी याद थीं—अँगरेजी अनुवाद नहीं, मूल बंगाली। क्या कल्पना-शक्ति है !"

मैं उत्साह दिखाने की कोशिश करती, लेकिन मेरा ध्यान अपने गुड़गुड़ाते पेट पर ही रहता था।

लेकिन अब मुझे उसके घटिया व्यंजनों के जाने-पहचानेपन की याद सताती थी। वे मेरे बचपन का एक हिस्सा थे। मुझे ताड़ के गुड़ की याद सताती थी, जिसे मैं दाँतों से काट-काटकर खाती थी। मेरी माँ बड़ी उदासीनता से मुझे यह गुड़ देती थी, जबकि और घरों में इस मौसमी खाद्य पदार्थ को वह सम्मान दिया जाता था जिसका वह हकदार है। मैं अपनी माँ से पूछती थी कि और लोगों की तरह हम भी इससे पायेश क्यों नहीं बनाते और फूली-फूली लूचियों के साथ इसे क्यों नहीं खाते।

मेरी माँ चकराकर मुझे देखती और कहती थी, "ओह...पायेश...लूचियाँ...हाँ। मुद्दा यह है, मुझे ये काम अच्छी तरह से नहीं आते। इसके अलावा, नूतुन गुड़ का स्वाद भी केवल तभी लिया जा सकता है, जब इसे रात के खाने के बाद चॉकलेट की तरह खाया जाए। इसे दूध में घोलने की क्या तुक है ? सच कहूँ तो मुझे पायेश बहुत बेकार लगता है।"

और मामला यहीं शान्त हो जाता था। उसके लिए, मेरे लिए नहीं। मैं तो बड़ी चाहत के साथ अपनी क्लास की लड़कियों की लाई गाढ़ी, मलाईदार खीर (पायेश को मुम्बई में खीर ही कहते थे) को ताकती थी और अपने गुड़ के ढेले में निडरता से मुँह मारती रहती थी। ऐसे मौकों पर मैं यह भी कोशिश करती थी कि मैं पायेश बनने की प्रक्रिया के बारे में न सोचूँ कि कैसे धीमी-धीमी आँच पर रखे पिघलते गुड़ से भीनी-भीनी महक उठती थी, दूध धीरे-धीरे उबाल पर आता था और चावल के दाने फूल जाते थे, और फिर उस स्वादिष्ट, भूरे रस से भर जाते थे जो उस मखमली व्यंजन से रिसता था, जिसे जरूर खुद भगवान ने बनाया होगा।

हालाँकि मेरी माँ खाना पकाने को अपने लिए थोड़ा नीचे दरजे का काम मानती थी, फिर भी उसे अच्छे और बुरे खाने की तमीज तो थी ही। और वह ईमानदारी के साथ इस बात को कबूल भी करती थी कि उसे तो बुरे खाने में महारत हासिल है। लेकिन यह कबूल करने के बावजूद उसका हर किसी की खाना बनाने की काबिलियत की बुराई करना रुकता नहीं था।

"वह खब्ती बुलादी–वह क्या सोचती है ? कि हमने पहले कभी बढ़िया डालना खाया ही नहीं ? क्या हमारी जबान में कोई खराबी है ? क्या हमारा स्वाद बन्दरों का-सा है ? उसका पोतोल तो साफ लग रहा था कि बासा है–बीज कड़े हो चुके थे और गूदा भी ज्यादा पक गया था। जहाँ तक मसाले का सवाल है–मुझे नहीं लगता कि उसने इसे कुछ सेकेंड से ज्यादा भूना होगा। मुझे तो मुँह में चम्मच रखने से पहले ही कच्ची हल्दी की गन्ध आ गई थी। तुमने चावल देखे–ढेले और भुरता हो रहे थे। मुद्दा यह है, अगर तुम अपने मेहमानों की खातिरदारी नहीं करना चाहतीं तो उन्हें बुलाया ही क्यों जाए ?"

लेकिन माँ की सबसे ज्यादा तल्ख टिप्पणियाँ तो शादी की दावतों के बारे में होती थीं–खासकर उन दावतों के बारे में, जिनमें दिखावा ज्यादा होता था।

वह कहती थी, "हे माँ ! कितना दिखावा करनेवाले लोग हैं। तुमने देखा कैसे अपना पैसा फेंक रहे थे ? ऐसी बेहूदा नुमाइश से कोई प्रभावित नहीं होता–वह सारा चमचमाता नया सोना और वे भद्दी रंगीन साड़ियाँ। एक भी तंगैल नहीं, एक भी ढाकाई या असली बनारसी दिखाई नहीं दे रही थी–बस न्यू मार्केट का घटिया माल था। जहाँ तक खाने का सवाल है तो आज के जमाने में कोई तो सीमा होनी चाहिए। हम सब जानते हैं कि लड़की के बाप ने पैसा बनाया है। लेकिन वह भी पिछले दस सालों में–और किस तरीके से ?

"मुद्दा यह है, अपनी नई-नई दौलत को दिखाने में कोई बुराई नहीं है—लेकिन कम-से-कम थोड़ा संयम तो दिखाओ। मैं कहती हूँ, आज के जमाने में इस तरह का रवैया बिल्कुल अच्छा नहीं कहा जा सकता। इससे आपकी तरफ लोगों का अनावश्यक ध्यान जाता है। तुम तो जानती हो, लोग धन-दौलत से कितना जलते हैं ? धन-दौलत अच्छी तो होती है, लेकिन गलत ढंग से कमाई गई दौलत ?"

यहाँ आकर मेरे पिता उसके एकालाप को रोक देते थे और खामोशी से पूछते थे, "तुम्हें कैसे मालूम कि यह गलत ढंग से कमाई गई दौलत है ? क्या सबूत है तुम्हारे पास, मैं पूछता हूँ क्या सबूत है ?"

मेरी माँ उनकी तरफ गुस्से से देखती थी और फिर तुनककर कहती थी, "क्या जिन्दगी में हरेक चीज का सबूत होता है ? क्या हरेक बात के दस्तावेज होते हैं ? हमारी शादी का सबूत कहाँ है—दिखाओ मुझे ? तुम्हारे पास कोई सर्टिफिकेट है ?"

मेरे पिता अपनी दैनिक वर्ग-पहेली में कोई बेहद कठिन शब्द भरते और माँ की उत्तेजित हालत पर दबी हँसी हँस देते थे। फिर वह कहते थे, "हमारे जमाने में शादियों का रजिस्ट्रेशन नहीं होता था और न ही कोई सर्टिफिकेट वगैरह के बारे में परेशान होता था। लेकिन जब किसी के खिलाफ इस तरह से कोई गम्भीर आरोप लगाया जाता है तो उसके पीछे कोई ठोस सबूत तो होना ही चाहिए। बेलगाम बकवास बहुत खतरनाक हो सकती है, औरत।"

उस शब्द—औरत—की आवाज पर मेरी माँ ताव खा जाती थी। यह इस बात का स्पष्ट संकेत होता था कि पिताजी बहस करने के लिए बुरी तरह अकुला रहे हैं।

वह कहतीं, "यह कोई बेलगाम बकवास नहीं है। पूरी दुनिया जानती है कि बुलादी के आदमी ने धोखाधड़ी की है। मैं कोई अकेली नहीं हूँ। तुम मुझसे क्या उम्मीद करते हो कि मैं कलकत्ता के हर बदमाश के खिलाफ अपना मुँह खोलने से पहले उसका पुलिस रिकार्ड लेकर आऊँगी ? मुझे पता है मैं क्या बोल रही हूँ। और असली तो शादी का खाना है, जिसके बारे में मैं कहना चाहती हूँ। खुद तुमने उसकी बुराई की थी। कितनी बरबादी हुई थी। कौन आदमी होगा जो इतनी सारी मछली खाकर बीमार नहीं पड़ेगा—बताओ ? और वह भी बदबूदार तेल में पकी हुई। और तुमने यह देखा कि बकरे का मांस किस तरह से पकाया गया था ? पता नहीं किस चरबी जैसी चीज में तैर रहा था—वह रिफाइंड तेल तो बिल्कुल नहीं था। मुद्दा यह है, जब तुम इतना पैसा खर्च कर रहे हो और दिखावे की कोशिश भी कर रहे हो तो फिर खाना पकाने के तेल में बचत करने की क्या तुक है—मैं यह कहना चाहती हूँ।"

खुद मेरी शादी की दावत मेरी माँ को पसन्द नहीं आई थी, क्योंकि सारे इन्तजाम प्रदीप मामा और उनकी सुस्त पत्नी पर छोड़ दिए गए थे। और, ईमानदारी की बात तो यह है कि मेरे माता-पिता ने दावत के लिए जो पैसे दिए थे, वे जरूर बहुत कम पड़े होंगे।

मुझे याद है, प्रदीप मामा ने हल्के-से विरोध किया था, "आपको मुम्बई की कीमतों के बारे में कुछ पता भी है ? इस पैसे से तो मुश्किल से दस लोगों का खाना हो पाएगा; उन ढाई सौ का नहीं, जिन्हें हमने बुला रखा है।"

मेरी माँ ने फौरन उन्हें टोक दिया था, "उन्होंने बुला रखा है, हमने नहीं। यहाँ हम किसे जानते हैं ? वैसे भी, हमने उन्हें कलकत्ता तक का ट्रेन का किराया देने का वादा किया था। पुराने जमाने से ऐसे ही होता चला आ रहा है—दुल्हन के घर पर ही होता है यह सब। लेकिन तुम क्या सोचते हो, ये बड़े लोग आना भी चाहते थे वहाँ ! मिसेज मलिक ने तो नाक चढ़ाकर कह दिया था, 'सॉरी, लेकिन कलकत्ता में हमारा तो कोई है नहीं। हमारे सारे दोस्त और जान-पहचान वाले यहीं मुम्बई में हैं। रंजन के साथ के काम करनेवाले भी इसी शहर में हैं। फिर हमारे इतनी दूर चलकर जाने में क्या तुक है—और वह भी ट्रेन से दो दिन का सफर तय करना होगा ? धुएँ से मेरा तो दमा बिगड़ जाता है'।"

मेरे पिता ने कहा था कि वह एयर-कंडीशंड बर्थ भी देने को तैयार हैं। इससे धुएँ और मलिक परिवार के आराम, दोनों ही परेशानियों का हल हो जाएगा, लेकिन रंजन की माँ टस-से-मस नहीं हुई थी।

उसने कहा था, "शादी मुम्बई में ही होगी। यहाँ हम उसका ज्यादा मजा ले सकते हैं, और ऐसी बात नहीं है कि यहाँ हमारे पास अच्छे बंगाली पुरोहित वगैरह नहीं हैं। यहाँ के पुरोहित बहुत ही अच्छे हैं—सच पूछो तो, कलकत्ता के पुरोहितों से ज्यादा पारम्परिक हैं ये। जहाँ तक दावत के लिए मछली का सवाल है, वह भी कोई परेशानी की बात नहीं है। वर्ली का बिश्नू बड़े-बड़े ऑर्डर लेता ही रहता है। हाँ, आपको उसे काफी पहले से बोलकर रखना होगा।"

मुझे लगा था कि मेरे माता-पिता मन-ही-मन इस इन्तजाम से खुश हैं। मुम्बई में शादी होने का एक फायदा यह था कि हमारे खुद के रिश्तेदारों का तमाम रस्मों से पत्ता कट गया था। या तो हम अपने खर्च पर उन्हें मुम्बई लाते और उनके ठहरने का प्रबन्ध करते। मेरी माँ की रिश्ते की विधवा बड़ी बहन और मेरे पिता की तरफ से एक भतीजे के अलावा हमारे परिवार का और कोई नजदीकी नहीं था। हाँ, अगर शादी कलकत्ता में होती तब तो दूर के भाई-बहनों और ऐसे रिश्तेदारों की लम्बी लाइन लग जाती, जिन्हें हमने दसियों सालों से देखा तक नहीं था। इसके अलावा, अड़ोसी-पड़ोसी, मेरे माता-पिता दोनों के साथ काम करनेवाले और वे तमाम नाम के परिचित भी होते जो हमारे सामाजिक दायरे में आते थे।

मलिक परिवार को प्रभावित करने के चक्कर में हमें इस भयानक अनुभव को झेलना ही पड़ता। हम उनके सामने यह तो जाहिर नहीं होने दे सकते थे कि हमारी कलकत्ता में कोई पूछ नहीं है और यहाँ हमारा कोई भी महत्त्वपूर्ण दोस्त नहीं है या वीआईपी रिश्तेदार नहीं हैं। कुछ सम्मानजनक मेहमानों को जमा करना हमारे लिए मुश्किल तो होता, लेकिन उसका इन्तजाम हो ही जाता।

मलिक परिवार हमसे ठहरने के जिस ढंग के इन्तजाग की उम्मीद करता, उसमें हम मात खा जाते। हमारा मकान बहुत अच्छा नहीं था। इसमें बाबा आदम के जमाने के नल लगे थे और पलंग भी आरामदेह नहीं थे। और हमारे रिश्तेदार भी ऐसे बड़े लोग नहीं थे, जो बारात को अपने यहाँ ठहरा लेते और रिवायती ढंग से मेरे होनेवाले ससुरालियों की खातिरदारी कर देते।

इस तरह से, मुझे पक्का लग रहा था कि मुम्बई में शादी होने की बात पर मेरे माता-पिता को बहुत ज्यादा राहत मिली थी, हालाँकि हमारे कलकत्ता लौटने पर मेरी माँ ने यह दिखावा किया था कि उसे इस बात का बहुत अफसोस था कि वह मुम्बई के अपने 'खूबसूरत, अक्लमन्द, कामयाब' जमाईबाबू को लाड़-प्यार करने के अपने खास हक से महरूम रह जाएगी।

वह हल्के-से हँसते हुए और हाथ हिलाकर कहती, "तुम्हें तो पता है, मुम्बई के बंगाली कितने अलग किस्म के लोग हैं—कलकत्ता के हम बंगालियों जैसे नखरेबाज नहीं होते। माया के ससुरालवाले इतने सही, इतने अच्छे, इतने समझदार हैं कि उन्होंने हमसे साफ-साफ कह दिया, 'आप लोग तकल्लुफ में न पड़ें। हम ऐसी बातों में यकीन नहीं करते। हमें आपकी लड़की अच्छी लगी, हमारे बेटे ने उसे पसन्द कर लिया, असली बात तो बस यही है। अब शादी कहाँ होती है, इसकी हमें चिन्ता नहीं है। सच पूछो तो, हम तो मुम्बई में ही शादी करना चाहेंगे।'

"कितने भले लोग हैं न ? माया किस्मतवाली लड़की है। जरा सोचो तो, मलिक परिवार अपने शहर में शादी करने पर जोर डाल रहा है। इससे पता चलता है कि उन्हें माया कितनी पसन्द आई है। सच कहूँ तो, हम कलकत्ता के बंगालियों को लड़केवालों के नखरे उठाने बन्द कर देने चाहिए। सच, यहाँ तो हद ही कर देते हैं। मुम्बई के बंगालियों को देखो, कैसे बर्ताव करते हैं—यही तो फर्क है दोनों शहरों में। अगर मुझसे पूछा जाए तो मैं तो यही कहूँगी कि यह जेहनियत का फर्क है। इसीलिए कलकत्ता हमेशा कलकत्ता रहेगा—गन्दा और पिछड़ा। यहाँ कोई तरक्की नहीं होनेवाली, मैं कहती हूँ। मुम्बई को देख लो—जैसे लन्दन हो। इतना आधुनिक, इतना साफ। सब लोग स्मार्ट और अच्छे कपड़े पहने हुए। कितना अच्छा वक्त बीता वहाँ हमारा। और अब मेरी माया उसे अपना शहर बनाएगी। मलिक लोगों ने तो हमें पहले ही न्योता दे दिया है कि माया से मिलने अगले साल मुम्बई आएँ।"

यह आखिरी बात तो साफ झूठ थी और जब भी माँ यह झूठ बोलती थी, मैं तड़पकर रह जाती थी। मलिक परिवार ने यह तो बिल्कुल साफ कर दिया था कि मैं जब मलिक बन जाऊँगी तो फिर मेरा अपने मायकेवालों से दूर का ही नाता रह जाएगा।

मिसेज मलिक ने साफ शब्दों में कह दियां था, "लड़कियों को अपने मुताबिक तभी ढाला जा सकता है जब वे अपने माँ-बाप के घर को अपना सोचना छोड़ दें। माया को रंजन की बीवी बनकर रहना सीखना पड़ेगा और वह हर समय मदद के लिए कलकत्ता नहीं भागेगी। और, जाहिर है आप भी मुम्बई नहीं आ पाएँगी, क्योंकि रंजन को बैंक

की तरफ से जो फ्लैट मिला है, वह इतना बड़ा नहीं है। हाँ, अगर आप अपने भाई के पास ठहरें तो बात और है।''

मेरी माँ ने बीच में टोककर कहा था, ''मैं खूब अच्छी तरह से समझती हूँ। मैं खुद यही मानती हूँ। लड़की को जल्दी ही अपने घर से नाता तोड़कर अपने ससुरालवालों का बनना पड़ता है। वह जितना जल्दी ऐसा कर ले, उतना ही अच्छा रहता है। और मेरे पास भी इतना समय कहाँ होगा कि उससे यहाँ मिलने आऊँ ? अरे नहीं—मैं तो कलकत्ता में अपना घर चलाने में ही, माया के पिताजी की देखभाल करने में ही लगी रहती हूँ। यहाँ आने के लिए समय निकालना मुश्किल ही है।''

इस बातचीत को याद करते हुए मैंने सोचा कि यह अच्छा ही रहा कि रंजन की माँ ने ये नियम बना दिए थे। मैं तो अपनी माँ या पिताजी या दोनों के ही यहाँ अपने पास आने की कल्पना भी नहीं कर सकती थी—वह चाहे रंजन के सामने हो या उसकी गैर-हाजिरी में। हम लोग इतनी कम जगह में साथ रहने के आदी नहीं थे। जब मैं छोटी थी तब भी अपना सारा समय अपने माता-पिता की चौकस निगाहों से दूर रहकर ही बिताती थी। मैं उनके साथ की आदी नहीं थी। मुझे याद नहीं आता कि कभी मैंने तसल्ली, सलाह या आम बातचीत के लिए भी अपनी माँ को ढूँढ़ा हो। वह भी मुझे बिल्कुल अकेला छोड़ देती थी।

जहाँ तक पिताजी का सवाल है, वह तो तभी बात करते थे जब उनसे बात की जाती थी। और ऐसा बहुत कम होता था कि मैं अपने आपको खाली समझकर उनके पास बात करने जाऊँ। वह तो बस एक आरामकुर्सी में अकेले, छोटे-से और चुपचाप बैठे रहनेवाले ऐसे शख्स थे जो कठपुतली की तरह मेरे रिपोर्ट कार्ड पर दस्तखत कर देते थे और मेरे नम्बर भी नहीं देखते थे, और जब मैं ही उन्हें बताती थी कि मैंने पहले पाँच में जगह बनाई है तो वह विनम्रता से मुस्कुरा देते थे।

मुम्बई के मेरे छोटे-से तंग फ्लैट में वे दोनों आखिर क्या करते ? वे एक-दूसरे के नजदीक होने से ही परेशान हो जाते, और उस पर मैं भी नजदीक होती। मैं सोच सकती थी कि हम तीनों कैसे सावधानी से एक-दूसरे के आसपास से सरकते हुए निकलते और यह बहाना करते कि हमने कुछ भी नहीं देखा। हमारे कलकत्तावाले मकान की ऊँची छतवाली गुफाओं में मेरी माँ की जो लम्बी-लम्बी और दिल चीर देनेवाली साँसें खोकर रह जाती थीं, वे यहाँ घुटी-घुटी चीखों जैसी सुनाई पड़तीं। मेरे पिता की भी बीच-बीच में अचानक गला खखारने की आदत थी और यहाँ तो हम उन्हें सुनकर उछल ही जाते।

मेरी समझ में नहीं आता था कि रंजन इनमें से किसी को भी एक मिनट के लिए बर्दाश्त कर पाएगा। इसके अलावा, मेरे माता-पिता की बँधी-बँधाई आदतें थीं। वे हर काम एक निश्चित समय पर करते थे और उसमें कभी कोई बदलाव नहीं होता था। हमारे यहाँ एक ही बाथरूम था, फिर मेरे पिता रात में पाँच बार टॉयलेट कैसे जा सकते थे, जैसी कि उनकी आदत थी ? ठीक पाँच बार, न कभी चार बार, न कभी छह बार। मैं अपनी छोटी अलार्म घड़ी को उनके टॉयलेट जाने के हिसाब से मिलाकर रख सकती

थी। मुम्बई के अधिकतर फ्लैटों में यह असुविधाजनक परेशानी थी। टॉयलेट पहुँचने के लिए बेडरूम से होकर जाना पड़ता था। मैं इससे खराब दृश्य की कल्पना भी नहीं कर सकती थी, कि मेरे पिता टॉयलेट जाने के लिए रात में पाँच बार हमारे बेडरूम के दरवाजे पर सकुचाते हुए दस्तक दें।

मेरी माँ की भी अपनी और अलग अजीब आदतें थीं। वैसे तो वह जब चाहती थी, अपने मसाने पर खूब काबू कर लेती थी, लेकिन जब भी वह अपनी हल्की खुराक से हटती थी तो उनके कमजोर हाजमे में कोई-न-कोई खराबी आ जाती थी। माँ का चेहरा देखकर ही पता चल जाता था कि कोई व्यंजन उसको माफिक नहीं रहा है और कुछ ज्यादा ही गड़बड़ हो गया है। ऐसे में उसका शरीर तन जाता और चेहरा बेहद बेचैनी के एक मुखौटे में बदल जाता, और उसकी तमाम छोटी-छोटी मांसपेशियाँ कागज-सी पतली चमड़ी के ठीक नीचे रह-रहकर फड़कने लगतीं।

वह एकदम से माफी माँगते हुए खाने की मेज से उठ जाती और बाथरूम की तरफ दौड़ पड़ती। वह बहुत देर तक बाथरूम में घुसी रहती, और मैं और पिताजी अकेले बैठे अपने बेस्वाद खाने को चुपचाप खत्म करते, मेज पर से बर्तन हटाते और अपने-अपने कमरों में चले जाते।

हाजमा खराब होने के इन दौरों से माँ को बहुत शर्मिंदगी होती थी और अगर कहीं कभी बाहरवालों के सामने ऐसा हो गया तब तो वह अपनी तरफ से बहुत ही ज्यादा चौकस हो जाती थी। तब वह एकदम माफी माँगने वाले अंदाज में आ जाती और अपने नाजुक हाजमे के लिए आधा दर्जन बहाने बना डालती थी।

''यह कलकत्ता के पानी की वजह से है,'' वह नाक सुड़कते हुए कहती, ''यहाँ का पानी सभी की सेहत खराब करके रख देता है। पता नहीं लोग इतना गन्दा पानी पीकर यहाँ जिन्दा कैसे रहते हैं ? मैं कहती हूँ, हम कलकत्ता वालों में सफाई की कोई समझ है ही नहीं। सालों से हम गन्दा पानी पीते चले आ रहे हैं और शिकायत तक नहीं करते। सरकार को कोई परवाह है ? मुद्दा यह है, हमें हालात को सुधारने के लिए खुद ही कुछ करना होगा। हर बात के लिए सरकार पर ही क्यों दोष लगाएँ ?''

नहीं, चाहे जो भी हो, इस बार तो मैं अपनी सास की अहसानमंद थी कि उसने मामले को सँभाल लिया था।

19

अपनी खटारा फटफटिया पर उछलकर चढ़ते-उतरते निखिल की धुँधली तस्वीर मेरे खयालों में लगातार हावी रही। उसके साथ मालाबार हिल पर बिताए उन घंटों को मैं बार-बार अपने दिमाग में दोहराती और छोटी-छोटी घटनाएँ भी मेरे खयालों में घुस आतीं। हमारी एक-एक मुलाकात मेरे दिमाग में आने लगी। मुझे याद आया कि कैसे एक बार हमेशा की तरह अचानक ही वह मेरी आँखों के सामने 'दि ऑफ्टरनून' अखबार को लहराता हुआ आया था।

''अगर तुम्हें मेरे ऑटोग्राफ चाहिए तो अभी ले लो,'' उसने कठोरता के साथ कहा था, ''फिर मैं बहुत मशहूर आदमी हो जाऊँगा।''

हमेशा की तरह इस बार भी उसने मुझे रसोई में पकड़ा था (बाई ने यह चिल्लाते हुए उसे अन्दर आने दिया था, 'ऊपरवाला बाबा आया है')। मैं लकड़ी के एक ऊँचे स्टूल पर बैठी उन खानों को साफ कर रही थी, जिन पर मेरे अचार के भारी-भारी जार रखे हुए थे।

''तुम किस बारे में बात कर रहे हो ?'' मैंने थोड़ा बिगड़ते हुए कहा था (हालाँकि उसे देखकर मुझे खुशी हो रही थी)।

''देखो...मेरा फोटो। मैं शहर का एक बड़ा आदमी बन गया हूँ। बड़ा आदमी।''

और यह कहते हुए उसने अखबार मेरे आगे कर दिया था। अखबार में 'होनहार लड़का' शीर्षक से उसके बारे में लिखा गया था। उसके साथ उसकी उम्र के कुछ और लड़के भी थे।

''मैं मशहूर हो गया, यार,'' निखिल लगातार कहे जा रहा था, ''मेरी माँ...यार... वह तो सचमुच मौज में आ रही है।''

उस पल मुझे वह बेहद बचकाना लगा था और मैंने उससे यह बात कह भी दी थी। पहले तो उसने अविश्वास में मुझे देखा था और फिर अपनी नाराजगी जाहिर की थी। "तुम्हें क्या हो गया है, यार—तुम तो बिल्कुल बाहर जा रही हो। कोई उम्मीद ही नहीं है। तुम्हारी समझ में नहीं आ रहा क्या—इसका मतलब है, मेरा भी कोई मुकाम है। मैं भी खास हूँ। मैं भी कोई चीज हूँ।" उसने जोर देकर कहा था। उसकी आँखों से पता चलता था कि उसे मेरी बात से पीड़ा हुई है।

मैंने अपने गन्दे एप्रन पर अपने हाथ पोंछे थे और दाहिना हाथ आगे बढ़ाते हुए कहा था, "बधाई हो, मशहूर साहब !"

निखिल ने मुझसे हाथ नहीं मिलाया था और दरवाजे को जोर से बन्द करता हुआ धड़धड़ाता हुआ बाहर निकल गया था। ऐसे मौकों पर मुझे वह अपने पति के मुकाबले कहीं ओछा और बेवकूफ लगता था। लेकिन जैसे ही निखिल के बारे में मेरे खयाल थोड़े-से भी खराब होने लगते थे, मैं तुरन्त ही उसकी तरफ से कोई-न-कोई बहाना ढूँढ़ने लगती थी। मैं अपने आपको यह याद दिलाती थी कि अभी वह छोटा है, जल्दबाज, खूबसूरत और लोकप्रिय है। हमारी बाई उसके यहाँ भी कपड़े और बर्तन करती थी, वह अक्सर मुझे बताती रहती थी कि उसके फोन की घंटी हर समय बजती ही रहती है।

"हमेशा लड़कियों के ही फोन आते हैं। लड़कों के कभी नहीं। लड़कियाँ, लड़कियाँ, लड़कियाँ। उसे अकेला ही नहीं छोड़तीं। मेमसाब हमेशा शिकायत करती रहती हैं कि उनके लिए फोन कभी खाली ही नहीं होता।" बाई कहती थी।

हालाँकि इस तरह की खबरों से मुझे ठेस पहुँचती थी, फिर भी मैं अपने चेहरे से कुछ जाहिर नहीं होने देती थी और बाई बोलती रहती थी। मैं इस बारे में कुछ ज्यादा ही होशियार रहती थी कि मेरे किसी हाव-भाव से ऐसा न लगे कि मैं उसकी बातों में दिलचस्पी ले रही हूँ। ये आजाद औरतें बातें फैलाने में बहुत उस्ताद थीं। अगर मैं और ज्यादा जानकारी लेने की गलती कर देती तो भगवान जाने वह निखिल की माँ से जाकर क्या कह देती। मैंने अपने आपको यह सीख दी कि बाई जो कुछ भी छिटपुट बातें मुझे बताती है, मुझे उनके लिए ही उसका अहसान मानना चाहिए। ठीक उसी तरह जैसे मैं निखिल के छिटपुट दर्शनों के लिए उसकी अहसानमंद थी।

रंजन की गैरहाजिरी का मुझ पर अजीब असर पड़ा। मेरी सुस्ती-भरी, नीरस दिनचर्या में और सुस्ती आ गई। मैंने सोचा था कि मुझे कई कामों से आजादी मिलेगी—जिनमें खाना पकाना सबसे ऊपर था। यह सही है कि जब रंजन एयरपोर्ट के लिए रवाना हुआ था, उसी पल मैंने रसोई को अलविदा कह दिया था। मैंने अपने लिए दो-एक टोस्ट के अलावा और कुछ भी बनाने की जहमत नहीं की थी और उन्हें भी मैंने जला दिया था।

खाने की महक के न होने की वजह से मकान में से एक अजीब एंटीसेप्टिक जैसी गन्ध उठ रही थी। मुझे ऐसा लग रहा था, जैसे मैं किसी अस्पताल के वार्ड में पड़ी

ऑपरेशन होने का इन्तजार कर रही हूँ—जिसमें मेरी अँतड़ियों की कोई रहस्यमय जाँच होनी थी।

मकान। यह अजीब लगता था, लेकिन फिर भी मैं इस जगह को हमेशा मकान ही कहती थी, अपने आप से भी। यह घर तो था ही नहीं। मेरा घर। हमारा घर। यह हमेशा 'मकान' ही रहा—बेगाना, दूर का, उदासीन। घर तो अब भी कलकत्ता ही बना हुआ था। मेरा पुश्तैनी घर। और, ऐसा भी नहीं था कि मेरे मन में वहाँ की कोई सुखद या अद्भुत यादें हों।

शायद उसकी लयों, गन्धों, दरारों और रिसावों से मैं ज्यादा परिचित थी। कहीं मेरे दिमाग में यह बात भी घुसी हुई थी कि मैं एक किराए के फ्लैट में, कम्पनी के फ्लैट में रह रही थी। यह फ्लैट रंजन का नहीं था और यह भी निश्चित था कि इससे मेरा भी कुछ लेना-देना नहीं था। अगर रंजन यह काम छोड़ दे या उसे निकाल दिया जाए तो वैसे भी हमें यह फ्लैट छोड़कर किसी दूसरे मकान में जाना होगा, और वहाँ भी बिजली-नल वगैरह का काम इतना ही गन्दा होगा।

अगर रंजन को हमारी जिन्दगी के इस पहलू से कोई अड़चन होती भी होगी तो वह कभी इसके बारे में कहता नहीं था। एक बार जब मैंने यह मुद्दा छेड़ दिया तो उसने तुनककर कहा था, "इससे क्या फर्क पड़ता है ? तुम्हारे सिर के ऊपर एक छत है। एक आरामदायक पलंग है। आराम की जिन्दगी है...टी.वी., फ्रिज, एयर-कंडीशनर, टोस्टर, मिक्सर-ब्लेंडर, कितनी ही तो चीजें हैं, और फिर, नौकर भी हैं। यह काफी नहीं है क्या ? बिगड़ी औरतों वाली हरकतें मत करो—जैसे वह ऊपर वाली भयंकर औरत करती है।"

रंजन ने जिस तरह से यह बात कही थी, उससे मुझे पता चल गया कि वह निखिल की माँ की बात कर रहा है। रंजन अक्सर किसी की बुराई नहीं करता था। ऐसी बात नहीं थी कि उसे लोगों की केवल अच्छाइयाँ ही दिखाई देती हों। असल बात तो यह थी कि उसे किसी में कोई खास दिलचस्पी नहीं रहती थी। जब तक लोगों से उसका सीधे पाला नहीं पड़ता था, उनका उस पर कोई असर नहीं होता था।

इसलिए मैंने पुष्पा वर्मा के बारे में उसके बयान को यों ही नहीं निकल जाने दिया था। मैंने पूछा था, "तुमने उन्हें भयंकर क्यों कहा ? क्या किया है उन्होंने ?"

रंजन ने नाक सिकोड़ते हुए मुँह बनाया था। ऐसा वह बहुत करता था। अक्सर तो मैं उसकी बातों को सुनना छोड़कर एकटक उसके चेहरे के बनने-बिगड़ने को ही देखती रह जाती थी। वह अपनी आँखों को चढ़ाता, भौंहों को नचाता, नाक फड़काता और अपने बड़े-से मुँह से तमाम तरह की हरकतें करता। उस समय वह किसी बच्चे की तरह लगता था—आजाद, बेधड़क और भयानक रूप से खुला।

कुछ देर तक वह सोच में डूबा रहा था, और मैंने उसके माथे पर बल पड़ते देखे थे। मैं समझ गई कि निखिल की माँ की अब शामत आनेवाली है।

"वह भयंकर औरत," रंजन ने जैसे थूकते हुए कहा था, "वह इतनी खुली हुई

है। इतनी लालची, इतनी स्वार्थी है। मैं कहता हूँ, वह अपने आदमी का कैरियर चौपट कर देगी। मेरी बात गाँठ बाँध लो। और वह अपने उस लोफर बेटे को भी खत्म कर देगी। मुझे ऐसी औरतों से नफरत है। इनमें न तो कोई तहजीब होती है, न कोई जज्बात।''

मैं रंजन की तल्खी पर दंग रह गई थी। वह इस तरह से किसी पर बहुत कम हमला बोलता था। निखिल के बारे में उसने जिन शब्दों का इस्तेमाल किया था, वे मायने रखते थे। लोफर बेटा। मेरा मन तो हुआ था कि मैं उससे पूछूँ कि जिसे वह 'लोफर लड़का' कहता था, उसकी उसने इतनी निन्दा क्यों की। लेकिन कुछ बात थी कि मैंने इस बारे में उसे नहीं छेड़ा।

लेकिन रंजन की ही इच्छा नहीं थी कि इस बातचीत को खत्म किया जाए। उसने बीबीसी न्यूज को बन्द कर दिया था, हालाँकि निकी मार्क्स दुनिया को क्यूबेक की ताजा तबाही के बारे में बता रही थी। उसने अपने हाथों को अपने सिर के पीछे बाँध लिया था और छत को घूर रहा था।

''उसके जैसी औरतों को समय रहते काबू में कर लेना चाहिए...नहीं तो वे समाज को ही बरबाद कर देती हैं।'' उसने साफ सोच-विचार के बाद आखिर में कहा था।

''कैसे ? मेरा मतलब है, वह समाज को कैसे बरबाद करती हैं ?'' मैंने पूछा था।

रंजन मेरी तरफ घूम गया था—इस बार उसके माथे पर शिकनें नहीं थीं, लेकिन उसका मुँह फैल गया था। उसने कहा था, ''जरा उसकी तरफ तो देखो। क्या वह अच्छी पत्नी है ? नहीं, वह तो बस टोका-टाकी करने में आगे है। वह आदमी हमेशा दुखी दिखाई देता है। वह ऑफिस में ढंग से काम नहीं कर पाता। उसकी औरत हमेशा उसकी बुराई करती रहती है...औरों से उसका मुकाबला करती रहती है, उसकी शिकायत करती रहती है। ऐसी औरत के साथ कौन आदमी चैन से रह सकता है ?

''फिर, यह देखो कि उसने उस लड़के को किस तरह पाला-पोसा है। उसमें कोई तमीज है ? उसकी जिन्दगी का कोई मकसद है ? वह सारा दिन क्या करता रहता है, मुझे सच में हैरानी होती है। खाता है, सोता है और अपने बाप का पैसा खर्च करता है। निकम्मा। नक्शेबाज। मोर की तरह अकड़कर चलता है। ऐसे बर्ताव करता है जैसे इस बिल्डिंग का मालिक वही हो। लेकिन उसे भी क्या दोष दिया जाए ? जिसकी माँ ऐसी उजड्ड हो, वह जिन्दगी में क्या तरक्की करेगा ! उसमें ऐसी कोई खूबी भी नहीं है।''

मैंने अविश्वास के साथ रंजन को घूरकर देखा था। उस समय तक मैं नहीं जानती थी कि निखिल और उसकी माँ के बारे में वह इतनी तल्खी से सोचता था। मेरा मन तो हुआ कि 'उस लड़के' का बचाव करूँ और यह सफाई दूँ कि वह इतना निकम्मा नहीं है जितना रंजन उसे मानता है। फिर मैंने मन में यह बहस की कि बातचीत को आगे बढ़ाऊँ या नहीं। रंजन मेरे चेहरे को गौर से देख रहा था। जाहिर था कि वह मेरी तरफ से किसी तरह के जवाब का इन्तजार कर रहा था।

मैंने यह पक्का कर लिया था कि मेरे चेहरे पर किसी तरह के भाव नहीं आने चाहिए।

“निखिल पढ़ाई में अच्छा-खासा है...मुझे किसी ने बताया है। और उस रोज उसकी माँ कह रही थी कि वह अमरीका में स्कॉलरशिप के लिए काफी मेहनत से पढ़ाई कर रहा है। जहाँ तक उसकी शक्ल-सूरत का सवाल है, उसके बारे में वह क्या कर सकता है। लेकिन फिर, जब तुम देखते हो कि मुम्बई में जवान लड़के-लड़कियाँ किस तरह के कपड़े पहनते हैं...” मैंने जान-बूझकर कहना शुरू किया था।

रंजन ने सिर हिलाते हुए कहा था, “क्या बकवास है ! मैं भी मुम्बई का लड़का हूँ। मैं भी यहीं बड़ा हुआ हूँ। मुझे स्कॉलरशिप मिली। मैंने अमरीका में पढ़ाई की। क्या मैं कभी ऐसा निकम्मा लड़का रहा कि अपने बाप के पैसे से खरीदी फटफटिया पर सारी जगह घूमता फिरूँ ? कभी नहीं। मेरे अन्दर ज्यादा अभिमान था, ज्यादा स्वाभिमान था। कितनी बार मैंने ऑफिस में उसके बाप को उसका फोन अटैंड करते सुना है। हमेशा एक ही बात करता है—‘मुझे पैसा दो, डैडी ! मुझे इसके लिए पैसा चाहिए, उसके लिए पैसा चाहिए।’ सब उसकी माँ का किया-धरा है। जब वह अपने बाप को तंग नहीं कर रहा होता है, तो उसकी माँ करती है। मुझे तो ताज्जुब होता है, इतना सारा तनाव होने के बावजूद मि. वर्मा को अभी तक दिल का दौरा क्यों नहीं पड़ा।”

उसने थोड़ी देर रुककर कहना जारी रखा था, “तुम मुझे बताओ—मैं इकलौता बेटा था। इकलौती सन्तान था। मेरे माँ-बाप मुझे बिगाड़ सकते थे। बिगाड़ सकते थे कि नहीं ? मेरी सारी माँगें पूरी कर सकते थे। पहले तो मैं कोई माँग रखता ही नहीं था। मैं मन में कहता था, ‘तुम्हारे पास जो है, उसी में खुश रहो।’ दूसरी बात यह कि मुझे पता था कि अगर मैंने बड़ी चीजों की माँग कर दी, गैर-मुनासिब चीजों की माँग कर दी, या ऐसी किसी चीज की माँग कर दी जिसकी मुझे सच में जरूरत ही नहीं थी तो मेरी माँ एकदम मना कर देगी। इसलिए नहीं कि हमारे पास पैसा नहीं था, अरे नहीं, इसलिए कि आदमी की जिन्दगी के कुछ उसूल भी होने चाहिए। आदमी को कुछ खूबियाँ लेकर बड़ा होना चाहिए। कोई बरबादी न हो। कोई झूठा दिखावा न हो। मैं कड़ी मेहनत करता था और मैंने कॉलेज की पढ़ाई अपने पैसों से की। और तुम...तुम उस निठल्ले का बचाव कर रही हो, जो अपने बाप के पैसों पर ऐश कर रहा है, जो अपनी माँ को चूना लगा रहा है। बताओ--क्या कोई चरित्रवान लड़का ऐसा करेगा ? कभी नहीं। यह सब अच्छी परवरिश की बात होती है। मेरी माँ हमेशा यही कहती थी। बच्चे को सही गुण देकर बड़ा करो तो तुम देश को एक अच्छा, कानून का पालन करनेवाला नागरिक दोगे। बच्चे को गलत परवरिश दो तो वह अपराधी ही बनेगा।”

मैंने एक मक्कारी-भरी हँसी को दबाते हुए गम्भीर होकर उससे पूछा था, “क्या तुम सचमुच यह सोचते हो कि निखिल अपराधी बन रहा है ?”

रंजन ने मुड़कर मुझे देखा था। फिर तीखी आवाज में कहा था, “तुम तो मुझसे ऐसे पूछ रही हो जैसे उसने तुम्हें अपना वकील बनाया हुआ हो।”

मुझे पता था कि मैं गलत बोल गई हूँ। मुझे निखिल को बातचीत में बिल्कुल नहीं लाना चाहिए था। अब तो मैं ऐसी बारूदी सुरंग में घुस चुकी थी कि अगर मैंने इसका रुख मोड़ने की कोशिश नहीं की तो एक पल में वह मेरे ऊपर ही फट सकती थी।

मैंने जल्दी से प्यारी-सी मुस्कान ओढ़ते हुए खुशी-खुशी उससे पूछा था कि कॉफी बनाऊँ क्या। उसने सिर हिला दिया था और लगातार मुझे घूरता रहा था। इस रूप में वह बहुत लड़ाकू दिख रहा था। उसकी आँखें गुस्से से जल रही थीं और बाहर को निकली पड़ रही थीं।

उसकी घूरती निगाहों से बचने के लिए मैं वहाँ से हट गई थी और बेडरूम को ठीक करने लगी थी, हालाँकि वह पहले से ही ठीक था। मैं मन-ही-मन प्रार्थना करने लगी थी कि रंजन बीबीसी चैनल चालू कर ले और बातचीत को जाने दे। मेरे कान रिमोट कंट्रोल के दबने की आवाज को सुनने के लिए उसी तरफ लग गए। लेकिन रंजन के दिमाग में तो कुछ और ही था।

यकायक उसने कहा था, ''तुम उस लड़के से मिलती तो नहीं हो ?''

मेरा मन तो हुआ था कि अनजान बनकर और मासूमियत से आँखें चौड़ाकर उससे पूछूँ, ''कौन-सा लड़का ?'' लेकिन फिर पता नहीं क्यों मैंने सोचा था कि सीधे-सीधे बात करूँ। किसी किस्म की चालाकी न करूँ। मैंने थोड़ा रुककर कुछ ज्यादा ही उदासीनता दिखाते हुए जवाब दिया था, ''तुम मुझसे ऐसा सवाल क्यों कर रहे हो ? इसका जवाब तो साफ ही है।''

रंजन फिर भी मुझे घूरे जा रहा था, वह बोला, ''इससे तो कोई बात साफ नहीं होती। हाँ या नहीं। तुम मुझे सीधा जवाब क्यों नहीं दे सकतीं ?''

मैंने घबराहट में अपनी अलमारी की निचली दराज से दर्जनों पुराने कपड़े निकाल लिए और उन्हें अलग कर-करके एक के ऊपर एक करीने से लगाने लगी।

मैंने जवाब दिया, ''मैं उससे नहीं मिलती, सच में नहीं मिलती...लेकिन अगर कभी वह मुझे सीढ़ियों पर या सीढ़ियों के फर्श पर टकरा जाता है तब मैं जरूर उससे नमस्कार कर लेती हूँ, बस। क्या तुम्हारे साथ काम करनेवाले के बेटे को अनदेखा करना बदतमीजी नहीं होगी ? मैं तो बस विनम्रता दिखा रही हूँ, और कुछ नहीं।''

रंजन की तरफ मेरी पीठ थी, इसलिए मुझे यह चिन्ता करने की जरूरत नहीं थी कि वह मेरे चेहरे के भाव देख लेगा।

रंजन कुछ देर तक खामोश रहा था। फिर उसने धीरे-धीरे कहा था, ''अभी उस रोज जब मैं ऑफिस से घर लौटा तो मुझे ऐसा लगा था कि घर में सिगरेट के धुएँ की महक है। वह लड़का सिगरेट पीता है न, क्यों ?''

मैं पूरी उसकी तरफ घूम गई थी। मैंने पूछा था, ''मुझे क्या मालूम ? मैं उसकी माँ नहीं हूँ।''

रंजन अपने कान खींचने लगा और ऐसा लग रहा था जैसे वह कहीं बहुत दूर देख रहा हो। वह बोला, ''फिर यहाँ सिगरेट कौन पी रहा होगा ? या कहीं तुमने तो सिगरेट

पीनी शुरू नहीं कर दी ?''

मैंने उसकी तरफ बुझी-बुझी नजरों से देखते हुए कहा था, ''क्या बकवास है ! मुझे तो सिगरेट के धुएँ से भी नफरत है। मेरे घर में दमे की बीमारी होने की वजह से मुझे भी धुएँ से एलर्जी है।''

रंजन की भौंहें एकदम चढ़ गई थीं। उसने कहा था, ''दमा ? अजीब बात है, किसी ने मुझे नहीं बताया कि तुम्हारे घर में दमा है। मैं नहीं सोचता कि मेरी माँ को भी यह बात पता होगी। शायद तुम्हारे मामू हमें बताना 'भूल गए'। अब तो मुझे यह सोचना पड़ रहा है कि पता नहीं वह और क्या-क्या बताना भूल गए होंगे। जब हम पहली बार मिले थे, तब हमने साफ-[illegible] पूछा था कि घर में किसी को कोई बीमारी तो नहीं है। मेरी माँ तो इन बातों पर बहुत ध्यान देती है। जब शादी-ब्याह की बात आती है तो डायबिटीज, दिल की बीमारी, मिरगी, पागलपन जैसी चीजों को अनदेखा नहीं किया जा सकता। अब तुम मुझे बता रही हो कि तुम्हारे परिवार में दमा है। और कुछ ? अच्छा होगा कि इसी समय तुम इन बातों को साफ कर दो, ताकि बाद में कोई बात अचानक सामने न आए। दिमाग पर जोर लगाकर सोचो।''

मेरी आँखों में गरम-गरम आँसू आने लगे। उसकी मुझसे इस तरह बात करने की हिम्मत कैसे हुई ? इसकी वजह क्या यह नहीं थी कि वह मुझसे और मेरे माहौल से अपने आपको बीस समझता था ? मुझे याद आया, शादी के समय उसकी माँ एक रिश्तेदार से कह रही थी, ''मुझसे पूछो तो, समाज में अपने से कम हैसियतवाली लड़की लेना ही अच्छा रहता है। जो आदमी अपनी हैसियत से ऊपरवाली लड़की से शादी करता है, उसे दुख भोगना पड़ता है। ज्यादा पैसेवाली लड़की तो बेड़ा ही गर्क कर देती है। आदमी का उस पर कोई काबू नहीं रह पाता और आखिर में उसकी ही चलती है। इस तरह की शादी कभी कारगर नहीं होती। इसीलिए रंजन के लिए सही लड़की ढूँढ़ने में हमने इतनी सावधानी बरती। हम मुम्बई की तेज लड़की तो बिल्कुल नहीं चाहते थे। तुम्हें यह देखकर ताज्जुब होगा कि मुम्बई की जिन्दगी का चस्का लगते ही बंगाली लड़कियाँ कितनी बदल जाती हैं। जहाँ तक उन बंगाली लड़कियों का सवाल है जो यहीं पली-बढ़ी हैं—वे तो पहचान में ही नहीं आती हैं कि बंगाली हैं। मैं बताऊँ, वे अपनी मातृभाषा भी नहीं बोल सकतीं। हमारे रीति-रिवाजों के बारे में उन्हें कुछ भी पता नहीं होता। हमारी रिवायतों की उन्हें कोई परवाह नहीं होती।''

फिर साजिशाना अन्दाज में अपनी आवाज धीमी करते हुए उसने बोलना जारी रखा था, ''ध्यान रहे, मैं नए जमाने की पढ़ी-लिखी लड़कियों के खिलाफ नहीं हूँ, लेकिन ये अँगरेजियत के रंग में रँगी लड़कियाँ—हे भगवान, उन्हें थोड़ा-सा भी मौका मिल जाए तो वे तो हमारे लड़कों को खत्म ही करके रख दें। मेरा रंजन बाहर रहकर आया है, लेकिन अन्दर से वह बहुत परम्परावादी है। उसकी बहुत ख्वाहिश थी कि कलकत्ता की ही दुल्हन आए। उन अमीर घरों की नहीं, ध्यान रहे, जिनके हमारे पास कई ऑफर आए। लोगों ने क्या-क्या प्रस्ताव रखे। कितना दहेज देने को कहा। ठीक भी था, रंजन

की पढ़ाई वगैरह को देखते हुए। लेकिन हमने कहा, 'कुछ नहीं जी। वह कोई साँड नहीं है कि हम उसे नीलाम करें।' हमें सही लड़की चाहिए थी—बेशक पढ़ी-लिखी, लेकिन कैरियर को तरजीह देनेवाली और जरूरत से ज्यादा महत्त्वाकांक्षी इन लड़कियों में से नहीं, जिन्हें अपने घर की कोई परवाह नहीं होती। मैं सोचती हूँ, माया को हमने सही चुना है।''

और अब रंजन ठीक अपनी माँ की तरह बात कर रहा था। मैंने तो सोचा था कि अब वह मुझसे डॉक्टर का सर्टिफिकेट माँगेगा। मैंने बड़े सब्र के साथ अपने पति को समझाया था कि दमे की शिकायत मुझको नहीं थी। लेकिन मैं ऐसे माहौल में बड़ी हुई थी जहाँ धुएँ से परेशानी हो जाती थी। दरअसल, जब मेरी दादी जिन्दा थी तो कभी-कभार हमारे घर में किसी मेहमान के सिगरेट पीने से उन्हें दमे का दौरा पड़ जाता था।

रंजन मेरी सफाई से ज्यादा सन्तुष्ट नहीं दिख रहा था। उसने शंका जताते हुए कहा था कि दमे से लोग मर भी सकते हैं। मैंने उसे यकीन दिलाया था कि मैं मरनेवाली नहीं हूँ।

''फिर भी...इन चीजों को छिपाना नहीं चाहिए, पता है। यह नैतिकता का मामला है।''

मैं बेचारे प्रदीप मामा का बचाव करना चाहती थी और रंजन को यह बताना चाहती थी कि मेरे मामू को यह बात बिल्कुल पता नहीं होगी कि मेरी दादी को धुएँ से ऐलर्जी थी, क्योंकि वह तो मेरे पिता की माँ थीं और उन्हें मरे हुए कई साल हो चुके थे। लेकिन मैं बिल्कुल चुप रही थी। मैं इस बात से खुश थी कि रंजन का ध्यान निखिल से हटकर उस दमे पर चला गया था जो मुझे नहीं था। मुझे पता था कि वह मेरे मामू की धोखाधड़ी के बारे में सोच रहा था। इस बात की बहुत सम्भावना थी कि जब मैं रसोई में घुस जाऊँगी तो वह अपनी माँ को फोन करेगा और अपनी इस खोज के बारे में उसे बताएगा। यह बात नहीं थी कि मुझे इससे कोई फर्क पड़ता था। अगर मेरे परिवार के खिलाफ एक और वार हो भी जाता तो मुझे कोई फर्क पड़नेवाला नहीं था।

जैसे ही मैं कमरे से निकलने लगी, रंजन की आवाज ने मुझे रोक दिया था। वह कह रहा था, ''क्या वह मेरी गैर-मौजूदगी में घर में घुसता है ? यहाँ आकर बैठता है, और कुछ करता है ?''

उसे सीधे कोई जवाब देने की बजाय में खीझ उठी थी और बोली थी, ''मुझे पता है कि वह सिगरेट का धुआँ कहाँ से आया होगा। बढ़ई की याद है ? वही जो बाहरवाली उस अलमारी के उखड़े दरवाजे लगाने यहाँ आया था ? वही था। वह कई बार मेरे मना करने के बावजूद सिगरेट पीता रहा था।''

फिर मैं साँस रोककर यह सोचने लगी थी कि पता नहीं रंजन इसे जवाब की जगह मंजूर करेगा या नहीं। यह मेरी किस्मत रही कि उसने ठीक यही किया। उसने अपना सिर हिलाया था और 'इकॉनॉमिक टाइम्स' उठा लिया था। मैंने राहत की लम्बी साँस ली। बाल-बाल बच गई थी मैं।

20

रंजन मुझमें तो सचमुच कोई दिलचस्पी लेता नहीं था। इस बात को देखते हुए कभी-कभी मैं यह सोचकर हैरान होती थी कि वह कभी किसी औरत पर लट्टू हुआ भी है या नहीं। किसी पर कभी इतना रीझा भी है कि उसकी जिन्दगी की छोटी-छोटी, मामूली लेकिन अन्तरंग बातों के बारे में उसने सोचा हो। मैं जानती थी कि मेरे साथ वह निर्दयी, उदासीन या क्रूर नहीं हो रहा था। बात बस इतनी-सी थी कि उसके तार मुझसे मिलते नहीं थे। जाहिर था कि वह इसकी जरूरत ही नहीं समझता था। शायद यह बात कभी उसके दिमाग में आई भी नहीं थी कि उसे अपनी पत्नी में भी दिलचस्पी लेनी चाहिए।

वह जान-बूझकर मेरी उपेक्षा नहीं करता था। दरअसल, उसे इससे बेहतर और कुछ आता ही नहीं था। लेकिन क्या और कभी उसने ऐसा कुछ किया था ? क्या उसकी जिन्दगी में कोई एक पल भी ऐसा आया जब किसी औरत ने उसे रिझाया हो ? उसमें उत्सुकता जगाई हो ? उसमें हल्की-सी सहनशीलता या क्षणिक आसक्ति के अलावा भी कोई जज्बा जगाया हो ?

मुझे इसमें सन्देह था। औरतें रंजन के लिए अहमियत नहीं रखती थीं। उनकी अपनी कोई प्रामाणिकता नहीं थी। वह उन्हें केवल आदमियों और घरेलू जिन्दगी के साथ रखकर देखता था। एक स्तर पर तो वह उनके 'औरतपन' से ही बिदकता था।

मसलन, मैं जानती थी कि उसे इस सच्चाई को कबूल करने में अड़चन होती थी कि मुझे माहवारी होती है, उसे इससे मतली आती थी। वह ऐसे जताता था जैसे उसे पता ही नहीं है या उसने ध्यान ही नहीं दिया है। कभी-कभी, जब रात में मैं पैड बदलने और तरोताजा होने के लिए उठती थी तो वह अपनी आँखों को जोर से मींच लेता था

और गहरी नींद में होने का बहाना करता था, जिससे कि मेरी 'हालत' (वह यही कहता था) पर कुछ कहना न पड़ जाए। मैं यह सोचकर भी हैरान होती थी कि क्या मेरी टाँगों, मेरे हाथों और मेरे जिस्म के और किसी भी हिस्से के बालों के बारे में उसके कोई विचार हैं ! मैं इन्हें काट देती थी या बढ़ने देती थी। क्या उसे चिकने हाथ-पैर देखकर अच्छा लगता था, या क्या मेरे जिस्म के बालों का उस पर कोई असर होता था, या साल के अलग-अलग समय पर मेरी चमड़ी की हालत से वह कभी प्रभावित होता था ?

केवल एक बार उसने नुक्ताचीनी के अंदाज में मेरी कुहनियों को देखा था और कहा था, "तुम और अच्छी तरह से अपनी देखभाल क्यों नहीं करतीं ? मेरी माँ अपनी कुहनियों पर हमेशा वैसलीन लगाती है, नहीं तो चमड़ी सूख जाती है और उस पर पपड़ी जम जाती है।"

मैं तो इसी बात पर गद्‌गद हो गई थी कि चलो, उसने यह तो देखा कि मेरी कुहनियाँ भी हैं। उस दिन के बाद से, मैंने जान-बूझकर अपनी कुहनी की बदरंग चमड़ी पर वैसलीन मली थी और उनकी बेहतरी पर गर्व के साथ नजर रखी थी।

यह बात नहीं थी कि रंजन चीजों को देखता नहीं था। उसका ध्यान तो ऐसी-ऐसी चीजों पर जाता था, जिन्हें और लोग देख भी नहीं पाते। वह अजीब-अजीब चीजें देखता था, खासतौर पर औरतों की। मसलन, तिल। उसे तिल बहुत भाते थे और वह एक नजर में ही बता देता था कि किसी औरत के मुँह पर या उसके जिस्म के उघड़े हिस्सों पर कहाँ-कहाँ तिल हैं। बाद में वह मुझसे पूछता था कि मैंने भी उन्हें देखा या नहीं, और हमेशा यही होता था कि मैं उन्हें नहीं देख पाती थी।

उसे मेरे तिलों के बारे में भी पता था कि वे ठीक कहाँ हैं, हालाँकि उसने मुझे बिना कपड़ों के बहुत ही कम देखा था। कुछ तिल तो मेरी पीठ के निचले हिस्से पर थे, जिनके बारे में मुझे भी तभी पता चला जब रंजन ने शीशा हाथ में लेकर मुझे दिखाया।

"देखो," उसने गर्व से कहा था, मानो उसे कोई गुप्त खजाना मिल गया हो, "यह रहा एक। और यह रहा दूसरा, ठीक उस जगह पर।"

तिलों की इस बेतुकी खोज के अलावा मेरा जिस्म उसके लिए अनजाना ही रहा। जब वह कुछ ज्यादा लाड़ में होता तो मुझे अपने नजदीक खींचकर मेरे बालों को थपथपाने लगता था, जैसे मालिक लोग अपने पालतू जानवरों के साथ करते हैं। मुझे हमारे जिस्मों की यह नजदीकी, उसके जिस्म की गरमी, मेरे चेहरे पर उसकी साँस, मेरे कन्धों को अनजाने में सहलाते उसके हाथ, यहाँ तक कि मेरे पाँवों को मसलते उसके पाँव भी बहुत अच्छे लगते थे। उसके इस तरह प्यार जताने से जोश में आकर मैं भी सकुचाते हुए उसके बालों में उँगलियाँ फिराने लगती थी, या उसे अपनी बाँहों में समेट लेती थी।

मैं इन पलों के लिए तरसती थी और बाद में न जाने कितने दिनों तक इन्हें सहेजे रखती थी। रंजन का यह पहलू बहुत आकर्षक था और यह अफसोस की ही बात थी कि मुझे उसका यह रूप ज्यादा देखने को नहीं मिलता था। मैंने यह भी भाँप लिया था

कि उसे मेरा लापरवाही से साड़ी लपेटकर बाथरूम से निकलना अच्छा लगता है। अगर मेरे बाल गीले होते तो वह अपने सारे काम छोड़कर तौलिए से इन्हें सुखाने बैठ जाता था। यह काम वह बहुत ही होशियारी से कर लेता था। उसके हाथ जल्दी-जल्दी और पूरी महारत के साथ चलते थे, और उनमें इतनी सहूलियत होती थी कि बाल भी नहीं फटते थे और बालों का सारा गीलापन भी फटाफट निकल जाता था। बाद में जब मैं ड्रेसिंग टेबल के आगे बैठकर अपने नम बालों में कंघी करती और होशियारी से एक-एक लट को सुलझाती थी तो मैं देखती थी कि वह मुझे ही ताक रहा होता था।

अक्सर वह कहता, "अच्छे बाल हैं। तुम नियम से इनमें तेल लगा रही हो या नहीं ?"

मैं सिर हिला देती और अहसान मानते हुए मुस्कुरा देती।

मैंने रंजन को किसी औरत के साथ जोश-खरोश में बात करते केवल एक बार देखा था। यह ऑफिस की एक पार्टी की बात है। उसकी आँखों से साफ दिख रहा था कि यह ऑफिस में साथ काम करनेवाली किसी औरत के साथ काम के घंटों के बाद महज शिष्टाचार निभाने का मामला नहीं था। अहम बात यह थी कि वह उस औरत के इतने करीब झुककर खड़ा था कि उसका कन्धा उस औरत के कन्धे को लगभग छू रहा था। और इससे भी अहम बात यह थी कि वह उस औरत की आँखों में आँखें डालकर देख रहा था, जबकि ज्यादातर मौकों पर वह किसी औरत के गालों की हड्डियों, भौंहों, माँग या ठोड़ी—यानी ऐसे किसी भी अंग पर नजरें गड़ाए रहता था, जिससे उसे सीधे आँखें न मिलानी पड़ें।

बाद में वह मुझसे कहता था, "मुझे किसी को आँख गड़ाकर देखने में अटपटा लगता है, खासकर औरतों को। यह तमीज में शुमार नहीं है न ! नहीं, तुम्हें ऐसा नहीं लगता ?"

और मैं उससे सहमत हो जाती थी, हालाँकि मुझे ऐसा नहीं लगता था, क्योंकि मुझे उसका शर्मीलापन बहुत प्यारा लगता था।

लेकिन इस औरत के साथ वह बड़े मजे में बातें कर रहा था। उसका सिर पीछे को झुका हुआ था और उसके कन्धे ढीले होकर उस औरत की तरफ झुकने को तैयार थे। मुझे यह सोचकर हैरानी हो रही थी कि यह औरत है कौन, लेकिन मेरी किसी से पूछने की हिम्मत नहीं हुई। वह रंजन को पसन्द आनेवाली औरत जैसी तो बिल्कुल नहीं थी—मैंने यह बात अपने मन में कही और फिर यह महसूस किया कि पहले तो मुझे पता ही नहीं है कि उसकी माँ के सिवाय और किसको उसकी पसन्द की औरत कहा जा सकता है।

और यह औरत मिसेज मलिक से बिल्कुल मेल नहीं खाती थी, कम-से-कम ऊपर से तो वह मिसेज मलिक जैसी बिल्कुल नहीं लगती थी। क्या वह आकर्षक थी ? हाँ,

इतना तो मुझे मानना ही पड़ा था। वह उसी तरह से दिलकश थी जिस तरह से मुम्बई की कामकाजी औरतें होती हैं—सावधानी से चुनी बुटीक टसर में लिपटी, हल्का-सा मेकअप किए हुए ताकि वे बिल्कुल सहज दिखें और उस खासे आत्मविश्वास से भरी, जो उन्हें औरों से अलग करता था।

यह दिलकशी उनकी अदाओं से झलकती थी—कैसे वे अपने हाथों का इस्तेमाल करती थीं, अपनी टाँगों को आगे बढ़ाती थीं, अपनी छातियों को तानती थीं, अपने बालों में उँगलियाँ फिराती थीं और ऐसे खिलखिलाकर हँसती थीं कि उनके ढेर सारे दाँत दिखाई दे जाते थे। यह उनके बातचीत करने के सोचे-समझे लापरवाही-भरे अन्दाज से झलकती थी। कैसे वे बड़े आराम से मन को लुभानेवाली और हाजिर-जवाबी से भरी बातें करती थीं, किस तमीज से अपने ड्रिंक्स पकड़ती थीं या किस खूबसूरती से उन मर्दों की सिगरेट जलवाने के लिए उनके हाथों पर अपनी हथेलियों का घेरा बनाती थीं, जिनके साथ वे आई होती थीं।

मुझे उनसे जलन होती थी कि वे कितने मुखौटे लगाती हैं—और कितनी सहज बनी रहती हैं। इसे 'सामाजिक सहवास' कहा जाता था। मुझे 'सहवास' शब्द में एक खास व्यंग्य दिखाई देता था। जब मैंने अपने पति को भागकर उस औरत के लिए ऐश ट्रे लाते देखा तो मुझे बेहद ईर्ष्या हुई। मैंने हैरान होकर सोचा कि उसे इस पार्टी में मेरी मौजूदगी का अहसास भी है या नहीं ! या मैं उसके लिए इतनी ही बेतुकी हूँ ?

एक-दो बार उसकी नजरें मुझसे मिली थीं और मैंने गौर किया था कि मुझसे आँखें चार होते ही उसके हाव-भाव तेजी से बदल गए थे। उसका मुँह बिगड़ गया और वह अचानक निराश दिखने लगा। जैसे उसने कोई ऐसी चीज देख ली हो जो थोड़ी-सी बेमजा थी...और शायद शर्मशार करनेवाली भी। क्या उसे इस तरह की औरत से शादी करना ज्यादा अच्छा लगता, जिसके साथ इस समय वह इतना ज्यादा हँस रहा था ? लेकिन वह तो इस तरह की औरतों की इतनी जोर-शोर से बुराई करता था ! इसका मैं क्या मतलब निकालती ?

मेरे खयाल में मुझे इसका मतलब पता था। रंजन को इस तरह की औरतों से डर लगता था। मुझे यकीन था कि अगर उसे उस औरत के साथ किसी कमरे में कुछ समय अकेले रहने का मौका दे दिया जाता तो उसे तो ऐसा ही लगता, जैसे उसे सजा दे दी गई हो। उस औरत के सामने उसे लकवा मार जाता, और वह इतना खिलखिलाकर नहीं हँस पाता, जितना अब हँस रहा था। मैं उस दृश्य की कल्पना कर सकती थी। रंजन बेचैन होकर इधर से उधर चक्कर काटता और उसका तो बोलने का ढंग ही बदल गया होता। मैंने ऐसा होते देखा था। जब कभी रंजन का ध्यान अपने ऊपर ज्यादा होता था तो उसकी जबान भारी हो जाती थी, उसकी बातचीत धीमी हो जाती थी और वह अटक-अटककर बोलने लगता था। जो लोग उसे अच्छी तरह से नहीं जानते थे, वे यही सोचते कि शायद उसे बोलने में कुछ परेशानी होती है। उसकी आँखों का भाव तक बदल जाता था और वह बौड़म दिखाई देने लगता था।

औरतों में—आकर्षक औरतों में—ऐसा क्या था कि रंजन प्रत्यक्ष रूप में इतना गड़बड़ा जाता था ? और क्या मुझसे उसने इसीलिए शादी की थी कि उसकी नजरों में मैं खूबसूरत नहीं थी ? मुझे यह सोचकर बड़ा दुख हुआ कि मेरा पति मेरे साथ इसलिए निश्चिंत महसूस करता था, क्योंकि मैं आकर्षक नहीं थी।

उस शाम पार्टी में मैं दौड़कर बाथरूम में गई थी और वहाँ अपने चेहरे को गौर से देखा था। मुझे इसमें कोई खराबी दिखाई नहीं दी थी। यह उस औरत के चेहरे जैसा तो नहीं था, लेकिन इतना खराब भी नहीं था। यह सही था कि मेकअप करने के मामले में मैं इतनी अच्छी नहीं थी, और उस औरत का चेहरा किसी पत्रिका के इश्तहार जैसा चिकना-चमकदार था। मैंने भी आईलाइनर, मस्कारा और लिपस्टिक को आजमाकर देखा था, लेकिन मुझे सफलता नहीं मिली थी। मेरी माँ खुद कोई मेकअप नहीं करती थी। जहाँ तक सिंगार का सवाल है तो वह बस वैनिशिंग क्रीम के ऊपर टैल्कम पाउडर थोप लेने को ही सिंगार समझती थी—कलकत्ता की औरतें यही मानती थीं कि इस मिश्रण से उनका रंग ज्यादा गोरा दिखाई देता है। सच तो यह है कि इससे वह पिशाचों जैसी ही दिखने लगती थीं, जैसे काबुकी नर्तकियों ने साड़ी पहन ली हो।

जब कभी मुझे कहीं बाहर जाना होता था या घर में कोई मेहमान आनेवाले होते थे तो माँ जिद करके मेरे मुँह पर पाउडर लगवा देती थी। उनके सामने तो मैं उनका कहना मानकर पाउडर लगा लेती थी, लेकिन फिर अपने कमरे में जाकर उसे पोंछ डालती थी। हाँ, आँखों में काजल लगाए बिना मेरा काम नहीं चलता था। और हाँ, माँग में सिन्दूर तो मैं लगाती ही थी।

मैं सोचती थी कि रंजन मेरी सादगी की प्रशंसा करता है। उसने हमेशा कहा भी यही था। लेकिन मैंने गौर किया था कि वह उन्हीं औरतों पर रीझता था, जिन्हें वह 'फैशनेबल' कहता था। और फैशनेबल के नाम पर वह चटक लिपस्टिक, ढेर सारे आईलाइनर और साफ दिखाई देनेवाली गालों की लाली से आगे नहीं सोच पाता था। लेकिन मुझे भी ढंग से पता नहीं था, इसलिए मैंने भी यही मान लिया था कि मुम्बई की फैशनेबल सुन्दरता का यह एक हिस्सा था।

लेकिन ऐसा था नहीं। पर मुझे बताता भी कौन ! मुम्बई में मेरी एक भी सहेली नहीं थी। ऐसी सहेली जो मुझे इस दत्तक शहर की कमजोरियों से बचाकर निकाल सके, जिसके साथ मैं खिलखिलाकर हँस सकूँ, गपशप कर सकूँ, या जिसके सामने मैं अपनी उलझनों को बेझिझक कबूल कर सकूँ।

जैसे, निखिल के लिए मेरी भावनाएँ। मेरे साथ उसका रवैया इतना चकरा देनेवाला होता था, और ऐसा कोई नहीं था जो मुझे यह बता सके कि मैं जिस तरह से उसे देखती थी, उससे बात करती थी, उसके साथ बाहर जाती थी, या फिर उसके बारे में सोचती ही थी, वह सही था या गलत। और इसे क्या कहा जा सकता था ? रूमानियत ? अधकचरापन ? खालिस कल्पना ?

मुझे कुछ पता नहीं था। अगर कलकत्ता में मेरा कभी कोई बॉयफ्रेंड रहा होता तो

मैं अपनी भावनाओं को ज्यादा अच्छी तरह से समझ पाती। उन्हें साफ तौर पर पहचान सकती थी। उन पर छोटी-छोटी चिपकियाँ लगा सकती थी। मुझमें अनुभव की बहुत ज्यादा कमी थी और यही चीज़ मुझे परेशान कर रही थी, और फिर मेरी शादी एक ऐसे आदमी से हुई थी जो खुद इन मामलों में अनाड़ी निकला।

उस शाम जब मैं यह देख रही थी कि वह पार्टी में मौजूद उस औरत पर बिल्कुल लट्टू हुआ जा रहा है (उसकी नेल पॉलिश इतनी कत्थई थी कि लगता था जैसे वह अपनी उँगलियाँ पिघली चॉकलेट में डुबोकर आई है), तो मैंने–शायद कुछ मूर्खतावश–अपने आपको यह तसल्ली दी थी कि इस तरह की भावनाएँ बेवफाई नहीं कही जा सकतीं। रंजन दूसरी औरत पर अपने रीझने की खुल्लमखुल्ला नुमाइश कर रहा था–और वह भी मेरी मौजूदगी में। वह कुछ छिपा नहीं रहा था। इसलिए इसका मतलब यही हुआ कि उसने ऐसा कुछ नहीं किया, जिससे उसे शर्मिंदा होना पड़े।

इसी दलील के चलते यह भी कहा जा सकता था कि मेरे दिल में निखिल के लिए जो भावनाएँ थीं, अगर मैं उन्हें जता देती तो रंजन को भी यही मानना चाहिए था कि मैं बेकसूर हूँ। सब कुछ खुल्लमखुल्ला था। फिर भी जब मैंने रंजन को उस औरत के वास्ते खाने की प्लेट लाने के लिए डाइनिंग टेबल की तरफ झपटते देखा तो मुझे लगा, मैं तुच्छ और बेकार हूँ। इस बीच वह औरत गमले में लगे एक पौधे के पास खड़ी चॉकलेट में डुबाई अपनी उँगलियों से उसकी गुदाज पत्तियों को अश्लील तरीके से सहला रही थी। कोई पति अपनी पत्नी से इस तरह का व्यवहार कैसे कर सकता है ? क्या उसके दिमाग में यह बात नहीं आई कि मैं भी भूखी हो सकती हूँ ? और मुझे इस तरह से अनदेखा करना बदतमीजी है ?

मैंने मेज पर जाकर खुद अपने लिए खाना लेने का फैसला किया। पौधे के पास खड़ी उस औरत के पास से निकलते हुए मैंने कहा, "हलो–मैं मिसेज मलिक हूँ। रंजन की बीवी।"

वह मुझे देखने–नहीं, मेरा मुआयना करने के लिए बड़ी उत्सुकता से घूमी। उसकी आँखों ने बड़ी बारीकी से मेरे जिस्म का जायजा लिया। फिर उसका मुँह खुला और दाँत चमकाते हुए उसने अपना हाथ बढ़ा दिया।

"अरे...माया...कलकत्तावाली लड़की !" उसने बस इतना ही कहा।

लेकिन जिस अन्दाज में उसने यह एक जुमला बोला था, उसी से मैं समझ गई थी कि वह मेरे बारे में क्या सोचती है। मैं सोचने लगी कि पता नहीं रंजन ने उससे क्या कहा होगा। क्या वे 'कलकत्तावाली लड़की' पर हँसे थे ? क्या उन्होंने इसलिए मेरा मजाक उड़ाया था कि मैं उन लोगों से इतनी अलग थी ?

मैंने देखा, रंजन हम दोनों को घूर रहा था। वह चौकन्ना दिख रहा था। और फिर वह उस औरत की प्लेट लेकर दौड़ता हुआ आया।

"खाली सलाद, ठीक है न ?" उसने कहा।

उस औरत ने सिर हिलाया और मुझे सफाई देने लगी, "मैं बेढब डाइट पर हूँ।

खराब लगता है न, क्यों ? लेकिन तुम क्यों नहीं जाकर छककर खातीं ? यहाँ का खाना हमेशा लाजवाब ही होता है। तुम्हारी बंगाली मछली भी जरूर होगी यहाँ।''

उसने 'तुम्हारी' शब्द पर ऐसे जोर दिया जैसे वह अगर इस 'बेढब डाइट' पर नहीं होती, तब भी मछली को हाथ नहीं लगाती। रंजन ने मेरी पीठ के नीचे हाथ मारते हुए कहा, ''आगे बढ़ो। मैं जल्दी ही तुम्हारे पास आ जाऊँगा।''

इसलिए मैं आगे बढ़ गई और मैंने खाने से लदी मेज को उदासीनता से देखा। कुछ मिनट पहले मैं भूखी थी, और अब सिल्वर के भारी बर्तनों में सजे भारी खाने को देखकर मुझे मतली-सी आने लगी थी। मैंने अपने मन में कहा कि शायद मुझे इतना कोला नहीं पीना चाहिए था।

रंजन मेरे पास आ गया और कुछ ज्यादा ही प्यार से मुस्कुराकर कहने लगा, ''अच्छा खाना है।''

हाँ, मुझे दिखाई दे रहा था कि खाना अच्छा है। मैंने सिर हिला दिया और चिकन का एक टुकड़ा उठाकर अपनी प्लेट में रख लिया। रंजन अपनी प्लेट में चावल का ढेर लगाता जा रहा था और एक आदमी से कुछ मजाक भी किए जा रहा था। इस आदमी की आँखें बाहर को निकली पड़ रही थीं और उसके सुरंग जैसे नथुनों में बाल थे।

रंजन ने मुझे टहोका मारते हुए कहा, ''माया, मेरी पत्नी।''

उभरी आँखोंवाले ने जान-बूझकर सिर हिलाया। ''...कलकत्तावाली,'' वह बुदबुदाया। उसके मुँह में खाना भरा हुआ था।

कलकत्ता को लेकर यह बकवास क्या थी ? ऐसा तो नहीं था कि मैं चाँद से आई थी, या और कहीं से। सारे लोग इस बारे में क्यों बोल रहे थे कि मैं कहाँ से आई हूँ ? मुझे यह महसूस होने लगा था कि मैं कोई अजूबा हूँ। कलकत्तावाली माया !

जब उभरी आँखोंवाला वहाँ से चला गया तो मैंने रंजन से पूछा, ''सारे लोग 'कलकत्तावाली माया' क्यों कहते हैं ? कितनी चिढ़ होती है !''

रंजन ने कन्धे उचका दिए। वह बोला, ''उनका कोई खास मतलब नहीं है। मैं सोचता हूँ, वे ऐसा शायद इसलिए कह देते हैं, क्योंकि यहाँ सभी लोग मुम्बई के हैं। और...और...तुम अलग दिखती हो। लोग फौरन इस फर्क को भाँप जाते हैं। तुम कलकत्ता की लड़की लगती हो—समझीं, मैं क्या कहना चाहता हूँ ?''

मेरी आँखों में आँसू आ गए। मैंने बड़बड़ाते हुए कहा, ''नहीं, मैं नहीं समझी कि तुम क्या कहना चाहते हो। और वैसे भी मैं इन सारी औरतों की तरह क्यों दिखूँ ? शायद मुझे अपनी तरह दिखना ही अच्छा लगता है। शायद मुझे यह अच्छा नहीं लगता कि मैं बनावटी और घटिया और एक...एक वेश्या की तरह सजी-पुती दिखूँ।''

मेरे मुँह से जो 'वेश्या' शब्द निकला, वह मैंने जान-बूझकर नहीं बोला था। रंजन हक्का-बक्का होकर मुझे घूरने लगा।

''तुम किसकी बात कर रही हो ?'' वह बोला, ''इस कमरे में कौन-सी औरत तुम्हें वेश्या जैसी दिखती है—हूँ ? मुझे बताओ। ये सब-के-सब बहुत इज्जतदार लोग हैं। बहुत

काबिल लोग हैं। मेरे साथ काम करते हैं–समझ लो। इन्हें घटिया वगैरह कहने की हिम्मत मत करना।''

मैंने अपने आँसुओं को रोकने की पुरजोर कोशिश की। मैं लोगों का ध्यान अपनी तरफ नहीं खींचना चाहती थी। रंजन की साँसें तेज-तेज चल रही थीं। उसकी प्लेट खाली थी। मैंने बात बदलने की गरज से उससे पूछा, ''कुछ खाओगे नहीं क्या ? तुम्हें जरूर भूख लग रही होगी।''

रंजन ने मुझे घूरते हुए तुनककर जवाब दिया, ''नहीं, मुझे नहीं लगी। अब तो बिल्कुल नहीं लग रही। तुमने मेरी भूख खत्म कर दी है। भूल जाओ इसे। घर चलो।''

उसने जोर से अपनी प्लेटें रखी और वहाँ से चला गया। मुझे बहुत खराब लगा। मुझे अपनी गलती का अहसास भी हुआ। मैं देख रही थी, वह औरत मुझे ही ताके जा रही थी। उसने अपनी प्लेट में रखे पत्ते खा लिए थे और अपनी एक-एक उँगली को बड़ी नजाकत से चाट रही थी। उसकी लिपस्टिक अब भी जस की तस थी और साड़ी पर एक भी दाग नहीं लगा था। मैं जानती थी, उसने मुझे मेरे पति के साथ मूर्खता करते देख लिया था। अब मैं यह नहीं चाहती थी कि वह मुझे यहाँ से भूखी जाते देखे।

मैंने दो-तीन घूँट पानी पिया और खाने की मेज के चारों तरफ घूम-घूमकर अपनी प्लेट में वे सारी चीजें रखने लगी, जो मुझे खानी ही नहीं थीं। वह मुझे अब भी तके जा रही थी। मैं खाने की मेज के चक्कर लगाती रही और खाती रही। मैं जो कुछ खा चुकती थी, उसे दोबारा अपनी प्लेट में रख लेती थी और फिर उसे गड़प कर जाती थी। मैंने एक-दो बार उसकी तरफ भी देख लिया। वह हक्की-बक्की और सहमी हुई दिख रही थी। मैंने अपनी जिन्दगी में इतना खाना पहले कभी नहीं खाया था। मैं उसके सामने यह साबित करना चाहती थी कि 'कलकत्तावाली माया' की भूख काफी अच्छी है, और उसे छरहरी बनी रहने के लिए भूखों मरने की जरूरत नहीं।

21

रंजन अपने दौरे से लौटा तो बेहद खुश था। मैंने थोड़ी हिचक के बाद यह तय किया कि उसके स्वागत के लिए मैं एयरपोर्ट जाऊँगी। मैं इस बारे में निश्चित नहीं थी कि मुझे वहाँ देखकर वह खुश भी होगा या नहीं। वह क्योंकि इंडियन एयरलाइंस के जहाज से आ रहा था, इसलिए मैं नए टर्मिनल पर उसका इन्तजार करने लगी। यह वही टर्मिनल था जिस पर मुम्बई के लोगों को बहुत गर्व था। अक्सर मेरा मन होता था कि मैं उन्हें कलकत्ता के इससे भी नए टर्मिनल के बारे में बताऊँ, लेकिन मैंने ऐसा किया नहीं। मेरी समझ में जल्दी ही यह बात आ गई थी कि यहाँ के लोगों से उन शहरों के बारे में बात करना बिल्कुल बेमानी है जिनके बारे में उनमें थोड़ी-सी भी दिलचस्पी या उत्सुकता नहीं थी।

एक बार न्यूयॉर्क के एक आदमी और उसकी पत्नी से मेरी मुलाकात हुई थी। उनमें भी मैंने यही बात देखी थी। वे न्यूयॉर्क के बारे में बातें करते नहीं थकते थे, जैसे न्यूयॉर्क ही पूरी दुनिया का केन्द्र हो। वे थे तो हिन्दुस्तान में, फिर भी वे यहाँ नहीं थे। उनके मन अब भी न्यूयॉर्क में थे। और मुझे याद आया, मैंने मन-ही-मन कहा था कि उनका यह दौरा बिल्कुल बेकार गया। वे इतना सारा पैसा खर्च करके इतने मील दूर आए थे, लेकिन अगर वे मैनहट्टन में ही रहते और ईस्ट रिवर पर अपने भव्य घर के आरामदेह माहौल से ही ट्रेवल गाइड देख लेते, तब भी वही बात होती।

मुम्बई के लोग भी अपने शहर को लेकर इसी तरह सातवें आसमान पर रहते थे। वे हर समय इसकी शिकायत करते रहते थे और इसकी ढेरों समस्याओं के बारे में घिसी-पिटी बहस करते रहते थे। जब तक वे खुद ये सारी नुक्ताचीनी करते रहते थे तब तक तो ठीक रहता था, लेकिन अगर कोई बाहरी व्यक्ति—जैसे मैं—इस शहर के

खिलाफ एक शब्द भी बोल दे तो वे बड़ी बुरी तरह से उस पर टूट पड़ते थे। और यह भी सच था कि वे और किसी के शहर के बारे में रत्ती-भर भी दिलचस्पी नहीं रखते थे।

"कलकत्ता ?" वे भौंहें चढ़ाकर ऐसे पूछते मानो उन्हें इस नाम की किसी जगह को हिन्दुस्तान के नक्शे में ढूँढ़ने में परेशानी होगी। थोड़ा रुककर, औरतें उदारता दिखाती हुई मुस्कुरातीं और कहती थीं, "वहाँ की साड़ियाँ बहुत अच्छी होती हैं। मेरे एक रिश्तेदार ने जब वहाँ से एक साड़ी मुझे लाकर दी तो मैंने अपने पति के लिए भी एक शानदार धोती ले ली। कढ़ी हुई थी। बहुत देसी। कलात्मक। तुम बंगाली लोग सचमुच अपनी संस्कृति को बहुत प्यार करते हो। यह अच्छी बात है। मुम्बई में रहकर तो हम सारी दुनिया के हो जाते हैं..."

और फिर इस बारे में एक लम्बा भाषण होता था कि इस शहर के हर व्यक्ति और हर चीज में कितनी उदारता है; और यहाँ के मुकाबले बाकी हिन्दुस्तान कितना तंग-दिमाग लगता है।

"यह यहाँ के लोगों की भावना है।" मुझे बार-बार यह बात सुनने को मिलती थी, और मुझे यह सोचकर हैरानी होती थी कि यह कलकत्ता के लोगों की 'भावना' से किस तरह अलग है। क्या चमड़ी के नीचे हम सभी एक जैसे नहीं हैं ?

रंजन को भी अक्सर इस तरह की बात का रोग लग जाता था। वह अपने साथ काम करनेवालों के सामने बढ़-चढ़कर बोलता, "मैं तो पक्का मुम्बई का प्रोडक्ट हूँ। लेकिन मेरी पत्नी...वह कलकत्ता की है। वहाँ की जिन्दगी बहुत अलग है। यहाँ पलने-बढ़ने के बाद मैं वहाँ कभी तालमेल नहीं बिठा पाऊँगा। पता है, कलकत्ता तो एक मरता हुआ शहर है।"

यह एक और बेवकूफी-भरी बात थी, जिससे मुझे बहुत चिढ़ होती थी। लोग कहना क्या चाहते थे ? क्या उन्होंने इस बारे में कभी सोचा भी था ? अगर कलकत्ता मर रहा है तो फिर मुम्बई को क्या कहेंगे ? अगर यहाँ की सड़ाँध और कूड़े के ढेरों को देखा जाए तो, यह तो मर चुका था और सड़ रहा था।

रंजन अपनी कुटिल मुस्कान के साथ लोगों के सामने मेरा हाथ थपथपाता था। "यह कलकत्ता की मेट्रो पर बहुत गर्व करती है।" वह सफाई देता था, और इस बात पर मैं अपने आपको एक बेवकूफ बच्चे-सा महसूस करती थी, जो अपनी टेढ़ी-मेढ़ी ड्राइंग दिखा रहा हो।

फिर वह कहता था, "यह मेट्रो-शेट्रो तो सब बहुत ठीक है...लेकिन कलकत्ता में फोन कभी सही रहते हैं क्या ?"

वह अपने सिर को 'नहीं' की मुद्रा में इधर-उधर हिलाता हुआ फिर कहता था, "मैं कहता हूँ, वहाँ बहुत परेशानियाँ हैं। पता नहीं लोग वहाँ कैसे करते हैं ? वह शहर 'शुद्ध प्रोफेशनल्स' के लिए तो बिल्कुल नहीं है।"

मैं फीकी हँसी हँस देती और नजरें झुकाकर अपनी आपस में गुँथी उँगलियों को

देखने लगती। एक बार हिम्मत करके मैंने जवाब भी दे दिया था, "कम-से-कम वहाँ मुम्बई की तरह सड़कों पर औरतों को चिकोटी तो नहीं काटी जाती, उनके साथ धक्का-मुक्की, छेड़छाड़ और बदतमीजी तो नहीं की जाती।"

रंजन ने मुझे चेतावनी-भरी नजरों से देखा था और जल्दी से इस नादानी पर लीपा-पोती करने की कोशिश में कहा था, "अरे छोड़ो माया...यह इतना खराब नहीं है। मुम्बई आने के बाद तुम्हारे साथ कितनी बार बदतमीजी हुई है—हैं ?"

इस मुँहफट बयान पर मैं शरमाकर रह गई थी और चुप लगा गई थी। घर पहुँचकर मैंने उससे पूछा था कि उसने मेरा मुँह क्यों बन्द कर दिया था।

"यह अच्छा नहीं लगता कि कोई पत्नी अपने पति के शहर की बुराई करे।" उसने कहा था।

"लेकिन पति अगर अपनी पत्नी के शहर की बुराई करे तो वह ठीक है—यही बात है ?" मैं बड़बड़ाई थी।

"तुम बहुत ज्यादा बहस करती हो।" रंजन ने खीझते हुए जवाब दिया था और बाथरूम में घुसकर दरवाजे को जोर से बन्द कर लिया था।

रंजन के मुझे देखने से पहले मैंने उसे देख लिया था। वह चलती हुई सीढ़ियों से नीचे आ रहा था। उसका सूटकेस उसकी बगल में दबा था और प्लास्टिक का एक पैकेट उसके हाथ में था। वह कुछ प्यारा-सा लग रहा था। बाल बिखरे हुए थे और उसकी मनपसन्द लाल रंग की टाई तिरछी हो रही थी। वह अपने सहकर्मी से जोर-शोर से बात कर रहा था और सबसे नीचेवाले पायदान पर आकर गड़बड़ा गया। मैं उसका ध्यान खींचने के लिए अनिश्चित-सी हाथ हिलाने लगी। क्या पता मुझे यहाँ देखकर वह नाराज हो जाए। क्या पता मुम्बई की बीवियों से यह अपेक्षा न की जाती हो कि वे अपने पतियों को हाथ हिलाएँ।

मुझे उसके सहकर्मी ने पहले देखा और रंजन को बताया। रंजन की आँखें चमक उठीं। इस बात से उत्साहित होकर मैं आगे बढ़ी। मुझे समझ में नहीं आया कि अब आगे क्या करूँ। मैंने औरतों को अपने आदमियों के गालों पर हल्के से चूमते हुए और उनकी कमर में एक हाथ डालते हुए देखा था।

लेकिन यह सब मैं सहजता से नहीं कर सकती थी। इसलिए, जब रंजन तेजी से मेरी तरफ आया तो हम अटपटे तरीके से आमने-सामने खड़े हो गए और मुस्कुरा दिए। मैं अपने आपको बिल्कुल बौड़म महसूस कर रही थी और मुझे पक्का लग रहा था कि लोग हमारी अचकचाहट पर हँस रहे हैं।

रंजन ने मुझे प्लास्टिक बैग पकड़ा दिया। "यह तुम्हारे लिए है—साड़ी। तुम्हारी माँ ने भेजी है।" उसने कहा।

मैं निराश हो गई। मैंने सोचा—काश, यह रंजन की तरफ से आई होती। मैंने

शरमाते हुए बैग पकड़ लिया और बहुत तकल्लुफ के साथ 'शुक्रिया' कह दिया (उसका सहकर्मी सुन रहा था और मैं कोई गलती नहीं करना चाहती थी)।

हम टर्मिनल के बाहर आए और रंजन ने चिड़चिड़ाते हुए आसमान की तरफ देखा।

"क्या बारिश नहीं हुई ?" वह बोला, "तब तो गए काम से। इस साल पानी की जबर्दस्त कमी हो जाएगी, देख लेना।"

मैं तो पहले ही देख चुकी थी। रसोई और बाथरूम में बाल्टियाँ भरके पानी जमा किया हुआ था।

"मम्मी कैसी है ?" उसने पूछा और आगे बोला, "हाँ, मैंने उससे बात की थी। मैंने तीन-चार बार फोन किया उसको। वह शिकायत कर रही थी कि उसकी टाँग उसे फिर परेशान कर रही है। मुझे उम्मीद है कि तुम्हें उससे मिलने के लिए जाने का समय मिला होगा।"

मैंने सिर हिला दिया। मैं अपनी सास से मिलने गई थी। एक बार नहीं, दो बार। यह बात अलग थी कि मैं वहाँ से दुखी और उदास होकर लौटी थी। अगर ऐसा नहीं होता तब ताज्जुब की बात होती।

"तुम बिल्कुल ठीक दिख रही हो।" रंजन ने कार में कहा था।

बिल्कुल ठीक ? उसका मतलब क्या था ? या यह उसका तरीका था तेरी तारीफ करने का ? मैं चुप रही और सोचने लगी कि आगे बढ़कर उसका वह हाथ पकडूँ या नहीं, जिससे वह हमारे बीच रखे ब्रीफकेस पर थाप दे रहा था।

"तो, मेरी गैरहाजिरी में तुमने क्या-क्या किया ? कोई चालाकी तो नहीं की ?" उसने सरसरी तौर पर पूछ लिया।

मेरा दिल धक से रह गया। "कुछ नहीं," मैंने थोड़ी हड़बड़ाहट में कहा, "मैंने सचमुच कुछ नहीं किया।"

"नहीं ?" रंजन ने धीरे-धीरे कहा, "माँ कह रही थी तुम बहुत व्यस्त रहीं...अक्सर फोन की घंटी बजती ही रहती थी—कोई उठाता ही नहीं था।"

मैंने सावधानी से कहा, "हो सकता है, उस समय मैं नहा रही होऊँ या और कोई काम कर रही होऊँ।"

"उस समय नहीं," रंजन ने कहा, "मुझे तो यह बड़ा अजीब लगा। तुमने मिट्टी के बर्तन बनानेवाली क्लास में जाना तो शुरू नहीं कर दिया ? या कपड़े बुननेवाली में ?"

तो यह बात है ! मुझे बेहद राहत मिली यह जानकर। "सवाल ही नहीं उठता," मैंने रंजन को विश्वास दिलाया। मेरी आवाज में अब ज्यादा जोर था, "इस सबके लिए समय ही कहाँ होता था ? मैं तो सारी अलमारियों को साफ करने में...रसोई के खानों को ठीक करने में ही लगी रही। अरे हाँ...एक-दो बार मैं बाजार भी गई। और मैंने शाम को टहलना भी शुरू कर दिया है। मुझे थोड़ी कसरत की जरूरत है, मुम्बई आने के बाद मैं कुछ सुस्त हो गई हूँ।"

रंजन लगातार अपने खयालों में ही डूबा दिखाई दे रहा था। "रास्ते में माँ के यहाँ

होते चलें ?'' उसने पूछा, ''उसने मुझसे कहा था कि मैं उससे मिल लूँ। बेचारी, उसका पाँव उसे सचमुच परेशान कर रहा है। और वह कह रही थी कि उसका ब्लड प्रेशर भी फिर से बढ़ गया है।''

''अच्छा !'' मैंने कहा। मुझे इस बात से बहुत राहत मिली थी कि रंजन ने बातचीत का रुख मोड़ दिया है, ''तुम्हारा दौरा कैसा रहा, कामयाब ?''

रंजन खिल गया। बोला, ''बहुत बढ़िया। मैं तो कहूँगा, बेहद कामयाब। कलकत्ता भी बहुत खराब नहीं रहा। हाँ, गरम तो जरूर था। और हमेशा की तरह बिजली भी गुल हो जाती थी। लेकिन हम सब जिस नाइट क्लब में गए, वह बुरा नहीं था।''

''नाइट क्लब ?'' मैंने कहा।

रंजन ने सिर हिला दिया। वह बोला, ''इनकागनीटो—ताज बंगाल में। मैं संगीत सुनने गया था। उनका साउंड सिस्टम बहुत अच्छा बताया जाता है।''

''और...क्या वह अच्छा था ?''

''क्या ?''

''वही, साउंड सिस्टम ?''

''हाँ...मैंने तुम्हें बताया तो।''

''तुमने जब मुझे फोन किया था, तब तो इनकागनीटो के बारे में बताया नहीं, ऐसा क्यों ?''

''बेवकूफों जैसी बातें मत करो, माया ! इसमें ऐसी कौन-सी बड़ी बात है ? मेरे खयाल में यह इतनी अहम बात नहीं थी कि इस पर पैसे खर्च किए जाते।''

यह तो रंजन जैसी बात बिल्कुल नहीं हुई—पैसे बरबाद करने के बारे में उसकी टिप्पणी नहीं, बल्कि उसका नाइट क्लब में जाना। मुम्बई में तो ऐसी कई जगहें थीं—मैं हर समय उनके बारे में पढ़ती रहती थी। डिस्को, पब, रेस्तराँ, क्लब—सभी कुछ था यहाँ। हम आज तक उनमें से किसी में भी नहीं गए। और अब, जब वह कलकत्ता में था तो अकेले नाइट क्लब में भी पहुँच गया।

लेकिन उससे सवाल-जवाब करने का यह सही समय नहीं था। हम उसकी माँ के घर के नजदीक थे। मैंने हल्के मूड में कहा, ''क्यों न मैं तुम्हें यहाँ छोड़ दूँ और सामान के साथ घर निकल जाऊँ ? इससे मुझे खाना गरम करने और चीजों को तैयार करने का समय मिल जाएगा। मैं तुम्हारे लिए कार वापस भेज दूँगी।''

रंजन एकदम राजी हो गया। शायद वह यही सोचता आ रहा था कि मुझसे कैसे कहे कि मैं माँ-बेटे के मिलन की कबाब में हड्डी न बनूँ। मैंने उसका काम ही आसान कर दिया था।

बिल्डिंग के बाहर खड़ी मैं रंजन के छोटे-से बैग से जूझ ही रही थी कि निखिल ने पीछे से हाथ बढ़ाकर उसे मेरे हाथ से ले लिया।

"लाओ, तुम्हारे पति का सागान उठाने में तुम्हारी मदद कर दूँ।" उसने कहा और जिस ढंग से उसने यह कहा, उसने मुझे यह सोचने पर मजबूर कर दिया कि इसके पीछे उसका मदद के अलावा कोई और मतलब तो नहीं है।

निखिल की नजदीकी ने मुझे घबड़ा दिया। इसके अलावा मैं खफा भी थी। मैंने उसे उस दिन के बाद से नहीं देखा था, जब वह अचानक गायब हो गया था और मैं यही सोचती रह गई थी कि क्या गलत हो गया था, बल्कि मैंने कहाँ क्या गलत कर दिया था।

आरोप-भरी आवाज में मैंने घूमते हुए उससे पूछा, "तुम थे कहाँ ?"

निखिल मुस्कुरा दिया, "यहीं। आसपास। अपनी ऐप्लीकेशन तैयार कर रहा था। व्यस्त था।"

मैं गुस्से में काँप रही थी। "तुम आए क्यों नहीं ? या फोन क्यों नहीं किया ? मैं तुम्हारा इन्तजार कर रही थी।"

हे भगवान ! ऐसा कहने के बाद मैं खुद पर ही झुँझला उठी। लेकिन अब तो बहुत देर हो चुकी थी—शब्द मेरे मुँह से निकल चुके थे। कितने अपमानजनक, और कितने स्पष्ट थे वे। ये बिल्कुल वही शब्द थे जो टी.वी. धारावाहिकों में औरतें उन बेदर्द आदमियों से कहती थीं जो हमेशा उन्हें दुत्कारते रहते थे। मैं खुद कह रही थी कि मुझे लज्जित करो।

निखिल रंजन के बैग को घसीटता हुआ धीरे-धीरे ऊपर चढ़ने लगा। उसने मेरे भुनभुनाने पर ध्यान नहीं दिया और बातचीत के लहजे में पूछने लगा, "इसमें है क्या ? मि. मलिक दौरों पर पत्थर लेकर जाते हैं क्या ? मेरे डैडी का बैग देखना, बिल्कुल हल्का होता है।"

मैं अब भी उबल रही थी। "हाँ ?" दरवाजे में चाभी लगाते हुए मैंने पूछा।

निखिल ने बड़ा दिखावा करते हुए अपना माथा पोंछा और अपने हाथ को देखने लगा कि कहीं चोट तो नहीं लगी।

"मैंने बताया तो...मैं व्यस्त था। ये ऐप्लीकेशनें...हे भगवान...कैसा भयानक अनुभव था।"

मैं जोर-जोर से साँस लेते हुए उसे घूर रही थी। निखिल ने आराम से हाथ बढ़ाकर मेरे चेहरे को अपने हाथों में ले लिया। उसके हाथों में से उसके पिता के ऑफ्टर शेव की महक आ रही थी।

"रिलैक्स माया, रिलैक्स," वह बोला, "तुम बहुत परेशान हो। शान्त हो जाओ। मैंने बताया न...मैं भाग-दौड़ में लगा था।"

अब दरवाजा खुल चुका था।

"मैं अन्दर आ सकता हूँ...या अब मुझे इसकी इजाजत नहीं है ? क्या तुम मुझसे बात कर रही हो ? चलो...गुस्सा छोड़ो।"

मैं जानती थी कि मैं उसे कितनी बेवकूफ लग रही होऊँगी। मैंने गहरी साँस लेते

हुए कहा, ''मैं गुस्सा नहीं हूँ। मैंने सोचा था तुम आओगे। फोन करने में कितनी देर लगती है ? मुझे तुम्हारी चिन्ता हो रही थी। मैं यह भी सोच रही थी कि तुम मुझसे परेशान हो गए हो। क्यों, सही है ?''

निखिल हँस दिया और सिगरेट जलाने लगा।

''नहीं, नहीं, प्लीज, यह मत करो। रंजन को इसकी महक आ जाएगी...फिर मेरी खैर नहीं।'' मैंने हड़बड़ाते हुए कहा।

''क्या ?'' निखिल बोला, ''तुम्हारे पति हर जगह सूँघते फिरते हैं क्या ? सही बताओ। यह तो पागलपन है, यार ! अच्छा होगा मैं यहाँ से चला ही जाऊँ।''

मैंने बिना कुछ सोचे-समझे उसकी कलाई पकड़ ली और विनती करने लगी, ''ऐसा मत करो। प्लीज ! ऐसी हरकत मत करो। दो मिनट के लिए अन्दर आओ। मैं तुम्हें कुछ देना चाहती हूँ।''

निखिल ने अपनी कलाई से मेरा हाथ छुड़ाया और दो कदम पीछे हट गया। वह बोला, ''बिल्कुल नहीं। देखो, सब भूल जाओ। हद हो रही है। अच्छा होगा, मैं चला ही जाऊँ। मैं नहीं चाहता कि तुम्हारे पति दौड़ते हुए ऊपर आएँ और मेरे डैडी से शिकायत करें। फिर तो मैं खत्म ही हो जाऊँगा। अभी तो मैं कोई परेशानी मोल नहीं ले सकता। सॉरी !''

मैं हताश हो गई। मैं किसी तरह इस बातचीत को आगे खींचना चाहती थी। मैं यह भी जानती थी कि मैं बड़ा जोखिम उठा रही हूँ। इस बात की पूरी सम्भावना थी कि रंजन किसी भी पल वापस आ जाए।

''ठीक है,'' मैंने निखिल के साथ सौदेबाजी की, ''अन्दर मत आओ। यहीं खड़े रहो। मैं अभी आती हूँ। मैंने तुम्हारे लिए कुछ लिखा है। चिट्ठी है। मैं तुम्हें इसे पढ़ाना चाहती हूँ।''

निखिल ने अपने दोनों हाथ खड़े कर लिये और अपना बायाँ कूल्हा बाहर निकाल लिया।

''ऐ, चीजों को उलझाओ मत। जानती हो, इस समय तुम्हारी बातें ठीक वैसी ही लग रही हैं, जैसी मेरी माँ पापा को झिड़कते समय करती है।'' निखिल बोला।

और फिर वह ऊँची आवाज में औरतों की आवाजें निकालने लगा।

''मैं तो ऐसे नहीं बोलती।'' मैंने सख्त एतराज जताते हुए कहा।

''बिल्कुल बोलती हो, मैडम !'' उसने हँसते हुए कहा।

''ठीक है, तब तो मुझे अफसोस है जो मैंने इसे उठाया। बैग उठवाने के लिए शुक्रिया ! बाई।'' मैंने कहा।

निखिल ने अपनी जेब से अभी हाल का इस्तरी किया रूमाल निकाला और अपना माथा पोंछने लगा।

''तुम्हें फैन की जरूरत है—इलेक्ट्रिक वाले फैन की,'' उसने मुस्कुराते हुए कहा, ''शान्त हो जाओ। मैं तुमसे जल्दी ही मिलूँगा। मुझे पहले इन ऐप्लीकेशनों को ठिकाने

लगाना है।''

मैंने उसके जाते-जाते पुकार कर पूछा, ''कैसी ऐप्लीकेशनें ?''

अगली मंजिल से उसका जवाब आया, ''मैंने तुम्हें बताया नहीं ? मैं अमरीका जा रहा हूँ।'' उसने इस अंदाज में गाते हुए कहा, जिस तरह ब्रूस स्प्रिंगस्टीन का वह गाना जो 'बॉर्न...' से शुरू होता है।

मैं चिल्लाती रही, ''तुमने पहले मुझे क्यों नहीं बताया ?''

निखिल ने भी चिल्लाकर जवाब दिया, ''किसलिए ? मैंने नहीं सोचा कि इसमें तुम्हारी कोई दिलचस्पी होगी।''

ठीक तभी मुझे रंजन की कार के आने और उसके ड्राइवर को हिदायत देने की आवाज सुनी। मैंने बैग को (जो अभी तक दरवाजे के बाहर था) जल्दी से अन्दर खींचा और उसे घसीटते हुए बेडरूम की तरफ ले जाने लगी। इस हड़बड़ी में मैंने बैठक में पड़े उस तार को नहीं देखा, जिसे मैंने पिछली रात इस्तरी करने के लिए वहाँ लगाया था, क्योंकि इस्तरी का बोर्ड टूट गया था और बेडरूम का स्विचबोर्ड बारिश का पानी रिसने के कारण गीला हो गया था।

मेरी सैंडिल उस तार में उलझ गई और मैं सीधी रंजन के बैग के ऊपर जा गिरी। रंजन सीढ़ियाँ चढ़कर ऊपर आ गया था और सामने का दरवाजा अभी खुला था। उसने मुझे फर्श पर पसरे देखा। वह त्योरियाँ चढ़ाकर बाहर ही खड़ा हो गया और मुझे ताकने लगा।

''क्या हो रहा है यहाँ ?'' वह बोला, ''तुम ठीक तो हो ? फर्श पर क्या कर रही हो तुम—और यह सामने का दरवाजा क्यों खुला हुआ है ? मैंने तुम्हें बताया नहीं, यहाँ कितना खतरा है ?''

मेरी आँखों में जरूर विनय-भाव रहा होगा, क्योंकि अचानक उसके चेहरे का भाव भी बदल गया और वह मेरी तरफ आया।

''शायद नीचे तुम्हारी आवाज सुनी थी,'' उसने चिन्तित होते हुए पूछा, ''क्या तुम मदद के लिए चिल्ला रही थीं ? बेचारी...ऐसा तुम क्या कर रही थीं कि इस तरह गिर पड़ीं ?''

उसने इधर-उधर नजर दौड़ाई और उसे तार दिखाई दे गया। वह बोला, ''यह इस्तरी यहाँ क्यों रखी हुई है ? तुमने इस कमरे में कब से इस्तरी करनी शुरू कर दी ? मुझे तुम्हारे तरीके ही समझ में नहीं आते।''

मेरे मुँह से अब भी एक शब्द नहीं निकला था। मुझे दर्द हो रहा था—मेरा घुटना टीस रहा था और मेरी कुहनी ऊपर बाँह तक छिल जाने के कारण भयंकर दिख रही थी। रंजन इस्तरी का तार निकालने में लग गया और उसे वापस बेडरूम में उसकी पहली वाली जगह ले गया। इस्तरी को उसकी सही जगह पर रख देने के बाद ही वह मेरे पास आया और मेरी बगल में बैठ गया। जब उसने मेरी छिली हुई कुहनी देखी तो वह नरम पड़ गया।

"मैं बर्फ लेकर आता हूँ।" कहता हुआ वह रसोई में चला गया। मैं रोने लगी। मेरी आँखों से आँसू टपकने लगे और मैं अपने मुलायम घुटनों के बीच सिर देकर बच्चों की-तरह दहाड़ें मारने लगी। रंजन एक कामचलाऊ आइसपैक बनाकर लाया और उसे मेरी कुहनी पर लगा दिया। मैं तेज दर्द के मारे चिहुँक गई।

"और कहाँ है ?" उसने पूछा। मैंने अपनी साड़ी उठाकर उसे अपने घुटने दिखाए। मुझे इसमें शरम-सी आ रही थी। यह एक नाजायज, बेतुका और अश्लील हाव-भाव लग रहा था। दर्द होने के बावजूद मैं यह सोचने लगी कि पिछली बार रंजन ने मेरी नंगी टाँगों को इतने नजदीक से कब देखा था। बेडरूम की हमारी जिन्दगी एक ढर्रे में बँध गई थी। हम भाई-भाई हो सकते थे, बहनें, या फिर फ्लैट में साथ रहनेवाले। जब कभी रंजन मेरी तरफ हाथ बढ़ाता भी था तो उसके हाव-भाव में किसी तरह की चाहत की गरमी नहीं होती थी। यह एक ऐसा बेगाना और दोस्ताना किस्म का भाव होता था, जिससे मुझे हमेशा यही महसूस होता था कि मैं कोई अच्छा सिखाया हुआ कुत्ता हूँ, जिसे उसके अच्छे बर्ताव के लिए इनाम दिया जा रहा है।

रंजन भी थोड़ा शरमाया हुआ-सा मेरी टाँगों को देख रहा था। शायद वह भूल चुका था कि ये कैसी दिखती हैं। शायद वह जो देख रहा था, उससे खुश नहीं था। मैंने अपनी टाँगों के नंगेपन को ढँकने के लिए अपनी साड़ी को नीचे खींचने की कोशिश की। उसने अपनी नजर घुमा ली।

"अब भी दर्द हो रहा है ?" उसने पूछा। उसके स्वर में चिन्ता थी।

मैंने सिर हिलाया और उसके सीने से अपना सिर टिका दिया। मुझे रंजन की जानी-पहचानी गन्ध से बहुत तसल्ली मिली। मैंने गहरी साँस लेते हुए इस गन्ध को अपने अन्दर लिया। रंजन मेरी पीठ और बालों को सहलाने लगा। मेरा रोना थम गया और मुझे अपने और रंजन दोनों के लिए बेहद अफसोस होने लगा। हाँ, रंजन के लिए भी। उसने अपनी माँ को सन्तुष्ट करने के लिए मुझसे शादी की थी, या अपने अन्दर की किसी चीज को सन्तुष्ट करने के लिए ? (या अपने आप को किसी के मुताबिक ढालने की जरूरत को सन्तुष्ट करने के लिए ?) और मैंने उससे क्या इसलिए शादी की थी कि मैं कलकत्ता से और उस परिवार से दूर जाना चाहती थी, जिसके साथ सचमुच मेरा लगाव नहीं था ?

अब हम दोनों एक ऐसे रिश्ते में बँधे हुए थे, जिससे हम दोनों ही सन्तुष्ट नहीं थे। उसकी जाहिरा तौर पर अपनी तरह से रहने की आदतें थीं, वह उस तरह की जिन्दगी जीना चाहता था जिसका वह अपने कॉलेज के दिनों में और एक होनहार बैंक एक्जीक्यूटिव की हैसियत से आदी हो चुका था—एक आजाद जिन्दगी। और मैं एक मुकम्मिल रूमानी साथी के लिए तरस रही थी—अगर इस तरह का कोई प्राणी सचमुच मेरी कल्पना के बाहर कहीं वजूद में था।

मैं अपने टीसते घुटने को पकड़े फर्श पर बैठी थी कि रंजन के साथ मेरी शादी का समूचा निराशापूर्ण खालीपन मेरे दिमाग में टेलीप्रिंटर के कागज के रोल की तरह घूम गया। जैसे-जैसे एक-एक दिन बीतता गया मैं अपने आपको और भी तबाह महसूस करने लगी। मेरी जिन्दगी मेरी माँ की तरह ही होने जा रही थी। लचर। और मुझे वह साफ आती दिखाई दे रही थी। मेरी माँ ने अपनी जिन्दगी को शायद अनजाने में जिया था। यह और भी खराब बात थी। मैं एक ऐसी जिन्दगी में जा रही थी जो बेइंतिहा उदासी से भरी थी। मैं तो अपनी माँ से भी ज्यादा कायर थी। शायद माँ के पास इस मामले में कोई सही विकल्प नहीं था। लेकिन मेरे पास तो था। और मैं इसके बारे में क्या करने जा रही थी ? कुछ नहीं। क्यों ? क्योंकि मैं इज्जत से बँधी थी।

मैंने अपने आपको यह सोचकर तसल्ली दी कि रंजन और मैं खराब लोग नहीं हैं। हम किसी को नुकसान नहीं पहुँचाते। हम अपने काम से काम रखते हैं। हम दुष्ट या क्रूर नहीं हैं। हम अपनी मर्जी करने के लिए कोई धोखा या चालबाजी नहीं करते। हम बहुत सारे दूसरे लोगों के मुकाबले काफी ठीक-ठाक हैं। और फिर, मुझे अब भी जबरदस्त उम्मीद थी कि हमारी शादीशुदा जिन्दगी का ढर्रा बदलेगा। मैं अपने मन में कहती थी कि इस तरह की बातों में वक्त तो लगता ही है। शादियों को कामयाब बनाने में काफी जोर लगाना पड़ता है। यहाँ तक कि शादी में दोस्ती भी एकदम नहीं बनाई जा सकती।

मैं जानती थी कि मैं जिद्दी हूँ। मुझे यह जिद्दीपन छोड़ना होगा। मेरी माँ हमेशा कहती थी कि शादी की खुशियों में मेरा यह जिद्दीपन रोड़े अटकाएगा।

माँ कहती थी, ''मुद्दा यह है माया, शादी में कुर्बानी देनी होती है। और सारी कुर्बानियाँ औरत को ही देनी होती हैं। जितनी जल्दी तुम इसे मान लोगी, उतनी ही ज्यादा खुश रहोगी।''

अगर मुझे इस बात का कुछ और विश्वास होता तो मैं इसे मान लेती। जिस तरह की जिन्दगी माँ खुद जी रही थी, उसे देखते हुए मुझे ऐसा नहीं लगता था कि उसने कोई कुर्बानी दी थी। या हो सकता है, ठीक इसी बारे में वह मेरी आँखें खोलने की कोशिश कर रही हो। शायद वह अपनी खुद की शादी के सर्वनाश की तरफ इशारा करती थी और मुझे यह बताना चाहती थी कि मैं इन खामियों से कैसे बच सकती हूँ।

अक्सर मैं सोचती थी कि काश, मेरी माँ के साथ मेरे सम्बन्धों में और भी खुलापन होता। मैं उससे उसके बारे में, उसके पुराने दिनों के बारे में, मेरे पिता से शादी करने के उसके फैसले के बारे में सवाल करने को तरसती थी और यह भी पूछना चाहती थी कि उनके और बच्चे क्यों नहीं हुए, वे शादी के बाद की जिन्दगी में इस हालत पर कैसे पहुँचे और उनके बीच क्या मतभेद थे। लेकिन खासतौर पर तो मैं उससे यह पूछना चाहती थी कि अपनी सूखी और रूटीन जिन्दगी के तमाम पछतावों में से उसे किस पछतावे पर सबसे ज्यादा गुस्सा आता था। ऐसे कौन-से समझौते हैं, जो आज भी उसे सालते हैं। ऐसी कौन-सी चाहतें थीं जिनके बारे में उसे पता था कि वे पूरी नहीं होंगी।

जब कभी मैं निराश होती थी तो मैं रंजन के साथ अपनी दस साल बाद की जिन्दगी के बारे में सोचती थी। हाँ, सम्भावना इसी बात की थी कि हमारे कोई बच्चा नहीं होगा। दूसरी तरफ हम एक-दूसरे के दोस्त होंगे—इस बारे में तो मैं बहुत निश्चित थी। पक्के दोस्त। इसमें बस मेरी तरफ से ही थोड़ा जोर लगाने की जरूरत थी। मेरी कोशिशों से ही इस शादी में फर्क पड़ सकता था। मुझे बदलना होगा, और ज्यादा समझदार बनना होगा, और यह सीखना होगा कि रंजन को और अच्छी तरह से कैसे समझा जाए।

जब मैं कम गुस्सा होती थी, उन पलों में मैंने अपने आपको समझाया था कि अगर मैं जोरदार कोशिश करूँ तो मेरी और रंजन की वैवाहिक गाड़ी अब भी चल पड़ेगी। बात बस यही थी—अगर मैं जोरदार कोशिश करूँ ! मैंने पहले ही इस सच्चाई को कबूल कर लिया था कि मैं ही थी, जिसे अपनी वैवाहिक जिन्दगी को कामयाब बनाने के लिए सारी कोशिशें करनी होंगी। क्यों ? क्योंकि रंजन यह जता चुका था कि इस समझौते में उसकी जो भूमिका थी वह उसी दिन खत्म हो गई थी, जब उसने मुझे अपनी पत्नी बनाने का फैसला किया था। बस इसी एक काम ने उसे जिन्दगी-भर के लिए आजाद कर दिया था। यह उसकी कोशिश थी। उसने मुझे चुन लिया था, और यही काफी था।

मैं चिल्लाना चाहती थी, 'नहीं, ऐसा नहीं है। मैं इतनी छोटी-सी बात पर राजी होने के लिए तैयार नहीं हूँ।'

लेकिन यह मेरे गले में फँसी एक खामोश चीख बनकर रह गई, जो बाहर आने में कामयाब नहीं हो पाई। कम-से-कम रंजन झूठे बहाने बनाकर मेरा ध्यान तो नहीं हटा रहा था। वह वही था, जो वह है। अब चाहे उसे स्वीकार करो या छोड़ दो। हो सकता है, अपने पुराने दिनों में उसने कष्ट उठाए हों। लेकिन अगर वह अपने बचपन के बारे में, अपनी किशोरावस्था और अपनी आशा-निराशाओं के बारे में मुझे नहीं बताएगा, तो मुझे पता कैसे चलेगा।

22

मैं जैसे-तैसे दर्द से जूझते हुए अपने पैरों पर खड़ी हुई और लँगड़ाती हुई बेडरूम की तरफ़ चल दी। रंजन मेरे पीछे-पीछे बुदबुदाता आ रहा था, ''मैं फोन करके माँ को बता देता हूँ कि तुम गिर गई हो। वह बताएगी कि क्या करना चाहिए और डॉक्टर को बुलाना चाहिए या नहीं। इन मामलों में वह बहुत होशियार है।''

मैंने नरमी से कहा, ''ऐसी कोई गम्भीर बात नहीं है। मुझे डॉक्टर की जरूरत नहीं है। मैं इन चीजों के बारे में खुद फैसला कर सकती हूँ।''

रंजन ने मेरे मुँह की तरफ़ देखा कि मेरे कहने का कुछ और मतलब तो नहीं है।

वह बोला, ''मुझे पता है कि तुममें अपनी हालत के बारे में फैसला करने की काबिलियत है। फिर भी, मुझे तसल्ली रहेगी, अगर माँ आकर खुद देख ले। तुम्हें एतराज तो नहीं है न ? यह तुम्हारी भलाई के लिए ही है। और फिर, ड्राइवर भी नीचे इंतजार कर रहा है।''

रंजन उठकर उसे बुलाने ही वाला था कि मैंने उसके हाथ पर अपना हाथ रखकर उसे रोक दिया।

मैंने कहा, ''प्लीज...रहने दो। मैं ठीक हो जाऊँगी। मुझे बस थोड़ी-सी बर्फ और चाहिए। हम पड़ोसियों से ले सकते हैं।''

रंजन ने एक झटके से मेरा हाथ हटा दिया। वह बोला, ''मुझे तुम्हारा रवैया समझ में नहीं आता। तुम इतनी जिद क्यों कर रही हो ? मैं तुमसे कहता रहता हूँ कि मेरी माँ के साथ ज्यादा समय बिताया करो, ताकि उससे कुछ सीख सको। मुझे लगता है, तुम उसे पसन्द नहीं करतीं...और मैं तुम्हें बता दूँ, मैं यह बर्दाश्त नहीं करूँगा। वह मेरी माँ है और उसे हर हाल में वाजिब इज्जत मिलनी चाहिए।''

मैंने यह कहते हुए अपना बचाव करने की कोशिश की, ''लेकिन मैं उनकी इज्जत करती तो हूँ। कौन कहता है मैं नहीं करती ? और मैं उन्हें और भी अच्छी तरह से समझने की कोशिश कर रही हूँ। हकीकत यह है कि मैं उनसे थोड़ा डरती हूँ—वह बहुत सख्त हैं न !''

मुझे विश्वास था कि यह बात रंजन की समझ में आ जाएगी और वह नरम पड़ जाएगा। लेकिन ऐसा नहीं हुआ।

वह बोला, ''मेरी माँ—और सख्त ? तुम पागल तो नहीं हो ? तुम्हें पता ही नहीं कि वह कितनी प्यार करनेवाली है। उसका पूरा दिन दूसरों की सेवा में निकल जाता है। तुम्हें पता है, वह कितनी चैरिटेबल संस्थाओं से जुड़ी है ? लोग उसे प्यार करते हैं, उस पर श्रद्धा रखते हैं। वह बहुत दयालु है। बस एक तुम्हीं को उसकी ये सब खूबियाँ दिखाई नहीं देती हैं। तुम्हें पता है, क्यों ? क्योंकि तुम देखना ही नहीं चाहतीं। यही परेशानी है। ठीक है...अगर तुम नहीं चाहतीं कि वह यहाँ आकर तुम्हारी मदद करे तो छोड़ो इसे। तुम्हीं भुगतोगी। अगर कुछ गड़बड़ हो जाए तो बाद में मुझे दोष मत देना।''

यह कहकर वह बाथरूम की तरफ चल दिया। ''मेरा तौलिया कहाँ है ?'' वह बोला, ''तुम्हें शेविंग क्रीम रखने की तो याद रही होगी ? यह दिया जाता है आदमी को, जब वह लम्बे दौरे से वापस आता है। ऐसे स्वागत होता है उसका ! मेरी चप्पलें कहाँ हैं ? वे अपनी जगह पर क्यों नहीं हैं ? सच ! कमरे की हालत तो देखो। इस हफ्ते धोबी नहीं आया क्या ? तुमने पलंग की चादर क्यों नहीं बदली ?''

मैंने अपने टीसते घुटने को पकड़े हुए बेचैनी में कहा, ''धोबी तो आया था, लेकिन मैं बिस्तर पर इतनी ज्यादा तो रही नहीं, इसलिए चादर बदलने की मैंने जरूरत नहीं समझी। सॉरी ! शेविंग क्रीम वहीं वाश बेसिन के बगल में है। तौलिया भी अन्दर ही है।''

रंजन ने अपने कपड़े उतारकर फेंक दिए, लेकिन अंडरवियर हमेशा की तरह चढ़ाए ही रहा। दर्द होते हुए भी मैं यह सोचे बिना नहीं रह सकी कि इस हालत में वह कितना कार्टून दिख रहा है। वह गुस्से में कमरे में इधर से उधर घूमता हुआ फर्श पर अपने पैर पटक रहा था और अपनी खीझ दिखा रहा था। वह खाली सफेद अंडरवियर में था, जिसकी इलास्टिक उसके दौरे से पिचक गए पेट पर लटक रही थी।

उस रात, अपने पति की बगल में लेटी हुई मैं सेक्स के बारे में सोचने लगी और सोचने लगी कि यह कितना पेचीदा मुद्दा है, या शायद हम ही ने इसे पेचीदा बना दिया है। जहाँ तक मेरा सवाल है, मुझे जो बातें सचमुच मालूम ही नहीं थीं, उनकी कमी मुझे अखर भी कैसे सकती थी। मैं प्यार के शारीरिक प्रदर्शन से ही खुश थी। मुझे इसी में मजा आता था कि वह मुझे पकड़ता है, सहलाता है, चूमता है। लेकिन मुझे यह भी पता था कि शादी का मतलब केवल यही नहीं होता।

पिछले कुछ हफ्तों में मैंने ऐसे कई टी.वी. कार्यक्रम देखे थे, जिनमें सेक्स के बारे में चर्चा थी। उनमें कुछ नई जानकारियाँ ऐसी भी थीं जो चौंकानेवाली थीं। मैं हैरान थी कि आम लोग इन कार्यक्रमों में आकर अपनी जिन्दगी के ऐसे अन्तरंग पहलुओं पर बात कैसे कर लेते हैं। क्या मैं ऐसा कर सकूँगी ? क्या मैं किसी पैनल में बन-ठनकर बैठकर दुनिया को यह बता सकती थी कि मेरे पति और मेरे बींच सेक्स के रिश्ते बिल्कुल भी नहीं हैं ? कि मैंने कभी चरम सुख का अनुभव ही नहीं किया है ? कि मुझे अपने पति के सामने नंगा होने में अभी भी शर्म और संकोच महसूस होता है ? कि मैं इस हकीकत को स्वीकार कर चुकी हूँ कि मैं कभी माँ नहीं बनूँगी ?

क्या मैं ऐसा कर सकती थी ? कभी नहीं। और, मैं ऐसी किसी स्थिति में रंजन के होने की भी कल्पना नहीं कर सकती थी। यह हम दोनों का आपसी मामला था। हमें ही इसे सुलझाना था। या इसी के साथ सन्तुष्ट रहना था। मैंने सलाह लेने के बारे में भी सोचा था—आजकल लोग ऐसा कर ही रहे हैं। मैंने एक अच्छा कार्यक्रम देखा था और उसके सलाहकारों से मैं बहुत प्रभावित हुई थी।

लेकिन रंजन इसके लिए कभी राजी नहीं हो सकता था। एक-दो बार मैंने हिम्मत करके यह मुद्दा छेड़ा भी था, लेकिन उसने तुनककर यही जवाब दिया था, "तुम्हें परेशानी क्या है ? तुम तो एक तरह से सेक्स की दीवानी औरतों की तरह बोलने लगी हो। क्या तुम सेक्स की इतनी भूखी हो ? तुम्हारे दिमाग में और कुछ है ही नहीं ? सेक्स किसी के लिए इतना अहम कैसे हो सकता है, मेरी समझ में यह कभी नहीं आया। अगर तुम अपने दिमाग को उलझाए रखो और काम में लगी रहो तो फिर सेक्स के बारे में चिन्ता करने का वक्त ही कहाँ रह जाता है। सच, मुझे तो हैरत हो रही है।"

उसने इस तरह के खयाल रखने के लिए मुझे ऐसा कायल किया था कि मुझे खुद पर ही शर्म आने लगी थी। मैं अपने आपको नीच और गन्दी महसूस करने लगी। शायद वह ठीक कह रहा था। शायद जो औरतें मुकम्मिल जिन्दगी जीती हैं, वे सेक्स की कमी को लेकर खुद को परेशान नहीं होने देतीं। तो फिर टी.वी. कार्यक्रमों में आनेवाले ये सारे मेहमान यही राग क्यों अलापते रहते थे ? मुझे याद है, एक औरत ने कहा था कि वह इसके बिना एक दिन भी नहीं रह सकती। इसकी सफाई में उसने यह स्वीकार किया था कि उसमें सेक्स का जोर बहुत ज्यादा है। अच्छा, तब तो मुझमें सेक्स का जोर जरूर बहुत कम होगा, और रंजन में तो यह बिल्कुल होगा ही नहीं।

मैं इस अहसास को नहीं रोक सकी कि कोई चीज थी, जो मुझे नहीं मिल पा रही है, हालाँकि मुझे यह पता नहीं था कि वह चीज थी क्या। मैंने ओपरा विनफ्रे को अपने कार्यक्रम में एक औरत को हस्तमैथुन की सलाह देते सुना था। उसी कार्यक्रम में मैंने दूसरी औरतों को भी इस सलाह का समर्थन करते सुना था। इनमें से एक-दो औरतों ने तो इसे 'अपने आपको खुश करने का रोमांचक नया तरीका' बताकर पेश किया था। मैं भी इससे बेहद प्रभावित हुई थी, लेकिन जब इन औरतों के बताए कुछ तरीकों को आजमाकर देखने की बात आई तो मैं हिम्मत ही नहीं कर पाई।

मेरी परेशानी बहुत सीधी-सी थी—मैं अपने शरीर को लेकर निश्चिंत कभी नहीं हो पाई थी। जब मैं बच्ची थी, तभी मेरी माँ ने मेरे नंगे बदन और मेरे बदलते उभारों के बारे में मुझे बहुत खबरदार कर दिया था। जब मैं किशोरावस्था में पहुँची तो उसने बड़े नाटकीय अन्दाज में अपना माथा ठोंका था और मुझे ऐसा लगने लगा था, मानो हम दोनों पर ही कोई भारी विपत्ति आ पड़ी हो। उस 'घटना' (माँ ने यही कहा था) के बाद मेरे माता-पिता ने मुझे अपने से चिपटाना या सहलाना बन्द कर दिया था।

"अब तुम जवान हो गई हो," माँ ने हिदायत दी थी, "अब जवानों की तरह ही तुम्हें रहना है। शैतान लड़कों की तरह अब अपने बाप के ऊपर कूदा-फाँदी मत करना। ऐसा नहीं करते। अपने हाथ-पैरों का खयाल रखो कि कहाँ जा रहे हैं। मुद्दा यह है, इस घटना ने तुम्हारी जिन्दगी को हमेशा के लिए बदल दिया है। अब तुम्हें किसी भी आदमी के साथ कुछ ज्यादा ही होशियार रहना होगा—अपने बाप के साथ भी। अब उनकी गोद में बैठना और पलंग पर उनकी बगल में लेटना बन्द करना होगा तुम्हें। हमारे सामने अब कपड़े भी नहीं बदलोगी तुम। अगर तुम्हें कोई कपड़ा उतारना है तो बाथरूम में जाओ। और यह हमेशा याद रहे, अगर तुम खुद अपने बदन की देखभाल नहीं करोगी तो फिर कोई और भी नहीं करेगा।

"एक बात और, किसी को अपने बहुत पास मत आने देना। इस बात का पूरा खयाल रखना कि कोई तुम्हें कहीं भी छूने की कोशिश न करे। अगर कोई तुम्हारे साथ अजीब हरकत करने की कोशिश करता है या तुमसे कोई गन्दा काम करने को कहता है तो फौरन मुझे आकर बताओ।"

माँ की बातों ने मुझ पर जबर्दस्त असर डाला था और मैं पूरी तरह से अपने आपमें सिमट गई थी। मैं अपने शरीर को छूने से बचाने लगी। मेरा जिस्म मेरे ही लिए एक बड़ी जिम्मेदारी हो गई। मैंने इसके और अपने मन के बीच एक दूरी बना ली। अगर कोई किताब पढ़कर या कोई फिल्म देखकर मैं उत्तेजित हो जाती तो मैं अपने ऊपर यह दोष लगाती थी कि मैं 'गन्दे खयालोंवाली गन्दी लड़की' हूँ। मैंने अलमारी में लगे बड़े-से शीशे में अपनी छातियों को या नीचे के हिस्से को देखना बन्द कर दिया। मेरे उस हिस्से पर पहले-पहल कुछ बाल आए तो मुझे उन्हें देखने से भी नफरत होती थी और मैं सोचती थी कि क्या सारी लड़कियों को वहाँ पर बाल आते हैं या मुझमें ही कोई गड़बड़ी है।

उन सालों में मेरे लिए सबसे ज्यादा गर्व के पल वे थे जब मैंने माँ को एक आंटी से यह कहते सुना था, "जहाँ तक माया का सवाल है, मुझे कोई चिन्ता नहीं है। वह और लड़कियों की तरह नहीं है। वह बहुत पाक और अछूती है।"

लेकिन क्या उसका कहना सही था ? जब मेरी टाँगों के बीच सुरसुरी होती थी और मैं इसे दबाने के लिए अपने घुटनों के बीच तकिया रखकर भींचती थी, तब मुझे पता रहता था कि मैंने गलत काम किया है। लेकिन यही एक तरीका था, जिससे मैं बर्दाश्त न हो पानेवाले उस धीमे-धीमे दर्द से कुछ राहत महसूस कर सकती थी, जो मुझे और

कुछ भी नहीं करने देता था।

मैं यह सोचकर हैरान होती थी कि रंजन अपने जोर को शान्त करने के लिए क्या करता होगा। जरूर वह भी यही करता होगा...अपनी जिन्दगी में कभी-न-कभी सभी लोग इस काम को करते हैं। मैंने एल. टी.वी. पर एक आकर्षक एनाउंसर को एक मेहमान मर्द से सीधे-सीधे यह पूछते सुना था कि वह कितनी बार हस्तमैथुन करता है और कैसे ? उस आदमी ने भी उसी तरह सीधे-सीधे जवाब दिया था कि वह हफ्ते में कभी तीन तो कभी चार बार हस्तमैथुन करता है, और वह 'यह काम करने' के लिए अपने हाथ इस्तेमाल करता है।

रंजन तो लगता था, जैसे कुछ नहीं करता होगा। फिर भी, न तो वह कुंठित दिखाई देता था और न ही दुखी। कभी-कभी मेरे मन में आता था कि मैं ही पहल करूँ और उसके साथ अपनी किस्मत आजमाऊँ। सो, एक रात जब हम बिस्तर में लेटे हुए थे तो मैंने सकुचाते हुए उसके पास सिमटकर उसे सहलाने की कोशिश की थी, लेकिन वह तो चिहुँक गया था—वह इस तरह उछलकर पीछे हट गया था, जैसे उसे बिजली का झटका लगा हो। वह बड़ी देर तक बिस्तर में काँपता रहा था। उसकी साँसें तेज हो गई थीं और आँखें भिंच गई थीं।

"यह घटिया औरतों जैसी हरकतें बन्द करो, वेश्याओं जैसी !" वह बड़बड़ाया था और फिर करवट बदलकर सो गया था।

हाँ...आज रात मैं एक घटिया औरत, एक वेश्या की तरह ही हरकत करना चाहती थी। मुझे नींद बिल्कुल नहीं आ रही थी। मेरे घुटने में अब भी दर्द हो रहा था और टाँगों के बीच की वह पुरानी पीड़ा भी मुझे परेशान कर रही थी। मैंने रंजन की तरफ बढ़ते हुए अपना हाथ उसके सीने पर रख दिया और अपना सिर उसके कन्धे पर टिका दिया। मुझे उसके शरीर का तनना और बचने की कोशिश करना साफ महसूस हो रहा था। उसकी आँखें बिल्कुल खुली हुई थीं और वह एकटक छत को घूर रहा था।

"क्या परेशानी है ?" मैंने प्यार से पूछा।

"कुछ नहीं। किसने कहा कि कोई परेशानी है ?" रंजन ने जवाब दिया।

"प्लीज...मुझे चूमो !" मैंने विनती की।

उसने सिर घुमाकर मेरे गाल पर हल्के से चूम लिया।

"ऐसे नहीं, ठीक से।" मैंने कहा।

रंजन धीरे-धीरे मुझसे दूर हो गया। वह बोला, "मुझे और कोई तरीका नहीं आता ...प्लीज माया, मैं थका हुआ हूँ। मैं सफर करके आया हूँ। धुआँधार दौरे के बाद आदमी को थोड़े आराम और थोड़ी शान्ति की जरूरत होती है। पहले तो तुम किसी चीज से उलझकर गिर पड़ती हो और तमाशा खड़ा कर देती हो। अब तुमने यह शुरू कर दिया। तुम किसी और चीज के बारे में क्यों नहीं सोचतीं ? या जाकर ड्राइंग रूम में कोई किताब

पढ़ो। मैं कहता हूँ...औरत को कुछ दिन के लिए अकेला छोड़ दो तो वह खुद के लिए भी और दूसरों के लिए भी मुसीबत खड़ी कर देती है।''

मैंने पक्का इरादा किया हुआ था कि इस बार मैं इतनी आसानी से हार नहीं मानूँगी। मैंने अपनी तर्जनी को उसके बाएँ कान पर फेरते हुए फुसफुसाकर कहा, ''मुझे तुम्हारी कमी बहुत अखरी। सच। यहाँ तुम्हारे बिना मैं इतनी अकेली थी। मुझे इस खाली मकान में रहने से चिढ़ हो रही थी। सारा समय तुम्हारे बारे में ही सोचती रहती थी मैं। तुम्हारे वापस आ जाने से मुझे बहुत खुशी हो रही है।''

मैं उसके और नजदीक खिसक गई। बोली, ''रंजन...इस समय मैं बहुत खुश हूँ। मैं तुम्हारे इतने नजदीक महसूस कर रही हूँ। कितना अद्‌भुत होगा अगर...'' मैंने अपनी बात अधूरी ही रह जाने दी।

रंजन ने इस तरह से, बहुत धीमे से अपने आपको खिसकाया कि उसका जिस्म अब मेरे बदन से छू नहीं रहा था। मुझे यह महसूस होना चाहिए था कि मुझे दुत्कार दिया गया है। लेकिन मैंने ऐसा कुछ भी महसूस नहीं किया। मैं इस बातचीत को अंजाम तक पहुँचाने के लिए संकल्पित या यों कहिए अभिशप्त थी।

''तुम मुझसे दूर क्यों हट रहे हो ?'' मैंने पूछा, ''क्या मैं तुम्हें अच्छी नहीं लगती ? क्या तुम्हें मेरे शरीर से नफरत है...या बस मुझसे ?''

रंजन ने अपनी आँखें छत की तरफ घुमाईं और उसके चेहरे पर खीझने का भाव आ गया।

''हे भगवान, माया, यह बकवास क्या हमें अभी शुरू करनी होगी ? तुम समझ नहीं सकतीं क्या–मैं थका हुआ हूँ।''

उसने कुछ ज्यादा ही जोर से आह भरी। मैं उसके बालों में उँगलियाँ फिराने लगी, भले ही उसने झटके से अपना सिर हटा लिया।

''लाओ, तुम्हारी मालिश कर दूँ। इससे तुम्हें सचमुच आराम मिलेगा...मैं बहुत बढ़िया मालिश करती हूँ।'' मैंने अपना मुँह उसके कान के पास ले जाते हुए धीमे से कहा।

रंजन थोड़ा और पीछे सरक गया। मुझे चिन्ता हुई। अगर वह दो इंच और पीछे सरका तो बिस्तर से सीधे फर्श पर गिरेगा। मैंने उसकी टाँग पर अपनी टाँग रख दी और अपने पैर को उसके पैर में फँसा दिया। वह अपनी टाँग को वैसे ही फैलाए रहा। वह अब भी तना हुआ था और बचने की कोशिश कर रहा था।

''रंजन, मैं इतनी अकेली रही हूँ...इस पराए शहर में बिल्कुल अकेली रही हूँ मैं। इस मकान में अकेली रही हूँ मैं, जो मुझे अभी मेरा नहीं लगता।'' मैंने कहा।

वह मेरी ओर पूरा घूम गया। फिर बोला, ''किसका कुसूर है यह–हैं ? मेरा ? यह तो तुम्हारे हाथ में है कि तुम घर जैसा महसूस करो। दूसरों की बीवियाँ दूर-दूर सफर करती हैं। मैं ऐसी कई लड़कियों को जानता हूँ जो जाकर न्यूजीलैंड में बस गई हैं–तुम्हें पता है कितनी दूर है वह ? कैनेडा...दक्षिण अमरीका। तुम किस बारे में शिकायत कर

रही हो ? और ऐसा भी नहीं है कि मुम्बई कोई जंगल है...सुविधाओं से खाली कोई पिछड़ा शहर है। अगर तुम मुम्बई से भी तालमेल नहीं बिठा सकतीं तो फिर तुम बेंगलूर या चेन्नई या दिल्ली से क्या तालमेल बिठा पाओगी—अगर मेरा ट्रांसफर वहाँ हो गया तो ?

''और तुम अपने ही मकान में घर जैसा नहीं महसूस होने की बात कर रही हो ! यह तो बड़ा मजाक है, क्यों ? क्या तुमने इसे और ज्यादा रहने लायक बनाने की कोशिश की है ? मैंने तुमसे शुरू में ही कह दिया था—माँ को साथ लेकर चलो। उससे तुम्हें इस घर को और अच्छा बनाने में मदद मिलती। लेकिन तुमने मेरी बात सुनी ? नहीं। तुमने तो जिद करके अपने ही तरीके से सब कुछ करने की कोशिश की। अब देखो क्या हुआ। मुझे नहीं पता, माया ! तुम्हारा रवैया सचमुच बहुत उलटा है। हर समय की इन शिकायतों से मैं तंग आ गया हूँ। मुझे अपने काम में दिमाग लगाना होता है। अगर मैं तुम्हारी परेशानियों को ही अपने दिमाग में लेकर बैठा रहा तो अपना काम कैसे करूँगा ? और तुम्हारी परेशानियाँ भी तो सचमुच की नहीं होतीं। तुमने खुद इन्हें मोल ले रखा है। क्या बकवास है ! यह अच्छा नहीं लगता, वह अच्छा नहीं लगता ! मुम्बई अच्छी नहीं लगती, तुम्हारा घर अच्छा नहीं लगता।''

मैंने उसके धाराप्रवाह प्रलाप को धीमे से यह कहकर काट दिया, ''मैंने यह नहीं कहा कि मुझे मुम्बई अच्छी नहीं लगती या मुझे यह घर अच्छा नहीं लगता। शायद मुझे यह बात दूसरी तरह कहनी चाहिए थी। शायद मुझे कुछ कहना ही नहीं चाहिए था। ओह रंजन...छोड़ो यह लड़ाई-झगड़ा, यह बहसबाजी। जैसे तुम थके हुए हो, वैसे ही मैं भी थकी हुई हूँ। भूल जाओ कि बात मैंने शुरू की। मुझे अफसोस है...सचमुच, सचमुच अफसोस है।''

मैं करवट लेकर सोने ही जा रही थी कि रंजन ने रुखाई से मेरा कन्धा पकड़ लिया। वह पलंग पर बैठा हुआ था और उसकी बड़ी-बड़ी आँखें अपने कोटरों से गिरने को हो रही थीं।

''रुको...यह कह देना बहुत आसान है कि 'मुझे अफसोस है'। अब यह कहने की क्या तुक है कि तुम्हें अफसोस है। जो थोड़ी-बहुत रात बची थी, वह तो तुमने बरबाद कर ही दी। मैं तुम्हें समझ नहीं पाया, माया। तुम्हें परेशानी क्या है ? तुम एक आरामदेह मकान में रहती हो। पैसों की कोई कमी है नहीं। मैं तुम्हारे साथ अच्छा बर्ताव करता हूँ। तुम्हारे पास दुनिया-भर का समय होता है, और तुम चाहो तो हर समय पलंग पर आराम कर सकती हो। मैं कुछ माँगता नहीं हूँ। मैं तो खाता भी वही हूँ जो तुम मुझे बनाकर दे देती हो। लेकिन तुम फिर भी सन्तुष्ट नहीं हो। याद रखो, सन्तोष इस तरह से नहीं आता। मेरी माँ से सीखो।''

मैं जानती थी कि मैंने जो कहा, वह मुझे नहीं कहना चाहिए था, लेकिन मैं अपने आपको रोक नहीं पाई।

''क्या तुम्हारी माँ खुश हैं ? क्या वह सन्तुष्ट हैं ?'' मैं बड़बड़ाई।

रंजन जैसे पलंग पर से उठकर नीचे आ गया।

वह बोला, "तुम उसकी निन्दा कर रही हो ? तुम्हारी हिम्मत कैसे हुई ! हाँ, वह खुश है, बहुत खुश। अगर तुम थोड़ा-सा भी उसके जैसी बनने की कोशिश करो तो तुम्हारी समझ में आ जाएगा। वह बहुत थोड़े में ही खुश है। मेरी खुशी उसकी खुशी है। तुम कैसे समझोगी यह सब ? तुम तो बस अपने बारे में सोचती हो।"

रंजन इतना उत्तेजित था कि गुस्से में उसका शरीर काँप रहा था। मैं चौंक गई और काफी डर भी गई। मैंने हाथ जोड़ते हुए उससे विनती की, "मेहरबानी करके रुक जाओ...हमें लड़ना नहीं चाहिए। मैं तुम्हें तंग नहीं करना चाहती, रंजन !"

"तंग ?" उसने डकारते हुए कहा, "मैं पहले ही तंग आ चुका हूँ—इससे ज्यादा और कितना तंग करोगी मुझे तुम ?"

उसने नाटकीय अन्दाज में पलंग के पास रखे फोन की तरफ हाथ बढ़ाया।

"किसे फोन कर रहे हो तुम ?" मैंने पूछा। मेरी आवाज टूट रही थी।

"तुम्हारी माँ को।" उसने दाँत पीसते हुए जवाब दिया।

"लेकिन क्यों ? इतनी छोटी-सी बात में उसे क्यों घसीट रहे हो ? वह खामख्वाह चिन्ता में पड़ जाएगी।" मैं गिड़गिड़ाई।

"खामख्वाह ? मुझे यह बेहयाई पसन्द आई। तुम्हें उनकी दिमागी हालत की तो चिन्ता है, और मेरी ? या उससे तुम्हारा कुछ वास्ता नहीं है ? मैं हार्ट-अटैक से मर सकता हूँ—अभी, इसी पल। मुझे अपने सीने के अन्दर कुछ कसकता-सा लग रहा है।"

उसने अपनी नाइटशर्ट की जेब को पकड़ा और आँखें बन्द कर लीं। मुझे कोई एतराज नहीं हुआ। बस उसका हाथ फोन पर नहीं होना चाहिए था। मैं ठंडा पानी लाने रसोई की तरफ दौड़ी। जब मैं वापस बेडरूम में आई तो वह पसर चुका था और उसके हाथ उसकी दोनों तरफ थे। वह बहुत शान्त दिख रहा था। वह मुर्दा भी हो सकता था। मैंने एक छोटी-सी प्रार्थना की और उसके पास गई।

"रंजन..." मैंने नरमी से कहा, "रंजन..."

कोई जवाब नहीं मिला। मैंने उसके माथे पर अपनी हथेली रखी। उसने कोई बचाव नहीं किया। उसकी साँस ठीक थी और उसके चेहरे पर उत्तेजना का भाव पहले से कम था। जल्दी ही वह गहरी नींद में सो गया।

मैं काफी देर तक उसके पलंग के पास बैठी रही। कुछ देर बाद वह खर्राटे लेने लगा। आखिरकार, मैं पलंग के अपनी तरफवाले हिस्से पर आ गई और मैंने थककर अपने सिर को तकिए पर रख दिया। ठीक खिड़की के बाहर, निखिल की मोटरसाइकिल चालू होने की आवाज सुनाई दे रही थी। मेरा मन हुआ कि दौड़ पड़ूँ और उसके निकल जाने से पहले ही कोशिश करके उसे देख लूँ। उसके अपनी मोटरसाइकिल को किक मारकर चालू करने की आवाज सुनने मात्र से ही मेरा मन उदासी से भर गया। मैं उसकी पिछली सीट पर उसके साथ बैठी हो सकती थी। हम मुम्बई की रात में फर्राटा भरते होते। सम्भावनाएँ तो बहुत थीं...लेकिन क्या यही बात मैंने उस दिन नहीं सोची थी,

जब मैंने प्रदीप मामा और माँ की बातचीत में मामा को यह कहते सुना था कि हम एक बहुत 'होनहार' वर को देखने मुम्बई आ जाएँ ?

मैं रंजन को दोष नहीं देना चाहती थी। न ही किसी और को। वादे रंजन ने नहीं किए थे। वह तो मैंने ही मूर्खता की थी कि खुद ही मन में ऐसा मान बैठी। रंजन ने पैसों का सहारा, रहने के लिए एक अच्छा मकान और चार जून का खाना देने के अलावा और कोई वचन नहीं दिया था। जहाँ तक खुद रंजन का सवाल था, वह अपने वचन को पूरा कर चुका था। अब यह मेरे ऊपर था कि मैं उसे स्वीकार करूँ या अस्वीकार।

23

मेरी सास सुबह साढ़े सात बजे से पहले बहुत ही कम फोन करती थी। वह अपने बेटे के दैनिक कर्म का सम्मान करती थी और उसके स्नान-शेविंग-प्रार्थनावाले ढर्रे के बीच उसे कभी नहीं छेड़ती थी। इसीलिए छह बजे उसकी आवाज सुनकर मुझे ताज्जुब हुआ।

बिना नमस्कार-प्रणाम के उसने भर्राई आवाज में बहुत धीमे-से कहा, ''उसे फोन दो, जल्दी।''

मैं समझ गई कि कुछ-न-कुछ जरूर हो गया है। कहीं कुछ गड़बड़ थी। रंजन जाग चुका था और इस समय 'दि टाइम्स ऑव इंडिया' के कारोबारवाले पृष्ठ पढ़ रहा था (वह एनरॉन-विवाद को इतनी दिलचस्पी से पढ़ता आ रहा था कि मैं चकित थी–या शायद डाभोल प्रोजेक्ट में उसके बैंक के शामिल होने-न होने की मुझे कोई जानकारी नहीं थी)।

मैंने उसे हमेशा से ज्यादा तेज आवाज में पुकारा।

''सुबह-सुबह क्यों चिल्ला रही हो ?'' वह भुनभुनाया।

''माँ का फोन है।'' मैंने उसका चाय का खाली प्याला उठाते हुए कहा। उसने अखबार रख दिया और फोन मेरे हाथ से ले लिया।

''माँ ?'' उसने कहा। उसकी आवाज में दर्द था। वह माँ के कहने से पहले ही फौरन समझ गया कि कुछ गड़बड़ है। उसने अपनी माँ को भरोसा दिलाया कि वह चल पड़ा है, और रिसीवर रख दिया। वह झपटकर कमरे में गया और जल्दी-जल्दी कपड़े पहनने लगा।

''ऑफिस में फोन करके बता देना कि कोई जरूरी काम आ गया था।'' उसने मुझे हिदायत दी।

मैं जल्दी-जल्दी भाग-दौड़ करके उसे उसका रूमाल और मेल खाते मोजे पकड़ाने लगी।

"क्या हुआ ?" मैंने उससे पूछा। वह अलमारी खोलकर नोटों की गड्डी निकाल रहा था, जिसे वह भूरे रंग के अपने पुराने सूट की जैकेटवाली जेब में सँभालकर रखता था।

"मुझे लगता है, माँ के दिल को कुछ हुआ है।" उसने थोड़े में समझाया।

"उन्हें दौरा पड़ा है क्या ?" मैंने चिन्ता जताने की कोशिश करते हुए पूछा, हालाँकि मुझे कोई चिन्ता नहीं हो रही थी। रंजन ने पैसों को अपनी पैंट की जेब में रखते हुए सिर हिलाया। मैं इससे बहुत ज्यादा विचलित हो गई। वह इसे रहस्य बनाकर रखना चाहता था—यह उसके अपने पैसों की बात थी, जिसे वह मुझे नहीं बताना चाहता था। अक्सर जब वह सोचता था कि मैं कमरे में नहीं हूँ तो वह उनमें से कुछ पैसे निकाल लेता था। अगर कभी मैं अनजाने में उस समय वहाँ पहुँच गई जब वह अपने बटुए में कुछ सौ रुपए सरका रहा होता था, तो वह अलमारी के दरवाजे को जल्दी से बन्द कर देता था और मेरी तरफ घूम जाता था। तब उसके चेहरे पर बड़ा अजीब भाव होता था।

एक-दो बार मेरा उससे यह पूछने का मन हुआ था कि क्या उसके खयाल से मैं कोई चोर हूँ, जो उसकी जैकेट की जेब की तलाशी लूँगी और दो-एक हजार रुपए लेकर भाग जाऊँगी। लेकिन हमारे बीच ऐसे गुप्त संकेत होते थे कि मैं हमेशा यह जताती थी कि मैंने कुछ भी नहीं देखा, और रंजन भी झेंप के पहले कुछ पलों के बाद अपने चेहरे के भावों को आधे गुस्से, आधी हँसी पर ले आता था। उसके ये मिले-जुले भाव मुझे मेरी औकात में रखने के लिए और साथ ही मुझे यह भरोसा दिलाने के लिए होते थे कि मैं किसी घोर दुश्मन के सामने नहीं खड़ी।

मैं उसके पीछे-पीछे दरवाजे तक गई, जहाँ उसने एक झटके में कार की चाभियाँ ले लीं।

"मैं बाद में आऊँ क्या ?" उसके नीचे जाते समय मैंने पीछे से पुकारकर कहा। वह एक बार में पाँच सीढ़ियाँ उतरता हुआ तेजी से नीचे जा रहा था।

"कोई जरूरत नहीं है।" उसने चिल्लाकर कहा और फिर कूदकर कार में बैठकर तेजी से निकल गया।

यह बात मुझे कुछ अजीब-सी लगी कि मर्द लोग मुझे छोड़कर हमेशा किसी गाड़ी के अन्दर या ऊपर सवार होते हैं और फिर तेजी से निकल जाते हैं ! यही कल रात निखिल के साथ हुआ था (यह बात नहीं थी कि उसे इस बात का कोई इल्म था कि वह मुझे छोड़कर जा रहा है), और यही अब हो रहा था।

मैं काफी देर तक खिड़की पर खड़ी रही। मुझे पता नहीं था कि अब मुझे क्या करना चाहिए। इस बात की सम्भावना थी कि रंजन अपनी माँ की हालत के बारे में मुझे बिल्कुल अँधेरे में रखेगा। इस बात की भी बराबर सम्भावना थी कि अगर मैंने अपने

आप वहाँ पहुँचकर उसकी माँ की मदद करनी चाही तो वह बिगड़ भी जाएगा। मुझे पक्का पता था कि हकीकत में रंजन मुझे वहाँ देखकर नाराज ही होगा, खासकर अगर मैं बिना कहे वहाँ पहुँच गई।

रंजन 'सुखद आश्चर्य' देनेवाले किसी भी काम को पसन्द नहीं करता था। मुझे अचानक उस छोटे-से तोहफे का खयाल हो आया जो मैंने एक बार उसके लिए अनायास ही खरीद लिया था। यह एक खूबसूरत, चमड़ेवाला फाइलोफैक्स था। पैकेट को देखकर रंजन मेरी तरफ दोष देनेवाली नजरों से घूरने लगा था।

"यह क्या है ?" उसने सन्देह करते हुए पूछा था।

"यह...यह...एक तोहफा है।" मैंने अटकते हुए कहा था।

"किसके लिए ?" उसने उसे उलट-पलटकर देखते हुए पूछा था, और उसका इस तरह मुआयना करने लगा था जैसे वह कोई छोटा-मोटा बम हो जो उसके ऊपर फट सकता है।

"तुम्हारे लिए...और किसके लिए।" मैंने कहा था और उससे आग्रह करने लगी थी कि वह उस खूबसूरत पैकिंगवाले पैकेट को खोले।

"लेकिन क्यों ? आज मेरा जन्मदिन तो है नहीं। तुम्हें इस तरह पैसे बरबाद नहीं करने चाहिए।" रंजन ने कहा था।

मैं दौड़कर ड्रेसिंग टेबुल से नाखून काटने की कैंची उठा लाई थी और पैकिंग के चमकीले कागज पर करीने से लगे टेप को काट दिया था। आखिरकार रंजन ने फाइलोफैक्स को ध्यान से देखते हुए कहा था, "मुझे इसकी जरूरत नहीं है...इसके बजाय इलेक्ट्रॉनिक प्लानर मुझे अच्छा लगता है, जो मेरे बटुए में आ जाता है। इसे किसी और को दे देना। और...आइन्दा, माया, कुछ खरीदने से पहले मुझसे पूछ लेना। हर चीज पैसे से आती है, पता है ? मुझे बर्बादी अच्छी नहीं लगती।"

मुझे उसके उजड्डपन से बहुत चोट पहुँची थी और मैंने उसके हाथों से बुरा लगनेवाला वह तोहफा ले लिया था। फिर मैंने बेडरूम में जाकर उसे अपनी अलमारी में पीछे की तरफ फेंक दिया था, जहाँ वह अभी तक पड़ा था। उस दिन मैंने एक खास सबक सीख लिया था कि 'सुखद आश्चर्य' के इरादे से कुछ नहीं करना—'नो सरप्राइज़ेज़'।

मैं दो घंटे से भी ज्यादा समय तक खिड़की पर बैठी रही। मैंने अपने आपको इतना नाकारा कभी महसूस नहीं किया था। किसी को मेरी जरूरत नहीं थी, किसी को भी नहीं। मेरे माता-पिता भी अब मुझे अपना नहीं समझते थे ! मेरा पति अपनी माँ का था। इस बात की भी सम्भावना नहीं थी कि मैं बच्चे पैदा करूँगी, जो मेरे होंगे, और मेरे पास ऐसा एक भी सच्चा दोस्त नहीं था जिसे मैं अपना कह सकती।

अगर मेरी ज़ात से किसी की जिन्दगी को थोड़ा-सा भी फर्क पड़ता था तो वे घरेलू नौकरानियाँ थीं जो मेरा घर साफ करने, मेरी रसोई के बर्तन-भाँडों को चमकाने और

कपड़ों को धोने के लिए आती थीं। इन्हीं लोगों और बिल्डिंग में आनेवाले कुछ फेरीवालों की वजह से मुझे ऐसा लगता था कि मेरी अभी जरूरत है। जैसे मैं किसी-न-किसी तरह उनकी जिन्दगियों से बँधी हुई थी। और उनके साथ भी जैसे मैं धोखा कर रही हूँ। मैं उन्हें जो पैसे देती थी, वे मेरे नहीं थे। उन्हें मेरा अहसान मानने की जरूरत नहीं थी। मैं तो बस खजांची थी, जो रंजन का पैसा खर्च कर रही थी।

शायद उन्हें यह बात मालूम नहीं थी। शायद वे यही मान रहे थे कि मुझे फैसला लेने का अधिकार है। मैं भी चाहती थी कि वे यही मानते रहें। इससे मुझे अपनी अहमियत का अहसास होता था। किसी और रिश्ते में मुझे इतनी ज्यादा अहमियत का अहसास नहीं होता था।

दरवाजे की घंटी बज रही थी। थकी हुई, मैं अपने कफ्तान को पकड़े हुए दरवाजा खोलने गई। नीली पेज़ली डिजायनवाले इस कफ्तान में तमाम सिलवटें पड़ी हुई थीं, और इसके किनारों को कम-से-कम तीन इंच छोटा करने की जरूरत थी। मैंने जल्दी से एक नजर आईने पर डाली। मेरी आँखों का काजल फैल गया था। और मेरे बाल ऐसे लग रहे थे, जैसे न उन्हें धोया गया था और न ही उनमें कंघी की गई थी।

लेकिन डर तो मुझे अपने चेहरे को देखकर लगा। वह सपाट था। मैं बिल्कुल खाली लग रही थी, मानो उन बड़ी-बड़ी आँखों के पीछे एक गहरा शून्य था, जिसमें गिरकर हर चीज गायब हो जाती थी।

मैंने दरवाजा खोल दिया और बेडरूम जाने के लिए मुड़ गई। मैंने यह भी देखने की जरूरत नहीं समझी कि कौन आया है, क्योंकि मैं तो यही मानकर चल रही थी कि जरूर बाई ही होगी।

"गुडमार्निंग, ब्यूटीफुल !" आनेवाले ने कहा।

यह निखिल था। इसकी हिम्मत कैसे हुई ? इसकी हिम्मत कैसे हुई कि मेरे दरवाजे की घंटी बजाए और बदतमीजी का प्रदर्शन करे और यह भी न सोचे कि इससे मुझे कितना बुरा लगेगा। मैं 'गेट आउट' कहने के लिए घूमी, लेकिन उसके हाथ में फूल देखकर मैं रुक गई।

"हैपी बर्थडे टु मी...हैपी बर्थडे टु मी !" वह मस्ती में गाने लगा और बच्चों की-सी गुलाबी रंगतवाले कार्नेशन के फूलों को लहराने लगा। फिर वह पूरे आत्मविश्वास के साथ अन्दर आकर बोला, "मैं जानता हूँ कि तुम्हें पता नहीं है, आज मेरा बर्थडे है। तभी तो मैं तुम्हें बताने यहाँ आया हूँ; और क्योंकि मुझे पता था कि तुम्हें पता नहीं है कि आज मेरा जन्मदिन है, इसीलिए अपने लिए खुद ही फूल भी लेता आया हूँ। अब... हम मनाएँगे कैसे ?"

फिर उसने अपने जूते की एड़ी से ठोकर मारकर दरवाजे को बन्द कर दिया और इससे पहले कि अपने घर में उसकी मौजूदगी के जवाब में मैं कुछ कह या कर पाती, उसने मुझे कन्धों से पकड़ लिया और इतनी जोर से अपने सीने से चिपटा लिया कि मैं साँस लेने के लिए छटपटाने लगी।

उसके हाथ में फूल अब भी थे। मुझे थोड़ी दूरी पर पकड़े हुए वह हँस दिया और उसके चौकोर सफेद दाँत झलक गए। "चौंक गईं न ?" वह बोला।

मैं कुछ कहने को हुई—कुछ भी, लेकिन निखिल के होंठों ने धीरे से मेरे होंठों को ढँक लिया। उसकी आँखें मुँदी हुई थीं और उसके हाथ मेरे बिखरे बालों में थे। फूलों का गुच्छा मेरी लटों में उलझ गया था।

इस चुम्बन में निखिल का पूरा वजूद शामिल था। यह चुम्बन इतना सघन, इतना मुकम्मिल था कि मैंने इसकी कोमल अत्यावश्यकता के आगे सोचा न था कर दिया, जबकि मेरा दिमाग ऐसी छोटी-छोटी बातों पर लगा हुआ था कि कहीं कपड़े धोनेवाली समय से पहले न आ जाए, या कहीं रंजन ही अपनी माँ के लिए कुछ और पैसे लेने की गरज से अपनी चाभी से दरवाजा खोलकर धड़धड़ाता हुआ अन्दर न चला आए।

मेरा रोम-रोम अचानक निखिल के होंठों, हाथों, बाँहों, गर्दन, सीने, घुटनों और टाँगों की छुअन से जीवन्त हो उठा। एक अनजानी गफलत मुझ पर छाने लगी। शायद मैं पागल हो रही थी। मैं इसके परिणामों के बारे में सोचना नहीं चाहती थी। मैंने इसकी जिम्मेदारी ओढ़ने से भी इनकार कर दिया। मुझे सचमुच इस बात की परवाह नहीं रह गई थी कि यह होगा या वह। मैं आजाद महसूस कर रही थी। पागल ! अद्भुत !

निखिल की आँखें अभी भी मुँदी हुई थीं और वह मुझे लेकर पीछे की तरफ कदमताल करने लगा। एक-दो, एक-दो ! उसके होंठ मेरे पूरे चेहरे पर घूमने लगे थे। मुझे साफ महसूस हो रहा था कि मेरी चमड़ी के रंध्र खुल रहे हैं, जैसे मैं किसी सौना में (भाप का स्नान ले रही) हूँ। मैंने दरवाजे और फोन, दोनों की घंटियों के एक साथ बजने की धीमी-सी आवाज सुनी। मैंने अपना हाथ फैलाने की कमजोर-सी कोशिश की। मैंने बोलने की भी कोशिश की—एक घुटी-घुटी, अंडबंड-सी आवाज मेरे मुँह से निकली, क्योंकि मेरे मुँह के ऊपर एक और मुँह था, जो उसे कसकर ढँके हुए था और मेरी आवाज नहीं निकलने दे रहा था।

एक-दो, एक-दो वाला हमारा वह बेतुका नाच पीछे की तरफ चलता रहा। बेशक, मुझे पता था, निखिल किधर जा रहा है। मुझे ताज्जुब तो इस बात पर हो रहा था कि उसे हमारे फ्लैट के नक्शे की इतनी अच्छी जानकारी है। वह लगातार और निश्चित कदमों से बेडरूम की तरफ बढ़ता रहा। उसका हाथ मेरी पीठ के निचले हिस्से पर सीधा रखा हुआ था, और वह फर्नीचर तथा दूसरी रुकावटों से मुझे बड़ी होशियारी से बचाता हुआ लिये जा रहा था।

मेरा सिर चकराने लगा था, लेकिन इसका कारण शायद यह था कि मैंने उठने के बाद से कुछ भी खाया नहीं था। निखिल की दाढ़ी जिस तरह से मेरे गाल और गर्दन पर चुभ रही थी, उससे पता चलता था कि उसने दो दिन से हजामत नहीं बनाई। मैं उसकी मद्रासी चैकवाली कमीज से ऐसे चिपटी हुई थी, जैसे कोई बच्चा किसी खड़ी चट्टान के किनारे से इस डर से चिपका रहता है कि कहीं उसका हाथ न छूट जाए और वह एक अथाह खड्ड में न जा गिरे।

मैं उत्तेजना नहीं, बल्कि डर और शर्म के मारे अपनी आँखें बन्द किए थी। मुझे सचमुच यह विश्वास था कि अगर मैं उसे न देखूँ जो हो रहा है, अगर मैं निखिल की आँखों में न झाँकूँ, अगर मैं सब तरफ से अपनी आँखें मूँद लूँ, तो मैं हर जिम्मेदारी से आजाद हो जाऊँगी। मैं मिलीभगत की दोषी नहीं रह जाऊँगी। और बाद में अगर किसी साजिश को साबित करने की कोशिश हुई भी तो उसमें मेरी कोई भूमिका नहीं पाई जाएगी।

अपनी आँखें मूँदकर मैंने मान लिया था कि मैं गायब हो गई हूँ। मैं वहाँ थी ही नहीं। अगर मैं किसी को नहीं देख पा रही थी तो कोई मुझे कैसे देख सकता था ! मेरी निर्दोषिता तय थी।

निखिल ने मुझे मेरे पलंग पर गिराया तो मैंने कोई विरोध नहीं किया। यह वह पलंग था जिस पर मैं रंजन के साथ सोती थी। बिस्तर और तकियों की गन्ध से मुझे पता चल रहा था कि हम रंजन की तरफवाले हिस्से में हैं। मुझे साफ महसूस हुआ कि निखिल के हाथ मेरे कफ्तान के अन्दर हैं और वह उसे ऊपर, ऊपर और ऊपर खींच रहा है।

मैं देख तो नहीं रही थी, इसलिए मेरी टाँगें जब जाँघों तक नंगी हो गईं तब भी मुझे कोई शर्म महसूस नहीं हुई। कफ्तान और भी ऊपर उठता जा रहा था, अब वह मेरी कमर पर था और अब भी उठता ही जा रहा था। मैं जानती थी कि मेरी छातियाँ साफ दिखाई दे रही हैं, क्योंकि पिछली रात मैंने अपनी ब्रा उतार दी थी। मैं इस बारे में कुछ नहीं सोचना चाहती थी कि निखिल को मेरी छातियाँ कैसी लग रही होंगी। वह मेरे बराबर ही लेटा हुआ था, उसका पूरा शरीर मेरी बगल में था। उसकी एक टाँग ऊपर से आकर मेरे घुटनों के बीच अड़ी हुई थी।

निखिल ने बड़ी सहूलियत और तेजी से कफ्तान को मेरे सिर के ऊपर से निकालते हुए बिस्तर से नीचे फेंक दिया। उसके होंठ एक बार फिर मेरे होंठों पर आ गए और उसके हाथ बड़ी दक्षता से मेरे बाकी जिस्म पर घूमने लगे। वह किसी खास हिस्से पर कुछ देर के लिए ठहरता, और फिर आगे बढ़ जाता।

मैंने सुना, फोन की घंटी बज रही थी। और फिर मैंने दरवाजे की घंटी भी बजती सुनी। निखिल ने धीमे-से कहा, "मत सुनो। मत सुनो।"

मैंने चुपचाप उसकी बात मान ली। यह बात नहीं थी कि मैं फोन सुनने या दरवाजा खोलने के लिए नंगी ही उठकर भाग जाती। ऐसा करने के लिए मुझे अपनी आँखें खोलनी पड़तीं और इस हकीकत को मानना पड़ता कि निखिल और मैं सचमुच वह कर रहे हैं, जो हम कर रहे थे।

इस बीच किसी पल उसने अपने भी कपड़े जरूर उतार दिए होंगे। मुझे अभी तक यह पता नहीं कि उसने कैसे और कब अपने कपड़े उतारे, क्योंकि कम-से-कम उसका एक हाथ तो लगातार मेरे शरीर के किसी-न-किसी हिस्से को छू रहा था। मुझे अपने पेट पर उसकी टाँगों के बाल बल खाते महसूस हो रहे थे। मुझे उसकी पीठ की

मांसपेशियों का तनाव भी महसूस हो रहा था। अब वह मेरे ऊपर झुक आया था। उसने अपने बोझ को बड़ी होशियारी से अपनी कुहनियों और घुटनों के बीच सँभाल लिया था, ताकि मेरे ऊपर जोर न पड़े।

मुझे उसके सख्त नितम्बों पर एक हल्का-सा गूमड़ भी महसूस हुआ—मस्सा ? फोड़ा ? काटे का निशान ? या फिर चोट का निशान ? निखिल का दाहिना घुटना मेरी टाँगों के बीच था और उन्हें सख्ती, लेकिन प्यार से चौड़ा रहा था। उसका दाहिना हाथ मेरे बालों में था और मेरी गुद्दी को सहला रहा था। उसका दूसरा हाथ मुझे ऐसे छू रहा था, जैसे कोई पूजा के फूलों को छूता है—आहिस्ता से, आदर के साथ, मानो धक्का या चोट पहुँचाने से डर रहा हो।

जब निखिल की जीभ मेरी जीभ से टकराई तो मैं समझ गई कि अब तो मैं किसी भी तरह अपनी आँखें नहीं खोल पाऊँगी। अब कुछ भी करने का वक्त बहुत पीछे छूट चुका था। अब मैं तमाम गफलत से, अच्छा-बुरा सोचने की स्थिति से, नतीजों के भय से, बहुत आगे निकल चुकी थी। इस समय अगर रंजन भी खिड़की से कूदकर आ जाता तो मुझे पूरा यकीन है कि मैं निखिल के नीचे से निकलने या अपने नंगेपन को ढाँपने की जरा भी कोशिश नहीं करती।

निखिल की नफासत आश्चर्यजनक थी। उसकी एक भी हरकत बेतुकी नहीं थी, एक भी सहलाहट कठोर नहीं थी। मेरे जिस्म को सहलाती उसकी उँगलियाँ बहुत ही मीठा संगीत छेड़ रही थीं। मैं उस हालत में थी, जिसमें शरीर तो शान्त था लेकिन मन में एक जबरदस्त मैदानी तूफान, पूरे जोरों पर था और गड़गड़ाहट और बिजलियों का तड़कना उसे मुकम्मिल बना रहा था। जमीन की खुश्की गायब हो गई और वह धीरे-धीरे मुलायम होने लगी। आसमान ने खुलकर उसकी कैद खुशबू को आजाद कर दिया, जिससे वह जमीन भीग गई। मुझे तो उसके सोंधेपन की महक भी आने लगी।

निखिल अब मेरे अन्दर था। उसने बिना किसी दर्द के, आराम से और प्यार से अपना रास्ता बना लिया था। मैंने भी जब उसे अपने जिस्म के अन्दर कैद कर लिया तो मुझमें भी ताकत का एक जबर्दस्त अहसास भर गया। वह मेरा कैदी था...उसका पूरा वजूद एक अँधेरी, खामोश, रहस्य-भरी सुरंग के अन्दर था, जो सीधे मेरी कोख तक जाती थी। जब तक मेरी मर्जी होगी मैं उसे वहीं कैद रखूँगी; और जब यह अहसास मेरी इन्द्रियों पर हावी हो गया तो मेरा जिस्म निढाल होकर खुलने लगा। पहले मेरी जो बाँहें अकड़ी हुई थीं, वही अब निखिल की पीठ पर एक ऐसे आत्मविश्वास के साथ मचलने लगीं, जिसके बारे में मुझे पता ही नहीं था कि मुझमें यह आत्मविश्वास भी है। मेरी जाँघों ने निखिल को बाहर रखने की अपनी कोशिश छोड़ दी और आनन्द के साथ खुल गईं। मैंने अपने शरीर को ऊपर की ओर कमान की तरह तान लिया, ताकि मेरी छातियाँ निखिल के सीने को छू सकें। मैंने अपना सिर पीछे को झुका लिया और वह मेरी गर्दन को अपनी नाक से सहलाने लगा, जबकि उसका चेहरा मेरे कन्धों की हड्डियों से बने गड्ढे में सट गया। मेरे हाथ उसके नितम्बों पर अधिकारपूर्वक जमे रहे, मानो

मैं यह निश्चित करना चाहती थी कि वह वहीं बना रहे, जहाँ है—मेरे अन्दर।

अब नाच शुरू हो चुका था, इसलिए मैं उसे बिल्कुल सफाई से महसूस कर रही थी। निखिल एक अजीब ताल के साथ मेरे ऊपर हरकत कर रहा था। मेरे लिए आधी चुनौती तो यही थी कि मैं उसकी रफ्तार के साथ-साथ चलने की कोशिश करूँ। वह जोश में अंधाधुंध भागने लगे, तब भी। मेरी टाँगें और बाँहें निखिल के मजबूत बदन पर बुरी तरह कस गई थीं। फिर भी यह आश्चर्य ही था कि वह हिल-डुल पा रहा था और साँस भी ले पा रहा था। मैं निखिल को पूरा का पूरा निगल जाना चाहती थी... इंच-इंच कर उसे अपनी कोख में खींच लेना चाहती थी। ओह, मैं कितनी बेताबी से चाहती थी कि उसे अपना बना लूँ। अपने में मिला लूँ।

पन्द्रह मिनट बीत जाने के बाद भी मेरी आँखें बन्द थीं। निखिल अपने कपड़े पहनकर जा चुका था (मैंने किसी पल सामने के दरवाजे के हल्के से खुलने-बन्द होने की आवाज सुनी थी)। मुझे जरा-सा भी इल्म नहीं था कि समय क्या हुआ है—यह दोपहर भी हो सकती थी और आधी रात भी। मेरी बेखुदी पूरी और मुकम्मिल थी। वह तो रंजन के दादा की घड़ी का घंटा बजा तो मुझे पता चला—जो मैं जानना नहीं चाहती थी—कि मेरी जिन्दगी का सबसे अद्‌भुत, सबसे अकल्पनीय, सबसे मार्मिक अनुभव पन्द्रह मिनट से ज्यादा नहीं चला था। हकीकत यही थी।

मेरी हिलने-डुलने की, बिस्तर से उठने की, नहाने या चादरों को ठीक करने की बिल्कुल भी इच्छा नहीं हो रही थी। मैं चाहती थी कि अपनी बाकी जिन्दगी वहीं लेटी रहूँ, और निखिल और मेरे बीच जो कुछ भी हुआ था, उसके एक-एक क्षणांश का रस लेती रहूँ।

मेरी साँस अब तेज नहीं चल रही थी, सामान्य हो गई थी। मेरा बदन ऐसा लग रहा था जैसे पिघली चॉकलेट या तरल सोना ! मेरे हाथ-पाँव अचानक इतने भारी हो गए थे कि उठाए नहीं उठ रहे थे। मेरी जिस पीठ ने आखिर के पाँच मिनटों में निखिल का बोझ सँभाला था, वह अब पत्थर हो गई थी। मेरी जिस जीभ ने वह सब किया था जिसके बारे में मैं सोच भी नहीं सकती थी कि वह यह सब कर पाएगी, वह अब मेरे गालों के अन्दर आराम से पड़ी थी—मैंने इससे जो काम लिया था, उसकी आदी न होने के कारण वह पस्त हो गई थी।

दरवाजे की घंटी एक बार फिर बज रही थी। इस बार बजानेवाला हटने का नाम ही नहीं ले रहा था। मेरी जरा-सी भी इच्छा नहीं थी कि देखूँ, दरवाजे पर कौन है। मेरे हाथ-पाँव जैसे अमीबा के बढ़े हुए हिस्से हो गए थे, जो दिमाग का हुक्म मानने से इनकार कर रहे थे।

मैं बिस्तर पर बिना हिले-डुले पड़ी रही। मेरी सारी ताकत निचुड़ गई थी। मेरा दिमाग सुस्त था और मेरा बाकी जिस्म ऐसा हो रहा था, जैसे धीमी रफ्तारवाला कोई

कार्टून। मैं एक मुर्दा ढेरी थी, जो रंजन के आरामदेह तकियों के सहारे पड़ी थी और उसकी उस गंध को अपनी साँसों में बसा रही थी जो अब मेरी और निखिल की गंध में मिल गई थी। इसमें से अब अजीब-सी, तीखी गन्धों की मिली-जुली महक आ रही थी—इसमें गुलाब की सूखी और मुर्दा पँखुड़ियों की, सड़े पनीर की, जमे हुए खट्टे दूध की, उबलते मक्खन और बासी डबलरोटी की मिली-जुली गन्ध थी।

मेरी जाँघों में एक अनजाना, चिपचिपा पदार्थ बह रहा था, और मेरे पेट पर नाक के रेंट जैसी एक मोटी परत जमी थी, ऐसी ही परत मेरी कलाइयों पर भी थी। वह जहाँ थी, उसे मैंने वहीं रहने दिया। मेरे अन्दर जरा भी इच्छा नहीं थी कि उसे पोंछ डालूँ।

मेरी आँखें ऐसी अन्दरूनी तस्वीरें देख रही थीं, जिनका मेरे कमरे, मेरे मकान, मेरे बचपन या मेरे मौजूदा माहौल से कुछ भी लेना-देना नहीं था। मुझे ऐसा संगीत सुनाई दे रहा था जो कहीं नहीं बज रहा था, मेरे मन में भी नहीं—ये ऐसी बेसुरी धुनें थीं जिनका न कोई आरम्भ था, न कोई अन्त। मैंने अपने सूजे होंठों को चाटना चाहा, ताकि उन पर निखिल के बचे हुए स्वाद का मजा ले सकूँ, लेकिन मेरी जीभ इतनी भारी हो गई थी कि वह हिली तक नहीं।

मैंने सोचने या करने की सारी कोशिशें छोड़ दीं। मैं एक गहरी, अँधेरी नींद में पहुँच गई। रंजन (और उसकी माँ) से मैं बाद में निपट लूँगी।

पटाखों की आवाज सुनकर मैं एकदम से जाग गई। पहले तो मैंने सोचा कि शायद पास की झुग्गी-बस्ती में बम फट रहे हैं। शायद साल-भर की बेचैनी-भरी शान्ति के बाद मुम्बई में फिर से दंगे भड़क गए हैं। मैं अपने आपको नंगी और रंजन के बिस्तर में देखकर दंग रह गई। मैंने बहुत जोरदार कोशिश करके अपने आपको खड़ा किया। यों फिर से निढाल पड़ जाने का बहुत मन हो रहा था।

मैंने घड़ी देखी, एक बज चुका था। जाहिर है, काम करने वाली बाइयाँ घंटी बजा-बजाकर जा चुकी थीं। रसोई काफी साफ थी और वहाँ बहुत ज्यादा गन्दे बर्तन जमा नहीं थे। घर भी काफी साफ था। अब बाथरूम में पड़े गन्दे कपड़े धोने और बिस्तर ठीक करने का ही काम रह गया था।

मैंने अपने जिस्म पर निगाह डाली—कुछ भी नहीं बदला था। मुझे अजीब निराशा-सी हुई। भगवान जाने मैंने क्या अपेक्षा या क्या आशा की थी। शायद मैंने सोचा था कि मेरा जिस्म एक बगीचे में बदल जाएगा और मेरी छातियों, नीचे के बालों, मेरी काँखों, मेरे मुँह, मेरी आँखों, कानों, पैरों की उँगलियों और बालों से रंग-बिरंगे फूल निकल आएँगे।

पर ऐसा कुछ भी नहीं हुआ, बल्कि मैंने अपनी भीगी चमड़ी को छुआ तो वह सिर के ऊपर चलते पंखे के बावजूद पसीने में तर थी। मैं अपने स्नान को अब और नहीं टाल सकती थी। मैंने अपने बदन पर पानी डाला तो वह मुझे ठंडा लगा। मेरी चमड़ी

जैसे गन्ध की आभा से चमक रही थी। मैंने नजर झुकाकर अपने हाथों-पैरों को देखा तो वे पारदर्शी हो रहे थे। मेरी चमड़ी से एक अजीब-सी तेज रोशनी निकल रही थी। और जब उस चिपचिपाहट की बारी आई तो साबुन भी जवाब दे गया, और वह चिपचिपा पदार्थ मेरे अन्दर से निकलकर मेरी टाँगों से बहकर नीचे जाता रहा।

मैंने बाथरूम के आईने में अपनी झलक देखी। मेरे उलझे बाल भी एक चमकदार आभामंडल जैसे दिखाई दे रहे थे। मेरी आँखों का फैला काजल उन्हें एक बनावटी चमक दे रहा था और वे कोयले की तरह चमक रही थीं। मैं सोचने लगी—काश, रंजन इस समय यहाँ होता और मुझे देखता। मैं खूबसूरत दिखाई दे रही थी। रंजन को भी यह बात माननी पड़ती।

अपने पति के लिए मैं फिर कभी इतनी खूबसूरत नहीं दिख पाऊँगी, इस खयाल ने मुझे एक अनायास, जबर्दस्त उदासी से भर दिया और मेरी आँखों से आँसू बहने लगे—उन्हीं आँखों से जो अभी कुछ ही पल पहले इतनी चमकदार दिख रही थीं—और मेरे पूरे जिस्म पर से होते हुए उस गरम, मोतिया तरल पदार्थ के बचे-खुचे अंशों में मिल गए जो अब भी मेरे अन्दर से रिस-रिसकर बाहर आ रहा था।

मैं बाथरूम में एक घंटे से ऊपर रही। मैं अपने आँसुओं को रोक नहीं पा रही थी और रोकना चाहती भी नहीं थी। मेरे होंठ भद्दे तरीके से सूज गए थे, और जब मैंने उन पर अपने दाँत गड़ाकर उन्हें काबू में करने और वापस हकीकत में लौटाने की कोशिश की तो मेरे दाँतों का पैनापन उन्हें बर्दाश्त नहीं हुआ। मैंने अपने आपको जिस तिलिस्म में बाँध रखा था, वह तभी टूटा जब दरवाजे पर तेज और जोर-जोर से थपथपाहट हुई।

मैं चौंक गई और अपने बदन को इतने जोर से पोंछने लगी कि उसे हिंसक भी कहा जा सकता था। थपथपाहट बढ़ती जा रही थी। मुझे रंजन की आवाज सुनाई दी। वह मुझे पुकार रहा था।

''माया...दरवाजा खोलो। माया...माया।''

मैं बाथरूम से निकलकर भागी, अपनी अलमारी से एक साफ कफ्तान निकाला, उसे पहनती हुई बैठक से होकर भागी और जाकर बन्द दरवाजे पर गिरी। इस उलझन और हड़बड़ी में मैं तेजी से मुरझाते फूलों के उस गुच्छे को नहीं देख पाई जो मेरे कमरे—हमारे कमरे—की दहलीज पर पड़ा था।

रंजन जब गुस्से में मेरे पास से बड़बड़ाता हुआ निकला तो सबसे पहले उसकी नजर इसी गुच्छे पर पड़ी। वह बड़बड़ा रहा था, ''कुछ लोग तो पैदा ही बहरे होते हैं। मैं दस मिनट से दरवाजा पीट रहा हूँ—पूरे दस मिनट से। कोई मुर्दा भी मेरी आवाज सुन लेता। यह भी आज ही होना था कि मैं निकला और दरवाजे की अपनी चाभी भूल गया।''

इससे पहले कि मैं उसकी माँ के हालचाल पूछती, वह एक साइड टेबल से उलझकर फूलों के गुच्छे से टकराया।

''यह क्या है ? यह तुम्हें किसने दिया ? यह यहाँ फर्श पर क्यों पड़ा है ? मेरे घर

में यह सब क्या हो रहा है—मेरी पीठ पीछे ?'' वह बोला।

मेरे दिमाग से निकलनेवाले किसी रहस्यमय संकेत ने यह पक्का कर दिया कि मैं अपने चेहरे को सपाट बनाए रखूँगी और कुछ भी जाहिर नहीं होने दूँगी, जबकि मेरा दिल मेरे सीने में बड़े जोरों से धड़क रहा था।

''ये...ये फूल, ये तुम्हारी माँ के लिए हैं। मैं वहाँ आकर उन्हें देखना चाहती थी...और उन्हें थोड़ी तसल्ली देना चाहती थी। बेचारी !'' मैंने आसानी से झूठ बोल दिया।

रंजन को विश्वास नहीं हुआ। वह फूलों को उठाकर उन्हें सन्देह के साथ सूँघने लगा, मानो उनकी खुशबू से उसे किसी तरह का कोई सुराग हाथ लग जाएगा।

''तो तुमने इन्हें फर्श पर क्यों फेंक दिया ?'' उसने पूछा।

मैंने फिर झूठ बोल दिया। इस बार मेरे बोलने में ज्यादा आत्मविश्वास था। मैंने कहा, ''मैंने इन्हें फेंका नहीं है—जब मैं बाथरूम से दरवाजा खोलने के लिए दौड़कर आ रही थी तो यह गिर गया। माफ करना, मैंने तुम्हारी थपथपाहट नहीं सुनी—पानी चल रहा था न !''

रंजन जहाँ था, वहीं खड़ा रह गया। उसके चेहरे पर चकित होने का भाव था और उसके हाथ में फूलों का गुच्छा लटक रहा था। ''तुमने फोन क्यों नहीं उठाया ? मैंने नर्सिंग होम से कितनी बार फोन किया। कहाँ थीं तुम ?'' उसने पूछा।

इसका जवाब देना और भी आसान था।

मैंने कहा, ''मैं फूल लेने बाजार गई थी। मैं कोई आधे घंटे के लिए बाहर निकली थी। तुमने इसी बीच फोन किया होगा। मुझे जल्दी टैक्सी ही नहीं मिली—भीड़भाड़वाला समय था न !''

फिर मुझे याद आया कि उसने किसी नर्सिंग होम की बात की थी।

''अरे हाँ, माँ कैसी हैं ? क्या हुआ था ? अब कहाँ हैं वह ? तुम्हें उन्हें सीधे यहाँ ले आना चाहिए था। मैं अच्छी तरह से देखभाल कर लेती।'' मैंने कहा।

रंजन ने मुझे बहुत गौर से देखा। शायद उसे अपने कानों पर विश्वास नहीं हो रहा था।

''वह अब बिल्कुल ठीक है। डॉक्टरों का कहना है, वह खतरे से बाहर है। लेकिन अगर मैं समय पर नहीं पहुँचता तो क्या पता क्या हो जाता ? अब तक तो वह मुझे छोड़कर चली भी जाती। बहरहाल, भगवान का शुक्र है कि वह ठीक हो जाएगी। कोई परेशानी की बात नहीं है—दिल धड़क गया था। लेकिन वह काफी डर गई थी—बस। और मैं भी। जब मैंने उसे बिस्तर पर पड़े देखा तो मेरे दिमाग में सचमुच यही आया, 'अब वह नहीं बचेगी'। वह बेहद दुबली और कमजोर और लाचार दिख रही थी।''

मैं चीजों को ठीक-ठाक करने लगी। मेरी मंशा थी कि वह अपनी माँ के बारे में ही बात करता रहे। विचलित रहे। उसका ध्यान बँटा रहे।

''हमें सचमुच कुछ दिन के लिए उन्हें यहाँ ले आना चाहिए,'' मैंने फिर खुशी-खुशी

यह सुझाव दिया, "तुम्हारे लिए कॉफी बनाऊँ ? तुम थके हुए लग रहे हो।"

रंजन ने मना कर दिया और रसोई में चला गया। मैंने सुना, वह गरम होकर चिल्ला रहा था, "यह क्या है ? सिंक में गन्दे बर्तन भरे हुए हैं। आज सुबह वह कमबख्त औरत नहीं आई क्या ?"

मैं ऐसी सूरत बनाकर रसोई में पहुँची जैसे मुझ पर बहुत अत्याचार हुआ हो। बोली, "मैं कहती हूँ ये औरतें बिल्कुल भरोसा करने लायक नहीं हैं। वे किसी-न-किसी बहाने से उड़ी मार जाती हैं। एक दिन उनका बच्चा बीमार हो जाता है तो दूसरे दिन उनकी माँ मर जाती है—शान्तिबाई ने जबसे हमारे यहाँ काम करना शुरू किया है, तबसे भगवान जाने कितनी बार उसकी माँ मर चुकी है। आज जरूर गणपति का बहाना होगा। तुम फिक्र मत करो, मैं देख लूँगी। कोई परेशानी नहीं है। मैंने पहले भी तो किया है—तुम थोड़ा आराम क्यों नहीं कर लेते। बाहर बैठ लो। बेडरूम थोड़ा ठीक करना होगा।"

रंजन पूरा घूम गया। वह बोला, "क्यों ? अब यह मत कहना कि वह दूसरी औरत भी नहीं आई ? मुझे याद दिलाना, उनका आज का पैसा काटूँगा। डायरी में नोट कर लो। ये औरतें बस इसी तरह से सीखेंगी। इन्हें अच्छा सबक सिखाना होगा। मुम्बई में हर कोई दूसरे का फायदा उठा रहा है। देखो...कहूँगा उनसे, मेरे साथ यह सब नहीं चलनेवाला। तुम काम करती हो, मैं पैसा देता हूँ। तुम काम नहीं करोगी तो मैं पैसा नहीं दूँगा। सीधी-सी बात है।"

मैं बीच-बीच में जीभ से आवाज निकालकर जताती रही कि मैं उसके रवैए को कितनी अच्छी तरह से समझती हूँ।

"कलकत्ता में भी हालत तेजी से बिगड़ रही है," मैंने कहा, "मेरी माँ की चिट्ठियाँ शिकायतों से भरी होती हैं। मुझे तो लगता है, नौकर अब वह नहीं रहे जो पहले हुआ करते थे। अब तो अच्छे लोगों का मिलना और भी मुश्किल होता जा रहा है। लेकिन ये सब बातें छोड़ो—मुझे माँ के बारे में बताओ।"

रंजन लम्बी और बोरियत-भरी कैफियत देने लगा कि किस तरह उसने अपने फैमिली डॉक्टर को बुलाया और उसने फौरन अस्पताल में भरती होने की सलाह दी।

"खतरा क्यों मोल लेते ? आखिरकार, अब वह जवान तो रही नहीं।" रंजन ने आगे कहा।

डॉक्टर की मदद से ही उसने एक सुविधाजनक नर्सिंग होम देखा और ऐम्बुलेंस बुलाकर माँ को वहाँ पहुँचा दिया था।

"भगवान का शुक्र करो कि मैं काफी पैसा ले गया था।" उसने कहा। उसकी आवाज में अपने आपको शाबासी देनेवाला अन्दाज था, "आजकल लोग, यहाँ तक कि डॉक्टर भी, इतने बेरहम हैं कि जब तक पहले आप थोड़ा पैसा नहीं रख देते, कोई आपकी तरफ देखता भी नहीं, भले ही आप मर क्यों न रहे हों। जाहिर है, मैं माँ के लिए अच्छी से अच्छी सहूलियत चाहता था। 'ए' क्लास कमरा, एयरकंडीशनर और सभी कुछ। वह जिन सुविधाओं की आदी है, वे तो उसे देनी ही होंगी। पैसा तो मेरा बहुत

लग जाएगा, लेकिन इससे क्या ?''

मेरी बात एक सहारा देनेवाली, समझदार बीवी जैसी लगे, इस उम्मीद में मैंने उसका हौसला बढ़ाते हुए कहा, ''जहाँ माँ की सेहत की बात हो वहाँ पैसा क्या होता है। उन्हें अच्छे से अच्छा इलाज मिलना चाहिए। तुमने उनके लिए चौबीस घंटे की किसी अच्छी आया का इन्तजाम किया ?''

रंजन ने मुझे इस तरह घूरकर देखा, जैसे मैंने कोई बेहद हँसी की बात कह दी हो।

वह बोला, ''हमें किसी आया की जरूरत नहीं है। मैं छुट्टी लेने की सोच रहा हूँ—वैसे भी मेरी बहुत छुट्टियाँ जमा हो गई हैं। और तुम्हारे पास भी तो घर में इतना काम नहीं रहता है। हम दोनों आपस में मिलकर सँभाल लेंगे। मैं माँ को किसी बिल्कुल अनजान औरत के हाथों तकलीफ उठाने के लिए नहीं छोड़ सकता। तुम तो जानती हो, ये नर्सें और आयाएँ कैसी होती हैं। पहली बात तो यह कि इनमें से ज्यादातर केरल की होती हैं। वे अंग्रेजी में बोलें तब भी उनकी बात कौन समझ पाता है कि क्या कह रही हैं ? माँ को यह बात बिल्कुल अच्छी नहीं लगेगी कि ये औरतें उन्हें छुएँ या स्पंज करें। तुम्हें ही यह सब करना होगा। उन्हें टॉयलेट वगैरह ले जाना होगा। मैं एक छोटा बैग लेने आया हूँ। शॉवर लेकर सीधा नर्सिंग होम जाऊँगा। तुम थोड़ा बाद में मेरे पास आ सकती हो।''

और यह कहकर रंजन हमारे कमरे में घुस गया। मैंने उसे एयरकंडीशनर और टी.वी. को चालू करते सुना। मुझे बाथरूम का दरवाजा बन्द होने की आवाज आई। एक और दरवाजा इतनी ही जोर से मेरे दिल में भी बन्द हुआ, जब मैंने यह महसूस किया कि यह नई वारदात मेरी जिन्दगी का क्या हाल करेगी। उस जिन्दगी का, जो अभी-अभी ही तो जीने लायक हुई है !

मेरा जिस्म एक आदमी को अन्दर लेने के असर से अब भी दुख रहा था, थरथरा रहा था। मुझे अब भी एक और जिस्म से जुड़ने की याद का आनन्द लेना था, उसे सहेजना था। मेरा दिमाग, मेरा दिल, मेरा पेट, मेरी छातियाँ, मेरी उँगलियों के पोर—मेरा एक-एक हिस्सा इतनी शिद्दत के साथ जीवन्त हो जाने के प्रभाव से अभी तक झनझना रहा था।

अपनी इस नई जाग्रतावस्था में मुझसे फिर से मर जाने को, फिर से मुर्दा हो जाने को कहा जा रहा था। यह बहुत अनुचित, बहुत निर्दयतापूर्ण था। जिस हालत से इस समय रंजन की माँ गुजर रही थी, मेरी स्थिति उससे भी खराब थी।

मैं निखिल की आवाज सुनने के लिए तरस रही थी। उसे अपनी भावनाओं के बारे में बताने को तरस रही थी। मैं उसे अपनी मानसिक हलचल का एक हिस्सा बनाना चाहती थी—उस मानसिक हलचल का, जिसे उसी ने पैदा किया था और जिसके बारे में केवल उसी को पता था।

उस पल मैं भगवान के साथ किसी भी तरह का सौदा करने को तैयार थी। मुझे

और कुछ नहीं, बस निखिल के साथ कुछ समय चाहिए था—एक घंटा, नहीं, मैं आधा, चौथाई घंटा...यहाँ तक कि पाँच मिनट पर भी समझौता करने को तैयार थी। मुझे उसकी सख्त जरूरत थी। मैं उसकी बाँहों में सिमटना चाहती थी, उसके सीने पर अपना सिर रखना चाहती थी। इसके अलावा मुझे और कुछ नहीं चाहिए था। और मुझे विश्वास था कि वह भी मुझे ठीक इसी तरह से चाहता था—इसी शिद्दत, इसी जिस्मानी चाहत के साथ।

मैं गन्दे बर्तनों को माँजने लगी तो मेरे आँसू पिछली रात के खाने की पपड़ियाई जूठन पर गिरने लगे, और मैं उस भगवान से प्रार्थना करने लगी, जिसमें मेरा कभी विश्वास नहीं रहा था। मैंने अपने वजूद का एक-एक तार समेटकर भगवान से प्रार्थना की—हे भगवान, उसे मुझे दे दो ! मैं गिड़गिड़ाई—निखिल को मेरा बना दो !

24

अगले दस दिन मुझे अपनी बीमार सास की चौबीस घंटे की नर्स की भूमिका निभाते बीते, जिसकी मैं बिल्कुल आदी नहीं थी। इस नर्सिंग होम 'लव टैंपल' को ऐसे लालची संस्थापक चलाते थे, जिनका काम उन हताश लोगों को लूटना था जो वहाँ इस गलतफहमी में जमा हो जाते थे कि कस्बाई मुम्बई का यह नर्सिंग होम मुम्बई शहर के बीच में बने उन शानदार सजावटी अस्पतालों से तो सस्ता होगा। उन अस्पतालों का तो यह हाल था कि मरीज स्ट्रेचर पर पड़ा अपनी आखिरी साँसें गिन रहा होता था और वे किसी राजा की फिरौती जैसी रकम की माँग रख देते थे। बेचारे हक्का-बक्का रिश्तेदार भीख का कटोरा-सा घुमाकर इतना पैसा जमा करते थे कि कम-से-कम दाखिले से पहले जमा करने लायक मोटी रकम तो जुट जाए।

'लव टैंपल नर्सिंग होम' अँधरी वेस्ट की एक छायादार, सुनसान गली में बना हुआ था। यह इलाका उन लोगों से भरा हुआ था जो केरल से आकर यहाँ बस गए थे। यहाँ इन्हीं लोगों के मन्दिर, ढाबे, दुकानें और बैंक थे। यह जगह थी तो काफी आरामदेह, लेकिन मुझे विश्वास था कि रंजन की माँ के दिल का धड़कना और कुछ नहीं, बस तवज्जो पाने का बहाना था।

अगर उसकी मंशा अपने बेटे की तवज्जो पाने की थी, तब तो उसे जबरदस्त मातृ-भक्ति मिल गई थी। रंजन और मैं चौबीसों घंटे बारी-बारी से उसके पास बने रहते थे, ताकि वह कच्ची रुई में लिपटी रहे, उसकी हर माँग तुरन्त मानी जाए, और उसकी हर इच्छा फौरन पूरी की जाए। मेरा यह हाल था कि या तो मैं दो-दो घंटे बाद उसे रस देने की खातिर ताजा, पतले छिलके वाली मौसमियाँ लेने बाहर भाग रही होती थी या बदहवास-सी रबर के बेडपैन ढूँढ़ रही होती थी, क्योंकि पुराने इनैमल के बेडपैन उसे

चुभते थे।

उसे 'लव टैंपल' का खाना पसन्द नहीं आता था और वह घर का पका बंगाली खाना खाने की जिद करती थी, लिहाजा उसे बनाने का जिम्मा भी मेरे सिर आता था। बेशक, मेरी सारी मेहनत बेकार जाती थी, क्योंकि मेरे खाने के बारे में उसकी राय अच्छी नहीं थी और उसे मेरी बनाई मामूली-से-मामूली चीज भी पसन्द नहीं आती थी। उसे अपने कपड़े धोने के बारे में भी नर्सिंग होम पर भरोसा नहीं था, और इसका मतलब यह होता था कि मुझे उसके कपड़े भी लाने-ले जाने होते थे और उसकी हिदायतों के मुताबिक उन पर इस्तरी भी करनी होती थी। मुझे यह भी देखना होता था कि उसके तकियों के पास धुले-धुलाए, छोटे तौलियों का गट्ठर और उबले-छने पीने के पानी से भरा एक थर्मस रखा रहे।

रंजन का काम था कि वह उसे पूरा 'टाइम्स ऑफ इंडिया' पढ़कर सुनाएगा—छोटे-छोटे वर्गीकृत विज्ञापन और शोक सन्देश तक। मेरी सास को मेरा उच्चारण समझने में दिक्कत होती थी, इसलिए मुझसे कहा गया था कि मैं उसके लिए बड़े-बड़े अक्षरोंवाली 'रंगीन' पत्रिकाएँ लाऊँ, क्योंकि उसे अपना चश्मा लगाने से जोर पड़ता था।

मरीज की तीमारदारी और रोजमर्रा के घरेलू कामों के बीच मुझे अपने लिए एक पल भी नहीं मिलता था। जब मैं भाग-दौड़ नहीं कर रही होती थी तो मैं इतनी ज्यादा थकी हुई होती थी कि एक गहरी, सपनों से खाली मुर्दों जैसी नींद सोने के अलावा और कुछ नहीं कर सकती थी। अगर रंजन को माँ-बेटे को खुश करने की मेरी कोशिशों की तारीफ भी करनी होती थी तो वह खुद भी इतना ही पस्त होता था और अपने मन की बात नहीं कह पाता था।

यह अजीब बात थी कि माँ की देखभाल करने का बुरा असर मुझसे पहले उस पर पड़ा। रंजन मुझसे बहुत पहले ही टूट गया। माँ की लगातार माँगों को पूरा करने में अगर आधा घंटा भी लग जाता तो उसके पेट में जबर्दस्त ऐंठन होने लगती थी या आधासीसी का दर्द शुरू हो जाता था। यह मतलब होता था उसके बेचैनी से घूमने का, और फिर वह यह कहते हुए घर चला जाता था, "चिन्ता मत करो, माँ, अगर तुम्हें किसी चीज की जरूरत पड़ जाए तो माया तो है ही यहाँ। और फिर मैं एक फोन की दूरी पर ही तो हूँ।"

फिर वह अपने चेहरे पर यह भाव लिये मुझसे मुखातिब होता था कि 'मुझे निराश करने की हिम्मत मत करना' और कहता था, "माँ के पास रहना। और ध्यान रखना कि उसे उसका रस और गोलियाँ समय से मिलती रहें।"

घर वापस पहुँचकर वह बिस्तर में बैठ जाता था और टी.वी. पर पुरानी फिल्में, यूएस ओपन चैम्पियनशिप, चैनल वी, यहाँ तक कि नेशनल नेटवर्क पर दोपहर में आनेवाले धारावाहिक भी देख डालता था। जब मैं लस्त-पस्त वहाँ पहुँचती तो वह बिस्तर पर बैठा मजे में चिउड़ा चबाते हुए आंद्रे अगासी को उसके प्रतिद्वन्द्वी की चटनी बनाते देख रहा होता था। वह ठीक से नजर उठाकर भी नहीं देखता था, बस मेरी मौजूदगी

का अहसास करता था, अपनी माँ की हालत के बारे में पूछने का दिखावा करता था और फिर से टी.वी. देखने लगता था।

कभी-कभी मैं भी बिस्तर पर उसके साथ टी.वी. देखने बैठ जाती थी। लेकिन मैं इसलिए टी.वी. नहीं देखती थी कि मुझे टेनिस देखना अच्छा लगता था, बल्कि मैं तो निखिल के खयालों की तरफ से अपने आपको गाफिल रखना चाहती थी।

मुझे उसकी कमी बुरी तरह से अखरने लगी थी, जो अपने आपमें बड़ी अजीब बात थी। वह मेरे खयालों में लगातार चुनौती बनकर बस गया था। मैं जागती थी तो मन में उसी की तस्वीर होती थी। सोने जाती थी तो उसी के बारे में सोचती थी। मेरे हरेक काम में, नर्सिंग होम में भी किसी-न-किसी रूप में वह शामिल रहता था। वह बेडपैन लगाने की मेरी महारत के बारे में क्या सोचेगा ? मुझे मौसमी का रस निचोड़ते देख वह क्या करेगा या कहेगा ? क्या भद्दी, दबंग मेट्रन को देखकर मेरी तरह उसकी भी नाक-भौंह सिकुड़ जाएगी ?

मैं कपड़े पहनती थी तो उसके लिए, जबकि मुझे अच्छी तरह से मालूम था कि वह मुझे देख नहीं पाएगा। मैं अपने आपको सुन्दर लगती थी। मैं सुन्दर दिखना चाहती थी। मैं कल्पना करती थी कि बिल्डिंग में आते-जाते उससे मेरी मुलाकात होगी। मैं अपने दिमाग में कविताएँ और पर्चियाँ लिखा करती। मैं उससे खयालों में ही बातें करती रहती थी, हँसती थी और उसे अपने राज बताती थी। और मैं उन लतीफों पर अपनी मुस्कुराहटों को दबाती थी, जो अभी कहे भी नहीं गए होते थे।

मैं अपने मन में कहती थी कि यह तो महज एक पड़ाव है। हमारे आगे आनेवाले रिश्तों से पहले गलत समय पर आया एक ठहराव। बस सब कुछ एक बार फिर 'सामान्य' हो जाए तो मैं ही पहल करते हुए उसे अपनी स्थिति के बारे में बातचीत करने के लिए बुलाऊँगी। इस बीच मुझे उन बुनावटों, जायकों और आवाजों में मजा आने लगा था, जिनका पहले मेरे लिए कोई मतलब नहीं होता था। मैं जीवन के हरेक पहलू के प्रति जीवन्त थी, क्योंकि मैं जानती थी कि मेरी जिन्दगी में निखिल है।

मुझे विश्वास था कि निखिल भी ठीक इसी अनुभव से गुजर रहा है। और मुझे उसके लिए अफसोस होता था, क्योंकि मैं उसे अपनी जिन्दगी में आए इन नए हालात के बारे में और यह भी नहीं बता पाई थी कि आजकल मैं हमेशा घर से गायब क्यों रहती हूँ। बेशक, मुझे जब सफाई देने का मौका मिलेगा तो वह सब समझ जाएगा। बेचारा—कितना हैरान-परेशान और तनाव में होगा। और कितना अनिश्चित भी।

अगर वह असुरक्षित महसूस कर रहा था तो मैं उसे अपने प्यार का भरोसा दिलाना चाहती थी। उसके साथ मेरा जो वादा था उसमें कोई खोट नहीं था। वह अटल था। सच्चा था। मुझे विश्वास था कि वह अन्दर से ही इस बात को महसूस करता होगा, इसीलिए तो मैं इतनी ज्यादा चिन्तित नहीं थी। आगे हमारे पास वक्त ही वक्त था। हम दोनों की पूरी जिन्दगी पड़ी थी अभी।

यह सब आसानी से होनेवाला नहीं था, और फिर इस तरह का कोई भी आला

काम आसान नहीं हुआ करता। जब मैं जागी होती थी तो रंजन की छोटी-छोटी सनकें भी मुझे पहले की तरह परेशान नहीं करती थीं। मैं उदार, सहनशील और बेहद दयालु हो गई थी। वह मेरे साथ निर्दयता के साथ पेश आता, मुझे इधर-से-उधर दौड़ाता रहता, मेरे साथ अभद्र या जंगली हो जाता, तब भी मैं उसे माफ कर देती थी।

पहले तो मुझे उसके साथ टी.वी. देखना बर्दाश्त नहीं होता था, क्योंकि चैनल चुनने के सारे अधिकार वह अपने पास रखता था। जब मुझे किसी चैनल में मजा आने लगता था, तभी वह उसे बदल देता था, और मेरी तरफ देखता भी नहीं था। ऐसा वह मुझे गुस्सा दिलाने के लिए करता था। या, जब वह कोई कार्यक्रम देख चुकता था या कमरे से निकलकर बाहर जा रहा होता था तो हमेशा टी.वी. बन्द कर देता था। मैं यहाँ क्यों बैठी हूँ, मेरा चिल्लाने का मन करता था। मैं तब भी एक खाली परदे के आगे गूँगी-सी बैठी रह जाती थी। अपनी पसन्द का कोई कार्यक्रम देखने की मेरी भी इच्छा हो सकती थी। क्या पता कोई ऐसा कार्यक्रम हो जिसमें मेरी दिलचस्पी हो। वह यह सब महसूस क्यों नहीं करता ? वह मेरी परवाह क्यों नहीं करता ?

मैंने दो-एक बार इस पर एतराज जताना चाहा था, तो उसने तीखा-सा जवाब देकर मुझे पस्त कर दिया था।

"सॉरी," उसने तुनककर कहा था, "मुझे पता नहीं था कि तुम्हें दुनिया की खबरों में इतनी ज्यादा दिलचस्पी है। और अगर तुम उन बेहूदा कार्यक्रमों में से कोई देखना चाहती हो तो मैं तुम्हें यही सलाह दूँगा कि अपने समय का कुछ बेहतर इस्तेमाल करो। घर में ज्यादा दिलचस्पी लो।"

मैं निराश होकर अपना निचला होंठ काटने लगती और अपना मुँह फेर लेती थी, ताकि वह मेरे आँसुओं को न देख पाए।

लेकिन अब मुझे कुछ महसूस नहीं होता था। मैं खामोश और चुपचाप उसके पास बैठी रहती थी। अगर सीएनएन का कोई एनाउंसर किसी ऐसी जंग के बारे में बोलता ही चला जाता था, जिसकी किसी को भी परवाह नहीं थी, तो मैं सुनती रहती थी। अगर रंजन सब कुछ बन्द करके कोई कारोबारी पत्रिका उठा लेता था तो मैं आँख बन्द कर लेती थी और ऐसा जताती थी जैसे मैं झपकी ले रही हूँ। इससे कोई फर्क नहीं पड़ता था, क्योंकि मुझे तो हर जगह और हर चीज में निखिल दिखाई देता था, उसी की आवाज सुनाई देती थी—टी.वी. पर, अखबारों में, यहाँ तक कि बेडरूम के फर्श की टाइलों में भी।

इस तरह से किसी कार्यक्रम में मेरी दिलचस्पी है या नहीं, यह बात अब सिरे से ही बेमानी हो गई थी, क्योंकि मैं टी.वी. देख ही कहाँ रही होती थी, या यों कहिए कि टी.वी. पर आनेवाला हरेक किरदार निखिल होता था—चाहे वह सीएनएन पर मौसम का हाल सुनानेवाला हो, फिल्म '95 का बैरी नॉर्मन हो, न्यूज आवर का डेविड कैस हो, या फिर निकी मार्क्स ही क्यों न हो।

इस समय जो मेरी व्यस्तता चल रही थी, उससे मैं बिल्कुल भी परेशान नहीं थी।

मैं जानती हूँ, इससे मुझे जरूर परेशानी होनी चाहिए थी। लेकिन मुझे यह जानकर बहुत तसल्ली मिलती थी कि मेरी जिन्दगी में निखिल है और यह थोड़े समय की ही बात है, फिर तो हम दोबारा एक हो जाएँगे—शरीर से भी और वैसे भी। मेरे मन में इस तरफ से तो कोई शंका ही नहीं थी कि निखिल भी यही सब अनुभव कर रहा था और इतना ही निराश हो रहा था। वह हर बात को बहुत ध्यान से देखनेवाला बंदा था, इसलिए उसने शायद रंजन के आने-जाने के समय में बदलाव को देख लिया होगा और इसीलिए उसने दूर रहने का फैसला किया होगा।

और फिर, बिल्डिंग की गपशप-मशीनरी ऐसी थी कि किसी-न-किसी ने उसे जरूर मेरी सास के बारे में बता दिया होगा। इसीलिए जब रंजन मुझ पर खीझता था, तब भी मैं शान्त बनी रहती थी और उत्तेजित नहीं होती थी। जब भी निराशा या उदासी मुझे घेरती, मैं अपने उस अनुभव के खयालों में, उन शानदार पलों के जादू में डूब जाती थी, और फिर किसी दूसरी बात का कोई महत्त्व नहीं रह जाता था।

जब सही समय आएगा तो मेरी जिन्दगी का हर तकलीफदेह पहलू अपने आप ठीक हो जाएगा। मुझे उम्मीद थी कि रंजन जरूर विरोध करेगा—लेकिन बहुत हल्का-सा। मुझे विश्वास था कि मेरा यह फैसला इस आदमी के लिए राहत बनकर आएगा, जिसे सचमुच न तो शादी की जरूरत थी, न रोमांस की और न ही सेक्स की।

रंजन की जिद पर हम अपनी सास को अपने घर ले आए।

"माँ, मैं तुम्हें वहाँ वापस नहीं जाने दूँगा," उसने दृढ़ता से कहा, "जब तक तुम मजबूत होकर अपने आप चलने-फिरने लायक नहीं हो जातीं, माया तुम्हारी देखभाल करेगी।"

उसने धीरे से अपना सिर हिला दिया और जरा-जरा सी घुटी-घुटी आवाजें निकालकर इनकार करने लगी। लेकिन रंजन ने उसे अनसुना करते हुए तेज आवाज में मुझे कितनी ही हिदायतें दे डालीं—"माँ का बैग उठा लो। बाथरूम में देख लो। साबुन या सिर का तेल यहीं न छूट जाए। उन सारे कैप्सूल और गोलियों का क्या हुआ जो माँ ने खाई नहीं हैं ? विटामिन सप्लीमेंट के पत्ते भी रख लेना। वह थर्मस हमारा है—इसे रखना मत भूल जाना। और प्लास्टिक का गिलास। माँ के छोटे तौलिए—इन्हें गिन लेना। कम-से-कम छह साफ तौलिए होने चाहिए।"

मेरी सास अपने बेटे की बाँह पर झुक गई और कराहने की ऐसी हल्की-हल्की आवाजें निकालने लगी जैसे कोई जानवर बयानेवाला हो। रंजन ने कैशियर को बिल का भुगतान किया और अपनी माँ को बाहर खड़ी कार की तरफ ले चला। चलते-चलते उसने मुझसे कह दिया कि मैं टैक्सी में उनके पीछे चली आऊँ। मुझे इसकी वजह समझ में नहीं आई—कार में काफी जगह थी—लेकिन मैंने कुछ कहा नहीं। अब कुछ ही दिनों की तो बात रह गई थी। मैंने फैसला कर लिया था कि ये दिन तो खूबसूरती से जिऊँगी।

जब वे कार में बैठकर रवाना हो रहे थे, तब मैं मुस्कुराई भी और हाथ हिलाकर उन्हें विदाई भी दी। रंजन ने कहा था कि माँ हमारे साथ 'कुछ महीने' रहेगी। उससे क्या ? बेशक, वह बाज की तरह मुझ पर निगाह रखेगी, लेकिन मुझे विश्वास था कि जब एक ढर्रा तय हो जाएगा तो मैं उसे आसानी से चकमा दे दिया करूँगी। निखिल मेरी हालत को समझेगा—वह इतना निर्दयी नहीं है। हम किसी-न-किसी तरह एक-दूसरे के साथ होने का समय निकाल ही लेंगे। यह तो बस होशियारी से प्रोग्राम बनाने की बात थी।

रंजन की दो दिन की छुट्टियाँ और रह गई थीं। जब मैं माँ का बैग और प्लास्टिक के कम-से-कम छः पैकेट लेकर उनके पीछे-पीछे घर पहुँची, उस समय वे बेडरूम में थे। रंजन माँ के लिए तकियों को फुला रहा था और ऐसी बेतुकी आवाजें निकाल रहा था, जैसे लोग बच्चा गाड़ी में पड़े अँगूठा चूसते बच्चों के लिए निकालते हैं। उसकी माँ कराह रही थी और बड़बड़ाती जा रही थी, "हे माँ ! हे माँ !"

रंजन ने तेजी से मुझसे उनके लिए चाय बनाने को कहा, और बोला, "देखो, माया...मैं सोचता हूँ जब तक माँ यहाँ है, मैं और वह बेडरूम का इस्तेमाल करें। तुम्हें कोई एतराज तो नहीं है न ? बैठक का दीवान काफी बड़ा है। मैं कुछ और गद्दियाँ खरीद दूँगा, और शायद कुछ चादरें भी।"

मैंने सिर हिलाते हुए पैकेटों को नीचे रखा और भागती हुई रसोई में चली गई। यह इन्तजाम मेरे माफिक था। वैसे भी मैं आजाद रहना चाहती थी। जब तक चाय उबली, मैं इस बात को ध्यान में रखकर प्रोग्राम बनाने लगी कि माँ हर समय मेरी हरकतों और फोन पर निगाह रखेगी। चलो, मुझे बस उसको मात देकर नई-नई चालें सोंचनी होंगी। मुझे अब बस एक बार निखिल से मिलकर उसे इन नए हालात के बारे में बताना था।

उस रात करीब आठ बजे मैं अपनी सास की कर्कश आवाज में दी गई हिदायतों के मुताबिक चिकन सूप बनाने की कोशिश कर रही थी कि तभी दरवाजे की घंटी बजी। मैंने गैस धीमी कर दी और देखने गई कि दरवाजे पर कौन है। रंजन टी.वी. छोड़कर टेलीफोन का जवाब देने या दरवाजा खोलने के लिए उठेगा, इसका तो सवाल ही नहीं उठता था। वह बस बैठा-बैठा चिल्लाकर मुझसे कहता था, "फोन माया, फोन," या "दरवाजे पर कोई है, माया," मानो मैं बहरी या भुलक्कड़ हूँ जो सुन नहीं पाऊँगी या इनकी तरफ ध्यान ही नहीं दूँगी।

जब मैंने दरवाजा खोला, उस समय भी मेरा ध्यान गैस पर खदबदा रहे चिकन सूप पर ही था। मुझे निखिल की माँ पुष्पा को पहचानने में एक सेकेंड लग गया। एक तो वह इतने अजीब तरीके से ढेरों कपड़ों में लदी थी कि मुझे उसके पुते हुए चेहरे, उसके भड़कीले कपड़ों के सलमा-सितारों और उसके गले, कानों और कलाइयों में पड़े सोने

के किलो-भर जेवरों के पीछे देखने में थोड़ा समय लग गया।

मिसेज वर्मा एक सजा हुआ मिट्टी का बर्तन लिये थीं, जिसमें चिपचिपी मिठाई भरी थी और वह चमकीली पीली पन्नी से ढँका हुआ था।

''हलो, हलो, बहुत समय हो गया, तुम्हें देखा ही नहीं, माया ! कहाँ छिप गई थीं तुम, हैं ?'' उसने चहकते हुए पूछा।

मैं उसके इस रूप से अभी भी दंग थी। फिर भी मैंने अपनी सास के बारे में धीमे-से कुछ कहा।

''तुम्हारे प्यारे-प्यारे मियाँ अन्दर हैं क्या ? क्या मैं अन्दर आ सकती हूँ ? मुझे तुम दोनों को एक खुशखबरी देनी है।''

यह कहते हुए वह मेरे पास से होती हुई बैठक में दाखिल हो गई, जहाँ मैंने अपना बिस्तर लगा रहा था।

''यह क्या है ? कोई आया है ? कोई मेहमान है ?'' उसने अपनी भद्दी उत्सुकता को छिपाने की कोई कोशिश न करते हुए पूछा। मैंने उसे कोई जवाब नहीं दिया और रंजन को आवाज दी।

''देखिए तो कौन है ?'' मैंने अपनी आवाज में थोड़ा जोश लाने की कोशिश करते हुए कहा। मुझे पक्का पता था कि वह जरूर अपने पति की तरक्की के बारे में डींग मारने आई होगी। मैंने रंजन को अपनी माँ से इसके बारे में बात करते सुना था और मेरे अन्दर आते ही उसने फौरन बात बदल दी थी।

मिसेज वर्मा कमरे के बीचोबीच खड़ी रंजन के आने का इन्तजार करती रही। मैं जानती थी कि वह पैंट पहन रहा होगा और अपनी 'होलीडे टी-शर्ट' ढूँढ़ रहा होगा।

वह दो मिनट बाद यह कहता हुआ बाहर आया, ''मुबारक हो, भाभी जी !''

मैं उसे हिन्दी बोलते और मिसेज वर्मा को 'भाभी जी' कहते देख चकित रह गई। यह पगली पुष्पा कबसे उसकी भाभी बन गई ? मैंने भी अपनी मुबारकबाद जोड़ दी—अँगरेजी में।

''थैंक्यू, थैंक्यू,'' वह बोली, ''हमारे लिए यह बहुत फख्र का मौका है। आप तो जानते हैं, माँ-बाप को कैसा लगता है। वह भी तब जब खानदान में अकेला ही बेटा हो। हमारा इकलौता बेटा।''

मैंने उसकी बात को बिल्कुल सफाई से सुना था, फिर भी मैं उसका मतलब नहीं समझ पाई। मैंने सोचा, शायद वह घुमा-फिराकर बात कर रही है। नहीं तो इसमें निखिल कहाँ से टपक पड़ा। ठीक है, उसके बाप को तरक्की मिली है। बहुत अच्छी बात है। लेकिन मि. वर्मा की तरक्की का निखिल के इकलौता होने से क्या लेना-देना ?

मैं उसके हाथों से मिठाई लेते हुए मुस्कुरा दी।

''शुक्रिया !'' मैंने कहा, ''बहुत अच्छी खबर है। आप तो बहुत खुश होंगी।''

''जाहिर है।'' वह बोली। उसकी आवाज में घुन्नापन और अपने आपको शाबाशी देने का भाव था। उसकी चूड़ियों की खनखनाहट से मेरा ध्यान एक पल को बँट गया।

मैंने (नारंगी रंग की लिपस्टिक से मेल खाती) उसकी नारंगी नेलपालिश और नारंगी दुपट्टेवाली भारी कढ़ाई की हुई हरी पोशाक का जायजा लिया। उसके पैरों की उँगलियों के नाखून (तकरीबन) एक इंच लम्बे थे और उसने उन्हें घिसकर नुकीला बना रखा था। वह अपने गले में (जहाँ वह फाउंडेशन लगाना भूल गई थी) तीन भारी हार डाले हुए थी। पाउडर की जमी परतों की वजह से उसका चेहरा मुखौटे जैसा लग रहा था और चमकदार हरे आईशैडो ने उसकी पलकों पर पपड़ी-सी जमा दी थी।

''लग रहा है आप किसी की शादी में जा रही हैं,'' मैं बोली। मेरी समझ में ही नहीं आ रहा था कि और क्या कहूँ।

वह अपनी बनावटी खनखनाती हँसी हँस दी, और बोली, ''हाँ...इसे शादी का रिहर्सल कह सकती हो...हालाँकि शादी अभी चार साल और नहीं होगी।''

''आप किसकी शादी की बात कर रही हैं ?'' मैंने रंजन के पास से निकलते हुए पूछा। वह त्योरियाँ चढ़ाए इरादतन रसोई की तरफ बढ़ रहा था।

''निखिल की,'' वह बोली, ''तुम किसकी समझ रही थीं ?''

उसका यह जवाब सुनकर मेरे भर्राए गले से जो 'क्या' निकला, वह खतरनाक ढंग से तेज था।

''हाँ,'' उसकी माँ बोलती रही, ''मेरा तनाव खत्म हो गया। मुझे तो पक्का पता था, वह शादी करने को राजी नहीं होगा—वह भी बाहर जाने से ठीक पहले। तुम तो जानती हो, आजकल के लड़के कितने जिद्दी होते हैं। कौन फँसना चाहता है ? और वह भी माँ-बाप की मर्जी की लड़की के साथ ? तुम मेरी अंशु से जरूर मिलना। दिल्ली की है। दरअसल, वह मेरी कॉलेज के दिनों की एक पुरानी सहेली की बेटी है—सोच सकती हो तुम ? ऐसा संयोग बना, मैं कहती हूँ। सब कुछ इतनी फटाफट हो गया...''

उसकी आवाज मेरे दिमाग में गूँजने लगी, ''...अभी दो महीने पहले, मेरी सहेली मुम्बई आई थी—तुमने शायद देखा भी होगा जब वह मुझसे मिलने आई थी। बहुत अच्छी है। लम्बी, गोरी। अब थोड़ी मोटी हो गई है। उसने निखिल को देखा और बस, वह तो धरना देकर बैठ गई। उसने मुझसे कसम ले ली कि मैं उसकी बेटी को अपनी बहू बनाऊँगी। मैंने उससे कहा, 'अरे बाबा, तुम्हें पता है मेरा बैटा कितने साल का है ? वह तो अभी बच्चा है। पहले उसे अपनी पढ़ाई तो पूरी कर लेने दो। हम उसके लिए स्कॉलरशिप की कोशिश कर रहे हैं। वह आगे की पढ़ाई के लिए बाहर जाना चाहता है।'

''पर उसने सुना क्या ? बिल्कुल नहीं। बोली, 'बस एक बार मेरी बेटी को देख लो।' मैंने कहा, 'मेरे उससे मिलने से क्या होगा ? पहले निखिल तो राजी हो।' तो वह बोली, 'ठीक है। मैं अंशु को उसकी आंटी के साथ भेजूँगी। कोई परेशानी नहीं है।'

''फिर तो मैं फँस ही गई। निखिल को तो तुम जानती ही हो—उसने साफ मना कर दिया। मैंने उससे कहा, 'जिद मत करो। आखिर लड़की से मिल लेने में हर्ज क्या

है ?' मैंने दलील दी।

''भगवान का शुक्र है, वह राजी हो गया। अंशु दस दिन बाद आई—और बस, निखिल चित हो गया। अंशु बहुत खुश हुई। हमने फैसला कर लिया कि सब कुछ तय कर देते हैं—इन्तजार किस बात का ? फटाफट, फटाफट, मैंने सारे इन्तजाम कर डाले। जाहिर है, वे लोग सगाई की रस्म लड़की के घर करने पर जोर दे रहे थे। मैंने कहा, 'क्यों नहीं ?'

''निखिल अभी तक नहीं लौटा है। मुझे तो चिन्ता हो रही है—उसे अभी अपना सामान भी बाँधना है। मैंने तुम्हें बताया था, उसे रोचेस्टर यूनिवर्सिटी में दाखिला मिल गया है। बहुत अच्छी जगह है। लेकिन वह वापस आने को राजी नहीं है। रोज रात को मैं उससे बात करती हूँ तो यही विनती करती हूँ, 'बेटा, अभी कितना कुछ करना है। तुम घर कब आ रहे हो ?' और वह बस हँसकर यही कहता है, 'अभी नहीं, मॉम ! बाद में, बाद में।' मैं कहती हूँ, 'बाद में कब ?' तो वह कोई ठीक-ठीक जवाब नहीं देता।

''मुझे उसके डैड से कहना पड़ेगा कि वही उससे बात करें। इस तरह से तो उसकी फ्लाइट छूट जाएगी और यूनिवर्सिटी में भी उसे जगह नहीं मिलेगी। लेकिन जवान लड़के-लड़कियाँ जब प्यार में मस्त हों तो उनसे कौन बहस कर सकता है ? मैं जानती हूँ, इस समय क्या भावनाएँ होती हैं। हम सब इस दौर से गुजर चुके हैं। इसलिए मैं कहती हूँ, 'चलो छोड़ो, उसे मजे करने दो यार !'

''खैर, अब मुझे भागना होगा। अभी मुझे कितने ही फ्लैटों में मिठाई बाँटनी है। हमारे लोगों में यह मिठाई का चक्कर कभी खत्म नहीं होता। तुम बंगाली लोग इस मायने में किस्मतवाले हो।''

यह कहकर वह चली गई, और मैं निखिल की सगाई का मटका पकड़े खड़ी की खड़ी रह गई।

मैं न हिली-डुली, न कुछ सोच पाई...और फिर रंजन ने रसोई से आकर मुझे बताया कि चिकन सूप उफनकर जल चुका है।

''तुम्हें इसकी महक नहीं आई ?'' उसने गुस्सा होते हुए पूछा।

मैंने सिर हिला दिया।

''यह कैसे हो सकता है ? माँ को तो इसके जलने की महक बेडरूम में ही आ गई और उसने ही मुझे देखने के लिए भेजा कि क्या हो रहा है।''

मेरा सिर झुका हुआ था, लेकिन मेरी आँखों में आँसू नहीं थे।

रंजन कह रहा था, ''तुम औरतें ! तुम लोग हमेशा गपशप में ही अपना वक्त बरबाद करती रहती हो। क्या यह समय था बिना फोन किए आने का ? तुम्हें उस औरत से कह देना चाहिए था। लेकिन तुमने कहा ? तुम उससे साफ-साफ कह सकती थीं कि तुम्हें माँ को डिनर देना है। एक बीमार के लिए अपना फर्ज निभाना है। लेकिन ऐसा

करने के बजाय तुम खड़ी-खड़ी उससे बतियाती रहीं, यहाँ तक कि गैस पर रखा सूप भी जल गया। सच माया, कभी-कभी मैं तुम्हारे बारे में सोचकर हैरान रह जाता हूँ। तुम कभी ध्यान ही नहीं देतीं। तुम्हारा दिमाग कहाँ रहता है ?"

पहली बार रंजन ने एक अच्छा सवाल किया था। मैं धीरे-धीरे चलकर रसोई में पहुँची। गैस रेंज बिल्कुल खराब हो रही थी। उस पर पूरे में चिपचिपा सूप फैला हुआ था।

मैं हँसने लगी। मैंने फैले हुए तरल पदार्थ को देखा—यह गाढ़ा, सफेद, खड़िया जैसे बलगम-सा, और मैं बस बेतहाशा हँस पड़ी। यह इतना अजीब दिख रहा था और इतना जाना-पहचाना-सा ! किसी बच्चे की उलटी जैसा या नाक की जमी हुई रेंट जैसा, या उस पदार्थ जैसा, जिसे मैंने अभी कुछ समय पहले ही कहीं देखा था।

मैंने फ्रिज से टिककर अपने आपको सँभाला। मेरा पूरा जिस्म खुशी के मारे काँप रहा था। मैं फैले हुए सूप को जितना ज्यादा देखती, वह उतना ही ज्यादा अजीब लगता था। मैं जानती थी, अब मुझे नए सिरे से शुरुआत करनी होगी।

तो क्या ? मेरे पास अब वक्त ही वक्त था।

●●●